Identités du monde océanien

Sous la direction de

Marc Joyau MacAlpine

Identités du monde océanien

Entre valeurs du Pacifique et modèle occidental

Préface de Florence Faberon

L'Harmattan

Du même auteur :

M. Joyau, De l'autonomie des collectivités territoriales françaises. Essai sur la liberté du pouvoir normatif local, LGDJ, 1998, coll. "Bibliothèque de droit public".

Sir K. Keith, M. Joyau et T. Angelo (co-dir.), Endiguer ou réguler les flux migratoires : le rôle du juge. Stemming the tide or keeping the balance. The role of the judiciairy, Revue Juridique Polynésienne, 2003, NHS, vol. III.

M. Joyau, Le juriste et la tortue. Plongée dans les eaux troubles du droit polynésien, Les Editions de Tahiti, 2005.

E.-P. Guiselin et M. Joyau (co-dir.), Etats et Constitutions du Pacifique Sud. States and Constitutions of the South Pacific, Revue Juridique Polynésienne, 2010, NHS, vol. XI

5-7, rue de l'École-Polytechnique - 75005 Paris
www.editions-harmattan.fr
ISBN : 978-2-336-57374-8
EAN : 9782336573748
Dépôt légal : janvier 2026

Liste des auteurs

Jérôme BOUQUET-ELKAÏM
Docteur en droit public, Avocat au Barreau de Rennes

Thierry DAUPS
Maître de conférences HDR, Université Rennes 2, Laboratoire interdisciplinaire de Recherche en Innovations Sociétales (LiRIS), UR 7481

Carine DAVID
Professeur de droit public, Aix Marseille Université, CNRS, DICE, ILF, Aix-en-Provence, France, Membre de l'Institut Universitaire de France

Florence FABERON
Professeure de droit public, Université Clermont Auvergne, Centre Michel de l'Hospital (UR 4232)

Jean-Philippe FELDMAN
Agrégé des facultés de droit, ancien Professeur des universités et maître de conférences à Sciences-Po, avocat à la Cour de Paris

Clara FILIPPI
PhD candidate politics and social sciences (ISPOLE – UCLouvain), Fellow Visitor at Department of Pacific Affairs (ANU), Coral Bell School of Asia Pacific Affairs, ANU College of Asia & the Pacific

Dominique GAURIER
Enseignant en retraite, Nantes Université, CDMO

Lorenz GONSCHOR
Université du Pacifique Sud, Fidji et EASTCO, Université de la Polynésie française, Tahiti

Emmanuel GUISELIN
Professeur de droit public à l'Université Rennes 2, président du conseil académique, LiRIS, UR 7481

Marc JOYAU MACALPINE
Professeur de droit public à Nantes Université, DCS (Droit et Changement Social), UMR 6297

Olivier MÉNARD
Maître de conférences en histoire du droit, DCS (Droit et Changement Social), UMR 6297

Liste des abréviations

ACFA : Acte de la Constitution de la Fédération Australienne
ADRAF : Agence de Développement Rural et d'Aménagement Foncier [Nouvelle-Calédonie]
ANU : Université Nationale Australienne
Art. : article
BnF : Bibliothèque nationale de France
CDE : Convention relative aux Droits de l'Enfant
CDMO : Centre de Droit Maritime et Océanique
CEDH : Convention Européenne des Droits de l'Homme (*ie* Convention européenne de sauvegarde des droits de l'homme et des libertés fondamentales)
CLAC : *Customary Land Appeal Court* [Îles Salomon]
CNCDH : Commission Nationale Consultative des Droits de l'Homme
CNRS : Centre National de la Recherche Scientifique
CNZ : Constitution de la Nouvelle-Zélande
Coll. : Collection
Coord. : Coordination
D. : Dalloz
DCS : Droit et Changement Social
DICE : Droit International, Comparé et Européen
Dir. : Direction
Doc. : Document
DPMC : *Department of the Prime Minister and Cabinet* [Nouvelle-Zélande]
EASTCO : Etudes Approfondies des Sociétés Traditionnelles et Contemporaines en Océanie
Ed. : editor
Éd. : Éditions
EPU : Examen Périodique Universel
et al. : *et alii*
Ex. : Exemple
FIP : Forum des Îles du Pacifique

FLNKS : Front de Libération Nationale Kanak et Socialiste
GIGN : Groupe d'Intervention de la Gendarmerie Nationale
GIP : Groupement d'Intérêt Public
HDR : Habilitation à Diriger des Recherches
HS : Hors-Série
Ibid. : *Ibidem*
Id : *Idem*
Ie : c'est-à-dire
ILF : Institut Louis Favoreu
ISPOLE : Institut de recherche en sciences politiques
JONC : *Journal Officiel de Nouvelle-Calédonie*
JORF : *Journal Officiel de la République française*
Km(s) : kilomètre(s)
LGDJ : Librairie Générale de Droit et de Jurisprudence
LiRIS : Laboratoire interdisciplinaire de Recherche en Innovations Sociétales
LMS : *London Missionary Society*
LOLF : Loi Organique relative aux Lois de Finances
MIRAB : *MIgrations, Remittances, Aid and Bureaucraty*
n° : numéro
OCDE (ou OECD) : Organisation de Coopération et de Développement Economiques
OIT : Organisation Internationale du Travail
ONU : Organisation des Nations Unies
Op. cit. : *Opus* cité
P. : page
PIB : Produit Intérieur Brut
PIDCP : Pacte International relatif aux Droits Civils et Politiques
PEID : Petits États Insulaires en Développement
PhD : Doctorat
PNB : Produit National Brut
Préc. : Précité
PU : Presses universitaires
PUAM : Presses Universitaires d'Aix-Marseille
PUF : Presses Universitaires de France
PUL : Presses Universitaires de Lyon
PUR : Presses Universitaires de Rennes

QSJ : Que Sais-Je ?
RDP : *Revue du Droit Public*
RFDC : *Revue Française de Droit Constitutionnel*
RGDIP : *Revue Générale de Droit International Public*
RJP : *Revue Juridique Polynésienne*
S. : Suivant
SDF : Sans Domicile Fixe
Sén. : Sénat
SLN : Société Le Nickel [Nouvelle-Calédonie]
Spéc. : Spécialement
UC : Union Calédonienne
UCLouvain : Université Catholique de Louvain
UMR : Unité Mixte de recherche
UNDRIP : Déclaration de l'ONU sur les droits des peuples indigènes
UR : Unité de Recherche
URSS : Union des Républiques Socialistes Soviétiques
VKP : Zone Koniambo-Voh-Hienghène-Poindimié [Nouvelle-Calédonie]
Vol. : Volume
ZEE : Zone Economique Exclusive

Sommaire

Préface 17
Florence Faberon

Avant-propos. 23
À la recherche des identités des Mondes Océaniens
Marc Joyau MacAlpine, avec la contribution d'Emmanuel Guiselin

Première Partie : 51
L'ANCRAGE DES VALEURS OCÉANIENNES

Chapitre 1er : Les conceptions des droits avant les indépendances 53
Lorenz Gonshor

Chapitre 2 : Individu ou groupe dans les coutumes polynésiennes ou aborigènes 69
Dominique Gaurier

Chapitre 3 : La réconciliation : une valeur kanak 87
Clara Filippi

Deuxième Partie : 129
L'APPROPRIATION DE LA FIGURE DE L'ÉTAT

Titre 1er : Premières approches : « grands » États et États fédéraux 131

Chapitre 4 : Australie et Nouvelle-Zélande : la force d'un modèle gouvernemental et administratif par-delà les formes étatiques 133
Thierry Daups

Chapitre 5 : L'organisation des États fédérés et des collectivités infra-étatiques au sein des États fédéraux dans le Pacifique Sud 161
Jean-Philippe Feldman

Titre 2 : L'identification d'un modèle d'État : le micro-État océanien insulaire 181

Chapitre 6 : L'État océanien insulaire dans les habits de l'État moderne 183
Emmanuel Guiselin

Chapitre 7 : L'État océanien insulaire, le « Grand Océan » et le modèle occidental 221
Emmanuel Guiselin

Troisième Partie : LA DIFFICILE CONCILIATION DES SYSTÈMES DE VALEURS 257

Chapitre 8 : Regards croisés sur les valeurs océaniennes et européennes 259
Marc Joyau MacAlpine

Chapitre 9 : Les valeurs du Pacifique Sud dans le monde rêvé des utopies ou l'artifice du Pacifique 279
Olivier Ménard

Chapitre 10 : La difficile protection juridictionnelle des valeurs de la *Pacific Way* dans les États et territoires insulaires du Pacifique 325
Carine David

Chapitre 11 : *Pacific Way* ou « *Very French Way* ». Pratique du droit de la décolonisation en Nouvelle-Calédonie 353
Jérôme Bouquet-Elkaïm

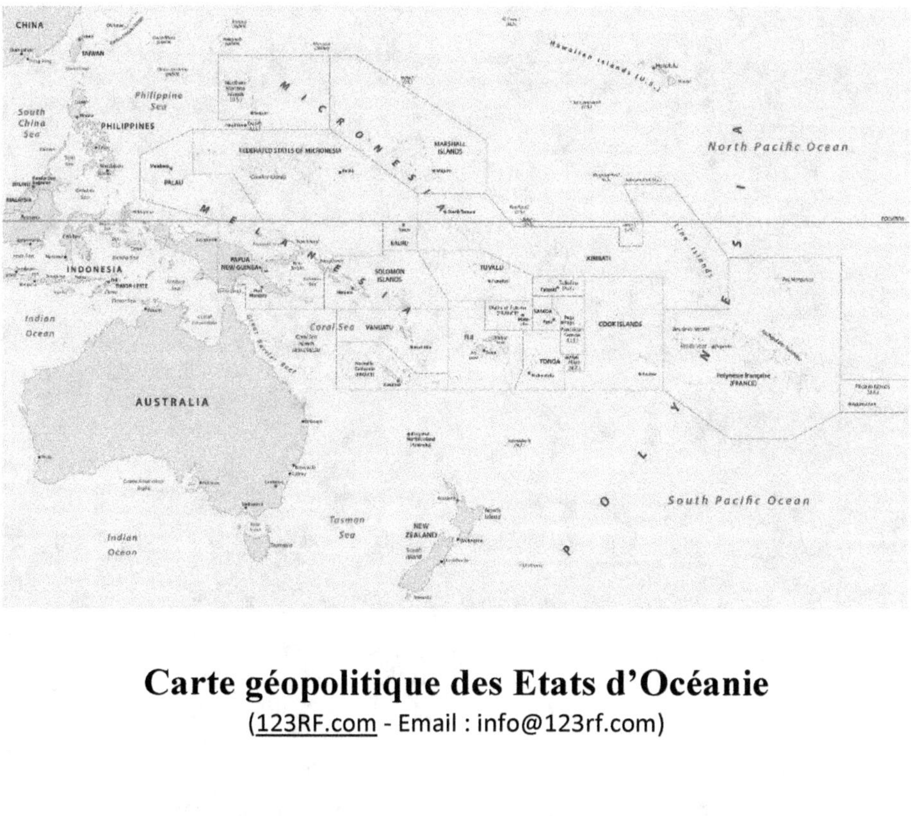

Carte géopolitique des Etats d'Océanie

(123RF.com - Email : info@123rf.com)

Préface

Florence FABERON

Professeure de droit public, Université Clermont Auvergne, Centre Michel de l'Hospital (UR 4232)

« Homme libre, toujours tu chériras la mer !
La mer est ton miroir ; tu contemples ton image
Dans le déroulement infini de sa lame,
Et ton esprit n'est pas un gouffre moins amer.

Tu te plais à plonger au sein de ton image ;
Tu l'embrasses des yeux et des bras, et ton cœur
Se distrait quelquefois de sa propre rumeur
Au bruit de cette plainte indomptable et sauvage. […] »

(Charles Baudelaire,
« L'homme et la mer », dans *Les fleurs du mal*, 1857)

Il cst des portes et des mondes, des fenêtres et des pas de côté pour accéder à une pensée ouverte, qui nous permet de nous construire en tant qu'humains et comme société, en assurant un avenir sans renier le passé. Il est des héritages vivants, à façonner, à faire grandir et à transmettre, pour que dans l'entrelacs des mondes émergent des valeurs propres à nous relier plutôt qu'à nous délier. L'Océanie est l'une de ces portes, l'un de ces mondes capables de nous enseigner, si l'on accepte le décentrement, l'humilité et d'être parfois bousculé dans nos repères ; se décentrer pour mieux se recentrer.

L'Océanie rassemble, dans l'immensité de l'océan, dans un éclatement géographique de ses terres, l'un et le multiple, le minuscule et le gigantesque entre Mélanésie, Micronésie et Polynésie : îles, archipels, micro-États, géants au rayonnement affirmé coexistent et s'entrelacent entre fragilité, puissance et originalité. L'Océanie donne une unité à la diversité et elle témoigne d'une culture millénaire d'une extrême richesse, juridique, politique, culturelle...[1] Elle porte une âme où l'océan tout entier semble pouvoir s'écouter et se dire, une âme façonnée par les migrations, les récits, les traditions mais aussi le droit et ses codes. L'océan, qui fait son unité, lui donne son nom. Cette âme est aussi celle de l'histoire et des mémoires, toujours si sensibles, coloniales et des indépendances. Elle est encore celle d'institutions plurielles traversées de défis multiples – géopolitiques, juridiques, économiques, environnementaux dont climatiques avec cette question cruciale de la montée des eaux… – mais enracinées dans des valeurs en partage.

Avec le bel ouvrage, *Identités du monde océanien. Entre valeurs du Pacifique et modèle occidental*, dont les textes ont été réunis par Marc Joyau MacAlpine, nous voilà invités à franchir une nouvelle « Porte Océane ». La première, il nous l'offrait, il y a quinze ans avec Emmanuel-Pie Guiselin[2]. Cet ouvrage, que nous avons l'immense honneur de préfacer, porte indéniablement sa marque et plus encore leur marque et, au-delà, de ceux, comme celui-ci, qui y ont apporté leur énergie et leur intelligence.

Cet ouvrage nous révèle, en filigrane, une devise : « Communauté, consensus, coutume », comme nous inscrivons haut, en République française, « Liberté, égalité, fraternité ». Pour les mondes océaniens, la communauté et la terre font socle, la coutume fait lien et le consensus s'affirme comme chemin. Cette porte océanienne, que nous franchissons avec les différents contributeurs, nous propose une voie singulière pour penser autrement l'État, le droit, la démocratie, la paix et les identités individuelles et collectives. Entre sociétés précoloniales, coloniales et post-coloniales, entre tradition et modernité, entre coutume et droit, des entrelacs se dessinent : ils font ponts, et ils permettent l'émergence de systèmes en résonnance, de logiques en dialogue, donnant naissance à des univers normatifs hybrides, inscrits dans la pluralité des expériences vécues, « entre ombres et lumière » pour reprendre la formule du préambule de l'Accord de Nouméa.

En franchissant cette « Porte Océane », nous allons à la rencontre d'une autre grammaire du droit et des institutions, ancrée dans les terres

---

[1] Sur la diversité culturelle de l'Océanie, voir P. de Deckker, « Le multiculturalisme dans le Pacifique », *L'Observatoire des Nations Unies*, 2007-2, vol. 23.

[2] *États et Constitutions du Pacifique Sud. States and Constitutions of the South Pacific*, New Zealand Association for Comparative Law et Association de Législation Comparée des Pays du Pacifique, *RJP* Hors-Série/Special Issue, volume XI, 2010, 352 p.

du Pacifique mais capable d'éclairer, par-delà, le monde, dans le clair-obscur de l'histoire et des mémoires plurielles des populations et des territoires. Ce syncrétisme juridique, reflet d'une histoire et de mémoires parfois douloureuses, témoigne plus que tout d'un système créatif et résilient. Le droit se présente comme une force d'innovation continue. Il est un système vivant dont l'imagination n'a de limites que celles des personnes qui le façonnent, le portent et en assurent le respect.

Les échos de la colonisation résonnent encore dans les sociétés insulaires de l'Océanie, comme une rumeur persistante dans les silences de l'histoire et le brouhaha de la mémoire et des mémoires. Et pourtant, la coutume, la parole, le consensus et *in fine* le *Pacific way* pourraient tracer une voie apaisée de décolonisation, dans des tissages juridiques innovants où les fils savent s'entrelacer, se chercher, se répondre, se compléter. L'Océanie peut nous permettre, par sa grammaire et son histoire, une réinterrogation des concepts : la souveraineté, le droit, l'individu, la chose… Elle pose la question de notre propre capacité à accueillir la diversité culturelle et juridique, par exemple par la démocratie consensuelle ou celle consociative[1] ou encore en interrogeant le droit des choses et la place de la chose, et de la terre, sujet de droit. Le pluralisme juridique ne serait pas un « combat d'arrière-garde »[2] mais bien « l'honneur du droit »[3].

Inévitablement se pose la question des valeurs, celles qui fécondent l'âme des peuples et permettent de faire société, de vivre-ensemble, de créer le ciment nécessaire non seulement à une cohésion sociale mais plus encore à une cohésion nationale et même ici pan-océanienne. Les mondes océaniens trouvent ainsi leur unité et leur identité dans la terre, la foi, la réconciliation, le palabre… Si les institutions permettent de faire communauté, les valeurs donnent sens et permettent d'incarner un vouloir vivre collectif. D'ailleurs, les institutions elles-mêmes sont un réceptacle des valeurs qui nous fondent.

---

[1] Voir A. Lijphart, *Democracies : patterns of majoritarian and consensus government in twenty-one countries*, New Haven, London, Yale university press, 1984, 229 p.
[2] Voir T. Michalon, « Un combat d'arrière-garde », in F. Faberon (dir.), *Les régimes des autochtones et populations locales dans les outre-mers français. Droit et politiques comparées*, Clermont-Ferrand, RCS, 2023, p. 365-370 ; parution, chez le même éditeur, en 2025, de synthèses en français, en anglais et en arabe, 3 volumes.
[3] Voir J.-P. Massias, « Autochtones : pour l'honneur du droit… », in F. Faberon (dir.), *Les régimes des autochtones et populations locales…, ibid.*, pp. 371-372.

Institutions et valeurs traduisent nos fondements identitaires et notre vision du monde. Institutions et valeurs nous sont données à lire et à comprendre, parfois entre tensions et harmonie, autour des trois axes qui structurent l'ouvrage : « l'ancrage des valeurs océaniennes » ; « l'appropriation de la figure de l'État » ; « la difficile conciliation des systèmes de valeurs ». Tensions et harmonie se disent et se lisent. Tensions et harmonie se retrouveront sans doute chez le lecteur face à des regards qui pourraient le mettre dans le confort ou l'inconfort. À cet égard, il ne s'agit pas d'adhérer à la diversité des positions des contributeurs mais bien d'entendre la diversité des mondes. Les mondes océaniens s'ouvrent à nous, en tant que tels et dans leur rencontre avec le modèle occidental, et surtout les valeurs océaniennes et plus encore la question des identités et du pluralisme juridique à l'heure de la globalisation. Une question patente reste de prendre la mesure du comment faire vivre la diversité en maintenant l'unité. Comment concilier des systèmes de valeurs qui peuvent s'opposer et même entrer violemment en conflit ?

Une « Porte Océane » supplémentaire a été ouverte et gageons que ce ne sera pas la dernière. Elle est pour tous : ceux qui sont des spécialistes de cette zone, les chercheurs qui interrogent le droit, l'anthropologie, le pluralisme juridique ou les dynamiques identitaires, celles et ceux qui veulent comprendre le duo tradition/modernité, les étudiants, les curieux, toutes celles et tous ceux qui aiment à apprendre et comprendre…

Cette deuxième « Porte Océane » nous ouvre un espace de connaissance et de réflexion pour penser et bâtir la paix. Le droit peut se faire véritablement bâtisseur de paix et de cohésion quand il se met à l'écoute des peuples, des coutumes, des traditions, des aspirations collectives, des altérités, quand il accepte la nuance et le dialogue avec des collectifs qui loin d'être figés nous montrent leur capacité à formuler des réponses originales aux défis d'hier et d'aujourd'hui… Encore faut-il que le droit ne se replie pas sur lui-même dans une autarcie normative. Encore faut-il le respect d'un socle commun de valeurs pour que ce qui nous éloigne ne soit pas plus fort que ce qui nous fait tenir ensemble : différents mais unis par un référentiel de valeurs fondatrices en partage. Le droit peut servir les pires idéologies comme il peut libérer, émanciper, porter haut les devises océanienne et républicaine. Il le peut quand il n'est ni sourd, ni aveugle, ni mutique. Il le peut quand il assume une pensée archipélique, une pensée de mondes en relation[1], une pensée ouverte, une pensée multipolaire fondée sur un pluralisme cohésif.

Il nous faut décloisonner et accepter le regard de l'autre, ce regard qui, tel un miroir inversé, peut se retourner. Et voilà nos propres évidences qui peuvent ainsi être réinterrogées. Nos manières d'être au monde le sont indéniablement. Il nous faut accepter que le regard ne fasse pas de l'autre un étranger mais qu'il devienne reconnaissance et réciprocité. C'est bien ce que nous transmet l'ouvrage coordonné par Marc Joyau MacAlpine : vivre ensemble sans se dominer, dialoguer sans s'exclure, reconnaître les voix multiples de l'humanité sans les dissoudre, accueillir d'autres conceptions du droit et des identités, se laisser enseigner. Avec cet ouvrage, il ne s'agit pas seulement de mieux comprendre les valeurs océaniennes, mais de les laisser nous transmettre une autre manière d'habiter le monde non pas dans des logiques d'effacement, mais bien de complémentarité. Le Pacifique est riche d'une culture spécifique qui peut ensemencer le monde en valeurs d'altérité, d'équilibre et de cohésion.

---

[1] Voir E. Glissant, *Traité du Tout-Monde*, Paris, Gallimard, 2007, 268 p.

Avant-propos[1]

À la recherche des identités des mondes océaniens

Marc JOYAU MACALPINE,
Professeur à Nantes Université

I – D'une « Porte Océane » à l'autre

Ce n'est pas par hasard si le présent ouvrage est publié par les éditions L'Harmattan. Ces dernières ont accueilli deux collections animées de préoccupations auxquelles il se rattache très directement. La collection « Portes Océanes » a eu en effet notamment pour but de mettre à disposition du public les derniers travaux universitaires ou les recherches originales portant sur les milieux insulaires, les outre-mer francophones et la région Pacifique. Quant à la collection « Mondes Océaniens », elle présente des ouvrages et des essais traitant des archipels du « Grand Océan », dans une logique de croisement des approches (sociale, culturelle, politique, historique, juridique ou économique) permettant d'affiner l'analyse des sociétés traditionnelles de l'Océanie, confrontées aux mutations engendrées de l'extérieur ou induites de l'intérieur[2].

Il y a maintenant quinze ans, était publié un ouvrage ayant pour titre : *États et Constitutions du Pacifique Sud. States and Constitutions of the South Pacific*[3]. Ce livre de 352 pages était le fruit du travail collectif de douze auteurs, principalement francophones, juristes, mais aussi venus d'autres champs disciplinaires, tels l'histoire ou la géographie. Cette équipe était partie du constat que les dix-sept États et territoire qu'ils avaient retenus pour leur travail avaient surtout fait l'objet d'analyses de la part de chercheurs anglophones. L'attention des juristes

[1] Les parties II et IV de cet Avant-propos ont été rédigées par E. Guiselin, Professeur à l'Université Rennes 2.

[2] Cette présentation des collections « Portes Océanes » et « Mondes Océaniens » est tirée du site des éditions L'Harmattan.

[3] E.P. Guiselin et M. Joyau (Dir.), *États et Constitutions du Pacifique Sud. States and Constitutions of the South Pacific*, New Zealand Association for Comparative Law et Association de Législation Comparée des Pays du Pacifique, *RJP* Hors-Série/Special Issue, Volume XI, 2010, 352 p.

francophones semblait en effet se limiter aux principaux d'entre eux, l'Australie et la Nouvelle-Zélande notamment et, dans une moindre mesure, la Papouasie Nouvelle-Guinée, les Îles Fidji ou le Vanuatu, « survivance de la Francophonie dans un archipel du Pacifique Sud »[1]. Les autres États, en revanche, étaient largement ignorés de l'autre côté de l'hémisphère, qu'il s'agisse, pour ne citer qu'eux, des Îles Cook, de Kiribati, des États fédérés de Micronésie, de Niue (un État d'environ 1 500 habitants à l'époque !), de Palau ou encore du Royaume des Tonga…

Ouvrant une première « Porte Océane », la recherche s'était articulée en trois parties. La première montrait les spécificités océaniennes dans l'accès à l'indépendance et la structure des États. La seconde auscultait pouvoirs, vie politique et démocratie. Quant à la troisième, elle dressait un tableau des organisations internationales intergouvernementales dans le Pacifique Sud, tout en révélant le leadership des deux puissances océaniennes que sont l'Australie et la Nouvelle-Zélande. De chacune de ces parties, ressortait l'idée que les États du Pacifique Sud révélaient des particularismes certains qui, tout à la fois, portaient la marque de la zone océanienne et traduisaient la grande variété des situations rencontrées. La lecture des différentes contributions, prises individuellement et dans leur ensemble, dessinait ainsi une voie médiane, entre d'une part, les schémas institutionnels importés de la démocratie occidentale et, d'autre part, les traditions et coutumes des populations des nouveaux États, singulièrement la recherche d'un mode consensuel de résolution des problématiques. Les recherches réunies révélaient donc la marque confirmée de la « *Pacific Way* », concept forgé par l'ancien premier ministre des Îles Fidji, Sir Ratu Mara, et renvoyant à l'idée suivant laquelle, dans un Pacifique Sud unifié, et donc… pacifique, tout problème trouve sa solution dans la négociation, le consensus, la palabre[2].

---

[1] Sous-titre d'un rapport d'information du Sénat consacré au Vanuatu, *Doc. Sén.* (2000-2001), n° 33.

[2] Lorsqu'elle est apparue, puis lorsqu'elle s'est étendue, dans les années 1970, la *Pacific Way* « exprimait une façon particulière de prendre des décisions et de résoudre des désaccords sans laisser à qui que ce fut un sentiment de défaite. Décider faisait l'objet d'un consensus, et n'était pas le fait d'une majorité combattant une minorité. On parvenait ainsi à éviter toute rancœur et tout le monde était gagnant. L'art de la "Voie Pacifique" n'était pas seulement un art du compromis, mais une manière de trouver une solution répondant à l'attente des aspirations de tous. C'était le style, disait-on, de la politique traditionnelle dans le Pacifique », I.C. Campbell et J.-

La conclusion de l'Avant-propos était nette et le constat aurait pu en rester là : « Que l'on considère les modalités d'accès à l'indépendance, l'organisation des pouvoirs et leur agencement, les conditions de déroulement de la vie politique, le modèle de démocratie recherchée et mis en œuvre, le système des relations internationales… tout confirme l'originalité des États et des Constitutions du Pacifique Sud »[1].

Rétrospectivement, plusieurs « signes » annonçaient pourtant déjà la recherche dont les éditions L'Harmattan permettent aujourd'hui la diffusion.

D'abord, il était expressément indiqué dans l'Avant-propos d'*États et Constitutions du Pacifique Sud. States and Constitutions of the South Pacific* que le sujet n'était pas épuisé. Plusieurs pistes, toujours pertinentes semble-t-il, de nouvelles recherches portant sur le Pacifique Sud étaient en effet avancées[2]. Ensuite, les co-directeurs avaient pressenti, sans doute sans en avoir alors pleinement conscience, que le « Monde Océanien » dessine une voie médiane, celle de la *Pacific Way*, ou « si l'on veut, pour tenir compte de la variété des situations appréhendées, des *Pacific Ways* »[3]. Autrement dit, si la réalité ne correspondait pas à un simple « héritage occidental », elle ne se laissait pas davantage enfermer dans un unique modèle océanien (la *Pacific Way*). Enfin, et surtout, il avait déjà été relevé que cette *Pacific Way*, cette recherche d'un mode consensuel de résolution des problématiques n'était qu'un aspect, certes fort et remarquable, mais un aspect seulement des traditions et coutumes des populations des nouveaux États étudiés.

Dès lors, il était possible d'ouvrir une seconde « Porte Océane » pour chercher à comprendre les raisons de l'existence de cette voie médiane et donc, ce qui fonde cette, ou plutôt ces *Pacific Ways*.

Il n'est pas inutile d'évoquer ici, même rapidement, la démarche (méthodologique) initialement adoptée et surtout l'évolution qu'elle a subie. Tout projet d'étude peut en effet varier avec le temps, partir de

---

P. Latouche, *Les insulaires du Pacifique. Histoire et situation politique*, PUF 2001, coll. « Politique d'aujourd'hui », p. 265.

[1] E.-P. Guiselin et M. Joyau, « Avant-propos. États et Constitutions du Pacifique Sud : l'empreinte de la "*Pacific Way*" », *in États et Constitutions du Pacifique Sud…*, *op. cit.*, pp. 16-17.

[2] « L'organisation territoriale des États, les systèmes juridictionnels, les modalités de protection des droits fondamentaux et l'exercice du contrôle de constitutionnalité pourront, à l'avenir, compléter les travaux réunis… L'invitation au voyage se poursuit donc… », *ibid.*, p. 17.

[3] *Ibid.*, pp. 4-5.

présupposés, puis être réorienté en fonction du développement de la recherche, de l'articulation de ses différents pas les uns par rapport aux autres. Le présent ouvrage n'échappe pas à la règle et s'avère être finalement le fruit d'une recherche menée en trois étapes, ayant chacune leur légitimité dans la phase ascendante de développement et de maturation de la problématique. L'approche liminaire a consisté, dans le droit fil de la première recherche sur les États et les Constitutions du Pacifique Sud, à chercher à identifier les « valeurs du Pacifique Sud » (expression un temps envisagée comme titre de l'ouvrage qui aurait présenté cette recherche), pour ensuite tenter de les situer par rapport à la *Pacific Way* et au « modèle » occidental. L'idée était, ni plus, ni moins, de parvenir à identifier « l'âme de la *Pacific Way* » pour examiner ensuite comment elle s'incarnait, notamment dans les institutions administratives, puisque les institutions politiques avaient été largement étudiées dans le premier ouvrage. La deuxième approche, plus fine, entendait ajouter une réflexion sur les systèmes de protection de ces valeurs et les moyens de contrôler leur mise en œuvre. Enfin, la troisième et dernière approche, qui correspond à celle sur le fondement de laquelle le plan du présent ouvrage a été adopté, s'est plutôt focalisée sur les identités du Monde Océanien, qui se révèlent, à l'analyse, se situer entre les valeurs du Pacifique et le modèle occidental.

Avant de cerner les principaux fils conducteurs de ces identités, il importe à présent de resituer leur périmètre d'éclosion : l'Océan Pacifique, ses États et ses territoires.

II – Le Grand Océan, ses États et ses territoires

L'Océan Pacifique est le plus grand des océans. Ses 165 millions de kms^2 occupent 43,5 % de la surface des océans ; à lui seul ce « continent liquide », pour reprendre la formule de Paul de Deckker, remplit un tiers de la surface planétaire. À une autre échelle, et pour rester au sein du Grand Océan, les archipels de la Polynésie française et l'espace maritime en dépendant correspondent à la superficie de l'Europe.

Règne de l'infiniment grand, l'Océan Pacifique, quant aux terres émergées, accueille une réalité extrêmement contrastée. Ces terres sont unies sémantiquement par un nom : l'Océanie, « parce que ses éléments disparates n'ont d'autres liens entre eux que l'Océan »[1].

Pour autant, à l'instar de Jean-Pierre Doumenge, on peut les distinguer en deux grands ensembles : l'« Australasie » et le

---

[1] C.-A. Julien, *Histoire de l'Océanie*, PUF, coll. « QSJ », 1951, 3e éd., p. 5.

« Pacifique insulaire »[1]. L'Australasie regroupe trois États à la superficie et à la population conséquentes : l'Australie, la plus grande île du monde, parfois qualifiée de continent à elle seule, représentant plus de 20 millions d'habitants pour près de 8 millions de kms^2 ; la Nouvelle-Zélande, archipel de 268 000 kms^2 peuplé de plus de 4 millions d'habitants ; la Papouasie Nouvelle-Guinée, enfin, archipel de 600 îles couvrant près de 463 000 kms^2 pour une population approximativement comprise entre 10 et 17 millions d'habitants[2]. Dans cet État particulièrement pauvre, les Églises chrétiennes suppléent auprès des populations la défaillance de l'État en matière d'éducation, de soins et même de transports[3].

Le second ensemble, celui du Pacifique insulaire, rassemble, disséminées sur le Grand Océan, pas moins de 23 entités territoriales, îles, ou le plus souvent, archipels ou groupes d'archipels. Selon le décompte de Jean-Pierre Doumenge, ces entités occupent une superficie terrestre cumulée de 129 760 kms^2. Treize d'entre elles ont le statut d'État. La République de Palau, les États fédérés de Micronésie, les Îles Marshall, les Îles Cook et Niue sont des États en libre association, pour les trois premiers avec les États-Unis d'Amérique, pour les deux derniers avec la Nouvelle-Zélande. D'autres États jouissent d'une souveraineté non liée : les Îles Salomon, Vanuatu et Fidji ; Nauru et Kiribati ; Tuvalu, les Samoa et le Royaume des Tonga. À ces États, viennent s'ajouter des « territoires » qui, pour certains, jouissent d'une autonomie assez étendue. Au titre de ces territoires du Pacifique insulaire, dépendants d'un État, Jean-Pierre Doumenge identifie Guam, Hawaii (au statut, depuis 1959, d'État fédéré des États-Unis d'Amérique), les Îles Mariannes, la Nouvelle-Calédonie, l'île de Pâques, Pitcairn, la Polynésie française, les Samoa américaines, le petit archipel des Tokelau et Wallis et Futuna. Si les statuts océaniens sont différenciés, deux données de fond rapprochent cependant États et territoires du Pacifique insulaire : la fréquente

---

[1] J.-P. Doumenge, « Le Pacifique et ses îles : contextes naturels et culturels de développement, réalités économiques et politiques contemporaines », *in États et Constitutions du Pacifique Sud...*, *op. cit.*, v., spéc. le tableau inséré pp. 33 et 34 : « Population, superficie et densité de population de l'Océanie et de ses îles ».

[2] En ce sens, v. S. Leplâtre, « En Papouasie, les Églises pallient les faiblesses de l'État », *Le Monde* du 10 septembre 2024, p. 5 : « Faute d'état civil, le gouvernement ignore même le nombre exact de ses citoyens, avec une population estimée entre 10 millions et 17 millions d'habitants ».

[3] *Ibid.*

exiguïté des territoires (de 28 450 kms^2 pour les Îles Salomon à 21 kms^2 pour Nauru) ; la faiblesse de leur population : d'un peu moins d'un million d'habitants pour les Îles Fidji à 1 800 habitants pour Niue, voir une cinquantaine seulement pour l'ancienne île refuge des révoltés du Bounty, Pitcairn. Cette faiblesse démographique est parfois aggravée par la forte immigration que peuvent connaître certains États et territoires, au point que certains d'entre eux – tels les Tonga, les Îles Cook, Niue ou Tokelau – « ont aujourd'hui plus de ressortissants à l'extérieur que chez eux »[1].

Les premières recherches *États et Constitutions du Pacifique Sud* avaient été marquées – analyse des textes constitutionnels oblige –, par la volonté de circonscrire le champ d'étude aux États océaniens, en intégrant toutefois l'archipel des Tokelau, dépendant de la Nouvelle-Zélande, mais ayant fait l'objet à deux reprises de votations référendaires d'accès à l'indépendance, en 2006 et en 2007, projet de constitution à l'appui. Le présent ouvrage, quant à lui, pour aborder les identités océaniennes, entre valeurs du Pacifique et modèle occidental, n'a pas entendu limiter le champ d'investigation des auteurs aux seuls États. C'est l'ensemble des terres émergées du Grand Océan qui se sont offertes aux recherches. Les États, bien sûr, ont conservé une place privilégiée dans le terreau d'analyse. Mais les territoires ont aussi été investigués. La Nouvelle-Calédonie, en particulier, a retenu tout particulièrement l'attention de deux auteurs : Clara Filippi[2], au regard de la valeur de réconciliation, valeur coutumière actionnée dans le processus, post-accords de Nouméa, de construction d'un « destin commun » ; Jérôme Bouquet-Elkaïm[3], au regard de la nouvelle crise traversée par « le Caillou » et ses habitants depuis mai 2024, après la troisième consultation prévue par les accords de Nouméa et les atermoiements de l'État français au sujet de l'avenir du territoire et de sa population. Cet élargissement du prisme d'analyse se comprend : la « diversité culturelle extraordinaire »[4] propre au Monde Océanien dépasse les statuts juridiques. Quant à la figure étatique, elle peut s'apprécier aussi bien pour les États océaniens constitués, accédant à l'indépendance à partir de 1962, avec les Samoa-Occidentales, que pour

[1] P. de Deckker, « Le multiculturalisme dans le Pacifique », *L'Observatoire des Nations Unies*, 2007-2, vol. 23, p. 285.

[2] « La réconciliation : une valeur kanak », chapitre 3 de cet ouvrage.

[3] « *Pacific Way* ou "*Very French Way*". Pratique du droit de la décolonisation en Nouvelle-Calédonie », chapitre 11 de cet ouvrage.

[4] P. de Deckker, « Le multiculturalisme dans le Pacifique », *op. cit.*, p. 288.

les "États tutélaires" : la France, en particulier, qui a tenu à conserver dans le giron de sa souveraineté la Nouvelle-Calédonie, objet d'un titre spécifique dans sa Constitution[1], et les deux collectivités d'outre-mer de Polynésie française, au statut d'autonomie renforcée, et de Wallis et Futuna, encore enserré dans un statut dicté par une loi de 1961[2], mais faisant la part belle aux institutions coutumières et à la coutume[3].

Si l'on s'attarde encore quelque peu sur les données géographiques, on doit rappeler – en reprenant la classification du Grand Océan parachevée par Dumont d'Urville dans son mémoire lu aux membres de la Société Géographique de Paris en décembre 1831[4] – que les îles du Pacifique se distribuent en trois « divisions principales »[5] : la Mélanésie, la Micronésie et la Polynésie[6]. La Mélanésie (de *melas*, noir) est ainsi nommée par Dumont d'Urville comme siège de « la patrie de la race noire océanienne »[7]. Elle comprend une série d'archipels disposés en arc au nord de l'Australie et à l'est de la Malaisie. L'« Arc mélanésien »[8], qui accueille notamment des « grandes terres », est dessiné par les États de Papouasie Nouvelle-Guinée, des Îles Salomon, du Vanuatu et des Fidji, ainsi que par la Nouvelle-Calédonie. La Micronésie (de *micros*, petit), pour sa part, « est formée d'îles, en général de petite dimension et d'origine corallienne, qui dessinent leur guirlande au nord et au nord-est »[9] de la Papouasie Nouvelle-Guinée. La zone accueille Palau, les Mariannes, Guam, les États fédérés de Micronésie, les Îles Marshall, Nauru et Kiribati. Quant à la Polynésie (de *polus*, nombreux), elle structure le Pacifique oriental, par ses

---

[1] Le Titre XIII de la Constitution du 4 octobre 1958 : « Dispositions transitoires relatives à la Nouvelle-Calédonie ».

[2] Loi n° 61-814 du 29 juillet 1961 conférant aux îles Wallis et Futuna le statut de territoire d'outre-mer.

[3] Sur les territoires de l'Océanie française et sur leur histoire, v. en particulier : A. Laca et B. Gille, *Histoire des institutions de l'Océanie française*, L'Harmattan, coll. « Mondes Océaniens », 2009.

[4] J. D'Urville, « Sur les îles du Grand Océan », *Bulletin de la Société de Géographie*, n° 105, janvier 1832, pp. 1-21.

[5] *Ibid.*, p. 6.

[6] Dumont d'Urville identifie aussi une quatrième division : la Malaisie, correspondant à « l'Océanie occidentale et renferm(ant) toutes les îles communément connues sous le nom d'îles des Indes orientales », *ibid.*, p. 6.

[7] *Ibid.*, p. 6.

[8] L'expression est retenue dès les premières pages de la « Charte du Peuple Kanak. Socle Commun des Valeurs et Principes Fondamentaux de la Civilisation Kanak », adoptée, puis proclamée en 2014, p. 4.

[9] C.-A. Julien, *Histoire de l'Océanie*, *op. cit.*, p. 17.

archipels aux îles, ilots et récifs nombreux. Au centre de la zone, on trouve Niue, ainsi que les archipels, formés de petites îles hautes ou d'atolls, des Tuvalu, des Tokelau, de Wallis et Futuna, des Samoa – occidentales et américaines –, des Tonga, des Îles Cook et de la Polynésie française. À l'écart de ces groupes d'îles, sont positionnés Hawaii au nord et la Nouvelle-Zélande au sud.

Vivant sur ces territoires, souvent de très petites dimensions, les populations « se sentent océaniennes, même si elles se partagent [entre] ces trois grands ensembles culturels »[1]. Un attachement commun à la terre, au foncier, porte en elles une identité commune. Paul de Deckker peut ainsi écrire que « toute cette dimension relative au foncier représente un fondement culturel des sociétés du Pacifique insulaire dans leur ensemble »[2]. La terre porte aussi avec les communautés humaines qui y vivent, et en vivent, l'univers de la coutume. Il y a là un incontestable facteur d'identité commune. Les valeurs du Pacifique Sud valent en effet, et peut être surtout, pour la gestion de ce patrimoine commun que constitue la terre. Sans terre, au sein de l'immensité du Grand Océan, il ne saurait en effet y avoir de communauté humaine, de port d'attache pour cette communauté, de vie.

Au-delà de ces caractéristiques géographiques communes, physiques et de peuplement, les territoires insulaires et leurs populations ont connu et connaissent d'autres vecteurs de rapprochement, à même de favoriser le sentiment d'une commune appartenance au Monde Océanien. Sans que l'on puisse ici développer, ces vecteurs se rattachent d'abord aux conditions historiques de peuplement des îles et des archipels ; à l'histoire plus récente née de la rencontre des européens avec les terres et les peuples du Pacifique à partir de la fin du XVIIIe siècle ; à l'arrivée des missionnaires, qui ont fait des terres du Pacifique insulaire une zone d'évangélisation, d'autant plus durable que l'univers de la religion chrétienne s'est greffé sur celui de la coutume, l'acculturation réciproque de l'un à l'autre allant jusqu'à leur imbrication, « jusqu'à en être devenus unifiés »[3]. Autre vecteur de cette histoire commune : la colonisation, plus ou moins respectueuse des populations autochtones et des institutions coutumières, et dont les types ont pu être diversifiés, entre colonisation de peuplement, en Australie, en Nouvelle-Zélande et en Nouvelle-Calédonie en

---

[1] J.-M. Régnault, « Une zone d'instabilité : le Pacifique insulaire intertropical », *Cahiers d'Histoire immédiate*, n° 25, printemps 2004, p. 88.

[2] P. de Deckker, « Le multiculturalisme dans le Pacifique », préc., pp. 286-287.

[3] *Ibid.*, p. 288.

particulier ; colonisation d'exploitation, par exemple aux Fidji pour la canne à sucre ; et colonisation « stratégique » pour marquer la présence d'une puissance occidentale dans la « zone » Pacifique. Plus près de nous encore, le Pacifique insulaire a connu une meurtrissure commune en étant, dans nombre de ses îles et archipels, « un des trois grands théâtres d'opération de la seconde guerre mondiale »[1].

L'accès à l'indépendance, à partir du début des années 1960, a constitué un révélateur des identités océaniennes. Il s'est réalisé dans les années soixante et soixante-dix pour nombre de territoires de la Mélanésie et de la Polynésie, de l'indépendance des Samoa-Occidentales, en 1962, à celle du Vanuatu, en 1980 ; plus tardivement, jusqu'en 1994, pour les territoires dépendant de la zone d'influence américaine : les États fédérés de Micronésie, les Îles Marshall et Palau. Il est symptomatique que plusieurs des préambules des constitutions des nouveaux États fassent expressément référence à leur histoire, de peuplement et de société océanienne, entremêlant dans les fondements de cette histoire racines coutumières et chrétiennes. L'accession à l'indépendance des Fidji, en 1970, sera l'occasion pour son Premier ministre, Sir Ratu Mara, de forger le concept de la *Pacific Way*, portant l'une des marques caractéristiques du monde océanien : la recherche, par le consensus, d'une position commune acceptée de tous. Autre vecteur d'intégration pour les nouveaux États à la Maison commune océanienne : le rattachement aux organisations régionales, tels le Forum des Îles du Pacifique ou la Communauté du Pacifique[2], qui rassemble aujourd'hui 27 membres[3].

Cependant, ces ferments d'identité commune océanienne, à l'échelle des sociétés, notamment insulaires, ou à celle des nouveaux États océaniens, ne doivent pas occulter le « Grand jeu » entre grandes puissances qui continue dans le Pacifique[4]. Certaines puissances

---

[1] J.-P. Doumenge, « Le Pacifique insulaire en 2010, un monde éclaté en grande mutation, tiraillé entre traditions autochtonistes et valeurs de métissage », *Les Cahiers d'Outre-Mer*, n° 252, oct.-déc. 2010 ; https://doi.org/10.4000/com.6107, § 2.

[2] Initialement commission du Pacifique Sud, créée en 1947 par les puissances occidentales.

[3] Sur le « système international océanien » (E.-P. Guiselin et M. Joyau), on pourra se reporter à la 3ème partie d'*États et Constitutions du Pacifique Sud...*, *op. cit.*, et notamment aux chapitres 9 (R. Capron, « Les organisations internationales du Pacifique Sud », pp. 269-286) et 10 (du même auteur : « Le Secrétariat général de la communauté du Pacifique, CPS », pp. 287-302).

[4] À ce sujet, v. G. Giraudeau, « "Grand jeu" dans le Pacifique Sud », *Le Monde diplomatique*, août 2024, pp. 6-7.

occidentales considèrent toujours le Pacifique comme une zone d'influence, en premier lieu la France avec ses trois collectivités, mais aussi les États-Unis d'Amérique, liés – comme il a été relevé – par des conventions de libre association avec la République de Palau, les États fédérés de Micronésie et les Îles Marshall. La Chine, route de la soie aidant, a considérablement renforcé les liens avec nombre d'États insulaires, au détriment de Taïwan, qui a nettement perdu en attraction et en influence ces dernières années. Les « grands » États de la zone océanienne que sont l'Australie et la Nouvelle-Zélande restent pour leur part « des puissances océaniennes contraintes à l'action »[1], et assument un leadership, qui a pu aller jusqu'à la proposition faite par le Sénat australien d'une unification économique des pays adhérents au Forum des Îles du Pacifique, « avec une monnaie unique, le dollar australien »[2].

Il reste qu'au-delà des enjeux géopolitiques, économiques aussi – via l'exploitation des ressources des zones économiques exclusives (ZEE) –, que représentent les États et les territoires du Pacifique insulaire, retracés par Géraldine Giraudeau dans un article récent du *Monde diplomatique*[3], le Monde Océanien, notamment insulaire, est caractérisé par sa grande fragilité. La montée des eaux, à l'heure du réchauffement climatique, fait craindre le pire pour bon nombre d'États « atolliens », dont les terres, à terme submergées, deviennent de plus en plus inhospitalières pour leurs populations. Au point de conduire à la signature, en novembre 2023, entre l'Australie et Tuvalu de la « première convention bilatérale de mobilité climatique » : l' « Union Falepili » (littéralement, « voisins bienveillants »), qui « prévoit une relocation progressive de la population de l'archipel polynésien au rythme de 280 titres de séjour par an »[4].

Avenir d'un Pacifique sans ses petites îles coralliennes ? d'une Océanie limitée aux « grandes terres » ? Nous n'en sommes pas encore là… Mais on peut avoir des doutes sur le dessein de certaines grandes puissances d'œuvrer à la limitation des effets du réchauffement

---

[1] V. N. Mrgudovic, « Australie, Nouvelle-Zélande : des puissances océaniennes contraintes à l'action », *in États et Constitutions du Pacifique Sud…*, *op. cit.*, p. 303 et s.

[2] J.-M. Régnault, « Une zone d'instabilité : le Pacifique insulaire intertropical », préc., p. 99.

[3] G. Giraudeau, art. préc., pp. 6-7.

[4] *Ibid.*, p. 7. V. aussi sur ce sujet : M. Joyau, « Tuvalu ou l'infortune de mer », *Annuaire de Droit Maritime et Océanique*, 2008, Tome XXVI, pp. 175-189.

climatique en contribuant à réduire l'émission des gaz à effets de serre. En témoigne la sortie des accords de Paris, des États-Unis d'Amérique, le premier jour de la nouvelle administration Trump. Pour un Pacifique insulaire fragilisé, cela n'en rend que plus opportun et utile de rechercher les clefs des identités océaniennes, de l'identité du Monde Océanien, à commencer par ce qui en constitue certainement la marque principale : la coutume.

III – La coutume, ancrée mais adaptée

On ne saurait bien entendu prétendre traiter de l'identité du Monde Océanien sans aborder la coutume. Cette dernière se révèle en effet être au fondement de la structure de l'ordre social de nombreuses sociétés insulaires et on ne compte plus les ouvrages publiés sur elle à propos de tel ou tel territoire océanien[1] ou de l'ensemble du Pacifique Sud[2].

Pourtant, la coutume reste extrêmement difficile à définir et même à saisir. François Garde s'y est essayé dans le cadre d'un petit ouvrage ayant pour titre *La coutume kanak et ses institutions*[3] et on ne peut que souscrire à ses conclusions :

« Lorsque les Européens sont arrivés en Afrique puis dans le Pacifique, ils ont constaté que les populations qu'ils découvraient ne vivaient pas dans l'état de nature imaginé par Rousseau, mais appliquaient à leur façon des règles, peut-être même des règles de droit, transmises oralement et respectées par tous. Comment penser cette réalité ? Le nom de coutume (*custom* en anglais, d'où *kastom* en bichlamar) fut dès lors attribué à ce fait social ».

---

[1] On peut ainsi citer, de manière absolument non exhaustive et tout à fait subjective, mais néanmoins pleinement assumée : M.K. Tabani, *Les pouvoirs de la coutume à Vanuatu*, L'Harmattan, 2002, coll. « Connaissance des hommes » ; D. Pechberty et E. Toa, *Vivre la coutume à Uvéa (Wallis)*, L'Harmattan, 2005, coll. « Mondes Océaniens » ; E. Rau, *Institutions et coutumes canaques*, L'Harmattan, 2012, coll. « Fac-similés océaniens » (présenté et travaillé dans la contribution au présent ouvrage de M. Joyau MacAlpine – cf. *infra*, chapitre 8 : « Regards croisés sur les valeurs européennes et océaniennes ») ; C. Demmer et B. Trepied (Dir.), *La coutume kanak dans l'État. Perspectives coloniales et postcoloniales sur la Nouvelle-Calédonie*, L'Harmattan, 2017, coll. « Cahiers du Pacifique Sud contemporain », HS n° 3.

[2] V., par exemple : P. de Deckker (Dir.), *Coutume autochtone et évolution du droit dans le Pacifique Sud*, L'Harmattan, 2000.

[3] F. Garde, « Coutume, définition », *in* L. Wamytan, A. Leca et F. Faberon (Dir.), *La coutume kanak et ses institutions*, Centre de documentation Pédagogique de Nouvelle-Calédonie, 2016, pp. 68-69.

Mais si le constat de l'existence de la coutume était, et est d'ailleurs toujours aisé à faire, il n'en est pas de même de son appréhension. Comme l'écrit toujours François Garde à propos de la coutume kanak, mais l'observation vaut plus largement, elle « se vit en langue kanak et non en français » et « demeure rétive à une entrée dans un univers de droit écrit et de procédures, à s'exposer au regard des non-kanaks ». La raison de cette situation tient sans doute au fait que l'« explicitation de la coutume paraît se heurter à deux réalités fortes : d'une part, elle n'a pas à être exposée aux yeux de qui n'a pas à en connaître ; d'autre part, elle doit, pour être efficace et respectée, rester vivante et mobile ». Si bien que l'auteur en conclut, à juste titre selon nous, que « malgré toute sa bonne volonté, le non-Kanak ne pourra jamais la vivre de l'intérieur et donc la comprendre entièrement »[1].

À défaut de pouvoir comprendre entièrement la coutume, il est quand même possible d'en cerner les contours et d'en mesurer les effets, voire même peut-être le sens. Un ouvrage, essentiel, facilite cette entreprise : *La bataille de la coutume et ses enjeux dans le Pacifique Sud*, de Paul de Deckker et Laurence Kuntz[2].

Dans leur ouvrage, les auteurs s'emploient à « démontrer que la coutume, ce "totem protecteur" des peuples océaniens, serait à la fois le support d'une continuité culturelle – une "façon de vivre" spécifiquement océanienne, dans laquelle chaque peuple du Pacifique puiserait, depuis des temps immémoriaux, sa cohésion, son équilibre, et sa survie en tant que groupe culturel homogène –, et également le moteur de toute dynamique sociale contemporaine en Océanie. De fait, la coutume apporterait une dimension sociale inédite, précieuse pour l'édification d'un modèle d'État et de société dans le Pacifique, une "voie océanienne" de développement qui, mariant préceptes coutumiers et principes démocratiques, devrait permettre de concilier le maintien des liens sociaux, l'équilibre politique et la prospérité économique ». Et il a été relevé que les auteurs estiment que « La coutume joue donc le rôle d'un symbole identitaire et politique majeur » et même parfois de « bannière identitaire nationale ». Pour autant, cette coutume n'est pas figée, « Les auteurs rendent d'ailleurs hommage aux "gens de peu", qui seraient selon eux les gardiens tout naturellement désignés de la

[1] Et l'auteur de terminer ainsi : « Penser la coutume seulement avec les catégories intellectuelles, logiques et juridiques issues de la culture classique est une entreprise vouée à l'échec. Il faut aussi écouter, avec humilité, ce qu'elle a à nous dire ».

[2] P. de Deckker et L. Kuntz, *La bataille de la coutume et ses enjeux dans le Pacifique Sud*, L'Harmattan, 1998, coll. « Mondes Océaniens ».

coutume populaire, puisqu'ils la "vivent" au quotidien, et ainsi la renouvellent »[1].

C'est bien dans cet esprit que s'inscrit le présent ouvrage. Il n'a en effet jamais été envisagé de consacrer cette recherche, ni même une de ses parties ou encore, simplement un seul chapitre, spécialement à « la » coutume. En revanche, beaucoup de contributions, sinon toutes, s'y réfèrent au moins indirectement, puisque la coutume est bien intrinsèquement liée à l'identité du Monde Océanien.

Ce point apparaît nettement dans les contributions de la première partie de l'ouvrage intitulée « L'ancrage des valeurs océaniennes », laquelle comporte trois chapitres.

Dans un premier chapitre ayant pour titre « Les conceptions des droits avant les indépendances » (chapitre 1er), Lorenz Gonshor relève en effet que la réflexion sur le droit en Océanie porte le plus souvent sur les textes constitutionnels qu'il qualifie de « post-coloniaux » et qu'il n'est pas fréquent de trouver des travaux mettant en évidence la marque de traditions plus anciennes, remontant pourtant parfois à « l'ère classique des civilisations autochtones avant les premiers contacts avec l'Occident ». Aussi s'attache-t-il d'abord à mettre en évidence les conceptions autochtones des droits avant les influences européennes, pour ensuite identifier des droits « hybrides » (sous influence des modèles occidentaux, mais encore libres de prescriptions coloniales) dans les États indépendants du XIXe siècle, avant d'évaluer « l'héritage » qui en est résulté. Et, dans sa conclusion, l'auteur tient à souligner qu'une forte tradition des droits existait bien avant la colonisation et que si la colonisation conduisit à des systèmes de droits « hybrides » ici ou là, on assiste aujourd'hui à une revalorisation des traditions précoloniales.

Grand spécialiste des coutumes[2], Dominique Gaurier a quant à lui travaillé sur l'individu et le groupe dans les coutumes polynésiennes ou aborigènes (chapitre 2). Conviant « à un dépaysement à la fois conceptuel et spirituel complet », l'auteur commence par inviter à une remise en question de la totalité de nos repères habituels et notamment des notions de « droit » et de « coutume », en s'interrogeant en particulier sur la manière dont la coutume est vécue en Polynésie. Puis

---

[1] C. Graille, « Compte-rendu sur l'ouvrage de P. de Deckker et L. Kuntz », *in Journal de la Société des Océanistes*, 1998, n° 107, p. 235, pour les quatre citations de ce paragraphe.

[2] D. Gaurier, *Le passage de l'oral à l'écrit dans les systèmes juridiques anciens et modernes*, thèse de doctorat, Nantes, 1988.

il cherche à savoir dans quelle mesure les ensembles coutumiers océaniens (qu'il limite aux « cultures maories, ... aborigènes de l'Australie et ... kanaks de la Nouvelle-Calédonie ») reconnaissent une place à l'individu en tant que personne juridique autonome. Enfin, dans un troisième et dernier temps, l'auteur montre que, dans le Pacifique Sud, la notion de droit peut trouver aussi à s'appliquer non à des personnes, mais à des choses. En conclusion, élargissant son propos à l'ensemble des communautés autochtones de l'aire océanienne et occidentale et envisageant même celles qui peuvent se situer en Asie, il invite le lecteur à s'interroger sur le point de savoir si les pays dans lesquels se trouvent de telles communautés sont « prêts à leur accorder la place qu'elles méritent dans le cadre de leurs institutions, même si elles vivent selon des lois différentes des leurs ». Et il conclut en considérant qu'à cet égard, « L'Océanie... offre des exemples instructifs ».

Enfin, Clara Filippi s'est, elle, intéressée à une valeur kanak caractéristique : la réconciliation (chapitre 3). Sa recherche est articulée autour du drame d'Ouvéa (mai 1988), ou *Iaai* en langue kanak, et son objectif est de montrer comment la situation néo-calédonienne peut être comprise à la lumière des théories relatives aux processus de réparation[1]. Pour ce faire, elle raisonne en quatre étapes distinctes : « Reconnaissance », « Responsabilité », « Excuses » et « Réparation ». L'intérêt particulier de son étude est de montrer que le polyptyque qu'elle propose s'applique à deux « réconciliations » : celle des Kanaks et des gendarmes, et celle de différentes tribus kanakes antagonistes. En conclusion de son propos, elle considère qu'il existe donc une « méthode kanak » de réconciliation et que « par-dessus tout, en milieu kanak, c'est l'échange de coutumes (et les palabres que cela implique) qui symbolise les excuses, l'acceptation du pardon ». Ce qui la conduit, *in fine*, à poser la question « de savoir si, à l'aune des émeutes de mai 2024, et sur la base de ces processus... de réconciliation kanak, une réconciliation avec l'État français est envisageable et dans quelle mesure ? ».

Ces trois chapitres illustrent donc, soit à partir d'une vision globale (Lorenz Gonshor), soit au travers d'un prisme particulier (Dominique Gaurier et Clara Filippi), que la coutume est bien comme ancrée dans

[1] Développées, selon C. Filippi, par V.-B. Rosoux et S. Planche (« Passé colonial et politique étrangère de la Belgique », *Studia Diplomatica*, 2009, p. 2).

le Monde Océanien, mais qu'elle sait aussi s'adapter, dans le temps et en fonction des situations, notamment politiques.

Un autre vecteur majeur des identités océaniennes est fourni par le cadre étatique, réceptacle naturel des sociétés organisées. Loin d'en offrir une image univoque, l'ouvrage permet d'apprécier la variété des figures étatiques qui se sont placées à la rencontre des Mondes Océaniens… et de la coutume.

IV – Les figures de l'État à la rencontre des Mondes Océaniens

Depuis le XIXe siècle, les figures de l'État sont allées à la rencontre des Mondes Océaniens. Et les vêtures ont été diverses, à la mesure de l'histoire de l'Océanie, de ses territoires et de ses peuples. Cette partie de l'Avant-propos retrace cette diversité, qui transparaît à la lecture de nombre des chapitres de l'ouvrage.

Des "États océaniens premiers" pour peuples autochtones. La figure de l'État occidental et colonial n'est pas la première à avoir appréhendé le Pacifique. Un « pouvoir pré-étatique »[1] est en effet apparu pour saisir les sociétés des îles et des archipels de la Polynésie et de la Micronésie, aux « contraintes plus grandes que les ressortissants des grandes terres mélanésiennes »[2]. La contribution de Lorenz Gonshor, déjà évoquée, identifie ainsi l'établissement à Tahiti en 1815 d'un État centralisé protestant[3]. Hawaii, monarchie constitutionnelle reconnue en 1843 comme État indépendant par la France et par la Grande-Bretagne, a même vu son modèle repris, dans une forme de mimétisme – déjà, mais ce qui remarquable, entre territoires océaniens –, par les Fidji, les Tonga et les Samoa, dans les années 1860 et 1870. Comme le retrace l'auteur, comme cela a été déjà relevé[4], ces premiers cadres étatiques océaniens ont même été le berceau de droits « hybrides », à la jonction des valeurs océaniennes, des principes chrétiens et des conceptions occidentales.

L'État occidental, de la colonisation à la décolonisation. Parfois prolongée sous la forme d'un protectorat, comme à Tahiti[5], la figure de

---

[1] En ce sens, J.-P. Doumenge, « Le Pacifique et ses îles… », préc., *in États et Constitutions du Pacifique Sud…*, *op. cit.*, p. 26.

[2] *Ibid.*

[3] L. Gonshor, « Les conception des droits avant les indépendance », chapitre 1er de cet ouvrage.

[4] Cf. *supra*, « III- La coutume ancrée, mais adaptée », de cet Avant-propos.

[5] V., en particulier, de B. Gille : « Les institutions du Protectorat », *in Histoire des institutions de l'Océanie française…*, *op. cit.*, pp. 23-41.

l'État océanien premier a cependant laissé la place assez vite à l'État colonial et occidental, l'Océanie devenant, comme pour d'autres parties du globe, une zone d'influences et de rapports de force entre grandes puissances occidentales. Grande-Bretagne, France, Allemagne, États-Unis d'Amérique, puis Australie et Nouvelle-Zélande ont ainsi été conduits à appréhender terres et peuples du Pacifique comme des aires de colonisation, stratégiques, d'exploitation ou de peuplement. Il est même arrivé qu'un territoire, tel Nauru, passe, au gré des vicissitudes historiques, d'une puissance tutélaire à une autre. La seconde moitié du XXe siècle a ensuite été celle de l'accession à l'indépendance de nombre de territoires insulaires, non sans que des liens ne soient parfois maintenus avec l'ancienne puissance de tutelle. Les indépendances se sont étalonnées de 1962 pour les Samoa-Occidentales, à 1994, pour Palau.

Le Pacifique insulaire français a cependant échappé à ce large mouvement des territoires et des peuples océaniens vers l'indépendance. Wallis et Futuna, les archipels de la Polynésie française et la Nouvelle-Calédonie sont en effet jusqu'à présent restés dans le giron de la souveraineté française. Non sans bénéficier, pour la Polynésie française, au fil des lois statutaires, d'un statut d'autonomie poussé, la mouvance indépendantiste accédant même, par périodes, au pouvoir à Tahiti, à la faveur des changements du mode de scrutin de l'Assemblée[1]. La Nouvelle-Calédonie, quant à elle, suite aux Accords de Matignon-Oudinot de 1988, puis de Nouméa, dix ans après, s'est cependant inscrite dans un processus particulier et inédit de « décolonisation interne », « dans l'attente de l'aboutissement [d'un] processus de décolonisation externe »[2]. La contribution de Jérôme Bouquet-Elkaïm, à la fin de cet ouvrage[3], resitue ce double mouvement de décolonisation. Les accords de Matignon, après « les Évènements » de 1984-1988, puis de Nouméa, se sont inscrits dans l'esprit de la *Pacific Way*, « cadre constructif et novateur »[4] à l'appui, à la recherche des voies et moyens pour construire un « destin commun ». L'auteur

---

[1] Pour la première arrivée au pouvoir à Papeete de la mouvance indépendantiste, v. E.-P. Guiselin, « Les élections polynésiennes du 23 mai 2004 : le sceau de la prime majoritaire, l'arrivée d'une nouvelle majorité », *Revue Juridique Polynésienne*, 2004, n° hors-série (Vol. IV), pp. 147-175.

[2] J. Bouquet-Elkaïm, « *Pacific Way* ou "*Very French Way*". Pratique du droit de la décolonisation en Nouvelle-Calédonie », chapitre 11 de cet ouvrage.

[3] *Ibid.*

[4] *Ibid.*

convoque à cet égard, le partage du pouvoir politique réalisé par les accords (les trois provinces constituant l'élément central de ce partage), la mise en place d'un « système juridique syncrétique », accueillant « droit commun occidental et juridicités autochtones »[1], l'installation d'institutions coutumières, au premier rang desquelles un Sénat coutumier. Pourtant, malgré le partage du pouvoir, les processus de ségrégation sociale et économique ne se sont pas résorbés. Et les dernières années ont vu l'esprit de la *Pacific Way* s'éloigner de la Nouvelle-Calédonie : l'absence de report de la date de la troisième consultation – le 12 décembre 2021 – sur l'accession à la pleine souveraineté et à l'indépendance, en dépit du deuil coutumier kanak décrété par les autorités coutumières, de même que la gestion par l'État de la période ayant suivi (avec comme point d'orgue le vote par les deux chambres du Parlement d'un projet de loi constitutionnelle sur la réforme du corps électoral calédonien) ont conduit le territoire calédonien, sa société et son économie à une grave crise, plus grave encore que celle des années 1980. Loin, malheureusement, de l'augure tracé par Jean-Pierre Doumenge d'une « "petite Australie" polarisant définitivement l'espace francophone du Pacifique et un modèle de gestion de la diversité culturelle dans cette partie du Pacifique »[2].

La figure de l'État colonial reste donc présente dans le Pacifique, au corps défendant de la France, de la Nouvelle-Calédonie et des composantes de sa société. Pourtant, d'autres chemins étaient possibles comme l'ont montré les zones du Pacifique sous influence anglo-saxonne. D'autres chemins sont encore possibles, comme le montre Jean-Baptiste Manga dans son essai récemment publié : *Un modèle « janusien » et consensuel calédonien ? Des liens qui enchaînent aux liens qui libèrent*[3].

Les traits de l'État occidental pour les nouveaux États océaniens. Pour appréhender les figures des nouveaux États océaniens, le Monde Océanien invite à distinguer « grands États » et « petits États ».

[1] *Ibid.*

[2] J.-P. Doumenge, « Le Pacifique et ses îles… », préc., *in États et Constitutions du Pacifique Sud…*, *op. cit.*, p. 46. L'auteur, cependant, avait anticipé l'autre option, à l'issue de la période de transition ouverte par les Accords de Matignon et de Nouméa : « Au bout de cette période, on peut en théorie… voir [la Nouvelle-Calédonie] basculer dans le syndrome caractérisant actuellement les quatre États de la Mélanésie » (*ibid.*).

[3] Essai publié par les éditions L'Harmattan, coll. « Portes Océanes », 2024.

Nouvelle-Zélande et Australie, approchées dans la deuxième partie de l'ouvrage par Thierry Daups[1] et par Jean-Philippe Feldman[2], tout en répondant à deux formes d'État différentes – unitaire pour la première, fédérale pour la seconde –, s'inscrivent dans un « bain culturel et démocratique »[3] commun, propre au monde anglo-saxon. Le système de Westminster guide des institutions gouvernementales et administratives comparables. Thierry Daups montre comment la « standardisation »[4] du modèle de l'État se trouve renforcée, pour parvenir à une « bonne gouvernance », par une conception commune des politiques publiques dictée par la doctrine du *New Public Managment*. Assurer une haute qualité des services publics constitue en effet un objectif partagé par les deux États. L'objectif se décline aussi dans les organisations territoriales retenues, avec les différences propres à la forme des États, mais voulues communément « simple(s) », « démocratique(s) », « avec des compétences clairement définies, gérées de manière économique avec peu d'agents publics »[5]. Au-delà, la promotion du « bien-être » des populations, « social, économique, environnemental et culturel »[6] constitue le but de l'action publique. Les populations autochtones sont prises en compte – telle la représentation spécifique réservée aux Maoris au Parlement de Nouvelle-Zélande – ; mais elles le sont de façon incidente, sans que cela constitue un prisme de lecture principal de ces deux « grands États » « occidentalisés », dont les territoires ont été, l'un comme l'autre, le siège de fortes colonies de peuplement ; et qui, l'un comme l'autre, ont fait partie des 51 États fondateurs de l'ONU en 1945.

Les « petits États » océaniens, pour leur part, répondent à des sources d'inspiration communes aux deux États précédents : celles véhiculées par la figure de l'État occidental. Certains ont choisi un modèle d'organisation fédérale. Ainsi des États fédérés de Micronésie et de la République de Palau, copies du modèle fédéral états-unien. La forme fédérale peut apparaître plus ou moins adaptée pour des territoires et des peuplements éclatés en une multitude d'îles ou d'archipels. Ce que

[1] T. Daups, « Australie et Nouvelle-Zélande : la force d'un modèle gouvernemental et administratif par-delà les formes étatiques », chapitre 4 de cet ouvrage.
[2] J.-P. Feldman, « L'organisation des États fédérés et des collectivités infra-étatiques au sein des États fédéraux dans le Pacifique Sud », chapitre 5 de cet ouvrage.
[3] T. Daups, chapitre préc. dans cet ouvrage.
[4] Pour reprendre la terminologie de T. Daups, dans la conclusion de son chapitre préc.
[5] T. Daups, chapitre préc. dans cet ouvrage.
[6] *Ibid.*

traduit la contribution de Jean-Philippe Feldman pour les deux États micronésiens précités, qu'il considère – prisme d'analyse peu exploré – au regard de leur organisation territoriale. La forme fédérale est aussi envisagée depuis une vingtaine d'années pour les Îles Salomon, comme moyen de prévenir toute forme de sécession. Elle est même parfois préconisée, dans la perspective de leur indépendance, pour la Nouvelle-Calédonie[1] et pour la Polynésie française[2]. Mais beaucoup plus nombreux sont les États à avoir retenu la forme unitaire ; celle-ci, pour des micro-États, peut apparaître comme moins dispendieuse pour les deniers publics.

Autres paradigmes repris de l'État occidental : les types de régimes politiques. Le type présidentiel est présent, mais de façon marginale, pour la République de Palau et pour les États fédérés de Micronésie[3]. La majorité des États insulaires océaniens, sinon, relèvent du modèle parlementaire, inspiré par le système de Westminster. On retrouve ici le « bain culturel et démocratique » commun. Il n'est guère que le Royaume des Tonga à ne pas relever de ce dernier modèle, faute de mécanisme de responsabilité collégiale. Le chapitre 6 de l'ouvrage, rédigé par Emmanuel Guiselin : « L'État océanien insulaire dans les habits de l'État moderne », traite de ces questions, dans le prolongement des analyses produites dans *États et Constitutions du Pacifique Sud*.

Ce chapitre montre aussi, quant aux institutions administratives « centrales », une convergence des outils mobilisés, inscrivant là-encore ces organisations administratives dans un standard étatique commun : celui de l'État occidental moderne. Qu'il s'agisse de la fonction publique, des autorités administratives agissant en appui du cabinet ou des ministères, des finances publiques, des autorités indépendantes ou de contrôle, des valeurs au service de l'État ou des codes de conduite prescrits pour les agents publics ou pour le personnel politique, on retrouve ces différents schèmes dans les États insulaires, déclinés certes avec des variantes, mais inscrits dans un fond commun

---

[1] J.-P. Doumenge, « Le Pacifique insulaire en 2010, un monde éclaté en grande mutation… », préc., https://doi.org/10.4000/com.6107, § 60.

[2] *Ibid.*, § 61.

[3] V., en particulier, de J.-P. Feldman, « Fédéralismes et nature des régimes dans le Pacifique Sud », *in États et Constitutions du Pacifique Sud…*, *op. cit.*, pp. 91-109. Sur le fédéralisme à l'œuvre aux États fédérés de Micronésie, v. aussi, de C. David : « Le fédéralisme micronésien : la difficile quête de l'unité nationale face à la diversité dans les petits États insulaires du Pacifique », *in Les fédéralismes* (J.-Y. et F. Faberon, Dir.), Recherches sur la cohésion sociale (RCS), n° 2, 2020, pp. 369-390.

convergeant. Sans que l'efficacité soit toujours au rendez-vous, comme en témoigne le destin singulier de Nauru, l'île au phosphate épuisé et aux ressources financières dilapidées, malgré les nombreux « fonds » prévus par la Constitution d'indépendance de 1968. Sur le plan de l'organisation locale ou décentralisée, on s'écarte cependant de la convergence relevée à propos des institutions administratives « centrales ». Certains États peuvent avoir deux niveaux d'administration locale, tel le Vanuatu, d'autres un seul. Mais, dans presque tous les cas, que l'on soit dans le cadre d'une organisation fédérale ou unitaire de l'État, une place, plus ou moins prononcée, est faite aux autorités coutumières locales – les *bigman* aux Samoa en sont l'un des archétypes. En cela, les États océaniens insulaires se différencient de l'État occidental. Mais ce n'est pas le seul élément qui a contribué à renouveler la figure de l'État dans le Pacifique insulaire.

Le renouvellement de la figure de l'État dans le Pacifique insulaire. Nombreux sont les linéaments inscrivant les États insulaires dans le modèle de l'État occidental. Cette inscription ne les départit pas de leur faiblesse intrinsèque : celle d'être « dépourvus des capacités – notamment financières – de s'assurer une existence réellement indépendante »[1]. Plusieurs États, on l'a vu, ont ainsi choisi de partager leur souveraineté. D'autres, en zone mélanésienne, sont parfois perçus comme des « espace(s) de "déconstruction" de l'État »[2], les tendances centrifuges pouvant l'emporter sur les intérêts nationaux.

Ces liens ou ces faiblesses actés – mais quel État n'en a pas ? –, l'accès à l'indépendance de la "seconde génération" d'États océaniens ("seconde génération", car la figure de l'État océanien a déjà existé au XIXe siècle), des années 1960 aux années 1990, a été l'occasion, pour les sociétés et les peuples concernés, d'affirmer leur identité. L'adoption des constitutions a favorisé un « retour en force des identités insulaires »[3], dans l'épure d'un cadre étatique. Mais un cadre étatique renouvelant la figure de l'État pour l'adapter au Pacifique insulaire. Ce que montre Emmanuel Guiselin, dans le septième chapitre de

---

[1] F. Doumenge, « Les îles et les micro-États insulaires », *Hérodote*, 1985, n° 37-38, p. 307.

[2] J.-P. Doumenge, « Le Pacifique et ses îles… », préc., *in États et Constitutions du Pacifique Sud…*, *op. cit.*, p. 45.

[3] C. Huetz de Lemps, « Identité océanienne et contrôle foncier : l'exception des îles Hawaii », *in Mondes Océaniens. Études en l'honneur de Paul de Deckker* (Dir. J.-Y. Faberon et A. Hage), L'Harmattan, coll. « Mondes Océaniens », 2010, p. 296.

l'ouvrage : « L'État océanien insulaire, le "Grand Océan" et le modèle occidental ».

La première caractéristique à s'imposer à la lecture des nouvelles constitutions, et singulièrement de leurs préambules, est celle d'un entremêlement des fondements chrétiens et coutumiers des États insulaires océaniens. Du christianisme, « élément importé »[1] dans les sociétés insulaires, suite à l'action des missionnaires, les peuples océaniens ont fait « le principal élément constitutif [de leur] identité »[2]. L'acculturation du christianisme à la coutume, l'acculturation de la coutume au christianisme, sur fond de valeurs communes et partagées, ont ainsi naturellement conduit les rédacteurs des textes constitutionnels à mêler les références. Les droits fondamentaux sont eux aussi présents, souvent sous la forme de déclarations des droits, mais, à l'inverse des valeurs et des principes chrétiens et coutumiers, ils ne sont pas en soi la marque d'une identité propre au Monde Océanien. Aussi, leur mention a pu être considérée parfois avec une certaine réticence, car « véhicul(ant) des valeurs exogènes, synonymes de menaces pour [les] valeurs culturelles »[3] du Pacifique.

Légitimée à la fois par cet entrelacement avec les valeurs chrétiennes, mais aussi par son enracinement au cœur des sociétés insulaires, la coutume a été déployée dans la figure de l'État océanien insulaire née des indépendances. C'est là la deuxième caractéristique de cette figure étatique. Les États océaniens insulaires, de même que leurs chartes constitutionnelles, révèlent le caractère protéiforme, selon nous, de l'influence coutumière. Sans s'y attarder – nous renvoyons plus avant à la deuxième partie de cet ouvrage –, on relèvera, tout à la fois : l'intégration fréquente des autorités coutumières dans les institutions « centrales » de l'État (jusqu'à choisir le chef de l'État, aux Samoa, parmi les chefs des quatre plus grandes familles), au point de conduire Jean-Philippe Feldman à s'interroger sur l'existence d'un « quatrième pouvoir »[4] ; la place souvent importante, déjà évoquée, des autorités coutumières dans la « gouvernance » locale, que la forme de l'État soit unitaire ou fédérale, que l'on soit en Mélanésie, en Polynésie ou en

---

[1] C. Laux, « Missions et coutume : acculturation et réappropriation », *in Mondes Océaniens. Études en l'honneur de Paul de Deckker*, *op. cit.*, p. 84.
[2] *Ibid.*
[3] C. David, « La difficile protection juridictionnelle des valeurs de la *Pacific Way* dans les États et territoires insulaires du Pacifique », chapitre 10 de cet ouvrage.
[4] J.-P. Feldman, « L'organisation des États fédérés et des collectivités infra-étatiques au sein des États fédéraux dans le Pacifique Sud », chapitre 5 préc. de cet ouvrage.

Micronésie ; l'intégration très fréquente de la coutume au système des sources du droit ; l'adaptation, non moins fréquente, des appareils juridictionnels à la dimension coutumière – ce que traduit notamment la contribution de Carine David[1] – ; la place faite dans les constitutions aux problématiques foncières et à la terre… Nombreux sont les auteurs, dans cet ouvrage ou dans d'autres[2], à relever l'attachement profond des sociétés insulaires à la terre, ainsi que le lien étroit entre enracinement foncier et identité. Nombreuses sont les constitutions insulaires à consacrer des subdivisions entières, ou des dispositions, à la "part terrestre" de la coutume, si l'on peut s'exprimer ainsi ; et aux liens entre cette part terrestre et les populations autochtones. Y compris la Constitution fidjienne de 2013, pourtant la plus récente et la plus occidentalisée des constitutions du Pacifique insulaire.

Ainsi appréciée dans ses nombreux dimensionnements, la part coutumière des constitutions des États insulaires du Pacifique, ainsi que leur organisation centrale et locale, participent, au premier chef, à l'identification d'un modèle du micro-État océanien insulaire.

L'identification d'un modèle du micro-État insulaire océanien. Cette partie de l'Avant-propos permet d'esquisser un modèle étatique : celui du micro-État océanien insulaire. Quatre propositions, déclinées dans les chapitres 6 et 7 de l'ouvrage, paraissent être au fondement de ce modèle. En premier lieu, on note une organisation étatique centrale inspirée des schèmes étatiques occidentaux. Tant du point de vue des institutions politiques, que de celui des institutions administratives, l'État océanien a repris les traits de l'État occidental moderne, s'inscrivant dans une forme de standard gouvernemental et administratif commun. Mais il l'a fait en adaptant les institutions au caractère micro-étatique de l'État. En deuxième lieu, le micro-État océanien insulaire a fait sien les principes de la démocratie moderne ; en témoignent la prévalence du régime parlementaire, de même que la fréquence, dans les constitutions, des déclarations des droits. En troisième lieu, les constitutions des États sont marquées par la double référence, entremêlée, aux fondements chrétiens et coutumiers. C'est sans doute là la marque distinctive de ce modèle d'État, intimement liée à l'histoire du Pacifique insulaire. En quatrième et dernier lieu, proposition liée à la précédente, ce modèle d'État est caractérisé par les manifestations plurielles, en son sein, de la coutume. Ces quatre

---

[1] Chapitre 10, préc., dans cet ouvrage.

[2] V., notamment, P. de Deckker et L. Kuntz, *La bataille de la coutume…*, *op. cit.*

propositions sont autant de traits de convergences. Régulièrement reproduits, sans l'être tous systématiquement d'un État à l'autre, ils constituent les principaux ressorts du modèle d'État ainsi identifié. La coutume semble en être la clef de voûte, même si pour beaucoup d'autochtones et d'auteurs, elle n'a pas toute la place qu'elle mériterait.

Ainsi identifié comme modèle, et comme réceptacle des valeurs du Pacifique, combinées à celles de l'Occident, l'État océanien insulaire n'en appelle que plus à revenir sur les valeurs qui le fondent et irriguent les sociétés océaniennes. Fédératrices des identités du Pacifique, de l'identité océanienne, ces valeurs sont connues, reconnues, mais sont-elles entendues ?

V – Des valeurs connues, reconnues… mais entendues ?

Comme évoqué ci-dessus[1], le « Monde Océanien » dessine une voie médiane, qui n'est pas celle d'un simple « héritage colonial », que l'on qualifie parfois de *Pacific Way* (mais qu'il vaudrait sans doute mieux qualifier, au pluriel, de *Pacific Ways* pour tenir compte de la variété des situations) et qui correspond à un ensemble de traditions et de coutumes, variées, des populations concernées.

Il serait bien entendu très présomptueux de penser pouvoir rendre compte de ce Monde Océanien et, plus encore, de croire être capable d'en saisir l'âme. Le présent ouvrage prétend pourtant, avec humilité, s'en être approché et s'honore de l'avoir fait en langue française. De nombreux travaux anglophones abordent en effet ce sujet et, parmi eux, ceux menés sur les Droits de l'homme se révèlent d'ailleurs être particulièrement instructifs[2].

Sans dévoiler le contenu de ce livre, dont seule la lecture peut permettre de se forger une opinion sur le réel intérêt de son apport et sur sa pertinence, il est quand même possible de rapporter ici que ses auteurs mettent en évidence, dans leurs différentes contributions, l'importance de la coutume bien entendu (par exemple dans les sources du droit, dans l'organisation juridictionnelle…), mais aussi d'autres

---

[1] Cf. *supra* : « I- D'une "Porte Océane" à l'autre ».

[2] Voir ainsi, tout spécialement : S. Farran, *Human Rights in the South Pacific. Challenges and changes*, Routledge-Cavendish, United States and Canada, 2009 et P. Butler (édit.), *Human Rights in the Pacific. Droits de l'homme dans le Pacifique*, *Revue Juridique Polynésienne*, 2009, vol. HS VIII, 418 p.

aspects comme la réconciliation[1], l'importance de la terre[2]… Au fil des pages, sont alors révélées des valeurs qui semblent caractériser le Pacifique Sud, ce qui, finalement, répond à l'approche liminaire de la présente recherche[3].

Mais il est apparu aussi que si le système des valeurs océaniennes rencontre celui des valeurs occidentales, la nécessaire conciliation qui doit s'opérer n'est pas toujours aisée. Ce point apparaît nettement dans les contributions de la troisième partie de l'ouvrage intitulée « La difficile conciliation des systèmes de valeurs », laquelle comporte quatre chapitres, pour la plupart rédigés par des auteurs qui ont séjourné, plus ou moins longtemps, dans le Pacifique Sud.

Dans sa contribution intitulée « Regards croisés sur les valeurs européennes et océaniennes » (chapitre 8), Marc Joyau MacAlpine se livre à un exercice de rapprochement de deux ouvrages, écrits à peu près à la même époque (première moitié du XXe siècle) et traitant, pour partie, des mêmes sujets. L'un, *Le Papalagui. Les étonnants propos de Touiavii, chef de tribu, sur les hommes blancs*, a été « écrit »[4] par Touiavii, chef de tribu dans le village de Tiavéa, sur l'île d'Upolu, qui appartient au groupe des Samoa. L'autre, *Institutions et coutumes canaques*, l'a été par Éric Rau, magistrat. L'intérêt de chacun de ces ouvrages résulte de ce qu'ils ont tous les deux été rédigés par un « étranger » qui présente la perception qu'il a de la société dans laquelle il a vécu. Disposant d'un regard polynésien sur l'Europe et d'un regard européen sur la Nouvelle-Calédonie, il était alors possible de les rapprocher, de les croiser, ce que fait l'auteur dans sa contribution au présent ouvrage en retenant quatre thèmes : « La place de l'écrit et de l'oralité », « L'importance du vêtement », « Les croyances religieuses » et « Le rapport au travail ». Il lui est alors possible de constater l'existence de conceptions et de comportements souvent et profondément différents, parfois même opposés, mais sans doute encore existants aujourd'hui, bien que sous des formes atténuées.

La contribution d'Olivier Ménard est d'une toute autre nature. Travaillant lui aussi à partir d'ouvrages, mais beaucoup plus anciens (puisque datant du début du XVIIIe au milieu du XIXe siècle) et d'un

[1] Valeur Kanak par excellence (C. Filippi), dont on verra si elle parvient à s'appliquer entre la Nouvelle-Calédonie et l'État français…
[2] Cf., par ex., le statut du Mont Uluru et, plus largement, de la nature.
[3] Cf. *supra* : « I- D'une "Porte Océane" à l'autre ».
[4] Cf. les circonstances qui ont entouré l'écriture de l'ouvrage, présentées au début du chapitre 8.

genre littéraire totalement différent (celui des utopies, que l'on rattache souvent aux récits de voyage, mais qui sont en réalité des descriptions de sociétés imaginaires, souvent idéalisées), l'auteur montre comment les utopies ont utilisé « l'artifice des îles du Pacifique », non pas pour faire une description de sociétés australes, que leurs auteurs ne connaissaient pas, mais pour réaliser une critique des valeurs de la société dans laquelle ils évoluaient. De l'aveu même de l'auteur de ce chapitre, si les utopies qu'il présente ne nous apprennent rien sur les « vraies valeurs du Pacifique », elles nous instruisent en revanche « sur les valeurs que nous souhaitons, sur celles que nous sommes prêts à accepter ou sur celles dont nous ne voulons pas ; ce qui est déjà très instructif quand il s'agira d'appréhender les vraies valeurs des vraies sociétés du Pacifique sud ».

Carine David, quant à elle, montre « La difficile protection juridictionnelle des valeurs de la *Pacific Way* dans les États et territoires insulaires du Pacifique » (chapitre 10). Excluant l'Australie et la Nouvelle-Zélande du champ de son étude, l'auteur, qui connaît très bien cette région, entend montrer que la *Pacific Way* devrait permettre de concilier les valeurs coutumières à l'aune des droits fondamentaux, le respect des seconds ne devant pas amener à la dénaturation des premières. Mais elle relève aussi que la forte empreinte coloniale qui pèse sur les systèmes juridiques des États et territoires du Pacifique rend difficile l'appréhension de cette *Pacific Way*, tant le pluralisme juridique a été mal appréhendé par le Constituant. Pour elle, c'est alors au juge qu'il revient de contribuer à l'affirmation de cette conciliation, dans le cadre contraint qui lui a été fixé. Et elle estime que « cette voie médiane » peine néanmoins à émerger du fait de la faible imprégnation de la coutume dans le système juridique formel, tant du point de vue des règles de fond, que de celui de l'organisation juridictionnelle.

Enfin, le dernier chapitre de cette troisième partie, qui clôt aussi l'ensemble de l'ouvrage, a été rédigé par Jérôme Bouquet-Elkaïm et a pour titre « *Pacific Way* ou "*Very French Way*". Pratique du droit de la décolonisation en Nouvelle-Calédonie » (chapitre 11). L'auteur entend ici montrer que, comme dans d'autres régions du monde, la décolonisation du Pacifique a également rencontré l'émergence et la reconnaissance de droits autochtones en droit international. Il commence par montrer qu'en ce qui concerne le peuple Kanak, le processus de décolonisation met en œuvre les bases d'un pluralisme juridique et culturel, organise différents niveaux d'autodétermination, et peut être ainsi regardé comme ancré dans la Voie du Pacifique. Mais, dans le cas de la Nouvelle-Calédonie, il considère aussi qu'au-delà d'un processus normatif novateur censé mettre en œuvre des formes modernes d'autodétermination et de décolonisation, les élites politiques françaises n'ont pu se départir des doctrines coloniales qui ont toujours coûté à la France, et se sont éloignées tant de la parole donnée par la République que de la philosophie de la *Pacific Way*[1].

De ces quatre chapitres ressort l'impression que la *Pacific Way* est connue, pour une part prise en compte, mais qu'elle pourrait (devrait ?) l'être davantage. Sans faire preuve de naïveté, ni d'idéalisme, il est même permis de croire que si tel était le cas, nombre d'événements politiques, économiques ou sociaux fâcheux pourraient être évités.

Il reste, pour clore cet Avant-propos, à éclairer sur la structure générale retenue pour l'ouvrage, et à frayer les voies des identités océaniennes.

VI - Voies de connaissance des identités océaniennes

Trois voies ont paru approprié pour aller à la rencontre des identités océaniennes.

Les valeurs, en premier lieu celles du Pacifique, irriguent l'ensemble des contributions de cet ouvrage. Elles contribuent au premier chef à la construction d'un système de valeurs océaniennes, et donc d'une identité océanienne. Ce système de valeurs est certes perméable aux influences extérieures, les principes de la religion chrétienne en particulier ; il n'en a pas moins des fondements proprement pacifiques, avec comme lieu d'éclosion les terres émergées du Grand Océan : atolls, îles, ou « grandes terres ». Ces fondements intrinsèquement océaniens sont approchés dans les trois chapitres qui structurent la première partie. Qu'ils considèrent les conceptions des droits avant les indépendances (chapitre 1er), l'individu ou le groupe dans les coutumes polynésiennes ou aborigènes (chapitre 2), ou la réconciliation comme valeur kanak (chapitre 3), les auteurs contribuent à révéler la profondeur de « **L'ancrage des valeurs océaniennes** ».

---

[1] Ce positionnement de l'auteur ne doit toutefois pas occulter la pluralité et l'importance des mécanismes institutionnels inclus dans les Accords de Matignon et de Nouméa, que l'on peut considérer comme s'inscrivant pleinement dans l'esprit de la *Pacific Way*. On pense ici tout spécialement : aux institutions provinciales, à l'instauration d'un gouvernement pluraliste de la Nouvelle-Calédonie, composé à la représentation proportionnelle des forces politiques représentées au congrès, ou encore au comité des signataires des Accords de Nouméa et à la base consensuelle ayant présidé à leurs travaux.

La deuxième partie considère, quant à elle, « **L'appropriation de la figure de l'État** » par les Mondes Océaniens. Au croisement des influences occidentales et proprement pacifiques, la figure de l'État a été présente de manière continue en Océanie depuis le XIXe siècle. Cet Avant-propos a retracé la diversité des figures étatiques dans le Pacifique. La deuxième partie, cependant, met en lumière plus spécifiquement les schémas étatiques de l'Océanie contemporaine. À cet égard, deux approches, complémentaires, ont été dessinées. La première, objet du Titre 1er, a entendu, sous l'angle privilégié des institutions administratives, considérer l'État océanien à travers ses deux « grands États » : l'Australie et la Nouvelle-Zélande (chapitre 4), et ses États fédéraux (chapitre 5) : l'Australie, à nouveau, ainsi que les États fédéraux insulaires, actuels (États fédérés de Micronésie, Palau) ou en devenir (Îles Salomon). La seconde approche – objet du Titre 2 et de ses chapitres 6 et 7 – a tenté de saisir la forme la plus courante d'État dans le Pacifique : celle du micro-État insulaire. Et ce, dans une perspective globale, couvrant à la fois les institutions politiques et administratives, les institutions « centrales » et « locales ». Les conclusions dégagées permettent d'identifier un modèle d'État propre au Grand Océan : celui du micro-État océanien insulaire. Le principal trait de ce modèle[1] est la place faite à la dimension coutumière, appuyée sur les fondements chrétiens. En ce sens, les Mondes Océaniens, leurs sociétés dispersées dans l'immensité de l'Océan Pacifique se sont bien appropriés la figure de l'État. Et, telle qu'elle a été dessinée, cette figure de l'État a, elle aussi, été le vecteur et le réceptacle des identités océaniennes, de la coutume au premier chef.

Prolongeant ces deux premiers fils conducteurs des identités océaniennes, coutumier et étatique, eux même entremêlés, la troisième partie de l'ouvrage permet ne pas occulter les difficultés rencontrées dans la construction, toujours en cours, de cette identité. L'intitulé retenu pour cette partie : « **La difficile conciliation des systèmes de valeurs** », traduit tout à la fois la pluralité des systèmes de valeurs des Mondes Océaniens, le caractère parfois difficile de leur rencontre, mais aussi leurs combinaisons, à l'image des entrelacs tracés entre valeurs et principes coutumiers et chrétiens. Les quatre chapitres de la troisième partie permettent d'aborder cette difficile, mais nécessaire conciliation,

---

[1] Valable pour les États « unitaires », appréhendés dans le Titre 2, mais aussi pour les États fédéraux insulaires, approchés par Jean-Philippe Feldman dans le Titre 1er de cette deuxième partie (chapitre 5).

sous trois prismes différents, mais pouvant tous être rattachés à l'esprit de la *Pacific Way* : un prisme littéraire d'abord, invitant à la connaissance, parfois utopique, par « l'étranger » de l'autre monde, océanien ou européen (chapitres 8 et 9) ; un prisme juridique ensuite, analysant l'accueil du pluralisme juridique par les appareils juridictionnels des États et des territoires (chapitre 10) ; un prisme politique enfin, retraçant, entre avancées et difficultés, le lent processus de décolonisation à l'œuvre en Nouvelle-Calédonie (chapitre 11). Pour importantes qu'elles aient été, ou qu'elles puissent être, ces difficultés de conciliation n'en sont pas moins, elles aussi, porteuses des identités du Grand Océan.

Qu'il soit permis, à présent, d'inviter la lectrice, le lecteur de cet Avant-propos, à une nouvelle traversée du Grand Océan.

Première Partie

L'ANCRAGE DES VALEURS OCÉANIENNES

CHAPITRE 1er

LES CONCEPTIONS DES DROITS AVANT LES INDÉPENDANCES

Lorenz GONSCHOR
Université du Pacifique Sud, Fidji
et EASTCO, Université de la Polynésie française, Tahiti

Introduction

La discussion des droits en Océanie se concentre souvent sur les textes constitutionnels post-coloniaux et l'implémentation des conventions internationales. Bien plus rarement, on se rend compte que la conception des droits a une tradition beaucoup plus ancienne, et souvent, surtout dans les pays et territoires appartenant à la sous-région polynésienne mais aussi dans d'autres, remonte à l'époque précoloniale du XIXe siècle, et parfois même à l'ère classique des civilisations autochtones avant les premiers contacts avec l'Occident.

Dans un cas particulier, celui des Tonga, une telle tradition des droits originaire du XIXe siècle hors contexte colonial persiste jusqu'à aujourd'hui. Dans la plupart des autres pays et territoires de la région, les droits dans la jurisprudence actuelle dérivent plutôt des systèmes légaux hérités de la colonisation. En effet, un aspect important de la lutte anticoloniale était souvent la revendication des pleins droits établis dans les métropoles respectives, mais non appliqués dans leurs colonies ou possessions d'outre-mer. La réalisation de l'indépendance ou d'une autonomie renforcée se marque souvent par l'établissement pour la première fois d'un véritable État de droit en abolissant des dispositions discriminatoires envers certains groupes de la population ayant auparavant existé en toute contradiction avec les valeurs prétendues de la puissance administrative respective. Néanmoins, des traces de la tradition autonome insulaire des droits de l'époque précoloniale s'y trouvent fréquemment aussi, et souvent cette dernière a récemment repris un fort symbolisme dans l'articulation d'une identité politico-culturelle océanienne.

Dans le présent chapitre nous nous consacrons d'abord aux conceptions autochtones des droits avant les influences européennes, en s'appuyant sur les exemples hawaïens et tahitiens. Puis, nous abordons la redéfinition des droits dans les États indépendants « hybrides » du XIXe siècle, sous influence des modèles occidentaux mais encore libres de prescriptions coloniales, donc choisissant librement des éléments des jurisprudences européennes pour composer des systèmes de droits particuliers. Dans ces processus, deux courants principaux peuvent être identifiés : d'abord, une redéfinition des droits à travers la religion chrétienne, en particulier dans l'aire culturelle tahitienne, puis une conceptualisation plus laïque des droits dans le royaume hawaïen, et son transfert dans d'autres systèmes constitutionnels des pays archipélagiques, notamment à Fidji, Sāmoa et Tonga. Finalement, l'héritage de ces développements sur la jurisprudence actuelle des pays océaniens et les discours politiques, et donc sa relevance contemporaine, seront évalués.

I. Conceptions autochtones avant les influences occidentales

Bien que les droits, comme ils sont compris aujourd'hui, soient largement originaires d'un développement intérieur de la civilisation occidentale, il y avait bien des conceptualisations proches dans plusieurs sociétés océaniennes. Deux exemples, bien renseignés grâce aux historiens autochtones les ayant mis par écrit au XIXe siècle et au début du XXe siècle (parmi beaucoup d'autres moins documentés) serviront à l'illustrer.

À Tahiti, l'*ari'i* (chef) Tetuna'e ancêtre semi-mythique de la plupart des lignées de chefferies de l'île qui vécut au moins 30 générations avant les premiers contacts avec les européens, est considéré comme le « premier législateur » tahitien, censé avoir institué une série de préceptes ou règles sociaux, parfois considérés comme l'original « code de lois » tahitiens[1]. Si les préceptes de Tetuna'e furent d'abord et surtout des commandements d'obéir aux chefs et de respecter leurs privilèges ainsi que des prohibitions à sanctions spirituelles (*tapu* et *rāhui*), ils inclurent aussi des règles de comportement général ressemblant fortement aux principes de comportement dans la tradition occidentale, comme le devoir d'hospitalité sans distinction des visiteurs ou le respect des parents et des autres membres de la famille. Dans la version française des mémoires de la grande cheffesse Marau Taaroa Salmon, il est formulé ainsi : « Ne détourne pas tes yeux de celui qui

---

[1] Marau Taaroa Salmon, *Mémoires de Marau Taaroa, dernière reine de Tahiti*, trad. et ed. Takau Pomare (Paris : Société des Océanistes, 1971), pp. 98-163. Pour une analyse, voir aussi Vāhi S. Tuheiava-Richaud, *Code des lois.* Cahiers du Patrimoine, n° 4 [Histoire] (Pape'ete: Ministère de la Culture de Polynésie française, 2001).

passe devant ta maison sans l'inviter à entrer pour manger. Tu dois partager ta nourriture avec ton voisin ».

Un autre exemple existait dans l'archipel hawaiien, où, d'après l'historien hawaïen Samuela Kamakau, vers le XVIIe siècle, trois générations avant le contact avec l'Occident dans les années 1770, le *ali'i nui* (roi) Kūali'i de l'île O'ahu proclama l'édit connu sous le nom de Kānāwai Ni'aupi'o Kolowalu qui garantissait la sécurité des hommes, des femmes et des enfants, y compris ceux de la classe des roturiers, à être laissés sains et saufs au bord du chemin, et obligeait les personnes affamées à être nourries[1]. Après avoir créé le royaume hawaïen unifié vers la fin du XVIIIe siècle, l'édit fut reformulé par Kamehameha I sous le nom de Kānāwai Māmalahoa (loi de la pagaie scindée) et appliqué dans tout l'archipel. Dans une version publiée récemment à Honolulu, le texte de cette loi se dit ainsi :

« O peuple, prends soin des dieux. Et prends soin des gens importants ainsi que des petites gens ; les vieillards, les vieilles, ainsi que les enfants doivent aller dormir à côté du chemin tranquillement sans être dérangés. La non-obéissance sera punie de mort »[2].

En fait, après les contacts, le terme hawaiien *kānāwai* qui désignait ces édits royaux anciens devint le mot utilisé pour traduire le mot occidental « loi », un élément important indiquant une continuité plutôt qu'une rupture dans l'évolution du droit hawaïen comme nous allons le voir plus bas.

II. Redéfinition des droits à travers la religion chrétienne

Dans la plupart des îles, le premier grand bouleversement politique, culturel et social qui prit place après les contacts avec l'Occident fut la conversion massive à la religion chrétienne et la reformation des entités politiques autochtones comme « royaumes chrétiens » ou « chefferies chrétiennes ». Ce processus se passa d'abord à Tahiti, où, sous l'emprise des missionnaires anglais de la London Missionary Society (LMS), l'*ari'i nui* (grand chef) Pomare II établit un État

---

[1] Samuela Mānaiakalani Kamakau, « Ka Moolelo Hawaii », journal hawaïen *Ke Au Okoa*, 17 Mars 1870, p. 1.

[2] Hawai'i Legal Auxiliary, *The Law of the Splintered Paddle: Kānāwai Māmalahoe* (Honolulu, s.d.) Traduction de l'auteur. Dans la version hawaiienne originale, *« E nā kānaka, e mālama 'oukou i ke akua. A e mālama ho'i ke kanaka nui a me kanaka iki; E hele ka 'elemakule, ka luahine, a me ke kama a moe i ke ala, 'a'ohe mea nāna e ho'opilikia. Hewa nō, make. »*

centralisé protestant en 1815[1], acte qui fut suivi et pérennisé avec la promulgation d'un code de lois, connu comme le « Code Pomare » en 1819[2]. Un des mots clés de ce texte fut l'introduction du néologisme *ture* (de l'hébreu *torah*) qui devint le mot pour la loi dans le tahitien moderne.

Augmenté en 1825 pour inclure des dispositions pour une assemblée législative partiellement élue, devenant ainsi une véritable constitution politique[3], le Code Pomare sert à son tour de modèle pour toute une série de codes, de plus en plus détaillés, qui furent promulgués en Polynésie orientale pendant le XIXe siècle, d'abord aux Îles Sous-le-Vent de Tahiti puis aux Îles Australes et aux Îles Cook, dans un processus rapide de christianisation et de reformulation des hiérarchies traditionnelles comme « aristocraties chrétiennes »[4]. À travers des missionnaires LMS et wesleyens, ce modèle de code de lois fut apporté jusqu'aux Sāmoa et aux Tonga, où les premiers codes de lois locaux étaient également calqués sur ceux des îles de la Société[5], ainsi qu'à d'autres chefferies converties au protestantisme jusqu'en Mélanésie occidentale (Îles Loyauté)[6]. L'influence de ces codes dépasse même le cadre de l'activité de la LMS, car le mot *ture* entre dans la plupart des langues polynésiennes orientales, y compris les îles où les seuls missionnaires furent catholiques comme Mangareva (Îles Gambier) et

---

[1] Claude Robineau, « La construction du premier État tahitien moderne », *in* Paul de Dekker et Pierre Lagayette (sous la dir. de), *États et pouvoirs dans les territoires français du Pacifique* (Paris : L'Harmattan, 1987), pp. 28-43.

[2] L.-J. Bouge, « Première législation tahitienne : Le code Pomaré de 1819, histoire et traduction », *Journal de la Société des Océanistes* 8, 8 (Décembre 1952), pp. 6-26.

[3] *E ture na Tahiti, e Moorea, e na Meetia, Ana, Auura, Matea, e Tetiaroa hoi* (Tahiti: Nenei raa a te mau Misionari ra, 1825). B. Gille, *Histoire des institutions politiques à Tahiti du XVIIe siècle à nos jours* (Papeete: Ministère de l'Éducation, 2006), p. 19.

[4] J. Sissons, *The Polynesian Iconoclasm: Religious Revolution and the Seasonality of Power* (New York: Berghahn Books, 2014) ; Bruno Saura, « Les codes missionnaires et la juridiction coutumière des *toohitu* aux Îles du Vent 1819-1934 », *Bulletin de la Société des Études Océaniennes*, n° 272 (December 1996), pp. 35-61 ; « Les codes missionnaires et la juridiction coutumière des *toohitu* aux Îles Sous-le-Vent et des Australes 1820-1945 », *Bulletin de la Société des Études Océaniennes* 273/274 (1997), pp. 29-49.; R. P. Gilson, *The Cook Islands 1820-1950* (Wellington, Victoria University 1980).

[5] J.W. Davidson, *Samoa Mo Samoa: The Emergence of the Independent State of Western Samoa* (Melbourne: Oxford University Press, 1967), p. 41; S. Lātūkefu, *The Tongan Constitution: A Brief History to Celebrate its Centenary* (Nuku'alofa, Tonga Traditions Committee, 1975), pp. 20-24.

[6] K. R. Howe, *The Loyalty Islands: A History of Culture Contacts, 1840-1900* (Honolulu: University of Hawai'i Press, 1977).

plus tard Rapa Nui (Île de Pâques) et en Aotearoa-Nouvelle-Zélande, principalement sous emprise missionnaire anglicane, où cinq ans avant la colonisation britannique un projet d'État autochtone embryonnaire fut lancé en 1835 dans la région septentrionale de l'Île du Nord[1].

L'ensemble de ces codes « *ture* » se caractérise principalement par une énumération d'interdictions inspirées de l'Ancien Testament, y inclus une prohibition de beaucoup d'éléments de la culture traditionnelle désormais considérés comme « païens », mais aussi certaines réglementations dans la continuité de la tradition classique, surtout concernant le système foncier et la gestion des ressources. L'élément le plus intéressant pour cette étude, cependant, est l'idée d'universalité du droit qu'on trouve dans certains des codes, une idée novatrice dans des sociétés traditionnellement très stratifiées. Néanmoins, les codes restent divergents sur cette question : quelques-uns maintiennent des juridictions différentes pour la classe aristocratique – par exemple dans la plupart des codes des Îles Sous-le-Vent –, tandis que d'autres conçoivent une loi pour tous[2]. Au minimum, le droit de vie de chacun est garanti sans distinction de classe et il n'y aura plus de sacrifices humains ou autres homicides arbitraires comme il y en avait parfois dans les sociétés classiques. Par contre, la torture, si elle n'est nullement obligatoire, n'est pas explicitement interdite, et elle fut en fait parfois pratiquée devant les tribunaux locaux qui, sous l'emprise des prohibitions parfois draconiennes contre certains comportements, surtout sexuels, prennent quelquefois une forme fort inquisitive et persécutive. En outre, la corruption est facilitée par des dispositions rémunérant les policiers et les juges par les amendes des condamnés[3].

Si ces éléments abusifs de l'ordre « théocratique » établi par ces codes ont été décrits et dénoncés par une pléthore d'observateurs[4], il est fortement intéressant de souligner aussi un autre aspect plutôt progressif, sinon révolutionnaire, dans la conception des droits pendant la même période. Car quelques dirigeants autochtones portent la conception de l'interdiction de l'homicide dans les enseignements de

---

[1] Paul Moon, *Fatal Frontiers: A New History of New Zealand in the Decade before the Treaty* (Auckland: Penguin Books, 2006), pp. 102-104, pp. 111-114.
[2] Saura, « Les codes missionnaires et la juridiction coutumière ».
[3] Charles St Julian, *Official Report on Central Polynesia. With A Gazetteer of Central Polynesia by Edward Reeve* (Sydney : John Fairfax and Sons, 1857).
[4] Claire Laux, *Les théocraties missionnaires en Polynésie au XIX*[e] *siècle : Des cités de Dieu dans les Mers du Sud ?* (Paris : L'Harmattan, 2000).

Jésus-Christ plus loin que les missionnaires eux-mêmes. Ainsi, en 1824, l'assemblée législative du royaume de Tahiti abolit la peine de mort et la remplace par le bannissement sur une île éloignée[1]. Si l'argument de cette décision n'était pas basé sur la tradition autochtone mais sur la théologie chrétienne, il s'agissait néanmoins d'une décision très surprenante et évidemment très intellectuellement indépendante des législateurs tahitiens, car à l'époque la peine capitale était universellement acceptée comme juste et équitable dans l'Occident chrétien, et la loi de 1824 fait du royaume tahitien le premier État moderne à abolir la peine de mort.

III. La conception des droits dans l'histoire constitutionnelle du royaume hawaiien

Parallèlement au modèle néo-tahitien des codes « *ture* », une deuxième tradition océanienne des droits « hybrides » (droits influencés par des conceptions occidentales) se développa dans le royaume hawaiien. Après l'unification de l'archipel par Kamehameha Ier, sous ses fils Kamehameha II et III qui régnèrent entre 1819 et 1854, l'État hawaiien se modernisa rapidement. Après la conversion au christianisme apportée dans les îles par les missionnaires congrégationalistes américains au milieu des années 1820, il y eut d'abord de brefs codes de lois comparables aux « *ture* » tahitiens, mais le processus réformateur conduit à une modernisation juridique et politique encore plus importante[2]. Si les premières de ces lois hawaiiennes écrites contiennent surtout des idées bibliques comme celles des archipels plus méridionaux, il est remarquable que le premier code plus détaillé, promulgué en 1839 après des débats nourris entre les principaux chefs et cheffesses, fait référence au *Kānawai Māmalahoa* – la loi préchrétienne de Kamehameha Ier citée ci-dessus – comme un précédent pour la législation moderne[3].

Le code de 1839 commençait avec une déclaration des droits, appelée en hawaïen *Kumu Kānāwai* (littéralement « origine/tronc de

[1] Débats cités dans, Jean Chesneaux, *Tahiti après la bombe : Quel avenir pour la Polynésie ?* (Paris : L'Harmattan, 1995), pp. 170-174.

[2] C. Klieger, *Kamehameha III, He Mo'olelo no ka Mo'i Lokomaika'i: King of the Hawaiian Islands, 1824-1854* (San Francisco : Green Arrow Press, 2015) ; N. Arista, *The Kingdom and the Republic: Sovereign Hawaii and the Early United States* (Philadelphia : University of Pennsylvania Press, 2019).

[3] *He kumu kanawai, a me ke kanawai hooponopono waiwai, no ko Hawaii nei Pae Aina. Na Kamehameha III. i kau.* (Honolulu, 1839), p. 15.

loi »), qui garantissait le droit de vivre des fruits de son travail, ainsi que l'égalité devant la loi entre les ressortissants de toutes les couches sociales[1]. Juste un an plus tard, le *Kumu Kānāwai* fut étendu à des textes décrivant le fonctionnement des institutions gouvernementales en détail, le transformant ainsi en véritable constitution[2]. Ainsi, le royaume hawaiien – comme celui de Tahiti dix-sept ans auparavant – devint une des plus anciennes monarchies constitutionnelles, alors qu'à la même époque de nombreuses nations européennes étaient encore des monarchies absolues. Si les *kumukānāwai* de 1839 et 1840 furent certes influencés par des conceptions des droits américains – à travers le missionnaire William Richards qui participa à l'écriture des codes –, les *kumukānāwai* étaient des créations propres à l'État hawaïen, préparés par une équipe de notables hawaïens et finalement approuvés et promulgués par Kamehameha III et sa première ministre, la princesse Kīna'u[3]. Ce fut notamment grâce à cette constitution qu'en 1843, Hawai'i a été reconnu comme un État indépendant dans une déclaration conjointe de la Grande-Bretagne et de la France et ainsi devint la première – et pendant presque tout le XIXe siècle la seule – nation non occidentale à obtenir un tel statut[4].

En 1852 la constitution fut révisée, et d'importants principes de droit furent ajoutés. D'abord la liberté d'expression, la prohibition de l'esclavage (qui n'avait jamais existé dans l'archipel, l'article se référant plutôt aux esclaves enfuis des pays étrangers qui gagnaient automatiquement leur liberté dès qu'ils touchaient le sol hawaïen), ainsi que le droit à des procès devant un jury. Du point de vue institutionnel, le pouvoir judiciaire fut clairement séparé du pouvoir exécutif, et le suffrage universel fut établi pour l'une des deux chambres parlementaires, chose encore rarissime dans le monde au milieu du XIXe siècle. De plus, alors que certains principes de la liberté de religion existaient déjà dans la constitution de 1840, un article exigeant que les lois suivent l'enseignement biblique fut supprimé dans la

[1] *Ibid.*

[2] *Ke kumu kanawai a me na kanawai o ko Hawaii Pae Aina. Ua kauia i ke kau ia Kamehameha III* (Honolulu, 1841).

[3] Samuela Mānaiakalani Kamakau, *Ke Aupuni Mō'ī: Ka Mo'olelo Hawai'i no Kauikeaouli keiki ho'oilina a Kamehameha a me ke aupuni āna I noho mō'ī ai* (Honolulu: Kamehameha Schools Press, 2001), pp. 190-191.

[4] D. Keanu Sai, *Ua Mau ke Ea, Sovereignty Endures: An Overview of the Political and Legal History of the Hawaiian Islands* (Honolulu: Pū'ā Foundation, 2011), p. 10 ; Kamanamaikalani Beamer, *No Mākou ka Mana: Liberating the Nation* (Honolulu: Kamehameha Publishing, 2014), pp. 16, 138.

version révisée de 1852, libérant ainsi le constitutionnalisme hawaïen de toutes tendances théocratiques. Sous la troisième génération de la dynastie (Kamehameha IV et V), le système politique s'éloigna encore davantage de l'influence missionnaire vers la laïcité, une tendance confirmée par une deuxième révision de la constitution par Kamehameha V en 1864[1].

IV. Transfert des conceptions hawaïennes dans d'autres systèmes constitutionnels océaniens

D'une conception plus moderne des droits et en même temps plus enracinée dans la tradition autochtone des droits – à travers le *Kānāwai Māmalahoa* incorporé au code hawaïen de 1839 –, le modèle constitutionnel du royaume hawaiien devint le modèle politique préféré pour les archipels du centre du Pacifique Sud pendant la deuxième moitié du XIXe siècle, avec de fortes répercussions jusqu'à nos jours[2].

Effectivement, dans les années 1860 et 1870, la constitution hawaïenne, dans ses versions révisées de 1852 et de 1864, fut quasiment copiée mot par mot pour produire des constitutions pour les royaumes de Fidji et de Tonga et servit également comme l'un des principaux modèles pour une constitution des Sāmoa. Tout commença avec le représentant diplomatique du royaume hawaïen à Sydney, Charles St Julian, qui s'intéressa aux îles du Pacifique central dès les années 1850[3]. Dans un échange de lettres avec le roi George Tupou Ier de Tonga sollicitant son avis, St Julian recommanda de réformer le système constitutionnel et juridique tongien selon les lignes hawaïennes. Finalement, en 1873, Shirley Baker, ancien missionnaire wesleyen devenu conseiller principal de Tupou Ier, obtint une opie de la constitution la plus récente d'Hawai'i de 1864 d'Edward Reeve, successeur de St Julian à Sydney ; par la suite, le roi des Tonga

[1] R. Kuykendall, *The Hawaiian Kingdom, Vol. 2, 1854-1874: Twenty Critical Years* (Honolulu: University of Hawai'i Press, 1953) ; Beamer, *No Mākou ka Mana*, pp. 170-174.

[2] Pour une discussion plus détaillée de ce sujet, v. Lorenz Gonschor, *A Power in the World : The Hawaiian Kingdom in Oceania* (Honolulu: University of Hawai'i Press, 2019), pp. 112-153.

[3] M. Diamond, *Creative Meddler: The Life and Fantasies of Charles St. Julian* (Melbourne University Press, 1990).

promulgua une version légèrement modifiée de celle-ci en tant que constitution des Tonga en 1875[1].

En même temps, aux Fidji, le chef le plus puissant, Cakobau de Bau, créa un royaume constitutionnel basé sur la constitution hawaïenne en 1867, et en 1871, cet État embryonnaire s'unit à d'autres chefferies de l'archipel afin de créer un royaume unifié des Fidji, une fois de plus avec une constitution copiée sur celle des îles Hawai'i. Elle fut encore révisée en 1873 pour la démocratiser, mais hélas, en 1874, Fidji fut annexé par la Grande-Bretagne[2]. Enfin, les Ta'imua (principaux chefs) de Sāmoa créèrent également un État constitutionnel en 1873, à nouveau en partie influencé par les conseils antérieurs de St Julian[3], et en 1875, la constitution samoane fut modifiée suivant les conseils du diplomate américain Albert Steinberger qui avait auparavant visité Hawai'i pour s'informer sur le modèle constitutionnel hawaïen auprès du roi hawaïen Kalākaua[4].

V. Limitation des droits à l'époque coloniale

À l'exception importante de Tonga qui sera discutée ci-dessous, vers la fin du XIXe siècle les archipels ayant adapté le système constitutionnel hawaïen, ainsi que ceux qui avaient eu un système légal modelé sur les codes « *ture* » tahitiens, furent tous colonisés par les puissances occidentales. Concernant la conception des droits, dans la plupart des cas, l'établissement d'un régime colonial n'impliquait pas de continuation mais plutôt une rupture : les cadres constitutionnels « hybrides » furent abandonnés et des systèmes juridiques occidentaux furent imposés en leur place. Souvent, il y eut de véritables régressions ;

---

[1] S. Lātūkefu, *Church and State in Tonga: The Wesleyan Methodist Missionaries and Political Development, 1822-1875* (Honolulu, University of Hawai'i Press, 1974), pp. 201-202.

[2] E. Crane, 'King Cakobau's Government or, An Experiment in Government in Fiji: 1871-1874,' unpublished MA thesis, University of Auckland (1938) : D. Routledge, *Matanitū: The Struggle for Power in Early Fiji* (Suva: University of the South Pacific, 1985).

[3] G. Powles, 'The Persistence of Chiefly Power and its Implications for Law and Political Organisation in Western Polynesia,' unpublished PhD thesis, Australian National University (1979), p. 91; M. Meleiseā, *The Making of Modern Sāmoa: Traditional Authority and Colonial Authority in the Modern History of Western Samoa* (Suva: Institute of Pacific Studies, University of the South Pacific), p. 36.

[4] 'Le Talaiga o le Saolotoga'/'Declaration of Rights,' 'Le Faavae'/'Constitution,' May 18, 1875, Steinberger collection, Elloy papers B.6.4, Archives of the Catholic Archdiocese of Apia, Sāmoa; M. Torodash, 'Steinberger of Samoa: Some Biographical Notes,' *Pacific Northwest Quarterly* 68, 2 (1977), pp. 54-55.

par exemple, à Tahiti, la peine de mort fut réintroduite sous domination coloniale française[1].

Un des problèmes fondamentaux de cette époque fut la discordance entre l'image que les principales puissances coloniales – le Royaume-Uni, la France et les États-Unis – se faisaient d'elles-mêmes, car chacune des trois se considérait comme l'avant-garde des libertés dans un sens exceptionnel (des locutions comme « *Land of hope and glory* » pour l'Angleterre, « Patrie des droits de l'homme » pour la France, et « *Land of the free* » pour les États-Unis viennent à l'esprit), ce qui *a priori* les mettait à distance d'un impérialisme intéressé traditionnel – un narratif enseigné partout dans les écoles coloniales –, et la réalité bien impérialiste sur le terrain. À travers cette contradiction inhérente, d'une certaine façon, les graines d'une éventuelle décolonisation étaient semées dès le début des régimes coloniaux.

Car si, en théorie, les puissances coloniales apportaient des conceptions de droits très élaborées, les systèmes juridiques importés furent souvent amputés des droits civiques de base, étant donné la situation coloniale basée sur une inégalité entre colons et administrateurs coloniaux, d'un côté, et autochtones et travailleurs non-blancs importés, de l'autre. Dans la plupart des colonies, soit il n'y avait pas d'élection du tout, soit le droit de vote fut réservé aux colons ou, dans les rares cas ou le suffrage fut étendu aux autochtones (ce qui se produit surtout vers la fin de l'époque coloniale, au milieu du XXe siècle), les votes des derniers valurent moins. Comme exemple, on peut citer Fidji (sous administration britannique) où, en 1937, l'assemblée législative était composée de cinq membres blancs (représentant 2 % de la population), de cinq représentants fidjiens autochtones (non élus démocratiquement) pour 51 % de la population, et de cinq membres indiens (pour 44 % de la population)[2]. Aucune colonie britannique ne fut représentée au niveau du gouvernement métropolitain à Londres, qui pourtant prenait des décisions importantes pour les colonies et promulguait des lois applicables dans ces dernières. D'une façon similaire, Hawai'i, jusqu'en 1959, et les Sāmoa Américaines, jusqu'à aujourd'hui, ont le droit d'élire un représentant à Washington, mais ce dernier n'a pas le droit de participer aux votes du congrès américain, et

---

[1] Emmanuelle Gindre et Bruno de Loynes de Fumichon, « La réception du droit pénal français à Tahiti (1842-2000) », *Archives de politique criminelle* 36, 1 (2014), pp. 89-109.

[2] Brij V. Lal, *Broken Waves: A History of the Fiji Islands in the Twentieth Century* (Honolulu: University of Hawai'i Press, 1992), pp. 63, 94-95.

les habitants des territoires américains sont exclus de l'élection présidentielle[1]. Pareillement, aux Établissements Français de l'Océanie (l'actuelle Polynésie française), entre 1880 et 1945, seule une partie des autochtones étaient considérés comme citoyens français, et même eux n'avaient pas de représentation dans le pouvoir législatif national à Paris ; de plus, il n'exista plus d'organe local délibératif élu à partir de 1903[2]. En outre, même après l'octroi de la citoyenneté à tous les autochtones de ce territoire en 1946, les habitants d'origine chinoise restèrent exclus de la citoyenneté jusqu'en 1973, malgré leur naissance sur un territoire français[3].

De façon similaire, les libertés publiques furent restreintes, par exemple la liberté de presse et d'expression en général, avec des journalistes, militants et politiciens anticoloniaux souvent emprisonnés ou exilés pour des actes qui à l'époque n'auraient pas été punissables dans les métropoles respectives. On peut citer le cas du leader politique tahitien Pouvanaa a Oopa, emprisonné et exilé en France pour avoir osé faire campagne contre le Gouvernement français en 1959[4], l'homme d'affaires et leader politique samoan Ta'isi Olaf Nelson, exilé en Nouvelle-Zélande pour son soutien financier au mouvement nationaliste en 1927[5], son collègue Tupua Tamasese Lealofi III assassiné par la police coloniale pour avoir mené une manifestation pacifique en 1929[6], ou bien les leaders d'un mouvement politique aux îles Salomon qui furent condamnés à de longues peines d'emprisonnement pour avoir tenu des réunions publiques non

---

[1] *Tom Coffmann, The Island Edge of America: A Political History of Hawai'i* (Honolulu: University of Hawai'i Press, 2003) ; J. Robert Shaffer & Robert Hunter, "American Sāmoa", dans Stephen Levine (sous la dir. de), *Pacific Ways: Government and Politics in the Pacific Islands* (Wellington: Victoria University Press, 2016), pp. 19-28.

[2] Gille, *Histoire des institutions politiques à Tahiti* ; Anne-Christine Trémon, « Citoyens indigènes et sujets électeurs », Statut, race et politique dans les Établissements français de l'Océanie (1880-1945), *Genèses* 91 (2013), pp. 28-48.

[3] Michel Lextreyt, « Les Années CEP, 1963-2004 », *in* Éric Conte (sous la dir. de), *Une histoire de Tahiti : Des origines à nos jours* (Pape'ete : Au Vent Des Îles, 2019), p. 293.

[4] Jean-Marc Régnault, *Pouvana'a et De Gaulle : La candeur et la grandeur* (Pape'ete : 'Api Editions, 2016).

[5] Patricia.O'Brien, *Tautai: Sāmoa, World History, and the Life of Ta'isi O. F. Nelson* (Honolulu: University of Hawai'i Press, 2017).

[6] Michael J. Field, *Mau: Samoa's Struggle for Freedom* (Auckland: Polynesian Press, 1991).

autorisées en 1947[1]. Pour l'établissement de droits universels, qui avaient déjà existé dans les constitutions « hybrides » de type hawaïen du XIXe siècle, il fallut presque partout attendre les indépendances.

Malheureusement, ces indépendances restèrent limitées à la plupart des anciennes colonies britanniques – directement administrées par Londres ou indirectement administrées par l'Australie et la Nouvelle-Zélande –, tandis que les possessions américaines et françaises demeurèrent des territoires dépendants. Ce qui créa une communauté des pays post-coloniaux dite du « Pacifique Sud », dont les archipels voisins, comme Tahiti et Hawai'i, furent coupés et restent exclus aujourd'hui, malgré leur importance historique centrale, déjà évoquée, dans le développement des conceptions des droits à l'époque précoloniale.

VI. L'héritage des conceptions de droits précoloniaux

Pendant la période habituellement considérée coloniale (de la fin du XIXe siècle au milieu du XXe siècle), il y avait une exception portant, non une rupture, mais une continuité du système « hybride » au XXe et même au XXIe siècle : le royaume des Tonga. Car la constitution tongienne de 1875, modelée sur celle du royaume hawaïen de 1864, est toujours le document juridique de base, malgré des modifications ajoutées au cours des années[2]. Il y a donc une continuation directe des dynamiques de développement juridiques océaniennes du XIXe siècle.

Si les institutions gouvernementales ont été modifiées et adaptées, c'est surtout la section des droits de la constitution tongienne qui reste largement identique à la version originale. Leur valeur jurisprudentielle actuelle se révéla au début des années 2000, quand des journalistes tongiens combattirent pour la liberté de presse face à un gouvernement royal en pleine dérive autoritaire. Les tribunaux affirment alors la liberté de presse, car enracinée dans la constitution. Ces victoires juridiques importantes furent des étapes clés dans le long processus de libéralisation du système politique, finalement achevé en 2010[3].

---

[1] David W. Akin, *Colonialism, Maasina Rule, and the Origins of Malaitan Kastom* (Honolulu: University of Hawai'i Press, 2013).

[2] Seniloli Kimbu 'Inoke, *Legacy of Tonga's Constitution, 1875-2015* (Suva: University of the South Pacific Press, 2017).

[3] Ian C. Campbell, *Tonga's Way to Democracy* (Christchurch: Herodotus Press, 2011) ; Guy Powles, *Political and Constitutional Reform Opens the Door: The Kingdom of Tonga's Path to Democracy* (Suva: University of the South Pacific Press, 2013).

Nous avons déjà remarqué que dans les autres pays de la région, qui ont tous subi de longues périodes de domination coloniale et qui aujourd'hui sont soit des nations postcoloniales, soit encore des territoires à décoloniser, il n'y avait pas de continuité directe des conceptions des droits précoloniaux. Néanmoins, il y est souvent fait allusion d'une façon symbolique, ou bien visionnaire ; en fait, de plus en plus dans l'époque actuelle.

À Fidji, par exemple, après de longues années d'oubli, la tradition précoloniale des droits a réinvesti le discours public à travers l'œuvre de l'avocate indo-fidjienne Shaista Shameem. En 2007, en tant que présidente de la commission fidjienne des droits de l'homme, Shameem commence à discuter l'importance des droits dans les constitutions du royaume fidjien de 1871 et de 1873, comme documents fondateurs des droits de l'homme dans son pays[1], une analyse qu'elle incorporera plus tard dans sa thèse de doctorat[2]. Dans cette dernière, Shameem fait une synthèse fort intéressante de l'arrivée de la tradition occidentale des droits, qui arriva aux îles Fidji, non pas seulement par voie directe, mais surtout par l'intermédiaire du royaume hawaïen :

« Les articles de la Magna Carta avaient formé la base des constitutions et des déclarations des droits de la France, de l'Amérique et de la Grande-Bretagne et celle-ci, à travers les européens aux Fidji et aussi l'influence du roi Kamehameha [V] d'Hawai'i et sa constitution de 1864, est devenue la source du constitutionnalisme aux Fidji créant son standard de base »[3].

Étant donné que le colonialisme britannique avait fortement dévié de cette tradition et construit à sa place un système politique basé sur le communautarisme à la fois ethnique et néo-féodal[4], voué à l'échec dans

[1] Shaista Shameem, *Bill of Rights in the 1997 Constitution: 19th Century Constitutional Foundations*, mémoire de recherche, 2007.

[2] Shaista Shameem, *What Makes Constitutions Legitimate? A Legal Analysis of Constitutions and Legitimacy: the Example of Fiji* (thèse de doctorat en droit, University of Waikato, 2019), pp. 104-109.

[3] Shameem, *What Makes Constitutions Legitimate?*, p. 106. Traduction de l'auteur. Dans la version anglaise originale : "The articles of the Magna Carta had formed the basis of the constitutions and bills of rights of France, America and Britain and these, through the Europeans in Fiji and also the influence of the King Kamehameha [V] of Hawai'i and his constitution of 1864, became the source of constitutionalism in Fiji creating its grundnorm".

[4] Peter France, *The Charter of the Land: Custom and Colonization in Fiji* (Melbourne: Oxford University Press, 1969).

une État-nation postcolonial[1], et que le gouvernement du contre-amiral Voreqe Bainimarama entre 2006 et 2022 visait à le supprimer progressivement et à le remplacer par un modèle d'État-nation inclusif moderne, la conception des droits dans l'État fidjien précolonial des années 1870 est devenue de plus en plus pertinente pour la construction de l'État fidjien moderne.

Entre-temps, dans les territoires restés sous domination occidentale, dans le cadre d'une forte renaissance culturelle, référence est faite de plus en plus souvent, là aussi, à la tradition précoloniale des droits. Ainsi, à travers une révision de la constitution de l'État fédéré américain d'Hawaii en 1978, le texte du *Kānāwai Mamalahoa* a été intégré dans la constitution comme un des fondements des droits dans l'archipel[2]. En même temps, l'édit de Kamehameha Ier est de plus en plus évoqué par des militants autochtones, par exemple pour les droits des SDF sur les rues d'Honolulu, ou des manifestants protégeant des sites sacrés contre leur destruction[3]. Pour d'autres militants, ciblant la restauration de l'ordre constitutionnel du royaume hawaiien, l'existence de droits bien précis – plus accentués, de fait, à l'époque, qu'aux États-Unis – est devenue un élément central pour lutter contre les idées fausses de la « primitivité » et de « féodalité » du royaume et de l' « amélioration des droits » apportées par l'occupation américaine, ce qui n'est pourtant pas le cas[4].

De façon similaire, à Tahiti on peut constater un renouement récent avec Tetuna'e, qui est de plus en plus perçu comme fondateur des droits et de la législation à Tahiti. Si, au XXe siècle, le Code « *ture* » de Pomare II a souvent été considéré à l'origine de la législation tahitienne[5], il est aujourd'hui de plus en plus discrédité, comme manifestation d'un intégrisme puritain sévère, en plus d'être d'origine conceptuelle étrangère, et d'avoir été un dispositif de domination pour un clan aristocratique (les Pomare) sur les autres. En revanche,

---

[1] Ayaz Sayed-Khaiyum, *Cultural Autonomy: Its Implications for the Nation-State. The Fijian Experience*, mémoire de Master en droit, University of Hong Kong, 2003.
[2] Hawai'i Legal Auxiliary, *The Law of the Splintered Paddle*, p. 16.
[3] Derek H. Kauanoe, "Law of Splintered Paddle should apply to Hawaii's homeless", Honolulu Star-Advertiser, 6 février 2014.
[4] Kanalu Young, "Kuleana: Toward a Historiography of Hawaiian National Consciousness, 1780-2001", *Hawaiian Journal of Law and Politics* 2 (2006), pp. 1-33; P. Kalawai'a Moore, "American Hegemonic Discourse in Hawai'i: Rhetorical Strategies in Support of American Control Over Hawai'i", *Hawaiian Journal of Law and Politics* 3 (2021), pp. 73-116.
[5] Bouge, « Première législation tahitienne ».

Tetuna'e, comme personnage autochtone et ancêtre lointain de la plupart des lignées de chefs, convient plus comme symbole de la législation locale. Dans cette logique, le bâtiment administratif de l'assemblée de la Polynésie française (ouvert en 2009), a été nommé « Immeuble Tetuna'e »[1].

Conclusion

En guise de conclusion de cet essai sur les conceptions des droits avant les indépendances, nous remarquons donc que, malgré l'impression souvent véhiculée que les droits existant dans le Pacifique Sud aujourd'hui sont originaires des transferts institutionnels pendant les processus de décolonisation, force est de constater qu'il y avait une forte tradition des droits bien avant cette époque.

Déjà aux temps classiques, dits « anciens », donc dans les sociétés autochtones avant les influences occidentales, il existait des conceptions des droits, y compris pour les habitants n'appartenant pas aux élites sociétales. Entre les premiers contacts et les prises de possession coloniales – une époque qui, dans quelques archipels, engloba plus d'un siècle –, des conceptions occidentales furent apportées, mais souvent elles ne furent pas directement copiées-collées, mais adaptées aux besoins locaux, modifiées dans des logiques autochtones et même combinées avec des traditions antérieures pour créer des conceptions de droits « hybrides ». Sauf dans le cas de Tonga, où ce système continue jusqu'à nos jours, le colonialisme le rompait et réimportait encore des systèmes occidentaux de droits par voie directe, mais ils étaient souvent vidés de leur contenu par une politique coloniale arbitraire et discriminatoire sur le terrain.

La décolonisation, finalement, apporta des systèmes de droits complets, se basant souvent sur les conceptions occidentales héritées de l'époque coloniale, mais maintenant appliquées d'une façon plus cohérente et plus juste. Surtout, là où cette cohérence et cette justice ne se manifestent toujours pas – l'exemple des Fidji est illustratif, ainsi que les territoires encore dépendants d'une puissance occidentale, comme Tahiti et Hawai'i –, une revalorisation des traditions précoloniales par la jurisprudence contemporaine est actuellement en cours.

[1] Discours de M. Philip Schyle, président de l'assemblée de la Polynésie française à l'inauguration de l'immeuble Tetuna'e, 21 août 2009. Site de l'assemblée de la Polynésie française, http://www.assemblee.pf/discours/article/discours-de-m.-philip-schyle--president-de-l_assemblee-de-la-polynesie-francaise-a-l_inauguration-de-l_immeuble-tetuna_e/1691 [consulté le 7 mars 2023].

CHAPITRE 2

INDIVIDU OU GROUPE DANS LES COUTUMES POLYNÉSIENNES OU ABORIGÈNES

Dominique GAURIER
Enseignant en retraite
Nantes Université, CDMO

Il n'est pas rare que nous prenions pour des idées de personnes hautement « civilisées » les concepts et les thèmes que nos droits reflètent, dès lors que nous pensons y découvrir non seulement le résultat jugé bénéfique des évolutions menées au sein de nos systèmes juridiques européens ou plus largement occidentaux, mais aussi que nous avons trop longtemps regardé les peuples des autres cultures auxquels nous avons longtemps prétendu apporter la « civilisation » avec un regard tout au plus condescendant, oubliant totalement que ces peuples avaient également forgé des cultures et des civilisations spécifiques, qui furent cependant jugées « inférieures » et qui devaient donc être non seulement mises de côté, voire oubliées, pour les remplacer par nos propres valeurs civilisationnelles jugées dès lors fort « supérieures ». Bien évidemment, tout cela fut accompli à travers les diverses colonisations que ces peuples eurent à subir de la violence colonisatrice des pays européens, mais aussi américains, notamment pour ce qui regarde les cultures amérindiennes tant au Nord que dans le Sud des deux Amériques[1].

N'est-ce alors pas une véritable gageure que de vouloir évoquer les cultures portées par les populations océaniennes, maories ou autres, qui ont le malheur de vivre dans ce que les coloniaux prirent pour une forme de paradis sur terre, mais dont les cultures furent cependant trop peu explorées ou n'éveillèrent aucun intérêt particulier chez les colonisateurs, si ce n'est la facilité supposée des femmes à se prêter aux délires et autres fantasmes sexuels du colon ? Que l'on se souvienne du peintre Paul Gauguin, qui, aujourd'hui, ferait probablement l'objet de

[1] On pourra consulter avec intérêt le gros ouvrage publié sous la direction de Marc Ferro, *Le livre noir du colonialisme XVIe-XXIe siècle : de l'extermination à la repentance*, Robert Laffont, Paris, 2003.

poursuites pour les contacts fort rapprochés qu'il avait entretenus avec de très jeunes femmes polynésiennes.

Ainsi, poser la question telle qu'il nous était demandé de la traiter nous paraît immédiatement être sans objet. En effet, la poser ainsi, comme le titre initial de cette contribution la formulait[1], est sans doute à mille lieues de ce que peuvent penser ces différentes populations océaniennes d'abord de ce que nous appelons le « droit », puis la « coutume », enfin, le « droit des personnes individuelles ». La poser ainsi, c'est oublier que nos concepts sont eux-mêmes le fruit d'une longue évolution historique et que la façon de dire aujourd'hui de telles choses n'a pas toujours été la même déjà dans le seul cours de notre histoire européenne et qu'il a souvent fallu attendre longtemps avant que de tels concepts puissent apparaître clairement.

Prenons un simple exemple : tous nos traités de droit civil ressassent à l'envi que notre notion de « propriété » découle directement du droit romain. Or, la chose est fort loin d'être aussi claire que cela. En effet, dans le droit romain, le mot dans lequel nous voyons l'origine de la propriété est *dominium*, qui ne définit nullement un droit, mais seulement un pouvoir exercé par quelqu'un tant sur les personnes que sur les biens, une « domination » si l'on peut dire, ce qui fait que traduire le mot *dominus* par « propriétaire » n'a pas de sens dès lors qu'il désigne avant tout un « maître », c'est-à-dire celui qui exerce un pouvoir, donc le maître d'une maisonnée, à savoir tant des esclaves que des membres mêmes de sa famille, femmes et enfants compris, ainsi que de tous les biens dont lui seul reste le maître. Le raccourci que formulent nos traités de droit civil est donc faux et ne tient aucun compte des évolutions que la notion de *dominium* a pu subir dans le cours de l'histoire, en passant par les juristes canonistes, mais aussi par les commentateurs du droit romain et les romanistes tardifs comme Hugues Doneau ou Jacques Cujas, dont nous avons hérités sans le savoir et surtout le dire clairement de la notion de « propriété » comme droit subjectif[2], c'est-à-dire un droit attaché à la personne humaine en

---

[1] NDLR : Le titre initial de la contribution était ainsi formulé : « La notion de personnalité juridique individuelle est-elle transposable dans les coutumes polynésiennes ou aborigènes ? »

[2] Nous nous inspirons ici des discussions que nous avons tenues à cet égard avec l'un de nos très proches collègues, le professeur Xavier Godin, qui entend démontrer comment l'idée d'un droit subjectif de propriété est née déjà chez Hugues Doneau, sans doute sous une certaine inspiration du calvinisme qui l'avait obligé à fuir de

tant qu'individu, un droit qui aura en plus l'honneur d'être élevé au grade de « droit inviolable et sacré » dans notre Déclaration des droits de l'homme et du citoyen de 1789[1].

Il faut donc accepter de s'éloigner totalement des concepts qui nous sont habituels si jamais on veut envisager de traiter de cultures qui sont fort différentes des nôtres, dès lors que les milieux dans lesquels se sont développées ces cultures nous sont aujourd'hui devenus incompréhensibles, parce que nous entendons rester totalement enfermés dans nos concepts que nous jugeons supérieurs à ceux des autres. C'est donc à un dépaysement à la fois conceptuel et spirituel complet qu'il faut nous habituer, quelque dérangeant qu'il puisse être pour ce que nous avons longtemps pensé être des valeurs universelles, mais qui n'avaient jamais été pensées que dans notre seule tradition intellectuelle et trop souvent au mépris de celles des autres cultures[2]. La route peut alors s'avérer déroutante, si on peut le dire ainsi, voire égarante, car elle remet en question la totalité de nos repères habituels et notamment la question même de « droit » et de « coutumes ».

C'est donc par cette question qu'il sera nécessaire de commencer si l'on veut être en mesure de bien évaluer les choses et de ne pas se tromper en plaquant artificiellement nos propres concepts sur des

---

France au XVIe siècle pour trouver refuge d'abord à Leyde dans les Provinces-Unies, puis en Allemagne, sa sépulture se trouvant d'ailleurs à Altorf.

[1] Voir l'article 17 de cette déclaration qui forme le préambule de la Constitution de 1791 : « La propriété étant un droit inviolable et sacré, nul ne peut en être privé, si ce n'est lorsque la nécessité publique, légalement constatée, l'exige évidemment, et sous la condition d'une juste et préalable indemnité ». Cf. *Les constitutions de la France depuis 1789*, présentation de Jacques Godechot, Garnier-Flammarion, Paris, 1970, p. 35. Notons que cette même Déclaration reste un texte à valeur constitutionnelle encore aujourd'hui.

[2] Il n'y a qu'à renvoyer tout simplement aux débats qui ont eu cours lors de la discussion de la Déclaration universelle des droits de l'homme de 1948 sous la gouverne d'l'ONU, lorsque tant la Chine, qui n'était pas encore passée sous le régime communiste, ce qui fut fait en 1949, que l'Inde, qui venait d'accéder à l'indépendance, refusèrent au nom de leurs propres valeurs civilisationnelles, d'accepter la notion d'universalité postulée par les inspirateurs de cette déclaration à savoir René Cassin (1887-1976), soutenu par Eleanor Roosevelt, veuve de l'ancien Président des États-Unis. Pour la Chine, nous renvoyons à notre article « Les droits de l'homme sont-ils universels ? La Chine traditionnelle et la notion de droits de l'homme », *in Actes 50e session de la SIHDA,* Bruxelles 16-19 septembre 1996 *« Le monde antique et les droits de l'homme »*, ULB, Centre de droit comparé et d'histoire du droit, Bruxelles 1998, pp. 185-195.

cultures qui ne les ont jamais partagés et, surtout, ne les ont même jamais envisagés.

Dans un second temps, il sera aussi utile d'explorer comment les populations océaniennes ont envisagé la notion de « droits de la personne » en tant qu'individu, et là également, nous serons confrontés à des conceptions qui ne sont plus les nôtres, bien qu'à certains moments de notre propre histoire, nous ayons pu nous en rapprocher, mais que nous les ayons depuis totalement balayées pour faire naître ce concept très occidental de « droits de la personne ».

Dans un troisième et dernier temps, nous verrons que cette notion de « droit » peut trouver aussi à s'appliquer non à des personnes, mais à des choses et peut-être aurions-nous là une occasion de faire utilement progresser nos propres concepts en allant rechercher comment ces populations ont conçu la possibilité de donner à des choses des droits, afin d'assurer la défense utile de celles-ci, notamment quand nous envisageons le droit de l'environnement, alors que la question de donner des droits à des fleuves ou à des paysages et des lieux est sérieusement envisagée. Oserons-nous reconnaître que ces populations jugées un peu trop rapidement « primitives » nous ont pourtant devancés depuis longtemps à cet égard et que l'humilité devrait nous pousser à apprendre d'elles beaucoup plus que de nous targuer avec morgue de notre prétendue supériorité de « civilisés » qui est loin d'être si supérieure que cela dans ce domaine de la protection de la nature ?

I. Les notions de coutume et de droit en tant qu'ensembles normatifs

A. Eux et nous : comment est vécue la coutume en Polynésie ?

Il faut avoir constamment à l'esprit que la conscience de posséder une coutume qui formerait une sorte de code juridique est fort éloignée de l'esprit de bon nombre de populations. Ce sont les Occidentaux qui, ne voyant les concepts du droit que selon leur propre aune, vont qualifier ces coutumes à la manière dont ils le feraient de substituts de codes, dès lors que ces coutumes ne s'expriment que dans des usages pratiqués et non écrits. Très tôt, des théories sont parues qui ont énoncé les règles que devaient suivre les coutumes pour être reconnues comme droit[1]. Que ce soit en Afrique au sein des différentes ethnies, dans les

[1] On pourra notamment consulter notre travail de thèse de doctorat d'État consacré à *La mise par écrit des normes juridiques et ses conséquences sur la formation de la*

Amériques au sein des différentes et nombreuses communautés amérindiennes ou en Océanie, tant chez les Aborigènes d'Australie que chez les Maoris ou les Kanaks, la chose est beaucoup plus subtile et moins simple qu'il n'y paraît[1].

En premier lieu, la coutume ne se révèle que dès lors que l'on en a besoin pour régler une situation litigieuse entre deux clans, deux familles, voire deux individus. Elle représente donc plus le droit tel qu'il est vécu et utilisé quand on en a besoin, sans qu'il soit absolument nécessaire de lui donner une autre définition que celle d'un « droit tel qu'il est pratiqué dans la vie ». C'est donc dire qu'elle n'est pas autrement convoquée, car elle est simplement vécue sans autre question. Pour nos esprits rationnels, il est très déstabilisant d'avoir à se confronter avec un droit qui ne se fonde que sur la seule expérience de ceux qui le vivent. Or, rien de tout cela ne correspond aux définitions que nous donnons rationnellement à la coutume en tant que source de droit, dont les débuts sont manifestés dans le droit romain, puis remaniés par les canonistes et enfin, repris par les civilistes européens qui aiment définir de manière définitive les choses.

Or, Norbert Rouland, dans le remarquable ouvrage qu'il a consacré à l'*Anthropologie juridique*, relève un réflexion qu'un Inuit avait faite à l'explorateur K. Ramussen : « Trop penser, lui disait-il, ne conduit qu'au désordre. (…) Nous les Inuits, nous ne prétendons pas donner de solutions à toutes les énigmes. Nous répétons les vieilles histoires comme on nous les a racontées, et avec les mots dont nous nous souvenons. (…) Vous voulez toujours que ces choses surnaturelles aient un sens, mais nous ne nous tracassons pas à ce sujet. Nous sommes contents de ne pas comprendre »[2]. Chaque groupe suit ainsi « naturellement », pourrait-on dire, les habitudes qui sont celles de son peuple dans la vie courante, répartition des terres, des biens, relations intra- et interfamiliales, etc., sous la conduite des anciens si jamais leur intervention est nécessaire ou utile. C'est donc dire que l'approche que

---

pensée juridique. Étude historique et comparative, 3 vol. dactylographiés, soutenue en octobre 1988 à Nantes sous la direction du professeur Philippe-Jean Hesse. Par ailleurs, R. Wehrlé, *De la coutume dans le droit canonique*, thèse D. E. droit, Paris 1928. Voir également, pour le droit romain, *D.* 1, 3, 32-36.

[1] Nous sommes redevables de toutes nos observations qui vont suivre au remarquable ouvrage de Norbert Rouland, *Anthropologie juridique*, PUF (coll. « Droit fondamental »), Partis 1988.

[2] Cf. Norbert Rouland, *op. cit.*, p. 180, citant K. Ramussen, « Intellectual Culture of the Iglulik Eskimos », *Reports of the fifth Thule Expedition*, VIII, 1-2, (Copenhagen, 1931), p. 502.

nous pouvons avoir du phénomène coutumier, que nous avons ainsi enfermé dans des règles précises pour qu'il soit reconnu comme tel, n'a aucun rapport avec celui que peuvent connaître de nombreux peuples, dont bien évidemment les populations océaniennes. Ne serait-ce qu'à ce seul point de vue, il nous faut, nous Occidentaux souvent sûrs d'une certaine forme de supériorité sur des populations jugées moins raisonneuses que nous, et même il nous est absolument nécessaire de nous départir de cette arrogance et d'accepter d'aller à la rencontre de façons fort différentes des nôtres, d'approcher ce que nous pensions avoir totalement déterminé, donc de sauter dans une forme d'inconnu et de nous laisser surprendre par lui avec curiosité et ouverture, car, sait-on jamais, nous pourrions aussi peut-être y trouver notre miel.

En second lieu, loin d'être figée et immuable, la coutume est en constante évolution de générations en générations, compte-tenu de circonstances qui obligent son adaptation à des situations nouvelles jusqu'ici restées imprévues ou inenvisagées. Il reste que cette évolution est plus lente que le simple fait d'abroger une loi et d'en adopter une nouvelle qui serait contraire à la précédente. Ce sont là des faits dont nous avons tout simplement perdu conscience et que nous ne savons plus observer, si ce n'est pour leur superposer nos préjugés, eux-mêmes jugés supérieurs et donc, plus efficaces. Voire ! ...

En troisième lieu, il faut reconnaître le rôle que peuvent jouer les anciens en la matière, car ce sont eux qui, de façon générale, sont considérés comme les gardiens de la mémoire des groupes, c'est dire qu'aucune décision importante pour le groupe ne sera prise sans l'avis de ces derniers. Mais il n'est absolument pas certain que, confrontés à une question, les anciens respectent totalement toujours la même coutume supposée être venue des ancêtres, sachant que le plus souvent, comme nous l'avait affirmé un professeur du Sénégal lorsque nous avions évoqué cette question ensemble, les anciens sont souvent amenés à « créer » la coutume au fur et à mesure de leurs décisions tout en se réclamant évidemment du strict respect des usages traditionnels, personne n'étant en mesure, face à leur connaissance, de contester leur décision comme non fondée sur la coutume traditionnelle. On constate donc que la mémoire, même si elle semble être apparemment fidèle aux usages traditionnels, peut elle-même être amenée à évoluer de façon subreptice. Il est ainsi tout à fait probable que les choses se déroulent d'une façon quasiment semblable au sein des populations océaniennes, dès lors que celles-ci se réclament constamment de la coutume des ancêtres.

En dernier lieu, comme dans toutes les sociétés traditionnelles, la place reconnue aux esprits et aux divers esprits qui peuvent commander aux éléments naturels est essentielle. Jamais les divers groupes sociaux n'ont été conduits à envisager leur vie en dehors de tout rapport avec les esprits qui régissent ces éléments de la nature au sein de laquelle ils vivent et dont ils dépendent fondamentalement pour leur propre existence. Déjà, les récits mythiques qui, souvent, viennent fonder les coutumes, sont les références obligées de toute coutume et permettent justement de les mieux comprendre. Ils sont donc totalement indissociables de cette dernière, chose qui nous est également bien étrangère, nous qui entendons donner réponse à tout et sur tout.

C'est donc dire clairement qu'il va nous falloir opérer un total changement d'esprit et aller à la découverte de ces différentes populations avec un esprit d'aventure et sans aucun préjugé de prétendu « civilisé » pour tenter de percevoir avec une certaine humilité et une certaine prudence, sur la pointe des pieds en somme, comment les populations océaniennes ont été conduites à penser leur droit, sans être jamais certain de restituer exactement leur façon d'envisager les choses.

B. Eux et nous : quelle place réserver à l'individu en tant que personne juridique ?

La notion d'individu en tant que personnalité juridiquement autonome qui nous semble aujourd'hui une évidence est fort loin de s'être toujours présentée ainsi dans notre Occident. Déjà, il semble nécessaire de rappeler que le substantif français « individu » est dérivé de l'adjectif latin *individuus* qui signifie « indivisible », tout comme l'adjectif « divisible » était rendu par *dividuus*. Cette matière avait d'ailleurs donné lieu à divers traités fort savants dans l'ancien droit français[1]. Ce terme exprime donc l'idée d'une corporalité totale en soi, mais distincte des autres corporalités qui forment également des ensembles en soi indivisibles. Comment cette notion a-t-elle alors pu se rapporter aussi à l'individualité humaine, c'est-à-dire à la conception d'un être humain distinct et séparé de l'ensemble des autres éléments de sa parenté d'origine et qui, par rapport à celle-ci, a acquis une

[1] On se contentera de renvoyer à l'ouvrage de Charles Dumoulin, *Extricatio labyrinthi dividui et individui cum nova et analytica tam in theoria quam in praxi declaratione legum omnium ejusdem materiæ* ou « Démêlage du labyrinthe du dividu et de l'individu avec une mise en lumière nouvelle et analytique de toutes les lois de cette même matière tant dans la théorie que dans la pratique », *in Opera quæ extant omnia*, Apude viduam Gervasii Alliot et Antonium Clement, Paris 1658, t. IV, col. 187-672.

autonomie complète en obtenant que ses actes n'engagent plus que lui seul et non l'ensemble de sa parentèle ?

Il ne peut être question ici de retracer les chemins historiques et anthropologiques qu'a suivis cette naissance de l'individu pour aboutir à ce qui est pour nous d'intérêt aujourd'hui, à savoir la place que peut tenir l'individu tel que nous le concevons en Occident, mais cette fois dans le cadre des coutumes de l'ensemble océanien.

Un second élément doit aussi être pris en compte, afin de bien saisir les notions que nous postulons sur le plan juridique. Il s'agit de la notion de « personne », qui vient recouvrir la notion de personnalité juridique. Il faut ici encore recourir au latin, langue dans laquelle le mot *persona* désignait uniquement le masque de théâtre que portaient les acteurs. Si nous extrapolons cette notion telle qu'elle a été reçue dans le droit, on peut donc entendre à juste titre que la notion de « personne » n'est jamais que le masque juridique reconnu au sein d'une société que reconnaît le droit conçu comme un ensemble normatif à un individu, masque dont vont découler des prérogatives qui seront alors attachées à l'individu en tant qu'être autonome.

Or, dans les mondes océaniens, mais aussi dans de nombreux autres mondes traditionnels, l'individu n'est repéré comme tel qu'en tant que membre de telle ou telle parentèle, rattaché à un clan, souvent aussi cultivant de mêmes totems protecteurs du clan et placé sous la gouvernance du chef de clan ou des plus âgés du clan. Il porte un nom qui vient souligner le clan dont il est issu, tout comme cela pouvait être aussi le cas au sein de la famille romaine ancienne, à savoir l'ensemble d'une maisonnée comme unité à la fois humaine et économique, esclaves compris, placée sous la direction du seul *pater familias*, le fils de famille ne disposant par lui-même d'aucune autonomie et restant placé sous la responsabilité de son père, à moins qu'il n'ait été émancipé, c'est-à-dire mis en dehors de la famille et partant, devenu autonome ou « de son droit », *sui juris*, tandis qu'auparavant, il restait dépendant « du droit d'autrui » ou *alieni juris.* C'est dire que l'individu tel que nous le concevons ou le magnifions[1] n'a pas grande réalité, sans pour autant qu'elle y soit totalement inexistante non plus, dans ces divers groupes humains.

---

[1] Il est nécessaire de renvoyer là à Norbert Elias, *La société des individus*, trad. Fr. Jeanne-Étoré, Pocket 1977. Voir aussi Jean-François Dortier, « Du je triomphant au moi éclaté », *in* X. Molenat (dir.), *L'individu contemporain, regards sociologiques*, Éd. Sciences Humaines, Paris 2006.

En somme, dès lors que l'on entend approfondir ces concepts, on se rend compte qu'ils deviennent beaucoup moins évidents qu'ils ne nous apparaissaient de prime abord, alors qu'on les croyait entendus. Là encore, il nous faut rester prudents et voir ce que sont les réalités vécues pour mieux les appréhender sans porter aucun jugement, que ce soit de prétendue supériorité ou d'étrangeté qui ferait du monde océanien une sorte d'objet de muséographie anthropologique.

II. La variété des différentes cultures océaniennes

Quels sont maintenant les mondes océaniens que nous allons visiter ? Nous les avons réduits au nombre de trois : les cultures maories, les cultures aborigènes de l'Australie et les cultures kanaks de la Nouvelle-Calédonie. La question à laquelle nous tenterons de répondre, si jamais nous y parvenons, sera de savoir dans quelle mesure les ensembles coutumiers océaniens reconnaissent quelque place à l'individu en tant que personne juridique autonome ?

Il est évident que nous nous bornerons ici à donner seulement de petites indications sur les différents groupes des populations concernées par notre propos. Commençons avec les Maoris, dont plus personne qui aime le rugby n'ignore le fameux *haka* destiné à impressionner les adversaires et que, parfois, certains entendent imiter sans même appartenir à cette population.

A. Les Maoris

Le peuplement des îles du Pacifique par les peuples maoris s'est produit sur une longue durée, peut-être un millier d'années, entre 500 av. J.-C. et 500 après J.-C. pour la colonisation des îles Cook, de Tahiti et de ses îles. Cette colonisation s'est en tout cas achevée vers 1 000 ap. J.-C., donnant alors naissance à ce que l'on appelle le Triangle polynésien qui va de Rapa Nui à l'Est, notre île de Pâque, avec ses îles, Hawai'i au Nord et Aoteroa au Sud-Ouest, notre actuelle Nouvelle-Zélande.

La question peut légitimement se poser de savoir pourquoi ces mouvements d'expansion des populations dans les multiples îles ont pu commencer. On eut certes déploré qu'elle n'ait jamais été sérieusement posée à l'égard de l'ensemble des îles polynésiennes et l'on ne rencontre jamais que des propositions faites sur l'une ou l'autre de ces îles. Ainsi, apprend-on que la Nouvelle-Zélande aurait vu son peuplement des Maoris prendre place à la suite des guerres fréquentes de tribus à tribus entre les XIIIe-XVe siècles en provenance des archipels de la zone intertropicale[1]. À notre avis, une autre cause aurait pu aussi être ajoutée : l'impossibilité d'une population en expansion sur une île de pouvoir se nourrir de façon suffisante et donc, l'obligation pour certains groupes de devoir quitter l'île mère pour aller chercher sa subsistance ailleurs, quitte à emporter avec soi les semences de plantes vivrières pour aider à cette installation sur une autre île. D'ailleurs, cette cause expliquerait pourquoi on retrouve dans certaines îles des plantes qui n'en sont pas originaires. On peut donc sans doute assez facilement étendre ces explications à l'ensemble du monde polynésien sans crainte de beaucoup se tromper, tout en acceptant aussi de les conjuguer, car les guerres intertribales ont pu s'accompagner aussi de la nécessité pour certains groupes de peuplement de quitter une île originaire pour aller trouver fortune ailleurs[2].

B. Les peuples aborigènes d'Australie

L'Océanie, à savoir l'Australie et la Nouvelle-Guinée, n'ayant jamais été rattachée à l'Asie, du fait que le pont qui reliait au quaternaire les îles d'Indonésie était coupé entre celles de Sumbawa et de Florès, ainsi qu'entre Alor et Timor, avec les Moluques et la Nouvelle-Guinée, îles qui étaient toutes isolées du reste de l'archipel. C'est là la raison qui vient justifier plusieurs hypothèses au sujet des origines des peuples aborigènes. Toutes semblent s'accorder au moins sur la certitude que ces populations ont dû naviguer pour parvenir en Australie. Certains ont avancé qu'ils seraient ainsi venus de l'archipel indonésien par le Nord, via Timor, il y a quelque 40 000 ans.

Une autre hypothèse suggère que ces populations auraient d'abord peuplé l'Ouest et le Sud de la Nouvelle-Guinée qui formait alors avec l'Australie un seul continent (le Sahul). Quoi qu'il en soit, il est parfaitement possible que plusieurs vagues de migration aient pu se produire à divers moments et sur différents points du continent australien. En tout cas, leur isolement génétique daterait d'il y a environ 50 000 ans. Ces populations ont su s'adapter aux terrains qu'ils occupaient, bénéficiant d'une variété de végétaux et de pratiques

---

[1] Ainsi le suggère Louis-Henri Courte dans *La Nouvelle-Zélande*, Hachette, Paris 1904, pp. 137-138.

[2] Nous nous permettons de renvoyer encore une fois à notre article « Les Polynésiens peuvent-ils être considérés comme des découvreurs de routes maritimes ? », *in Routes maritimes, origines, évolutions et prospectives*, sous la direction d'Odile Delfour-Samama, Cédric Lebœuf et Gwenaëlle Proutière-Maulion, Pédone, Paris 2016, pp. 29-37.

agricoles et piscicoles avancées et adaptées à l'environnement fragile au sein duquel elles vivaient, alors que trop souvent, elles ont été présentées simplement comme de simples chasseurs-cueilleurs nomades et donc, sans attachement au sol ni droits sur leurs territoires. Or, les choses sont beaucoup plus complexes que ces vues un peu trop simplistes, dès lors qu'elles avaient su trouver des techniques ingénieuses et fort bien maîtrisées pour subvenir de façon permanente aux besoins de populations sédentarisées vivant dans des villages étendus avec des constructions durables et élaborées.

Il est très difficile de ranger l'ensemble de ces populations au sein d'un seul et unique groupe, dès lors que les groupes aborigènes sont divisés entre quelque 300 langues différentes, mais qui partagent toutefois certaines conceptions communes, notamment avec la place du rêve comme mode de communication tant avec les ancêtres qu'avec les totems et autres éléments de la nature.

C. Les Néo-Calédoniens ou Kanaks

Le mot « *kanak* » vient de l'hawaïen « *kanaka* » qui signifie « être humain » ou « homme libre » et, tout au long du XIXe siècle, sous la forme anglicisée, les populations mélanésiennes ont été dénommées de façon péjorative « canaques ». Ces différents groupes sont arrivés en Nouvelle-Calédonie il y a environ 3 220 ou 3 000 ans à l'occasion d'un mouvement d'expansion humaine sur de grandes pirogues qui a peuplé les îles du Pacifique depuis les îles orientales de la Nouvelle-Guinée, avec les peuples de laquelle ils présentent d'ailleurs des caractéristiques physiques assez proches, tout comme les Aborigènes d'Australie d'ailleurs.

Ils se sont donc installés dans ces îles en maîtrisant la poterie, la sculpture et une agriculture très sophistiquée de l'igname, du taro ou de la canne à sucre. Ils surent développer un système de tarodières ou champs de taros irrigués en terrasse et de billons ou buttes où sont alors plantés les ignames, plante qui tient une très grande place dans cette culture.

Les Kanaks sont organisés autour d'unités politiques de taille variable, les « chefferies », et ils avaient, bien avant la colonisation, développé des relations avec d'autres archipels comme le Vanuatu, le Samoa, les îles Wallis et Futuna, et d'autres. Au milieu du XXe siècle, ils étaient partagés en plus de 30 groupes linguistiques différents.

La colonisation française a d'abord utilisé ces îles néo-calédoniennes pour y installer ses bagnes, en rejetant les populations locales sur des terres incultes. On se souviendra que ces bagnes connurent des bagnards fort célèbres, dont la remarquable institutrice parisienne Louise Michel, qui fut communarde et donc condamnée, avec bien d'autres d'ailleurs, par le régime de Thiers après l'écrasement de la révolte parisienne en 1871. Si Louise Michel est ici mentionnée, c'est parce qu'elle se préoccupa d'enseigner les enfants kanaks totalement délaissés et méprisés par les administrateurs coloniaux français, de faire aussi un inventaire de la flore et de la faune des îles en lien avec les académies parisiennes et enfin, elle rassembla un ensemble de récits qu'elle réarrangea sans doute à sa façon, tout en conservant les données dont elle avait pu avoir connaissance de la part des populations locales qu'elle avait aidées, se rapportant aux mythes kanaks[1].

III. Une autre façon de concevoir le droit qui peut aussi parfois nous servir de modèle

Il n'est pas utile de revenir sur ce qui a déjà été dit de la façon dont la coutume dominait les différents peuples océaniens et quelle place pouvait y tenir l'individu. En somme, il nous faut partir du constat que nos façons de voir le droit ne rejoignent jamais les leurs, dès lors que les droits des cultures globalement définies comme occidentales ont depuis longtemps fait prédominer l'individu sur la collectivité.

Il reste qu'avec beaucoup de perspicacité, ces peuples ont su se servir de conventions internationales conclues dans le cadre d'assemblées internationales au sein desquelles leur voix est souvent ignorée ou reste silencieuse pour ne pas y être représentée.

C'est ainsi que les Maoris surent parfaitement revendiquer l'application de la Déclaration de l'ONU de 2007 sur les droits des peuples indigènes (UNDRIP)[2] en faisant reconnaître leur possible auto-détermination, bien que l'urbanisation eût introduit de nouvelles dimensions sur cette question. Il ne s'agit plus ici d'une simple idée de gouvernance, mais de bonne gouvernance, sachant que la première se définit comme un processus à travers lequel les institutions, les affaires et les citoyens combinent leurs intérêts, exercent leurs droits et

---

[1] Cf. Louise Michel, *Légendes et chansons de geste canaques (1875)*, Lyon (2006), PUL.

[2] Cf. « Indigenous People' Good Governance, Human Rights and Serlf-Determination in the Second Dercade of the New Millenium », Adress by Dr Robert Joseph of Te Mata Hautü Taketake, University of Waikato, New Zeland, *The United Nations Permanent Forum on Indigenous Issues*, 13th Session on Good Governance and Unman Rights, New York, 12-23 May 2014.

obligations, et font aussi valoir leurs différences. La bonne gouvernance, au regard des peuples indigènes et des États-nations, se réalise alors tant au plan international que national, régional et local, tous niveaux qui auront alors la charge de mettre en œuvre cette autodétermination. Elle requiert donc, selon Kaufmann, Kraay et Amstruzzi, des conditions qui la permettront, à savoir l'existence d'étalons, une information sur son exécution, des incitations en vue d'une bonne exécution et la responsabilité[1], critères auxquels d'autres auteurs ont rajouté la transparence, le consensus, l'équité, l'inclusivité, l'effectivité et l'efficacité, les droits humains et le respect de la loi. Il est bien sûr qu'un tel discours doit obligatoirement tenir compte de savoir comment les peuples indigènes prendront ces critères pour eux-mêmes.

Les Maoris de Nouvelle-Zélande ont donc commencé à négocier avec la couronne britannique dès 1975 pour déboucher sur le traité de Waitangi qui régit les établissements maoris et ont ainsi permis à des communautés que des organisations tribales, comme celle des Iwi, dans le cadre du *Maori Fisheries Act 2004*, prennent en charge l'administration de zones maritimes et côtières. D'autres lois postérieures viendront compléter ce dispositif. C'est ainsi qu'en 2011, l'économie maorie atteignait à peu près 7 % du PNB de la Nouvelle-Zélande.

Il reste que cette autodétermination et cette bonne gouvernance posent trois questions : (1) quel rôle joue le droit coutumier dans la gouvernance actuelle ? (2) quelles sont les entités juridiques appropriées et susceptibles de favoriser un meilleur développement économique ? (3) dans quelle mesure cette gouvernance des entités juridiques favorise-t-elle les vies actuelles et le bien-être de la communauté maorie ? Concernant cette troisième question, force est de reconnaître que les Maoris forment 50 % de la population pénale néo-zélandaise et que le taux de non-emploi de ces derniers est très important. La solution ne se trouvera finalement, tant pour les Maoris que pour les autres populations autochtones où qu'elles se trouvent dans le monde, que dans l'idée d'une autodétermination qui joue une réelle influence sur les vies, les ressources et les aspirations de tels peuples, tant au niveau des individus que dans le cadre des parentèles et de leur place collective sur le plan politique national.

---

[1] Cf. Kaufmann, Kraay, and Mastruzzi *in* Maureen Lewis & Gunilla Peterson, *Governance in Education : Raising Performance,* (World Bank, 2009), pp. 3-4.

Si l'on se tourne maintenant vers les Aborigènes d'Australie, la manière dont a été conçue l'idée d'autodétermination est somme toute assez semblable à la situation des Maoris : leur influence politique passe à travers différents *Aborigenal land Councils* et *Indigenous Land Use Agreements* tels qu'ils résultent de la décision *Mabo* de 1992[1] et du *Native Title Act 1993.* Le premier accord assure leurs droits de propriété sur les territoires traditionnels et de conclure des accords avec des sociétés de développement, bien que tout cela ne puisse pas être véritablement considéré comme une autodétermination tant en droit que dans les faits. Il reste que les différents groupes aborigènes, même si, à cet égard, les choses semblent lentement changer, n'ont pendant longtemps pas pris conscience de leurs solidarités les uns avec les autres, déjà parce que tous ne partagent pas la même langue, mais aussi parce que, souvent, ils sont géographiquement éloignés les uns des autres.

Toutefois, durant ce qu'ils appellent « le Temps du rêve », les ancêtres qui avaient voyagé à travers le pays auraient laissé un tract composé de mots et de notes musicales le long de leurs pas. Dans de telles lignes, appelées *Songlines*, tout Aborigène voit les chemins de communication entre les tribus éloignées, une mélodie monotone signalant un paysage de plaine, une mélodie avec des sauts, un terrain accidenté. Ainsi, toute l'Australie peut être vue comme une partition de musique, alors que chaque aspect du paysage est toujours associé à un ancêtre totémique. Or, les activités de l'homme blanc ont non seulement perturbé cette partition musicale, mais l'ont aussi détruite, tendant ainsi les relations entre deux cultures ressenties comme peu compatibles l'une avec l'autre, même s'il semble que les choses changent peu à peu à cet égard en reconnaissant aussi des droits aux peuples indigènes et en respectant leurs propres coutumes. Par ailleurs, l'art pictural développé par les Aborigènes tient aujourd'hui une place importante et reconnue sur les marchés de l'art, risquant également en contrecoup de le perturber ainsi en faisant désormais une marchandise du commerce de cet art si original et conçu non pour être partagé avec tous les amateurs, mais pour un usage interne seulement au groupe.

Il reste que, tout comme les Maoris de Nouvelle-Zélande, les populations aborigènes d'Australie se heurtent toujours au racisme

---

[1] *Mabo and Another v The State of Queensland and Another* [1989] HCA 69 ; (1989) 166 CLR 186 ; and *Mabo and Others v Queensland (No. 2)* [1992] HCA 23 ; (1992) 175 CLR 1.

violent des populations blanches, que les mineurs y forment 50 % de la population pénale et qu'un fort sous-emploi frappe également la population majeure.

Un dernier aspect peut être abordé relativement aux Aborigènes australiens en lien avec la religion. Il s'agit du statut du mont Uluru qui se trouve au centre de l'Australie et qui a été « découvert » par un explorateur anglais du nom de Ayers au milieu du XIXe et qui lui a laissé son nom de *Ayers'Rock*. Ce mont a été restitué aux Arnagus en 1985 par le gouvernement australien et est toujours géré comme site touristique par le conseil du parc national d'Uluru-Kate Tjuta. Or, les excès du tourisme ont incité les touristes à grimper sur ce mont sacré, ce qui est considéré comme un sacrilège contre leur religion par les Arangus. Aussi ceux-ci décidaient-ils unilatéralement d'afficher une pancarte signalant aux touristes qu'il était interdit de grimper sur ce mont pour des raisons religieuses en 2017, pancarte restée sans grand effet face aux agences touristiques soucieuses de leur rentabilité. À leurs yeux, en effet, monter sur ce mont qui représente la source de la vie, signifie vouloir détruire celle-ci, et donc anéantir le monde vivant. Or, cette interdiction fut reprise le 26 octobre 2019, soit 34 ans après la restitution de ce mont aux Arangus par le conseil du parc national d'Uluru-Kata Tjuta. Il ne manque plus au gouvernement australien que de reconnaître une personnalité juridique à ce mont, à l'image de ce qu'ont pu obtenir des peuples amérindiens en Amérique du Sud.

Quoi qu'il en soit, il ne s'agit jamais là que de droits reconnus à des groupes et non à des individus en particulier qui, quant à eux, ne sont vus qu'à travers les groupes auxquels ils appartiennent.

Dans la Polynésie française, la langue, la culture et l'identité polynésiennes sont formellement reconnues, permettant ainsi non seulement une assez grande autonomie politique par rapport à la métropole, mais aussi une vraie autodétermination interne, qui fonctionne tant bien que mal non sans de multiples questionnements.

En Nouvelle-Calédonie[1], société exclusivement fondée sur l'oralité, la coutume exprime le lien des hommes à une terre et les obligations collectives qui en découlent. Il semble donc, comme pour d'autres peuples de l'Océanie, que la terre est un acteur essentiel, au sens propre du mot, dont le clan n'est que le gardien. En effet, la terre est conçue comme un *paitak* à la fois intellectuel, social et matériel, dont le clan

---

[1] Nous tirons l'ensemble des informations qui suivent de la brochure *Le droit coutumier en Nouvelle-Calédonie*, Maison de la Nouvelle-Calédonie, Paris, 2012.

possède la garde et la conservation, ce qui implique donc un droit d'usage seulement sur elle et non de propriété. Un tel capital est en conséquence inaliénable, car hérité des ancêtres, qui doit être transmis intact aux générations futures. Il en va de même pour les savoirs traditionnels, voire pour certaines plantes.

Ici aussi, à l'origine, le clan, conçu comme « tribu » au sens juridique du terme, à savoir les grandes chefferies, est seul doté de la personnalité juridique et les sujets responsables de dommages engagent la responsabilité collective du clan ou de la tribu, celle-ci pouvant donc se voir confisquer tous ses biens fonciers à titre de sanction. En 1985, ce furent les Groupements de droit particulier local qui furent investis de la personnalité juridique, regroupant les individus attachés entre eux par des liens coutumiers au sein d'une famille, d'un clan ou d'une tribu. Certains de ces groupements sont régis par le seul droit coutumier et leur création a été motivée dans le but de mener une activité économique, d'autres ayant pour fonction l'attribution des terres. Ce fut seulement en 2011 qu'ils furent dotés de la personnalité morale, pouvant ainsi non seulement acquérir des biens, gérer des ressources, mais aussi ester en justice. Ce sont désormais ces groupements qui sont les véritables titulaires des droits et non plus les tribus, comme sous la période coloniale.

Les institutions coutumières ont été largement inspirées par le modèle occidental pour assurer la prise en compte et l'expression de la coutume. La coutume est répartie depuis 1980 en huit aires coutumières ou pays coutumiers.

Les accords de Matignon de 1988 ont mis en place un conseil consultatif coutumier, devenu Sénat coutumier avec les accords de Nouméa (1998), composé de 16 membres, 2 par aire, venant des huit pays coutumiers désignés par les conseils coutumiers de chacune des aires. Il est compétent pour émettre un avis concernant les projets et propositions de loi du pays, notamment pour ce qui intéresse ici, quant au statut civil coutumier, au régime des terres coutumières, au régime des palabres coutumiers, aux limites des aires coutumières et aux modalités d'élection au Sénat coutumier et aux conseils coutumiers.

Les innovations ainsi réalisées en Nouvelle-Calédonie permettent une véritable reconnaissance à la fois des droits locaux des communautés indigènes et locales sur leur savoir traditionnel, le statut personnel et un statut *sui generis* des terres. La Nouvelle-Calédonie est encore aujourd'hui la seule en droit français à disposer du socle juridique favorisant l'émergence d'un tel statut applicable à d'autres communautés autochtones.

Conclusion

Que faut-il conclure ? Le droit des communautés autochtones fait son chemin depuis longtemps tant dans l'aire océanienne que dans l'aire occidentale, en Europe avec les minorités linguistiques bien souvent ignorées ou maltraitées, comme trop souvent encore dans la France actuelle vis-à-vis de la langue bretonne ou des dialectes alsaciens, et bien d'autres, mais aussi dans les deux Amériques, où ces communautés entendent maintenant faire valoir leurs droits face aux États qui les ont trop souvent écrasées sans ménagement dans les siècles passés. À cet égard, sur le plan international, la Déclaration de l'ONU de 2007 sur les droits des peuples indigènes (UNDRIP) offre une piste d'avenir aux différentes communautés autochtones en garantissant leur autonomie et leur droit à la simple existence, quand bien même elles seraient minoritaires dans les pays. L'actuelle situation de la communauté musulmane ouïgoure dans la République populaire de Chine est fort inquiétante, et le rapport dressé de sa situation par Michèle Bachelet au nom de l'ONU est très précis et, pour cette raison, fort mal reçu d'une Chine qui se dit encore communiste. La question reste de savoir si les différents pays, où qu'ils se trouvent sur cette planète et qui comportent de telles communautés, sont prêts à leur accorder la place qu'elles méritent dans le cadre de leurs institutions, même si elles vivent selon des lois différentes des leurs.

L'Océanie nous offre des exemples instructifs à cet égard, qu'il ne faut pas négliger.

CHAPITRE 3

LA RÉCONCILIATION : UNE VALEUR KANAK

Clara FILIPPI
PhD candidate politics and social sciences (ISPOLE – UCLouvain)
Fellow Visitor at Department of Pacific Affairs (ANU)
Coral Bell School of Asia Pacific Affairs
ANU College of Asia & the Pacific

Introduction

Le drame colonial a frappé sans compter et sur tous les continents et n'a de fait, pas épargné l'océan Pacifique. La fin du XVIIIe et le début du XIXe siècle représentent l'apogée des empires coloniaux. De fait, la Nouvelle-Calédonie et la France renferment une histoire coloniale commune qu'il convient de restituer. En effet, la Nouvelle-Calédonie – encore inscrite sur la liste des territoires à décoloniser de l'ONU – est l'une des dernières colonies du XXIe siècle. Depuis l'annexion du territoire en 1853, jusqu'aux « Événements » d'Ouvéa – perçus comme le point de non-retour – la résilience kanak trouve ses sources dans sa lutte douloureusement menée pour l'accès à l'indépendance. Si pour le colonisateur français cette période coloniale est synonyme de civilisation, pour le colonisé elle est synonyme de soustraction de la dignité, droits bafoués et traumatismes (Terrier, 2010 : 15-16). Les forçats et les descendants de colons ont péniblement labouré les terres sur lesquelles ils avaient été envoyés de force, terres auxquelles ils se sont attachés. Ici réside la particularité du cas néo-calédonien : le statut de victime de l'histoire s'accorde aussi bien au peuple originel, qu'aux bagnards condamnés à peupler le territoire. Indépendantistes ou non, Kanak ou Caldoches, l'histoire calédonienne s'écrit dans la douleur de toutes les communautés présentes sur le territoire. Dans la lignée de l'Accord de Nouméa, il convient donc de « reconnaître les ombres de la période coloniale, même si elle ne fut pas dépourvue de lumière » (Accord de Nouméa, 1998 : 2). Au cours des années 70, une mosaïque politique se construit, entraînant le soulèvement des revendications indépendantistes. Dans cette dynamique, non-indépendantistes et indépendantistes se disputent le paysage politique, tentant de nombreuses approches pour se distinguer. Le ras-le-bol du peuple

Kanak atteint le point de non-retour le 5 mai 1988 : c'est le drame d'Ouvéa[1].

« Chaque pied d'Iaai qui se pose sur ma terre est comme une lance qui me transperce. Ils sont nombreux et mon cœur saigne. » (Mwà Véé, 2005 : 9) : ce sont les mots d'Emmanuel Tjibaou, fils de Jean-Marie Tjibaou qui perd la vie à Iaai[2]. Ils mettent en lumière l'horreur, les déchirures et la douleur encore vive du passé. En effet, d'aucuns savent la persistance de cette douleur marquée au fer rouge. Ils se rappellent précisément leurs émotions, leurs rôles et leurs anecdotes personnelles qui s'enchevêtrent dans l'histoire collective. Malgré les années qui s'écoulent, les plaies ont du mal à cicatriser. Le temps paraît plus long et s'échelonne en générations[3]. Désormais, vient le temps d'imaginer le jour d'après. Mais quel après pour quel jour, au lendemain d'événements traumatisants ? Au lendemain de crimes, voire de massacres ? La morale, l'éthique et le politique s'entremêlent pour se questionner sur la manière de restituer, de surpasser, sur la manière de réparer le passé – si tant est qu'existe une méthode permettant d'y arriver ou tout du moins de s'en rapprocher.

Sur le papier, la crise s'estompe et les différentes communautés cohabitent de nouveau sur cette même terre. Protagonistes indépendantistes et non-indépendantistes s'assoient à la table des négociations. Il en ressort deux accords : l'Accord de Matignon-

---

[1] Nous entendons ici la prise d'otage et le drame de la grotte de Goosana (cf. *infra*). Nous utilisons ici la traduction française « Ouvéa » car l'expression « drame d'Ouvéa » est présente dans la mémoire collective des Néo-Calédoniens. Dans les prochaines lignes, nous emploierons la traduction en langue kanak, toutefois nous ne changerons pas les citations.

[2] Ouvéa en langue kanak est traduit par Iaai.

[3] Pour plus de détails sur la notion de temps et de générations concernant les études post-conflits, consulter : Valérie Rosoux, « Reconciliation as a Peace-Building Process : Scope and Limits » *in* Jacob Bercovitch, Victor Kremenyuk et William Zartman (sous la dir. de), *The SAGE Handbok of Conflict Resolution*, London : Sage, 2008b, p. 544-545. Valérie Rosoux, « De l'ambivalence de la mémoire au lendemain du conflit », *in* Laurence Van Ypersele (sous la dir. de) *Questions d'histoires contemporaines. Conflits, mémoire et identité*, Paris, PUF, 2006, pp. 203-222. Valérie Rosoux, « Réconciliation post conflit : à la recherche d'une typologie », *Revue internationale de politique comparée*, 2015, vol. XXII, n° 4, pp. 557-577.

Oudinot[1] et l'Accord de Nouméa[2]. La singularité des Accords, l'exceptionnel processus de décolonisation qui en ressort ainsi que la récente situation insurrectionnelle en cours depuis mai 2024, nous amènent à analyser le dossier néo-calédonien. Non dans un but de faire l'économie de l'histoire, mais bien dans un objectif de synthétisation et de compréhension, nous assumons la simplification des faits relatés dans le présent chapitre. Cette étude survole d'une part, une partie de la crise néo-calédonienne des années 1980, communément appelée « Événements » et analyse d'autre part, le règlement du contentieux colonial sous le prisme des théories relatives aux politiques de réparation. « [L]'avenir ne se construit qu'à la mesure de la maîtrise du passé. De fait, les morts d'Ouvéa ne sont-ils pas au cœur du présent, hantant le paysage politique, à Paris comme à Nouméa ? » (Plenel et Rollat, 1988 : 16).

Le but de cette analyse ne réside pas tant dans la démonstration d'une solution toute faite, mais l'objectif est plutôt de dépeindre la situation calédonienne à la lumière des théories relatives au processus de réconciliation. Ainsi, il convient de s'interroger sur la position de la Nouvelle-Calédonie et de l'Hexagone sur le processus de réparation. Les deux territoires sont-ils sur la voie de la réconciliation ? Pour ce faire, nous reviendrons de manière succincte sur une partie de l'histoire contemporaine. Puis, l'étude s'appuiera sur les théories relatives aux études de réparation afin de faire ressortir un compte-rendu du processus en cours. Enfin, en guise de conclusion, nous tenterons d'apporter quelques outils ayant permis d'appréhender cette crise et nous finirons par la proposition de quelques pistes de recherche.

L'histoire du drame néo-calédonien ayant été passée de longues années sous silence – de la part des gouvernements comme des individus[3] –, l'écriture de l'histoire a eu du mal à émerger. Ainsi, l'épineuse capacité à maîtriser l'ensemble des événements et leurs

---

[1] Accord de Matignon-Oudinot, *Journal Officiel de Nouvelle-Calédonie* (*JONC*), publié le 26 juin 1988, http://www.mncparis.fr/uploads/accords-de-matignon_1.pdf, consulté le 25 avril 2020.

[2] Accord de Nouméa, Nouméa : *Journal Officiel de Nouvelle-Calédonie* (*JONC*), publié le 5 mai 1998, http://www.juridoc.gouv.nc/juridoc/jdtextes.nsf/%28web-All%29/97162D00018F6FCF4B257918007C2339/$File/Accord-de-noumea-doc-orientation_du_05-05-1998_ChG.pdf?OpenElement consulté le 25 avril 2020.

[3] C'est ce que nous montre le témoignage de Robert Kapoeri : « j'ai décidé de ne plus parler de tout ça, de laisser couler et de rester dans ma case. (…) J'ai l'impression qu'on s'est mis un peu des œillères pour ne pas voir la suite des choses. » (*Mwà Véé*, 1999 : 21-22).

circonstances tend à brouiller le travail puisqu'il convient d'assembler bout à bout les différents épisodes afin de reconstruire la mosaïque de l'histoire néo-calédonienne. De cette manière, la recherche de faits concrets (comme les dates, les lieux, les chiffres, ce qui demande une certaine précision) a demandé un effort de recherche important. Il est vrai que les ressources sont nombreuses, néanmoins les incohérences sont, elles aussi, abondantes. De fait, nous assumons prendre comme repère l'Atlas de la Nouvelle-Calédonie (2013) dont la contribution de certaines références propres au territoire, accorde une légitimité avérée.

I. Contextualisation historique et méthodologie

A. Contextualisation historique

L'Histoire entre l'État français et la Nouvelle-Calédonie débute en 1774, période des grands empires coloniaux britanniques et français. « Découverte »[1] par les européens cette même année par le navigateur James Cook et annexée en 1853 par la France, la Nouvelle-Calédonie – qui fut le champ de bataille entre Londres et Paris – devient rapidement une colonie pénitentiaire, puis une colonie de peuplement de la République (Terrier, 2012 : 107 ; Terrier, 2010 : 8 ; Bernut-Déplanque, 2002 : 16). Ainsi, au lendemain de la prise de possession, Paris fait venir deux types de colons sur le territoire : les colons dits « libres », venus de leur plein gré et les colons « pénaux », venus purger une peine et souvent interdits de retour en métropole (Terrier, 2010 : 13). À partir de 1864, soixante-quinze convois de bagnards venus effectuer leur peine dans le bagne calédonien arriveront jusqu'en 1897. Durant ces années, ils auront comme mission le développement de la colonie, notamment en termes d'infrastructures, mais également dans le milieu minier (*Ibid.* : 15). Le territoire accueillera différents types de colons : les transportés, les relégués, les « communards » et les insurgés kabyles qu'on appellera les prisonniers de droit commun (*Ibid.* : 16, 18 ; Terrier, 2012 : 108 ; Naepels, 2018). Ces différents types de condamnations illustrent d'ores et déjà la pluralité des individus qui peuplent le sol néo-calédonien, de façon hétérogène sur le territoire aux côtés du peuple autochtone de l'archipel : les Kanak. Dans le but de

---

[1] Il s'agit bien ici de la découverte par les Européens, toutefois déjà habitée par les Kanak ayant une civilisation ancienne que cet article reconnaît pleinement. Le mot découverte est compris dans un prisme européen et nous nous concentrons volontairement sur la période coloniale dans un souci de synthèse par rapport à notre question de recherche.

pallier une éventuelle instabilité – résultant de la colonie pénitentiaire – les Gouverneurs qui se succèderont commenceront une politique de peuplement accueillant, cette fois, des « colons libres ». Environ 2 000 personnes sont progressivement introduites afin de promouvoir la colonisation libre (Terrier, 2012 : 108). Par la suite, en 1880, est créée la Société le Nickel (ci-après « SLN ») (Terrier, 2010 : 21). Afin d'exploiter les mines, il faut recruter de la main-d'œuvre peu chère : des travailleurs des Nouvelles-Hébrides (Vanuatu aujourd'hui), du Japon, du Tonkin (Vietnam), de Java (Indonésie), de Wallis-et-Futuna (*Ibid.* : 21 ; Terrier, 2012 : 110), de Polynésie française et de métropole (Houdan, 2012 : 112). C'est au cours de la Seconde Guerre mondiale que débarqueront les premiers Américains, les Australiens et les Néo-Zélandais (*Ibid.* : 110). La société calédonienne se caractérise donc aujourd'hui par une multiplicité de cultures qui se sont côtoyées et entrechoquées sur l'île au cours d'arrivées successives, ce qui n'est pas sans effets ni conséquences sur le peuple premier.

La Nouvelle-Calédonie hérite du régime de l'indigénat, préalablement mis en place en Algérie et à la Cochinchine (Merle & Muckle, 2019 : 121), suite à l'application du décret du 18 juillet 1887 qui concerne les Kanak jusqu'alors non citoyens français. Les réglementations mises en place répriment les infractions et régissent leurs déplacements (Terrier, 2010 : 19) en leur appliquant des sanctions extrajudiciaires (Merle & Muckle, 2019 : 121). Dans une lettre adressée au ministre des Colonies, le Gouverneur de l'époque – Mr Nouët – s'exprime : le peuple kanak est « un peuple aussi peu développé », qu' « on ne peut sérieusement songer à appeler tout d'un coup les Canaques[1] à la vie politique et à en faire de suite des citoyens français » (*Ibid.* : 125). Surtout que « les Canaques [sont] au bas de l'échelle humaine bien plus que les Annamites et les Arabes » (*Ibid.* : 134 ; Bernut-Déplanque, 2002 : 16, 36). En ce sens, on voit les politiques de cantonnement apparaître, permettant aux Kanak de garder leur mode de vie coutumier, sans toutefois l'exposer au sein de la colonie (*Ibid.* : 16 ; Waddell, 2016 : 62). Ils assistent à une expropriation de leurs terres (*Ibid.* : 62 ; Terrier, 2012 : 108). Par la suite, on voit s'édifier une liste d'infractions spéciales pour les indigènes non citoyens français parmi laquelle « se trouver hors de son arrondissement sans justifier d'une autorisation particulière ; le fait d'entrer dans les cabarets ou débits de boissons » et circuler dans les rues de la ville et de ses faubourgs après

[1] Orthographe utilisée lors de l'arrivée des colons sur le territoire.

20 h, ne sont que quelques exemples des interdictions qui leur sont infligées (Merle & Muckle, 2019 : 147 ; Terrier, 2012 : 108). Le régime de l'indigénat n'est aboli qu'en 1946, octroyant le statut de citoyens français aux Kanak (Merle & Muckle, 2019 : 402). Cette période ne fut pas dépourvue de traumatismes pour ce peuple originel qui se voit également affiché en 1931 comme les protagonistes principaux du « zoo humain » en exposition à Vincennes (Leblic, 1998 : 237). Lors de cette exposition, la France affiche fièrement ses colonies, dans des conditions parfois très précaires et dégradantes. Il s'agit de montrer au monde entier la supériorité des colons et, de fait, de légitimer « les bienfaits » de la colonisation (Bazin, 2018), puisque le Kanak est vu selon Joël Dauphiné, comme un « vrai sauvage, un être dont la dégradation semblait comparable à celle de l'aborigène d'Australie » (p. 39), avec lequel il partage ou dispute « le dernier degré de l'échelle humaine » (pp. 43-44) (Leblic, 1998 : 238).

Dès les années 1970, les revendications indépendantistes kanak tissent le paysage politique, s'opposant aux partis non-indépendantistes (Houdan, 2012 : 112 ; Bertram ; 2012). Cette lutte pour ces revendications, les Kanak l'obtiennent à la sueur de leur front. Les années 1980 sont synonymes de violences en Nouvelle-Calédonie. La période des « Événements » est un sujet qui reste longtemps tabou pour l'ensemble des Néo-Calédoniens. Le contexte de violence et les insurrections amènent l'État français à instaurer l'état d'urgence, à déployer une présence militaire française et enfin un couvre-feu (Conférence Houdan, 2015).

Les tensions étaient latentes sur le territoire, mais il semble que l'assassinat à Nouméa de Pierre Declercq – « le blanc qui défendait les kanak » (Lavellois, 2018 : 135) – puisse être considéré comme point de départ.

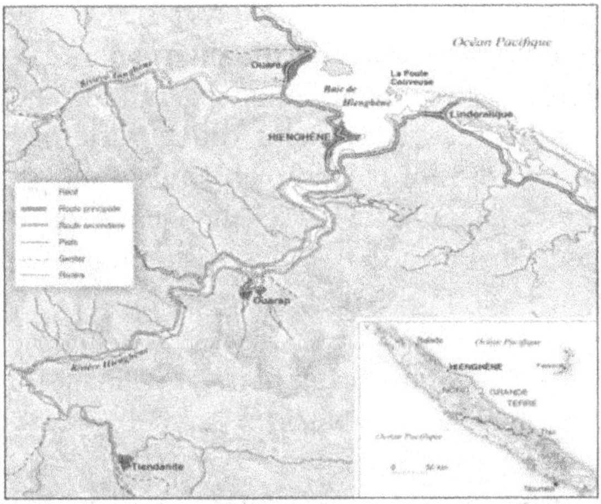

Carte 3. Hienghène et la Grande Terre (© Département de géographie, Université Laval).

Hienghène et la Grande Terre [Nouvelle-Calédonie][1]

Puis, le conflit se poursuit à Hyehen[2], ravagée par les morts violentes, les affrontements et les barrages routiers (Waddell, 2016 : 59) ; la ville rentrait en conflit entre deux civilisations diamétralement opposées (*Ibid.* : 61). La zone Koniambo-Voh-Hienghène-Poindimié (aujourd'hui et ci-après « zone VKP ») est la zone la plus touchée par les opérations de cantonnement et d'expropriations[3] (Terrier, 2010 : 26). Des communautés entières sont déracinées, ce qui entraîne des conflits communautaires entre les différentes tribus (Waddell, 2016 : 63) et, par la suite, un sentiment de colère chez les habitants de cette zone. Le projet d'indépendance murit, la dynamique indépendantiste prend forme et la colère kanak se ravive. Éloi Machoro, militant du FLNKS[4], appelle donc au boycott des élections pour montrer leur opposition au « statut Lemoine »[5] (Lavellois, 2018 : 195 ; Bertram,

---

[1] Département de géographie, Université Laval.

[2] Commune de Hiengène en français, nous faisons le choix d'utiliser l'appellation de l'une des langues kanak qui y est parlée : le fwâi. Toutefois, nous gardons l'exactitude des citations.

[3] Si en 1895, on compte 470 hectares de terres aliénées à Hyehen (Hienghène), en 1970 on en dénombre 2 600 hectares aux mains d'une dizaine de propriétaires fonciers européens, métisses ou asiatiques (Waddell, 2016 : p. 64).

[4] Front de libération nationale kanak et socialiste.

[5] Loi n° 84-821 du 6 septembre 1984 portant statut du territoire de la Nouvelle-Calédonie et dépendances, *Journal Officiel de la République française (légifrance)*, 7 septembre 1984, p. 2840.

2012 : 191). Puis, ce dernier va transformer cette journée d'élection en moment historique (Mokaddem, 2013b : 184). En effet, le geste fort d'Éloi Machoro qui brise l'urne dans la mairie de Canala fera de cette date un symbole du nationalisme indépendantiste kanak (*Ibid.* : 186). Le contexte de 1984 est donc celui d'une forte radicalisation des positions. Tout d'abord, Éloi Machoro commence un véritable « siège » dans la commune de Thio : les Caldoches sont désarmés et la gendarmerie occupée. Par ailleurs, des fusillades retentissent dans le grand nord de la Grande Terre à Ouégoa faisant 3 victimes le 30 novembre 1984 (Lavellois, 2018 : 203). Aussi, un éleveur européen meurt lors d'un affrontement sur un barrage pendant qu'Éloi Machoro et ses militants désarment, dans la soirée, un hélicoptère du GIGN dans la gendarmerie de Thio. De nombreux barrages se dressent et un gouvernement provisoire de la Kanaky – dirigé par Jean-Marie Tjibaou – se proclame le 1er décembre (Bernut-Déplanque, 2002 : 41). C'est le soir du 5 décembre 1984 que dans la vallée de Hyehen, le point de non-retour est franchi (Saussol, 2011 : 84). En effet, des Caldoches descendants d'Européens, épuisés par cette situation de tension et de peur constante, tendent une embuscade aux membres du « Comité Lutte » : elle fera dix morts dans la tribu de Tiendanite (dix jeunes, dont deux frères de Jean-Marie Tjibaou) (Lavellois, 2018 : 315 ; Bernut-Déplanque, 2002 : 42).

À Nouméa, l'atmosphère est lourde, la population a peur et « on sentait que quelque chose allait se passer en Nouvelle-Calédonie » (Jean-Lèques[1], 2018). En effet, le nord et la côte est avaient subi de violents affrontements et le risque était qu'il se produise la même chose à Nouméa (*Ibid.)*. De nombreux barrages se mettent en place, notamment aux alentours de la tribu de Saint-Louis, à La Conception, où un regroupement indépendantiste bloque les voies de circulation avec des incendies et où des journalistes sont blessés (NC1ère, 2018a). À l'inverse, à force d'épuisement, les Kanak non-indépendantistes empêchent quelques jours plus tard, un convoi du FLNKS qui se rendait à un congrès, de passer de part et d'autre de la tribu (NC1ère, 2018c). Les militants indépendantistes entament une grève de la faim dans le quartier de Montravel et à Nouméa. De plus, de nombreux rassemblements ont lieu dans le centre-ville de Nouméa, à la baie de la Moselle ou dans l'ancien vélodrome Brunelet à l'Anse-Vata (Houdan,

[1] Maire de Nouméa de l'époque.

2015), mais rien n'y fait, les voix kanak sont occultées. Cette lutte prendra un tournant majeur à Ouvéa, lors de la prise d'otages d'Ouvéa.

Face à l'échec de toutes formes de résistance pacifique (boycott des élections, institutions démocratiques officielles), Jean-Marie Tjibaou – leader indépendantiste et chef coutumier ayant étudié la théologie – pense une radicalisation du mouvement et le FLNKS organise « la résistance par tous les moyens possibles » (Waddell, 2016 : 33). C'est ainsi que le 22 avril 1988, il fut décidé de mettre en place des barrages routiers sur la Grande-Terre et d'occuper pacifiquement à 15 minutes d'intervalle les postes de gendarmerie[1] des Îles Loyauté (Nengone, Qene Drehu, Iaai[2] et Tokanod.) (*Ibid.* : 34 ; Bertram, 2012 : 195). Il est 8 h et un groupe de militants indépendantistes prend d'assaut la gendarmerie de Fayaoué à Ouvéa. L'attaque dégénère suite à un tir de gendarme qui blesse un indépendantiste. S'en suit la mort de quatre gendarmes ce jour-là (Waddell, 2016 : 34 ; Houdan, 2012 : 113 ; Bertram, 2012 : 195 ; GIGN, 2011). L'occupation qui devait être non violente tourne au drame. Dans les autres îles on abandonne le projet. Il est donc impératif pour les militants du FLNKS de trouver une solution : maintenir les vingt-sept gendarmes en otage (Bertram, 2012 : 195). Par la suite, seize d'entre-deux seront emmenés dans la grotte de Goosana[3] où ils resteront enfermés près de deux semaines alors que les autres seront libérés (Waddell, 2016 : 25 ; Bertram, 2012 : 195 ; GIGN, 2011).

Dans l'Hexagone la prise d'otage tombe mal. C'est un moment crucial puisque c'est le premier tour des présidentielles : François Mitterrand est devant et Jacques Chirac derrière, avec moins de 20 % des votes (Waddell, 2016 : 36). Le contexte politique et international de l'époque[4] pousse Monsieur Chirac – alors Premier ministre suite à la cohabitation – à adopter une stratégie de force en se positionnant contre les Kanak plutôt que dans une optique de négociation (*Ibid.* : 37). Après

[1] Occuper les postes de gendarmerie avait une connotation particulière envers l'État français.

[2] Respectivement en français : Maré, Hienghnee, Ouvéa, Tiga. Nous utiliserons les nominations en langues kanak, exception faite pour les citations afin de respecter l'exactitude de celles-ci.

[3] Différentes manières d'orthographier cette tribu, mais nous avons fait le choix de l'écrire selon l'une des langues kanak de l'île d'Ouvéa : le iaai. Néanmoins, nous ne modifierons pas l'orthographe des citations.

[4] Jacques Chirac réussit une négociation qui lui permettra d'obtenir la libération d'otages français au Liban.

quasiment deux semaines de captivité et une recherche active[1] de la grotte, le 5 mai 1988, l'« Opération Victor » est lancée : c'est le « Drame d'Ouvéa ». En effet, François Mitterrand et Jacques Chirac autorisent la prise d'assaut de la grotte de Goosana au moyen de parachutistes, de commandos de marine et du GIGN[2] (Lavellois, 2018 : 377). Dix-neuf militants indépendantistes, dont Alfonse Dianou, et quatre militaires sont tués lors de l'assaut[3] (Houdan, 2012 : 113 ; Bernut-Déplanque, 2002 : 43).

Les affrontements se scelleront avec la signature de l'Accord de Matignon-Oudinot le 26 juin 1988 (Bernut-Déplanque, 2002 : 44 ; Bertram, 2012 : 211) qui met fin à toute indépendance immédiate – ce qui sonne comme une fin amère pour certains – mais permet le retour au calme. Effectivement, indépendantistes et non-indépendantistes acceptent de se rencontrer à Paris dans le cadre d'une négociation. Ils signent l'Accord de Matignon-Oudinot mettant fin à l'insurrection. Celui-ci a pour but[4] la reprise de l'autorité administrative directe de l'État sur le territoire pour une année ; la tenue d'un référendum quant aux nouvelles institutions à mettre en œuvre ; l'organisation de la libération des prisonniers kanak durant la période dite des « Événements » ; la création de trois provinces (Sud, Nord et Îles Loyauté) ; une décentralisation au profit des collectivités pour représenter de manière optimale la population dans son ensemble ; une politique de rééquilibrage socio-économique et culturelle via ses provinces ; enfin, l'organisation d'un scrutin d'autodétermination en Nouvelle-Calédonie dans les dix ans à venir (1998) (Bernut-Déplanque,

---

[1] Rapport de la commission de la Ligue des droits de l'homme sur les conditions inhumaines qu'ont utilisés les représentants des forces l'ordre dans leurs interrogatoires afin de localiser les otages : Antoine Sanguinetti, Danièle Heldin Guy Ramirez, Violaine Weben *et alii,* Enquête sur Ouvéa. Rapport et témoignages les événements d'avril-mai 1988, Paris : Ligue des droits de l'homme, 1989, 202 p.

[2] Pour plus de détails sur la prise d'assaut et le déroulement précis de l'opération du GIGN : Quentin Michaud, *La prise d'otage d'Ouvéa vue de l'intérieur*, Paris : GIGN, novembre 2011, http://www.gign.org/groupe-intervention/?p=2870, consulté le 25 février 2020.

[3] Dans les discours, il est courant d'entendre que certains otages ont été tués d'une balle dans la tête après la fin de l'assaut alors que d'autres se sont vu abandonnés décédant de leurs blessures. Nous ne nous prononçons pas sur le sujet, mais il est possible d'en lire davantage : Antoine Sanguinetti, Danièle Heldin Guy Ramirez, Violaine Weben *et alii*, Enquête sur Ouvéa. Rapport et témoignages les événements d'avril-mai 1988, Paris : Ligue des droits de l'homme, 1989, 202 p.

[4] Plus de précisions à l'égard de l'Accord peuvent être trouvées p. 113 (Planche 24) de l'Atlas de la Nouvelle-Calédonie.

2002 : 44-45). Ces accords sont ainsi le début d'une forte collaboration entre l'État et la Nouvelle-Calédonie. Ils vont de pair avec la poignée de main historique de Jean-Marie Tjibaou et Jacques Lafleur.

« Jean-Marie Tjibaou Jacques Lafleur, La poignée de main »[1]

Cette poignée de main représente le début d'une volonté affichée de « destin commun » (concept clé des accords) et un nouveau départ, après la tragédie d'Ouvéa. Pour reprendre les mots de Jean-Marie Tjibaou décrivant l'Accord de Matignon, il s'agit-là « du pari de l'intelligence » et plus récemment, ceux du Président Emmanuel Macron, du début d'une « confiance partagée » (Macron, Nouméa, 5 mai 2018). Néanmoins, d'autres voient ce geste comme une trahison de la part du *leader* indépendantiste qui semble ne plus défendre le projet d'indépendance de la *Kanaky* (Waddell ; 2016 : p. 38). C'est le cas de Djubelly Wea, pour qui « il doit y avoir indépendance immédiate » et pour qui encore « [n]otre souveraineté et notre indépendance ne sont pas négociables » (*Ibid.* : 48). Le 4 mai 1989, c'est le jour de célébration de la levée de deuil des familles des victimes tuées durant la prise d'assaut un an auparavant. C'est lors de cette cérémonie que Jean-Marie Tjibaou sera assassiné ainsi que son bras droit Yeiwéné Yeiwéné par Djubelly Wea. Il est à son tour, assassiné par le garde du corps de Jean-Marie Tjibaou. D'après Olivier Houdan (2019), cet événement pourrait marquer la fin la période dite des « Événements »[2], dont les dates de

---

[1] *Nouméa : Calédonie Ensemble*, publiée le 26 juin 2018, https://caledonie-ensemble.com/2018/06/26/le-jour-ou-le-dialogue-a-permis-la-paix-dans-notre-pays/jm-tjibaou-j-lafleur-poignee-de-main/, Consulté le 9 novembre 2019.
[2] Olivier Houdan, rencontre août 2019.

début et de fin varient, selon les différentes manières de qualifier la période.

L'Accord de Nouméa – consensus entre les « pratiques culturelles kanak » et les « rationalités occidentales » (Mokaddem, 2013a : 132) – est signé le 5 mai 1998 ; il remplace le référendum d'autodétermination qui devait se tenir cette même année à la suite de la signature des Accords de Matignon-Oudinot (Bertram, 2012 : 211). Les Néo-Calédoniens ne sont pas prêts à se prononcer pour ou contre la souveraineté de leur île. Matures et conscients des enjeux, ils décident de donner au caillou un sursis de vingt ans. C'est l'Accord de Nouméa qui entérinera ce choix approuvé par referendum. Ces vingt années laisseront à l'archipel le temps de se développer à l'image des compétences – au caractère irréversible – transférées par l'État au pays. La première consultation référendaire s'est amorcée ensuite en 2014. Un scrutin positif aurait mené à la pleine souveraineté immédiate et un scrutin négatif à la reconduction de deux éventuels référendums[1] à la demande du tiers des membres du congrès dans un délai de deux ans (Christnacht, 2008 : 91). Finalement, c'est le 4 novembre 2018 qui a été choisi pour cette première consultation. Les Néo-Calédoniens se sont prononcés à 56,67 % pour le non, pour une participation de 80,01 % (Haut-Commissariat de la Nouvelle-Calédonie, 2018) à la question suivante : « Voulez-vous que la Nouvelle-Calédonie accède à la pleine souveraineté et devienne indépendante ? ». La même question est posée le 4 octobre 2020 avec les résultats suivants : 46,74 % pour le « oui » et 53,26 % en faveur du « non » (Haut-Commissariat de la Nouvelle-Calédonie, 2020). Enfin, en 2021 le dernier référendum est boycotté par les indépendantistes qui remettent en cause la partialité de l'État, menant à un résultat non significatif : 3,5 % pour le « oui » et 96,50 % en faveur du « non » (Haut-Commissariat de la Nouvelle-Calédonie, 2021). Celui-ci est contesté par les indépendantistes. Trente ans après le drame, la mosaïque politique et identitaire des années 1970 est toujours sensiblement identique, les clivages n'ont fait que se répéter (Huc & Martin, 2019 : 148). Le poids de l'histoire néo-calédonienne à Ouvéa, le poids de la douleur, mais surtout les silences règnent encore lorsque l'on évoque cette période. La situation insurrectionnelle en cours depuis les émeutes de mai 2024 fait – dans une certaine mesure – écho à cette période des années 1980 qui a marqué au fer rouge les Néo-

[1] Le second a eu lieu le 4 octobre 2020 et le troisième, bien que controversé, le 12 décembre 2021.

Calédoniens. La dimension taboue de ces faits et les silences qui l'encerclent rend la restitution délicate. Dans ce contexte complexe, quels processus de réparation peuvent se dessiner ?

B. Méthodologie : quel processus de réparation ?

Nombreux sont ces « passés problématiques qu'il s'agit désormais d'assumer », ces passés difficiles, longtemps enfouis dans les tiroirs des musées aux côtés de la mémoire des colonisés. Ils font désormais surface au cœur des anciennes métropoles, affectant leur positionnement international, mais entachant également les relations avec leurs anciennes colonies (Rosoux, 2009 : 1). Comment peut-on, aujourd'hui, « restituer » aux peuples colonisés, leur passé ? Ou tout du moins, est-il possible de leur restituer leur mémoire ? Après avoir tu des exactions, est-il possible de rétablir cette vérité qui dérange ? Tout comme on rendrait à César, ses biens, est-il possible de rendre à l'Histoire ce qui appartient à l'Histoire ?

Notre analyse s'adosse aux cadres théoriques de Valérie Rosoux portant sur les processus de réparation. Cette chercheuse en sciences politiques a développé deux outils – nécessaires à l'étude de son corpus – qui, par nature, simplifient la réalité décrite : simplification parfois nécessaire à la compréhension de certains concepts. Le premier auquel elle se réfère est le triangle « bourreau, victime, sauveur »[1] (*Ibid.* : 2), inspiré du triangle de Karpman (psychologue américain) (*Ibid.* : 3). Puis, nous nous concentrerons sur l'outil faisant référence aux études relatives aux « politiques de réparation [*reparation politics*] » : celui-ci est utilisé dans la gestion politique d'un passé difficile. Il peut également s'apparenter à la réparation d'une victime de viol, de meurtre, d'erreur policière… toute victime ayant vu sa dignité entachée par un acte extérieur, pour lequel elle n'est nullement responsable, mais dont la responsabilité d'un tiers est engagée. Il consiste en l'identification du processus de réparation, qui n'a pas vocation à l'oubli. Ce processus ne permettra pas d'oublier le tort subi, ne réparera pas complétement l'injustice, mais permettra une réparation relative d'un tort subi. Personne n'a la capacité de faire que le passé n'ait pas eu lieu. Toutefois, ce processus semble permettre un apaisement des émotions qui y sont liées. À l'instar de Valérie Rosoux, nous le scindons en quatre étapes distinctes.

---

[1] Valérie-Barbara Rosoux et Stéphanie Planche, Passé colonial et politique étrangère de la Belgique. *Studia Diplomatica*, 2009, p. 2.

Reconnaissance

« Dans un premier temps, il s'agit pour l'acteur d'identifier les torts passés, de les "qualifier" comme tels, et de procéder à leur reconnaissance publique. Cette étape implique à la fois une reconnaissance de la souffrance des victimes, et de leur statut de victimes. Elle constitue déjà un acte de réparation en soi, en ce qu'elle met fin à l'indifférence, au silence ou au déni dont le passé problématique a précédemment fait l'objet » (*Ibid.* : 3).

Responsabilité

« Dans un deuxième temps, le processus comprend l'assomption, par l'acteur, d'une part de responsabilité dans les dommages commis. L'acteur accepte ici d'endosser le rôle d'ancien bourreau ; il reconnaît avoir eu sa part dans la survenance de l'injustice et des souffrances qui en ont découlé » (*Ibid.* : 4).

Excuses

« Dans un troisième temps, l'acteur peut alors présenter des excuses pour le rôle qu'il a joué dans le passé. Cette phase se traduit généralement par une déclaration officielle explicite » (*Ibid.* : 4).

Réparation

« Enfin, dans un quatrième temps, l'acteur peut offrir une réparation pour les torts subis. Alors que les trois premières étapes constituent des formes de réparations symboliques, au sens large, la réparation s'entend ici au sens strict et acquiert une dimension matérielle (compensation financière, indemnisation, restitution, etc.) » (*Ibid.* : 4).

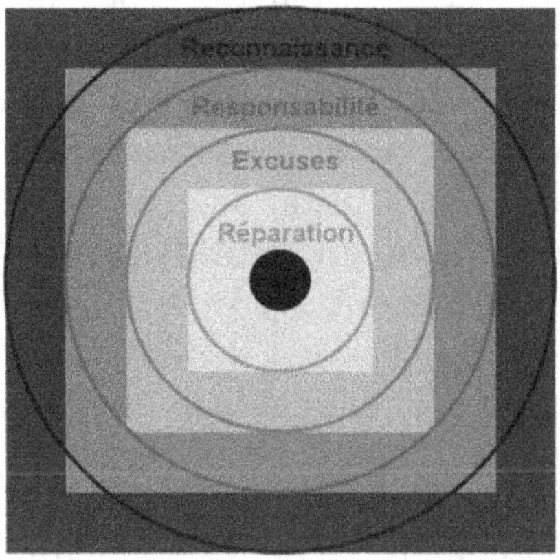

« Gestion du passé »[1]

Sur la base de cette méthodologie, nous allons à présent détailler deux scénarios de réconciliations qui ont eu lieu en Nouvelle-Calédonie.

II. Usooköu[2] à Ouvéa (1998)

« Ouvéa, l'île où le sang a abreuvé des billions d'ignames » nous dit Louis-José Barbançon (p. 189), c'était « un deuil dont on avait peur qu'il dure sans cesse » (Mwà Véé, 1999 : 5-6). Il convient de rappeler ici la violence des « Événements » de la grotte d'Iaai, accentuée un an après par l'assassinat de deux hommes politiques et du tireur, lors de la cérémonie de levée de deuil kanak. En d'autres termes, il s'agit de reconnaître le double drame qui vient exacerber les sentiments des populations. En effet, ce paradis au cœur meurtri une première fois en 1988 par les « Événements » de Goosana, puis une seconde fois par ceux de 1989 à Hwaadrila, a su trouver – via une approche spirituelle – le chemin de la réconciliation avec les gendarmes et leurs familles (*Ibid.* : 4). Maki Wea (membre de la famille de Djubelly Wea qui ôtait la vie de Jean-Marie Tjibaou neuf ans auparavant) explique le contexte et les sentiments qui se bousculent à Iaai : « ce qui s'est passé dans la grotte en 1988 [fait qu'] on devient en quelque sorte les martyrs du peuple kanak et ce qui s'est passé à Hwaadrila en 1989 où on est montré

[1] Rosoux Valérie-Barbara & Planche Stéphanie. « Passé colonial et politique étrangère de la Belgique », *Studia Diplomatica*, 2009, p.133-155.

[2] Traduction du mot « réconciliation » en Iaai, une des langues vernaculaires parlée à Ouvéa.

du doigt. » (*Ibid.* : 18). « L'île d'Ouvéa maudit le cercueil de Djubelly Wéa parce qu'elle est aujourd'hui frappée par la honte. Tous les gens d'Ouvéa sont touchés par ce drame car il a eu lieu dans notre île. Chez nous, les Kanak, c'est la règle de la responsabilité collective. Tout le monde nous désigne maintenant du doigt », murmure Rémi Toulangi (habitant d'Iaai). Sa qualité de militant de l'Union calédonienne (UC) et d'adversaire proclamé de Djubelly Wéa n'y fait rien. Il est originaire d'Iaai. C'est son fardeau. » (*Le Monde*, 13 mai 1989).

Malgré la douleur, la colère, la culpabilité, la honte, l'isolement, le bouleversement dans les codes coutumiers, anciens bourreaux et victimes ont su regarder ensemble dans la même direction. Effectivement, la réconciliation commence entre le nord et le sud de l'île puisqu'ayant relâché les otages au sud durant l'attaque de la gendarmerie, le nord se sent abandonné par son allié du sud (Mwà Véé, 1999 : 23). Il s'agit également d'assumer ensemble l'acte de Djubelly Wea afin de faire honneur à la coutume kanak qui prône la responsabilité collective. Ainsi, des mamans, des papas, des sœurs, des frères, des oncles, des tantes, des cousins, des cousines, des camarades de classe, les autorités coutumières, l'État (via les gendarmes) et surtout le Père Apikaoua et le Pasteur Tom Tchako se sont attelés à cette réconciliation à Iaai. Tout d'abord entre les différentes tribus, puis continuant le parcours, ensemble, jusqu'aux gendarmes (*Id.* : 26-27). Les Églises ont mis du temps à comprendre l'importance de la douleur à Hwaadrila, mais ont ensuite « pris le relais en s'appuyant sur leurs relations avec la coutume et l'homogénéité de la communauté » (*Ibid.* : 7). Après avoir contribué au rétablissement du dialogue notamment via l'important travail de mémoire qu'ils ont mené, les deux hommes d'Église ont concélébré le 22 avril 1998 une messe œcuménique qui fut le premier pas vers la guérison d'Iaai (*Ibid.* : 4). Cette réconciliation ayant concerné directement les gendarmes et les familles d'Iaai, notre analyse sera centrée sur les faits qui se sont déroulés entre gendarmes et militants indépendantistes à Iaai entre le 22 avril et le 5 mai 1988, plutôt que sur la mort de Jean-Marie Tjibaou et de Yeiwéné Yeiwéné le 5 mai 1989 (qui sera l'objet de la partie suivante). Néanmoins, pour comprendre le contexte de cette réconciliation, il est impossible de dissocier ces deux événements. Il s'agit donc d'analyser ces deux réconciliations – séparées de six années – distinctement en prenant la première comme tremplin de la seconde.

« Ça devrait se faire, ça va pas être facile, mais j'y crois, vous y croyez, ça devrait se faire un 22 avril » (Apikaoua, entretien[1] 2019) : tels sont les mots du Père Apikaoua lorsqu'on lui a demandé de prendre la responsabilité de l'église catholique à Iaai et d'œuvrer pour la réconciliation. Lors d'un entretien, il raconte :

« Pleins de choses en concomitance le 22 avril[2], mais moi je n'ai pas réfléchi j'étais là cette date, donc je viens cette date. J'avais une seule consigne : la réunion à la Mairie. Je connaissais seulement le pasteur Tom. On ne savait pas qui avait convoqué la réunion. Le vieux Dieno se lève et se tourne vers le pasteur Tom et moi et nous engueule comme du poisson pourri. Il nous engueule parce qu'on représente l'église catholique et protestante et il n'y a personne pour organiser le lendemain. Donc on s'est dit qu'on organiserait la messe de demain, je me suis aperçu que les gens attendaient juste une ouverture et quand ils ont vu une alliance catholique/protestante ils l'ont prise.

« Le matin on est arrivé à l'église à 9 h et il n'y avait pas un chat, je dis à Tom : "Tom il y a un problème". Puis on a attendu et on a commencé à entendre les pas des gendarmes et quand on les a vus arriver ils ont continué, ils ne sont pas rentrés dans l'église. Ce dont on n'était pas au courant c'est que les gens d'Ouvéa qui ne voulaient pas voir les gendarmes en peinture, avaient dit aux gendarmes de venir les rencontrer sur le terrain là-bas, mais ça on n'était pas du tout au courant. On s'est dit qu'on allait attendre un peu, et là on entendait plus les pas, mais les chants. Une image qui m'est restée à l'esprit c'est la tenue bleu clair des gendarmes et les couleurs des robes missions[3] au milieu d'eux, il y avait aussi des couronnes de verdure sur le bleu des gendarmes. Ils se sont rencontrés et réconciliés là-bas sur le terrain de foot et ont fait une coutume, je ne sais pas ce qu'ils se sont dit, mais ils sont arrivés ici comme un seul homme. Ils sont arrivés, on a fait une coutume. À peine on allait finir la coutume devant l'église, un gendarme arrive en Jeep à l'église en faisant une grande poussière, il ne coupe pas son moteur, c'était le temps des fax, il arrive, mais n'arrivait pas à parler, il tend le fax au colonel, qui était rouge comme une pivoine à cause du soleil, il change de couleur et devient blanc comme son papier. Il me regarde un peu hébété et finit par s'approcher de moi, c'est un papier de Madame

[1] Rock Apikaoua (administrateur de la cathédrale à Nouméa, vicaire général de l'archidiocèse de Nouméa), *entretien*, 14 août 2019. Lors du repas de veille de l'ascension à Ouvéa, en face de l'église catholique.

[2] La tuerie de la gendarmerie, 10 ans après les accords de Nouméa.

[3] Robes traditionnelles des femmes kanak.

Dujardin[1], de France elle a appris que ce matin-là on allait se rencontrer ici, je ne sais pas comment elle a appris, elle voulait dire qu'elle était de tout cœur avec nous, elle voulait qu'on dise aux gens d'Ouvéa, surtout aux gens qui ont massacré son mari, qu'elle leur offrait son pardon. Ce n'est pas uniquement l'église qui a joué ce rôle, l'histoire du pardon a commencé ailleurs, elle écrit dans sa lettre : *"les larmes des mamans de gendarmes ne sont pas différentes des larmes de maman de ceux qui sont tombés là-haut dans la grotte"*. On se remet de nos émotions et on allait rentrer dans l'église, le même petit gendarme arrive et refait le même tourniquet, avec un autre fax, mais il venait du Haut-Commissariat à Nouméa qui demandait de retarder l'heure de la messe pour que les signataires de l'Accord de Nouméa puissent venir fêter ça ici à Ouvéa. » (Apikaoua, entretien 2019).

Il convient tout d'abord d'assumer le caractère spirituel (coutumier et religieux) de cette réconciliation qui la place d'ores et déjà légèrement en retrait du giron méthodologique. En effet, les étapes identifiées par Valérie Rosoux se retrouvent ici entremêlées en raison des traditions coutumières kanak, toutefois elles seront une base solide à l'élaboration d'outils spécifiquement dédiés au contexte coutumier kanak. « Le pardon chez nous, c'est un geste que l'on pratique depuis des générations. On pardonne ainsi le mal qui a été fait. La réconciliation, ça ne pardonne pas tout ce qui a été fait avant. » (Mwaa Véé, 1999 : 67). Ce sont les mots de Chanel Kapoeri expliquant la signification et l'importance du pardon dans la coutume kanak.

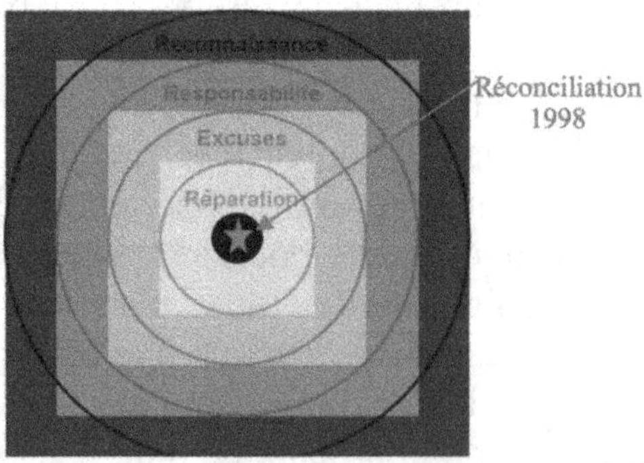

État des lieux de la réconciliation de 1998[2]

[1] Veuve d'un gendarme massacré lors du drame d'Ouvéa (Iaai).
[2] Clara Filippi.

Reconnaissance

« Les communautés de Nouvelle-Calédonie ont trop souffert, dans leur dignité collective, dans l'intégrité des personnes et des biens, de plusieurs décennies d'incompréhension et de violence. » (...) « deux convictions antagonistes [ont] débouch(é) jusqu'à une date récente sur une situation voisine de la guerre civile. » (Accord de Matignon, 1988 : 2).

Ces quelques lignes issues des Accords de Matignon-Oudinot reconnaissent d'une part, le statut de victimes des communautés de Nouvelle-Calédonie, et d'autre part, elles confessent timidement le contexte violent dans lequel était plongé le territoire.

« Pendant qu'il y a eu les gouvernements socialistes, nous avons eu l'exaspération, nous avons eu trente-deux morts, des centaines de gens blessés, de maisons incendiées, de femmes violées. Voilà quel a été le résultat de votre politique. » (Débat présidentiel de Jacques Chirac face à François Mitterrand, mai 1988).

Dans un discours prononcé le 4 mai 1988 à Nice, Charles Pasqua réitère les accusations : « MM. Fabius et Joxe, a-t-il affirmé, ont du sang sur les mains. Ils sont responsables de ce qui s'est passé de 1984 à 1986, où l'on a déploré trente-deux morts, des maisons pillées, des femmes violées. » (*Le Monde*, 6 mai 1988). Ces deux citations, témoignent d'une forme de reconnaissance ou tout du moins de dénonciation des faits.

« [L]'assaut sanglant contre la grotte d'Ouvéa » (Antenne 2, 5 mai 1988) ; « incidents meurtriers de Nouvelle-Calédonie » (Antenne 2, 23 avril 1988) ; « 3 gendarmes massacrés à l'arme blanche et 27 autres séquestrés » (Antenne 2, 24 avril 1988) ; « Des combats violents et difficiles » (*Le Monde*, 6 mai 1988) ; « l'interlocuteur des auteurs des massacres d'Ouvéa » (Pasqua, 1988) ; « le coup de force sanglant » ; « opération meurtrière du 5 mai 1988 à l'île d'Ouvéa » (Sénat : 1988).

Ces extraits de discours officiels, de propositions de résolution, ou encore d'articles de journaux, témoignent de la situation de violence en Nouvelle-Calédonie, une violence difficile à dissimuler. En ce sens, une sorte de *reconnaissance* globale fut progressivement mise en place dans les discours ambiants.

Responsabilité

En ce qui concerne la responsabilité, lorsque la décision d'occuper pacifiquement les gendarmeries tourne au cauchemar le 22 avril 1988, la responsabilité des militants indépendantistes n'est un secret ni pour les gendarmes, ni pour les Kanak puisqu'ils revendiquent leur attaque (GIGN, 2011 ; Ligue des droits de l'homme, 1989 : 28-30). Par la suite, lorsque les otages seront emmenés dans la grotte de Goosana par Alphonse Dianou, il n'y a aucun doute sur la responsabilité puisque cette prise d'otage est le levier de revendications indépendantistes. Sur la Grande Terre, dans les îles et même dans l'Hexagone, on le sait : les indépendantistes décident d'occuper la gendarmerie de Fayaoué à Iaai. Les raisons qui les poussent à une telle violence sont diverses et peuvent être comprises de différentes manières, selon différents prismes. Il ne s'agit ni de discuter, ni de juger ces raisons. En ce sens, même si le point de départ de l'attaque et la finalité peuvent être discutés, ce n'est pas le cas de l'attaque en elle-même puisque les indépendantistes en font la revendication. Il est donc possible d'interpréter cette revendication, au nom du FLNKS, comme une forme de responsabilité automatiquement accordée aux faiseurs d'otages.

Aussi, Robert Kapoeri explique : « [C]'était dur d'affronter le regard des autres, eux qui disaient "Tout ce que vous avez réussi à faire, c'est tuer des gens". [...] Ils relèvent plutôt le côté négatif, le désastre qu'il y a eu, les dix-neuf, et puis Tjibaou, Yeiwéné Yeiwéné et Djubelly Wea. Alors on se dit à chaque fois : "J'ai fait avancer les choses ou pas ? On a fait que des conneries finalement ?" ».

Les paroles de ce militant témoignent de sa responsabilité et des questionnements encore présents dans son esprit. Les militants pour l'indépendance de la *Kanaky* le savent : politiquement les choses ont avancé et ils en sont fiers, mais leurs actions ont entraîné, directement ou pas, la mort de 19 des leurs et de 4 gendarmes à Iaai. Par ailleurs, la notion de responsabilité collective[1] dans la coutume kanak[2] floute les contours du concept même de responsabilité. Chanel Kapoeri explique, le décrit comme suit : « [C]'est par rapport à sa famille que se manifeste cette solidarité. On ne peut pas laisser cette famille vivre ça toute seule, porter seule la responsabilité de l'acte de Djubelly, non, on est solidaire avec la famille. » (Mwa Véé, 1999 : 70).

---

[1] « Tous les gens d'Ouvéa sont touchés par ce drame car il a eu lieu dans notre île. Chez nous, les Kanak, c'est la règle de la responsabilité collective » (*Le Monde*, 13 mai 1989).

[2] Il s'agit ici d'identifier clairement le clan de la famille Wea qui appartient à la tribu de Goosana, mais d'autres clans et familles vivent dans cette tribu et d'autres tribus vivent à Ouvéa (Iaai).

Même si les militants indépendantistes assument leur part de responsabilité dans la mort des « 19 »[1], il semblerait qu'ils en imputent également une part aux décisionnaires de la prise d'assaut, c'est-à-dire de l'opération « Victor », qui a été ordonnée par François Mitterrand et Jacques Chirac et exécutée par le GIGN (Lavellois, 2018 : 377). C'est un appel téléphonique entre le Premier ministre Jacques Chirac et le général Vidal qui fixe l'assaut. Le Président François Mitterrand approuve l'opération « Victor » à condition que les conséquences soient assumées par le ministère de la Défense (GIGN, 2011). Ainsi, au même titre que les doutes sont levés sur les auteurs de l'occupation de la gendarmerie et de la prise d'otage, l'État français[2] est responsable de cet assaut. D'autant plus que Charles Pasqua affirme : « on ne fait pas d'omelette sans casser des œufs, on peut toujours se lamenter, ça sert à rien » (Pasqua, Antenne 2, 5 mai 1988). « Le devoir de l'État républicain, après avoir adressé les mises en garde nécessaires, est de rétablir l'ordre par tous les moyens en sa possession. » (*Le Monde*, 6 mai 1988). À son tour et accusant le gouvernement Chirac, le Président Mitterrand affirme : « Le gouvernement a choisi la brutalité et d'ignorer la moitié de la population. » (Mitterrand, 1988).

Bien qu'entre 1988 et 1998 il n'y ait pas eu de reconnaissance de responsabilité dans les discours officiels, ces récits permettent tout de même une perception au moins globale, d'une part de *responsabilité* de chacun. Celle des militants du FLNKS, qui décident d'occuper la gendarmerie menant à la prise d'otages et celle de l'État français, autorisant l'assaut du GIGN dans la grotte.

Excuses

La réconciliation en milieu kanak est à appréhender à la lumière de la coutume kanak. Nous l'avions évoqué, celle-ci se caractérise par l'enchevêtrement des étapes de ce long processus. Ainsi, celle des excuses se perçoit dans la coutume de pardon effectuée sur le terrain de football avant le retour des acteurs à l'Église. Mais que se cache-t-il derrière ce mot très connu des océaniens mais moins des européens ? Ce terme est polysémique. Le premier sens englobe des habitudes ou pratiques ancestrales, comme une sorte de contrat social régissant les codes en milieu kanak. Le deuxième, celui qui nous intéresse

---

[1] « les 19 » est une expression commune dans les mémoires pour parler des 19 militants indépendantistes morts dans la grotte.

[2] Décideurs politiques, gendarmes et GIGN.

ici, signifie « faire une coutume de… ». Par exemple, avant de rentrer chez quelqu'un, il y a la coutume d'entrée à l'attention du maître des lieux et la coutume de pardon ou de supplique dans le cadre d'une réconciliation, d'une faute. Celle-ci consiste – dépendamment des clans – en un discours de remerciement ou de pardon accompagné de dons : éventuellement d'un manou[1], d'ignames[2], de cocos germés, de tabac, de nattes, d'objets tressés, de colliers de coquillages, de tissus, d'argent et de casse-tête. Il y a diverses raisons[3] de présenter une coutume, mais dans notre cas, la coutume de pardon s'apparente à ce que Valérie Rosoux appelle l'étape des excuses.

« Ils se sont rencontrés et réconciliés là-bas sur le terrain de foot et ont fait une coutume, je ne sais pas ce qu'ils se sont dit, mais ils sont arrivés ici comme un seul homme. Ils sont arrivés, on a fait une coutume. » (Apikaoua, entretien 2019). C'est le récit du Père Apikaoua qui témoigne de la réconciliation coutumière. Ici la coutume de pardon représente à la fois les excuses et l'acceptation des excuses. En effet, les Kanak diront « remercier la coutume », c'est-à-dire que l'interlocuteur, en plus d'accepter la coutume, prend la parole et affirme que la demande est acceptée. « [L]e pardon, il faut qu'il soit partagé, il s'adresse à quelqu'un. » (*Mwà Véé*, 1999 : 16). Par conséquent, il doit être accepté par ce quelqu'un, après quoi un contre-don est présenté. Cette coutume de pardon sur le terrain de football fait alors office d'excuses et esquisse également – pour les habitants d'Iaai – les prémisses d'une réconciliation avec les gendarmes.

Réparation

Cette dernière étape du chemin vers la réconciliation consiste en la réparation matérielle et symbolique des torts subis par les victimes (Rosoux, 2009 : 4). Il s'agit donc de l'étape qui finalise le processus. Ainsi, dans le cas d'Iaai, on dit que cette réconciliation a eu lieu le 22 avril 1998 sur le terrain de football avant de concélébrer la messe œcuménique. Après, la coutume de pardon formalisant déjà les 3 étapes précédentes, une messe œcuménique – regroupant gendarmes, pasteur, prêtre, habitants du Nord et du Sud de l'île, politiques… – symbolise la fin du processus. Le précédent geste coutumier (le don de coutume ou

---

[1] Paréo spécial à motifs kanak.

[2] Il s'agit d'un tubercule qui a une importance cruciale dans la coutume kanak.

[3] La plus habituelle est la coutume que l'on fait lorsqu'on arrive chez quelqu'un pour la première fois, mais on présente également une coutume lors des mariages, des baptêmes, des deuils, par exemple.

don principal) représente, certes, un acte symbolique dans l'esprit mais n'en est pas moins un don matériel important dans l'organisation sociale kanak. Il symbolise également déjà une sorte d'aboutissement. Le dépôt de gerbes sur la tombe des gendarmes par les habitants d'Iaai confirme l'initiative (*Mwà Véé*, 1999 : p. 15). Cette réconciliation est caractérisée notamment par le mémorial des « 19 » inauguré à Iaai, le mémorial dans la gendarmerie de Fayaoué et le préambule de l'Accord de Nouméa.

Plusieurs témoignages recueillis par le magazine *Mwà Véé* mettent la notion de temps au centre de la problématique : « je pense que c'est le temps qui a fait petit à petit son travail » (*Ibid.* : p. 21) ; « Du temps était passé, il avait fait son œuvre. En sept ans, les choses s'étaient un peu tassées. Moi-même j'avais commencé à me faire une raison, je pouvais assumer ce qui s'était passé, en parler avec les gens. Eux-mêmes étaient plus aptes à recevoir, à écouter. » (*Ibid.* : 25) ; « Et puis l'an passé, il y a eu la réconciliation avec les gendarmes. Mais on sentait depuis quelques années déjà qu'il se passait quelque chose de l'intérieur. C'est difficile à exprimer parce que ça se passe au-dedans de nous. » (*Ibid.* : 32) ; « Il est important de faire ce geste-là vers Hyehen et Nengone alors qu'on l'a fait ici pour les gendarmes, mais ça pèse encore. L'idée est là, en nous, mais il faut encore un peu de temps. » (*Ibid.* : 32). Le processus de réconciliation impose donc la notion de temps qui se compte en générations (Rosoux, 2015 : 471). Ainsi, le père Apikaoua – au centre du processus – s'est souvent vu interrogé sur : « père, on fait quoi pour Hienghène ? » (*Mwà Véé*, 1999 : 11) ; néanmoins l'atmosphère répondait qu'il fallait du temps. Le témoignage de Cyriaque Alosio va dans ce même sens puisque, selon lui, les générations suivantes seront plus à même d'entreprendre le processus pour Hyehen : « Le moment n'est peut-être pas encore venu, il faut laisser à nos enfants le soin de régler ça, en prenant le temps qu'il faudra » (*Ibid.* : 79). Selon Maki Wea, malgré la « brûlure dans notre cœur [...] faire la réconciliation avec les frères Yeiwéné, à Maré, avec le clan Tjibaou là-bas, nous sentons que c'est trop lourd, que ce n'est pas encore le moment. [...] Ça va venir, mais il faut laisser le temps. » (*Ibid.* : 54). Du temps, il en a fallu pour arriver au processus de réconciliation entre Nengone, Hyehen et Iaai en 2004. Mais, en plus du temps, un facteur primordial a ralenti le processus : la responsabilité collective. Effectivement, pour entamer la réconciliation avec Hyehen, il fallait un coupable qui demande pardon et, en même temps, il existait une solidarité des tribus qui n'était pas prête à assumer l'entière responsabilité de l'acte de Djubelly Wea (*Ibid.* : 71).

III. La réconciliation et le pardon avec les familles de Hyehen : 3 étapes décisives

« Faire ce pas c'est non seulement se pardonner et se réconcilier entre les familles, mais c'est aussi comme le dit Marie-Claude Tjibaou, adresser symboliquement un signe de fraternité et d'espoir au pays tout entier. » (*Mwà Véé*, 2005 : 6).

Jean-Marie Tjibaou, tombé sous les balles de Djubelly Wea, était un homme politique, un *leader* indépendantiste, mais c'était également un chef[1] (*Ibid.* : 11). Son décès a entraîné de nombreux ressentiments, tant dans les îles que sur la Grande Terre. Au lendemain du 5 mai 1989, malgré la responsabilité collective, on fait face à une part de responsabilité imputée à la tribu de Goosana, d'où est issu le clan Wea, de la part des autres habitants d'Iaai. C'est ici que se trouve le point culminant de cette réconciliation : outre les croyances extérieures, il faut permettre aux habitants d'Iaai de se réconcilier entre eux, avant d'envisager la réconciliation extérieure. En revanche, pour la Grande-Terre et dans les îles, c'est toute l'île d'Iaai qui est coupable. Mathias Waneux témoigne : « on nous a regardés de travers à Maré comme à Hienghène. » (*Ibid.* : 27-28). Dans cette dynamique, Chanel Kapoeri explique : « Dans le monde kanak, c'est toujours celui qui fait les erreurs qui doit faire le pas. L'autre attend et il peut attendre ainsi pendant des années et des années. » (Mwa Véé, 1999 : 71). À la fin de l'année 2003, la justice prononce un non-lieu pour le décès de Jean-Marie Tjibaou et de Yeiwéné Yeiwéné (*Ibid.* : 4). Quinze années après le drame, les familles ont tenté de retrouver une vie normale, elles ont tenté de se pardonner, elles ont tenté une réconciliation. En effet, c'est en suivant un processus de trois étapes et en respectant les schèmes coutumiers et religieux qu'elles y sont parvenues. Mathias Wameux affirme : « C'est la tribu de Goosana qui a proposé l'idée de la réconciliation et ici nous avons accepté. » (*Ibid.* : 26-27). Tout d'abord, elles se sont dirigées vers Hyehen, puis vers Nengone et ont fini le parcours à Iaai. De nombreuses raisons expliquent leur volonté de se réconcilier, mais il en est une qui revient plus souvent : « il faut le faire pour nos enfants » (Samuel Yéiwéné cité dans *Mwà Véé*, 2005 : 5, 6,

[1] Chef de la tribu de Tiendanite. Plusieurs rangs existent dans la coutume kanak, le rang de chef étant un des plus respecté.

60) mais « il faut qu'ils soient conscients de ce qu'ils s'apprêtent à accepter » (Marie-Claude Tjibaou, cité dans *Mwà Véé*, 2005 : 17). Par conséquent, il fallait attendre que ces enfants « soient en mesure de faire eux-mêmes leur travail intérieur vers l'idée du pardon » (Mwà Véé, 2005 : 5). Il fallait « attendre que les esprits exacerbés par la violence du combat pour l'indépendance sur le terrain idéologique et politique s'apaisent » (*Ibid.*). En outre, le drame de Hwaadrila faisait écho à celui de la grotte d'Iaai et à celui de l'embuscade de Waan Yaat (dans la vallée de Hyehen). Cette résonance rendait plus difficile la marche vers le pardon. L'état d'esprit qui anime Samuel Yeiwéné, frère aîné de Yeiwéné Yeiwéné, est celui-ci : « il faut aller voir ce qui se dit chez les Tjibaou à Hienghène et la réponse de Maré sera la même » (*Ibid.* : 61). Effectivement, « [o]n est ensemble », dit-il (p. 61). « Et après la réconciliation, on sera ensemble avec les Wea et Gossanah » (*Ibid.* : 61).

A. La réconciliation à Hyehen

Malgré la bonne volonté de Marie-Claude Tjibaou, le moment n'était pas venu et beaucoup d'incertitudes régnaient. De nombreuses coutumes avaient été reçues, mais restées sans réponse : les gens n'étaient pas prêts, le passé était trop lourd, la douleur trop vive, le moment n'était pas venu à maturité (*Ibid.* : 5, 17). « Entre les gens de Hienghène et ceux d'Ouvéa, c'était la coupure » (*Ibid.* : 11). La démarche de réconciliation à Hyehen a pris du temps car, pour les gens d'Ouvéa, venir tous ensemble revenait à inculper tout le monde et, de fait, placer dans le même camp tous les clans (*Ibid.* : 68). La volonté était désormais là, il fallait maintenant, permettre une concrétisation. Ainsi, depuis la création de l'association « Comité réconciliation », les familles et le personnel religieux se sont rencontrés de nombreuses fois. À l'issue de ces rencontres, eut lieu la confrontation. Cette dernière réunion décisive – « au cours de laquelle le processus aurait pu s'enrayer » (*Ibid.* : 4) – permet d'entreprendre les cérémonies de pardon et de réconciliation qui se sont déroulées entre le 17 juillet et le 8 août 2004, parmi les familles Tjibaou de Hyehen, Yeiwéné de Nengone et Wea d'Iaai, mais également Fisdiépas[1] de Hyehen (*Ibid.*).

Le 17 juillet 2004, au lever du jour, c'est un groupe soudé et uni qui attend la délégation d'Iaai à Tiendanite. Celle-ci était arrivée la veille

[1] Il s'agit ici du garde du corps de Jean-Marie Tjibaou qui assassine Djubelly Wea lors de la cérémonie de lever de deuil à Hwaadrila le 5 mai 1989.

de Nouméa et logeait à l'internat du lycée où Daniel Fisdiépas, désormais Maire, l'avait accueillie. Ce matin du 17 juillet, ces frères et sœurs kanak se tiennent solennellement debout les uns face aux autres, séparés par une rivière qui coule au pied de la tribu. Le pasteur Jean Wete débute symboliquement la traversée, une pause s'effectue naturellement, puis Joachin Nahiet (Chef du Clan Wea) et sa fille Lorenza poursuivent la marche en guidant les vieux de Goosana. Arrivés de l'autre côté, ils s'agenouillent, têtes baissées devant les Tjibaou. Le désarroi est palpable et les différentes émotions s'entrechoquent. D'abord, c'est Maki Wea qui dépose la coutume d'entrée et parle « avec crainte et humilité » (*Ibid.* : 14) ; Victor Mandjia la remercie et Joël Tjibaou récupère le don. Par la suite, six enfants de la famille Wea – dont ceux de Djubelly Wea – présentent une coutume de supplique. Quant à la demande de pardon, c'est Uthang – le frère aîné de Djubelly Wea – qui supplie en langue Iaai la famille Tjibaou de leur accorder leur pardon. Cyril Wea – qui avait traduit le Iaai d'Uthang – accompagné de ce dernier et des six enfants, rejoignent Marie-Claude Tjibaou, ses enfants et Vianney Tjibaou. Ils s'enlacent. Vianney Tjibaou répond à la coutume de supplique par une coutume d'acceptation alors que Cyril Wea la remercie. Pierre Waina – représentant de la branche aînée Waina Wea – présente le don principal[1] lié à la demande de pardon. Puis, un des frères de Djubelly Wea rappelle les liens anciens qui unissent les îles à la Grande Terre. Enfin, Joël Tjibaou touche la coutume de pardon en signe d'acceptation alors que Daniel Fisdiépas et la famille Tjibaou étalent un contre-don d'acceptation dont une monnaie kanak. Désormais, c'est au tour de Joël Tjibaou de s'exprimer : « Vous nous demandez d'accepter le pardon, nous l'acceptons » (*Ibid.* : 14). Il rappelle aussi le parcours douloureux que la famille Tjibaou a su surmonter, sa douleur de « voir des Kanak s'humilier devant d'autres Kanak pour racheter la faute d'un seul d'entre eux » (*Mwà Véé*, 2005 : 14). Pour finir, il ajoute que « désormais, ils pouvaient à nouveau se mettre debout, ici, à Tiendanite. » (*Ibid.*). La cérémonie se poursuit en dévoilant une plaque commémorative devant la tombe de Jean-Marie Tjibaou (*cf. infra*). Elle est ensuite recouverte du drapeau aux couleurs du FLNKS alors que Maki Wea et trois jeunes de Goosana plantent deux pins colonnaires[2]

[1] Le don principal est notamment composé d'ignames, de nattes, de tissus et de monnaies kanak… La monnaie kanak représente le peuple kanak et dissocie chaque clan, chaque totem.

[2] Les pins colonnaires ont une certaine importance dans la coutume kanak.

proches de la tombe. La délégation venue d'Iaai s'est alors recueillie sur la tombe de l'ancien *leader* indépendantiste après y avoir déposé des gerbes de fleurs et des ornements. Le père Apikaoua, les pasteurs Jean Wete et Watre Hanye ont concélébré une messe œcuménique pendant l'après-midi qui a suivi. Ensuite, les maires de Hyehen (Daniel Fisdiépas) et d'Iaai (Boniface Ounou) ont eux aussi déposé des gerbes. Après cet échange de coutume, tous les participants se sont alignés en deux lignes et se sont étreints (*Ibid.* : 15).

Une autre cérémonie de pardon et de réconciliation s'est déroulée à Tenem[1], bien qu'elle soit particulière car il s'agissait – pour Daniel Fisdiépas – d'un acte de défense dans le cadre de sa fonction[2]. Ce dernier avait souhaité présenter une coutume de pardon aux Wea pour avoir abattu un membre de leur clan. Aux côtés du don principal, les protagonistes s'expriment et Cyril Wea dit : « Comment ne pas accepter de donner le pardon, alors que nous l'avons reçu hier ? » (*Ibid.* : 15). Ce jour-là, ils se sont rendu compte qu'ils étaient tous unis par le même drame : les morts pour l'indépendance de leur île. Le pardon et la réconciliation à Hyehen sont désormais cristallisés et les relations entre Hyehen et Iaai normalisées. Cette première étape, que l'on peut qualifier sans retenue de franc succès, va mener les familles à la prochaine étape d'un long processus qu'elles entendent finir à Iaai.

B. La réconciliation à Nengone

Avant de se rendre à Iaai pour terminer le processus de réconciliation qu'ils avaient engagé, les Iaai[3] se sont rendus à Nouméa où ils ont pu, pour la première fois, visiter le centre culturel Tjibaou. Le temps est venu de se rendre à Nengone pour la deuxième étape de ce projet. Cette cérémonie de demande de pardon et de réconciliation aura lieu en deux étapes : une première à Tadine, où vit Samuel Yeiwéné (le frère aîné de Yeiwéné Yeiwéné) et la seconde à Nidenod, où réside une grande partie de la famille, dont Hnadrune Yeiwéné (la veuve de Yeiwéné Yeiwéné) et ses enfants (*Ibid.* : 55).

Ce matin-là, les visages traduisent la gravité et la culpabilité. Huit coutumes sont prévues tout au long de la journée. C'est en face de la maison de Samuel Yeiwéné que les Iaai décident de s'arrêter. Sans plus un bruit, ils s'avancent jusqu'aux tentes installées pour la cérémonie et

[1] Une des autres tribus de Hyehen (Hienghène).

[2] Rappelons que Daniel Fisdiépas fût chargé de la sécurité de Jean-Marie Tjibaou et c'est lui qui, lors de son assassinat, a abattu Djubelly Wea.

[3] Ici, on entend par Iaai « les gens d'Ouvéa ».

Maki Wea ouvre la marche, suivi de quatre enfants de Goosana, dont un de ses fils (*Ibid.*). Après avoir présenté le geste d'entrée au nom des familles et des chefferies[1] d'Iaai, Maki Wea et le groupe d'enfants rejoignent la famille Yeiwéné pour une accolade. C'est Modeste Buama Yeiwéné qui la remercie et évoque la douleur de ce drame et la détérioration des relations entre l'île d'Iaai et celle de Nengone. Georges Wea (frère aîné de Djubelly), accompagné de six garçons de Goosana, étale la coutume de supplique et de pardon[2]. Par la suite, c'est Uthang Wea, accompagné de Cyril Wea et Manaki Wea, qui – au nom de la coutume et des liens familiaux qui les unissent – demandent pardon à la famille Yeiwéné, à Dieu et à toutes les chefferies de Nengone. Le clan Wea et les enfants qui l'entouraient s'approchent de la famille Yeiwéné où étaient réunis un fils, Samuel, et sa mère autour des membres du clan. Modeste Buama Yeiwéné présente le don des Wea aux siens et Samuel prend la parole pour rappeler la personnalité et l'action de Jean-Marie Tjibaou à l'égard du peuple kanak. Avant de voir la coutume de pardon disposée sur le sol par Pierre Waina et Hniihnöö Wea, Cyril Wea remercie à son tour les Yeiwéné de leur avoir ouvert les bras. Le contre-don est fait par Samuel Yeiwéné en guise d'acceptation de la demande de pardon. Désormais, il est possible de dire – selon Damien Yeiwéné – que les trois hommes sont tombés pour la même cause. Enfin, le pasteur Lali Wayane dit une prière, suivie d'une accolade comme à Tiendanite (*Ibid.* : 56). Peu de temps après, les Iaai se sont rendus à Nidenod où une coutume d'entrée a été déposée, puis remerciée par Jean-Pierre Yeiwéné. À l'instar des cérémonies précédentes, les familles ont mangé ensemble autour de la même table et sont allées se recueillir sur la tombe de Yeiwéné où une plaque commémorative similaire à celle de Jean-Marie Tjibaou a été dévoilée (*Ibid.* : 57).

Le soleil se couche sur les plages de Nengone et la journée s'achève. Le père Apikaoua et le pasteur Jean Wete ont donné une prière. Celle-ci s'est prolongée le lendemain lors d'une messe œcuménique en compagnie d'autres pasteurs. C'est soulagés et surtout libérés, que les clans d'Iaai regagnent leur île afin de préparer la cérémonie finale de pardon et de réconciliation qui les attend (*Ibid.*).

---

[1] Dans le mode d'organisation sociale kanak coutumier, une chefferie est une partie du territoire sous l'autorité d'un chef coutumier.

[2] Composée de nattes, d'objets tressés, de coco germés, de colliers de coquillages, d'argent et de tissus, d'ignames et de casse-têtes (*Mwà Véé*, 1999 : 56).

C. La réconciliation à Iaai

Le 5 août 2004, Iaai a vu les premières coutumes être déposées sur sa terre. En effet, les premiers arrivants ont mis le pied sur Iaai la veille de la cérémonie de pardon et de réconciliation (*Ibid.* : 73). C'est Uthang, lui qui avait demandé le pardon à la famille Yeiwéné, qui accueille chez lui cette dernière cérémonie. Dans une atmosphère solennelle, mais moins lourde, les familles de Hyehen et de Nengone déposent ensemble leurs coutumes, que Koniy Wea remercie. Les familles échangent les contre-dons alors que Bernard Wea, accompagné des jeunes de Goosana, étale les coutumes destinées aux familles Tjibaou, Yeiwéné, Fisdiépas et aux églises historiques. Pierre Waina, Louis Wea et Hniihnöö Wea présentent respectivement les trois premiers dons et remercient une nouvelle fois les familles Tjibaou et Yeiwéné de leur avoir accordé leurs pardons. C'est désormais au tour de Joël Tjibaou, Samuel Yeiwéné, Daniel Fisdiépas et le père Apikaoua de remercier respectivement ces coutumes. Le père s'exprime : « Dire merci, c'est faire grandir l'autre. » (*Ibid.* : 74). Cette cérémonie de pardon touche presque à sa fin avec les contre-dons des familles Tjibaou et Yeiwéné. Il reste pourtant une étape. Les familles se rassemblent autour de la tombe de Djubelly Wea où, à l'instar de ce qui avait été fait pour les deux *leaders* indépendantistes, trois des enfants Tjibaou, Yeiwéné et Wea dévoilent une plaque commémorative (*Ibid.*). Pierre Waina entame un discours de fin en disant : « Nous venons de terminer notre travail commencé voici trois semaines. Je remercie pour ce geste de partage et d'amour. Que la jeunesse fasse en sorte que la porte ne se referme plus. » (*Ibid.*).

Enfin, il était inconcevable de ne pas finir cette cérémonie par la visite de la grotte où tout avait commencé 16 ans plus tôt. Les familles se regroupent à l'entrée du chemin de la grotte et déposent une coutume d'entrée que Benoît Tangopi remercie. Ensuite, les trois veuves plantent collectivement un arbre à l'entrée du chemin. En apportant quelques explications historiques, un des frères de Djubelly Wea escorte les familles jusqu'à l'entrée de la grotte, où de nouvelles coutumes sont déposées afin de pénétrer dans celle-ci. Un récit des « Événements », chargé d'émotion, est prononcé ; Benoît Tangopi donne la coutume d'au revoir et les familles se dirigent vers la tribu de Hwaadrila qui avait été, il y a 15 ans, le point de départ d'une histoire tragique. Louis Wea, Bernard Wea, quelques membres de la famille Wea et de la tribu de Goosana présentent la coutume de réconciliation, acceptée par André Waneux. Enfin, Mathias Waneux présente les coutumes pour les oncles maternels de Jean-Marie Tjibaou, de Yeiwéné Yeiwéné et de Djubelly Wea, en symbole du retour du sang de ces derniers envers leurs oncles maternels (*Ibid.* : 75). Au sortir de la grande chefferie, six arbres du souvenir sont plantés par les trois veuves des victimes et leurs enfants, les trois chefferies (Nengone, Iaai, Hyehen) et les trois églises historiques. Après quoi, les familles vont se recueillir sur le monument des « 19 ». Une dernière coutume d'au revoir est prononcée et les familles se retrouvent pour une messe œcuménique célébrée par le père Apikaoua, les pasteurs Jean Wete et Watreï Hanye. Là où tout avait commencé il y a 15 ans, le père Apikaoua et les pasteurs ont su restituer la grandeur du pardon (*Ibid.* : 76).

Voici la grotte de Goosana à Iaai. « Si les arbres pouvaient parler, je n'imagine pas ce qu'ils raconteraient de ce 5 mai 1988 ». (Benoît Tangopi, 2018). Les bouilloires et les tasses apportées par les porteurs de thé le 5 mai 1988 sont encore là. Pour Benoît Tangopi, « il faut raconter pour ne surtout pas oublier » (Benoît Tangopi, 2018).

« 30 ans après la tragédie, retour dans la grotte d'Ouvéa » [1]

[1] Philippon Laura & Gnipate Steeven, *Nouméa : La 1ère*, publié le 1er mai 2018, https://la1ere.francetvinfo.fr/trente-ans-apres-tragedie-retour-grotte-ouvea-nouvelle-caledonie-582435.html, consulté le 19 mars 2020.

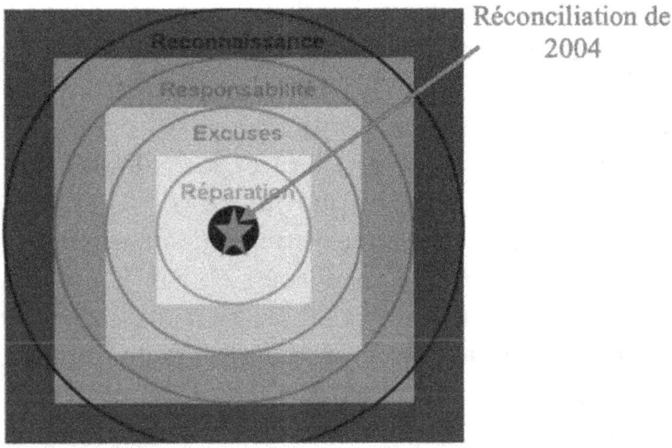

État des lieux de la réconciliation à Hyehen en 2004[1]

Reconnaissance et Responsabilité

Il convient d'analyser les étapes de la reconnaissance et de la responsabilité de concert étant donné, d'une part, l'acte commis par Djubelly Wea contre Jean-Marie Tjibaou et Yeiwéné Yeiwéné et, d'autre part, l'acte de Daniel Fisdiépas qui abat l'assassin désigné. En effet, personne ne peut nier que Djubelly Wea est responsable du drame puisqu'il abat les deux *leaders* indépendantistes sous les yeux de la foule. Ni lui, ni les membres du clan Wea ne cherchent à occulter son acte, il en est responsable et c'est ce fardeau que doit porter son clan.

« Le 5 mai 1989, Djubelly Wea, de Gossanah (Ouvéa), armé d'un pistolet, tuait à bout portant le président du parti indépendantiste FLNKS, Jean-Marie Tjibaou, Chef de la tribu Tiendanite (Hienghène), et son vice-président Yeiwéné Yeiwéné, de Maré. » (*Ibid.* : 4).

« Après quinze ans d'attente, de silence, de doute et de souffrance, ils étaient là face à des frères et à des sœurs kanak qui, dans le même temps et à cause d'un des leurs, Djubelly Wea, avaient enduré le pire. » (*Ibid.* : 14).

« Le moment était venu d'accepter que ceux portant le nom de l'homme à cause duquel le chef de Tiendanite était mort foulent la terre de sa tribu, de sa chefferie. » (*Ibid.*).

« L'île d'Ouvéa maudit le cercueil de Djubelly Wéa parce qu'elle est aujourd'hui frappée par la honte. Tous les gens d'Ouvéa sont touchés

[1] Clara Filippi.

par ce drame car il a eu lieu dans notre île. C'est [leur] fardeau. » (*Le Monde*, 13 mai 1989).

L'enjeu auquel font face les familles est celui de ne pas attribuer l'acte à la tribu dans son entièreté ou à l'église protestante à laquelle appartenait Djubelly Wea. En effet, « il a fallu intervenir pour rappeler que son acte n'engageait que lui » (*Mwà Véé*, 1999 : 7) puisqu'Iaai s'était réconcilié quelques années auparavant. À l'instar de la réconciliation entre les gendarmes et Iaai, la coutume kanak engage la responsabilité collective : « On ne peut pas laisser cette famille vivre ça toute seule, porter seule la responsabilité de l'acte de Djubelly, non, on est solidaire avec la famille. » dit Chanel Kapoeri (*Ibid.* : 70). Si Djubelly Wea est bien l'auteur de l'assassinat, la responsabilité revient à l'ensemble du clan. Par ailleurs, « Djubelly Wea [est] abattu à son tour par Daniel Fisdiépas, de Tenem (Hienghène), officier de la police nationale, chargé d'assurer la sécurité de Jean-Marie Tjibaou » (*Ibid.* : 4), qui ne nie pas non plus sa responsabilité dans cet acte. Il la reconnaît pleinement en 2004 lorsqu'il souhaite s'associer au processus de réconciliation en offrant une coutume à la famille Wea (*Ibid.* : 17).

Excuses

À l'instar de la réconciliation entre les gendarmes et les familles d'Iaai, la coutume de pardon ou de supplique représente à la fois les excuses et l'acceptation des excuses. L'interlocuteur « remercie la coutume » et prend la parole pour l'accepter, avant de proposer un contre-don. La famille pour qui a été prononcée la coutume de supplique, est désormais pardonnée et reçoit un contre-don. « [L]e pardon, il faut qu'il soit partagé, il s'adresse à quelqu'un. » (*Ibid.* : 16). C'est pourquoi, lors de ces trois étapes (Hyehen, Nengone Iaai), un individu doit « remercier la coutume » et un contre-don est apporté : le pardon est accordé au nom des siens.

Pour reprendre ces trois étapes décisives, il s'agit de mettre en lumière la manière dont se sont déroulées les coutumes de pardon :

Première étape à Hyehen :

« La coutume de supplique a ensuite été présentée par six enfants de la famille Wea, dont ceux de Djubelly Wea. C'est Uthang, le frère de Djubelly, qui, en langue iaai, traduite par Cyril Wea, a supplié, au nom des siens, les Tjibaou de leur accorder le pardon. » [...] « Le moment était venu d'accepter que ceux portant le nom de l'homme à cause duquel le chef de Tiendanite était mort foulent la terre de sa tribu, de sa chefferie. » (*Ibid.* : 14).

Deuxième étape à Nengone :

« George Wéa, fils de Uthang, frère aîné de Djubelly Wéa, accompagné de six jeunes garçons de Gossanah, a étalé la coutume de supplique de pardon, composée de nattes, d'objets tressés, de colliers de coquillages, d'ignames, de cocos germés, de tissus, d'argent et de casse-tête. La supplique a été exprimée par Uthang Wéa, entouré de Cyril Wéa et de Manaki Wéa. Uthang Wéa a demandé pardon à la famille Yeiwéné, mais aussi à Dieu, ainsi qu'à l'ensemble des chefferies de Maré [...] Le prix de la liberté, personne le connaît, mais celui de la souffrance, oui, je le connais, et vous également, comme les frères de Hienghène et tous les frères Kanak en général. Accepter cette souffrance pour donner la vie, c'est le sens aujourd'hui de ce que nous faisons pour notre peuple. » (*Ibid.* : 59).

Nadège Yeiwéné : « J'ai dit (aux Wéa) : "Oui, j'accepte votre demande de pardon", c'est mon droit et personne d'autre ne peut répondre pour moi. Papa et Jean-Marie étaient des hommes de dialogue, alors il faut continuer à dialoguer et à pardonner. Voilà ce que je pense de cette journée d'hier et j'espère que ça va bien se dérouler. » (*Ibid.* : 69).

Dernière étape à Iaai :

« Les gens de Hienghène et de Maré [...] ont déposé ensemble leurs coutumes que Konyi Wéa a remerciés au nom de la famille Wéa. » (*Ibid.* : 73).

Réparation

À l'issue de cette cérémonie de pardon et de réconciliation, les trois étapes ont donné lieu au dévoilement de plaques commémoratives à la mémoire des disparus. Aussi, à la fin de chaque phase (Hyehen, Nengone, Iaai) du procédé, les pasteurs et le père Apikaoua ont concélébré la messe œcuménique qui représente, en quelque sorte la finition du processus.

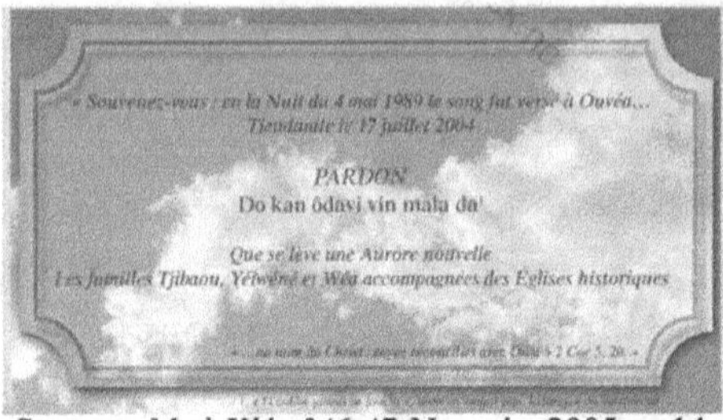

Source : *Mwà Véé n°46-47*, Nouméa, 2005, p. 14.

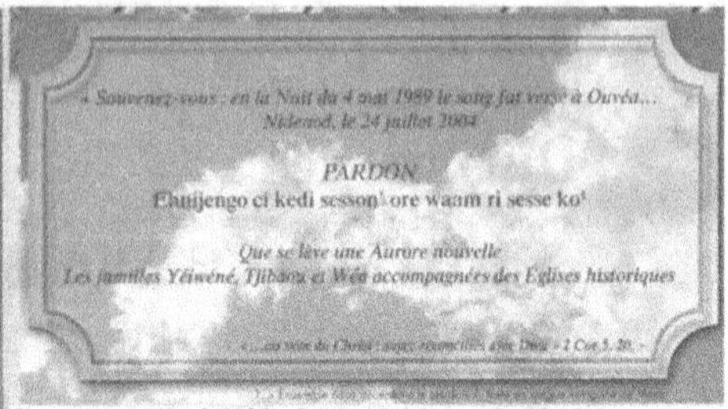

Source : *Mwà Véé n°46-47*, Nouméa, 2005, p. 57.

Source : *Mwà Véé n°46-47*, Nouméa, 2005, p. 76

Cette étude met en exergue les processus qui ont mené à la réconciliation en terre kanak. Elle dévoile les mécanismes utilisés par les protagonistes. En effet, il est désormais possible – bien qu'aucune réconciliation ne soit définitive – de parler de succès à l'égard de celle-ci. Après quinze années de silence, les familles semblent aujourd'hui réconciliées.

Conclusion

Ces deux méthodes de réconciliation basées sur les schèmes traditionnels kanak ont fait leurs preuves. La coutume et les Églises ont joué un rôle spirituel qui a facilité la réconciliation. D'une part, la réconciliation avec les gendarmes qui s'est déroulée avec des Kanak, sur leurs terres a, de fait, suivi le mode de fonctionnement du peuple premier, ce qui a permis à la coutume kanak et aux croyances religieuses d'ouvrir la marche à suivre. D'autre part, la seconde réconciliation uniquement au sein du peuple kanak résulte également de la coutume et des croyances religieuses qui ont su, par leur côté spirituel, être toutes deux les pierres angulaires de la réconciliation et du pardon. Pour reprendre les mots de Simona Adjouniope (oncle maternel de Djubelly Wea), « [c]'est une grande joie car les familles Tjibaou, Yeiwéné et Wéa se sont réconciliées par la grâce de Dieu qui est dans leur cœur. » (*Ibid.* : 71).

Par ailleurs, il convient d'observer cette méthode kanak qui est mise en exergue lors de ces deux réconciliations. Tout d'abord, dans les deux cas étudiés, il ne semblait pas y avoir de doutes sur la responsabilité. En ce sens, c'est lors des discours prononcés durant les cérémonies coutumières que le collectif assume le rôle de « bourreau », reconnaît et admet officiellement sa faute. Ces discours s'accompagnent de la présentation d'une coutume de supplique et de la demande de pardon au clan en face de lui. Lequel remercie la coutume, décide – ou non – de l'acceptation du pardon et fait un contre-don. Enfin, la réparation est caractérisée dans certains cas, par des plaques commémoratives, mais se termine dans les deux cas par la concélébration d'une messe œcuménique. Par-dessus tout, en milieu kanak, c'est l'échange de coutumes (et les palabres que cela implique) qui symbolise les excuses, l'acceptation du pardon. La réparation, elle, peut-être représentée par la messe œcuménique et les mémoriaux (monument des « 19 » et des gendarmes et plaques commémoratives). Désormais, il s'agit d'observer ces deux études pour lesquelles la réconciliation a opéré, tout en rappelant qu'une réconciliation n'est jamais figée dans le temps. Bien que le peuple kanak ait coutume de ne pas revenir sur un événement pardonné, elle reste réversible en tout temps. Ici, le facteur spirituel que représentent non seulement la coutume kanak, mais également les Églises historiques, a favorisé cette réconciliation. En ce sens, il convient d'extraire de ces deux exemples, un schéma type sur lequel pourrait se baser une réconciliation spirituelle et, plus spécifiquement, sur lequel se base la réconciliation en milieu kanak.

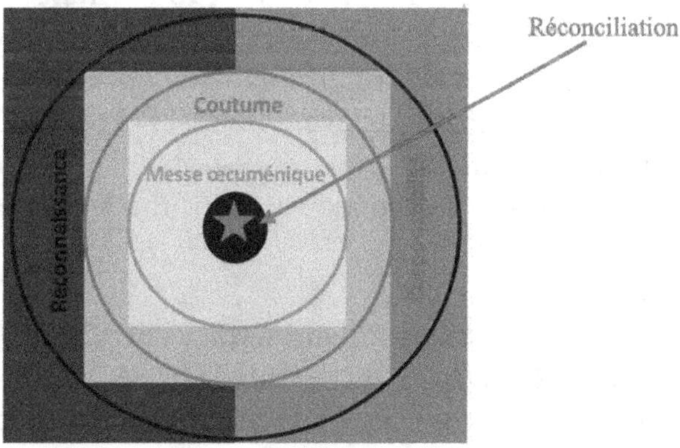

Gestion du passé en terre kanak propre aux deux cas étudiés[1]

[1] Clara Filippi.

À l'inverse des premiers schémas, ces deux analyses nous amènent à penser que la reconnaissance et la responsabilité sont traitées de concert en milieu kanak. Aussi, les gestes coutumiers représentent les excuses et l'acceptation de celles-ci par le clan adverse, tandis que la messe œcuménique vient clore la cérémonie, en guise de réparation. Enfin, cette réparation est aussi symbolisée par des plaques commémoratives dans le cas des familles et des mémoriaux à Iaai. La question est désormais de savoir si, à l'aune des émeutes de mai 2024 et sur la base de ces processus spirituels de réconciliation kanak, une réconciliation avec l'État français est envisageable et dans quelle mesure ? Le mode de fonctionnement coutumier opéré dans ces deux exemples-ci, peut-il être une piste à suivre ?

Bibliographie

Ouvrages généraux :

-BONVALLOT *et alii, Atlas de la Nouvelle-Calédonie*, Marseille : IRD Éditions, 2012, p. 273.

-UNIVERSALIS. 17-31 août 1988 - France. Visite du Premier ministre Michel Rocard en Nouvelle-Calédonie après l'accord sur le projet de loi référendaire », *Encyclopædia Universalis,* https://www.universalis.fr/evenement/17-31-aout-1988-visite-du-premier-ministre-michel-rocard-en-nouvelle-caledonie-apres-l-accord-sur-le-projet-de-loi-referendaire/, consulté le 22 mars 2020.

Documents officiels :

Accord de Matignon-Oudinot, *Journal Officiel de Nouvelle-Calédonie* (*JONC*), publié le 26 juin 1988, http://www.mncparis.fr/uploads/accords-de-matignon_1.pdf, consulté le 23 janvier 2019.

Accord de Nouméa, Nouméa : *Journal Officiel de Nouvelle-Calédonie* (*JONC*), publié le 5 mai 1998, http://www.juridoc.gouv.nc/juridoc/jdtextes.nsf/%28web-All%29/97162D00018F6FCF4B257918007C2339/$File/Accord-de-noumea-doc-orientation_du_05-05-1998_ChG.pdf?OpenElement, consulté le 23 janvier 2019.

Loi n° 84-821 du 6 septembre 1984 portant statut du territoire de la Nouvelle-Calédonie et dépendances, *Journal Officiel de la République française* (légifrance), 7 septembre 1984, p. 2840.

Monographies :

BERNUT-DEPLANQUE Pascale, *L'identité culturelle calédonienne : construction possible ou utopie ?: des Accords de Matignon à l'Accord de Nouméa : quelle place pour l'identité dans les politiques culturelles de Nouvelle-Calédonie ?*, Nouméa : Île de lumière, 2002, 214 p.

CORNUT Etienne et DEUMIER Pascal (sous la direction de), *Coutume kanak dans le pluralisme juridique calédonien*, Nouméa : Presse Universitaire de l'Université de Nouvelle-Calédonie, 2018, 560 p.

DAUPHINÉ Joël, *Canaques de la Nouvelle-Calédonie à Paris en 1931. De la case au zoo,* Paris : L'Harmatan, 1998, p. 191.

LEVALLOIS Michel. *De la Nouvelle-Calédonie à Kanaky. Au cœur d'une décolonisation inachevée,* Paris : Éditions Vents d'ailleurs, 2018, 529 p.

MERLE Isabelle et MUCKLE Adrian, *L'indigénat. Genèse dans l'empire français pratiques en Nouvelle-Calédonie*, Paris : CNRS éditions, 2019, 527 p.

NORA Pierre (sous la direction de), *Les Lieux de mémoire I*, Paris : Gallimard, 1997, 1642 p.

PLENEL Edwy, ROLLAT Alain, *Mourir à Ouvéa. Le tournant calédonien*, Paris : Éditions la découverte et Journal *Le Monde*, 1988, 280 p.

SANGUINETTI Antoine, HELDIN GUY RAMIREZ Daniele, WEBEN Violaine *et alii,* Enquête sur Ouvéa. Rapport et témoignages les événements d'avril-mai 1988, Paris : Ligue des droits de l'homme, 1989, 202 p.

WADDELL Eric, *Jean-Marie Tjibaou : Une parole Kanak pour le monde*, Nouméa : Au vent des îles, 2016, 400 p.

ZARTMAN William, *et alii, Peace versus Justice : Negotiating Forward-and Backward-Looking Outcomes*, Lanham : Rowman & Littlefield Publishers, 2005, 360 p.

Articles scientifiques :

BUCAILLE Lætitia, « Une Afrique du Sud réconciliée ? », *Après-demain*, 2014, Vol. III, n° 31-32, pp. 19-20.

CHRISTNACHT Alain, « Les accords de Matignon vingt ans après. L'accord de Nouméa, dix ans plus tard », *Négociations*, 2008, vol. II, n° 10, pp. 89-103.

GARDE François, « Le préambule de l'accord de Nouméa, prologue d'une histoire officielle ? », *Revue française de droit constitutionnel*, 2005, vol. IV, n° 64, pp. 805-811.

HUC Arnaud et MARTIN Camille (2019). « Le référendum d'autodétermination du 4 novembre 2018 en Nouvelle-Calédonie. Une vie politique figée ? », *Pôle Sud*, vol. 50, n° 1, pp. 139-162.

LEBLIC Isabelle, « Joël Dauphiné, Canaques de la Nouvelle-Calédonie à Paris en 1931. De la case au zoo », *Journal de la Société des Océanistes*, 1998, vol. CVII, n° 2, pp. 237-239.

MOKADDEM Hamid, « Conflits et négociations en Océanie. Analyse d'un cas singulier : l'accord de Nouméa 1998 », *Négociations*, 2013a, n° 2, pp. 131-145.

MOKADDEM Hamid, « Éloi Machoro (1946-1985). Recherche d'anthropologie politique sur une trajectoire », *Journal de la Société des Océanistes*, 2013b, n° 136-137, pp. 181-194.

Rangatahi courts de Nouvelle-Zélande et la transposition de pratiques judiciaires en Nouvelle-Calédonie, Nouméa : Gouvernement de la Nouvelle-Calédonie, 2018, 16 p.

ROSOUX Valérie, « De l'ambivalence de la mémoire au lendemain du conflit », *in* VAN YPERSELE Laurence (sous la direction de) *Questions d'histoires contemporaines. Conflits, mémoire et identité*, Paris, PUF, 2006, pp. 203-222.

ROSOUX Valérie et SHYAKA MUGABE Aggée, « Le cas de gacaca au Rwanda. Jusqu'où négocier la réconciliation ? », *Négocitions*, 2008a, n° 9, pp. 29-40.

ROSOUX Valérie-Barbara et PLANCHE Stéphanie, « Passé colonial et politique étrangère de la Belgique », *Studia Diplomatica*, 2009, vol. LXII, pp. 133-155.

ROSOUX Valérie, « Reconciliation as a Peace-Building Process : Scope and Limits » *in* BERCOVITCH Jacob, KREMENYUK Victor et William ZARTMAN (sous la direction de), *The SAGE Handbok of Conflict Resolution*, London : SAGE, 2008b, pp. 544-545.

ROSOUX Valerie, " Time and Reconciliation: Dealing with Festering Wounds." *in* ROSOUX Valérie et ANSTEY Mark (sous la direction de), *Negotiating Reconciliation in Peacemaking*, New-York: Springer International Publishing, 2017, pp. 69-91.

ROSOUX Valérie, « Réconciliation post conflit : à la recherche d'une typologie », *Revue internationale de politique comparée*, 2015, vol. XXII, n° 4, pp. 557-577.

SAUSSOL Alain, « Retour à Hienghène : une vallée calédonienne de la colonisation à l'espace postcolonial », *Journal de la Société des Océanistes*, 2011, n° 132, pp. 77-92.

Contributions à des colloques, conférences :

LEBLIC Isabelle, « Représentations du foncier en Nouvelle-Calédonie et identité culturelle kanak. Évolution de ces représentations liée à la revendication identitaire et aux processus de développement économique », 3e journées scientifiques de la Société d'écologie humaine, *Perceptions et représentations de l'environnement*, Novembre 1991, Aix-en-Provence, France.

Thèse de doctorat :

BERTRAM Robert, *La bipolarisation politique de la Nouvelle-Calédonie depuis 1975*, Thèse de doctorat, Paris : Université Paul Cézanne d'Aix-en-Provence, 2011 (publié en 2012 aux éditions l'Harmattan).

Documents internet :

HOUDAN Olivier, *« Événements » ou guerre ?*, Nouméa : Overblog, 14 décembre 2015, http://caledonitude.overblog.com/2015/12/evenements-ou-guerre.html, consulté le 24 novembre 2019.

J.-M. Tjibaou J. Lafleur poignée de main, Nouméa : Calédonie Ensemble, publié le 26 juin 2018, https://caledonie-ensemble.com/2018/06/26/le-jour-ou-le-dialogue-a-permis-la-paix-dans-notre-pays/jm-tjibaou-j-lafleur-poignee-de-main/, Consulté le 9 novembre 2019.

MACRON Emmanuel, *Discours du Président de la République, Emmanuel Macron, sur la Nouvelle-Calédonie à Nouméa*, Paris : ÉLYSÉE, publié le 5 mai 2018, https://www.elysee.fr/emmanuel-macron/2018/05/05/discours-du-president-de-la-republique-emmanuel-macron-sur-la-nouvelle-caledonie-a-noumea, consulté le 6 novembre 2018.

MICHAUD Quentin, *La prise d'otage d'Ouvéa vue de l'intérieure*, Paris : GIGN, novembre 2011, http://www.gign.org/groupe-intervention/?p=2870, consulté le 25 février 2020.

NAEPELS Michel, *La Nouvelle-Calédonie : « Une colonisation pas comme les autres »*, Paris : L'HISTOIRE, publié en octobre 2018, https://www.lhistoire.fr/la-nouvelle-calédonie-«-une-colonisation-pas-comme-les-autres-», consulté le 18 octobre 2019.

SARKOZY Nicolas, *Déclaration de M. Nicolas Sarkozy, Président de la République, sur le présent et l'avenir de la Nouvelle-Calédonie, à Païta (Nouvelle-Calédonie) le 28 août 2011*, Paris : Vie publique, publié le 20 septembre 2011, https://www.vie-publique.fr/discours/182871-declaration-de-m-nicolas-sarkozy-president-de-la-republique-sur-le-pr, consulté le 15 février 2020.

TERRIER Christiane, *L'Histoire de la Nouvelle-Calédonie*, Paris : Maison de la Nouvelle-Calédonie, 2010, http://www.mncparis.fr/uploads/histoire-nc-2017-bd.pdf, consulté le 18 octobre 2019.

Textes de référence, Nouméa : ADRAF, http://www.adraf.nc/la-terre-en-nouvelle-caledonie/textes-de-reference#les-terres-coutumieres, consulté le 21 mars 2010.

1988 : débat présidentiel François Mitterrand/Jacques Chirac | Archive INA, Paris : INA Politique, publié le 4 avril 2017, https://www.youtube.com/watch?v=OPpBavtgCas&t=2812s, consulté le 20 mars 2020.

Presse régulière :

Mwà Véé, 1999, n° 25.

Mwà Véé, 2005, n° 46-47.

Presse mensuelle :

BAZIN Marie, *Les kanak du zoo humain,* Paris : Billets d'Afrique, publié en octobre 2018, https://survie.org/billets-d-afrique/2018/281-octobre-2018/article/les-kanak-du-zoo-humain, consulté le 4 novembre 2019.

Presse quotidienne :

A.R, *En Algérie Macron s'excuse pour la colonisation, « une faute grave » pour la droite*, Paris : *Le Parisien*, publié le 15 février 2017, http://www.leparisien.fr/elections/presidentielle/video-en-algeriemacron-s-excuse-pour-la-colonisation-la-droite-denonce-une-faute-grave-15-02-2017-6684201.php, consulté le 15 avril 2020.

BAQUEY Cécile, *Nouvelle-Calédonie, 1988 : Jacques Chirac et la gestion de la crise d'Ouvéa*, Nouméa : *NC1ère*, publié le 26 septembre 2019, https://la1ere.francetvinfo.fr/nouvelle-caledonie-1988-jacques-chirac-gestion-crise-ouvea-399363.html, consulté le 27 mars 2020.

BOLIS Angela, *Après 136 ans, le crâne de l'insurgé Ataï rendu aux siens*, Paris : *Le Monde*, publié le 29 août 2014, https://www.lemonde.fr/societe/article/2014/08/29/le-crane-de-l-insurge-atai-retourne-aux-mains-de-ses-descendants-kanak_4478873_3224.html, mis à jour le 15 septembre 2014, consulté le 29 avril 2020.

CHIRAC Jacques, *Discours de M. Jacques Chirac, président de la république, sur l'application de l'accord de Nouméa sur l'autonomie de la Nouvelle-Calédonie, l'appui de l'État au développement économique et social de la Nouvelle-Calédonie, la protection de l'environnement néo-calédonien et la politique et de coopération entre la France et les pays du pacifique*, Nouméa le 23 juillet 2003, Paris : Élysée, publié le 23 juillet, https://www.elysee.fr/jacques-chirac/2003/07/23/discours-de-m-jacques-chirac-president-de-la-republique-sur-lapplication-de-laccord-de-noumea-sur-lautonomie-de-la-nouvelle-caledonie-lappui-de-letat-au-developpement-economique-et-social-de-la-nouvelle-caledonie-la-protection-de-lenvironnemen, consulté le 20 mars 2020.

CHIRAC Jacques, *Allocution du Président de la République à Lifou – Tribu de Luecilla,* Paris : Présidence de la République, publié le 24 juillet 2003, http://www.jacqueschirac-asso.fr/archives-elysee.fr/elysee/elysee.fr/francais/interventions/discours_et_declarations/2003/juillet/allocution_du_president_de_la_republique_a_lifou-nouvelle-caledonie.640.html, consulté le 20 mars 2020.

GUERRIER Sophie*, En 1988, le discours de politique générale de Michel Rocard,* Paris : *Le Figaro*, publié le 8 avril 2014, https://www.lefigaro.fr/politique/le-scan/2014/04/08/25001-20140408ARTFIG00082-en-1988-le-discours-de-politique-generale-de-michel-rocard.php, mis à jour le 8 avril 2014, consulté le 20 mars 2020.

M. Pompidou est arrivé à Nouméa, Paris : *Le Monde*, 27 juillet 1964, https://www.lemonde.fr/archives/article/1964/07/27/m-pompidou-est-arrive-a-noumea_2141063_1819218.html, mis à jour le 27 juillet 1964, consulté le 20 mars 202.

PONCHELET David, *Emmanuel Macron en Nouvelle-Calédonie du 3 au 5 mai sous le signe de la mémoire et de l'avenir*, Nouméa : *NC1ère*, publié le 27 avril 2018, https://la1ere.francetvinfo.fr/emmanuel-macron-nouvelle-caledonie-du-3-au-5-mai-signe-memoire-avenir-583453.html, mis à jour le 1er octobre 2019, consulté le 29 avril 2020.

PONCHELET David, *Emmanuel Macron est le septième président de la Vème République à se rendre en Nouvelle-Calédonie. Seul Georges Pompidou, mort au cours de son mandat, ne s'est pas rendu sur le caillou. Retour sur les six visites précédentes en images et photos*, Nouméa : NC1ère, publié le 2 mai 2018, https://la1ere.francetvinfo.fr/nouvelle-caledonie-precedentes-visites-presidentielles-gaulle-hollande-585079.html, mis à jour le 3 mai 2018, consulté le 20 mars 2020.

PUJAR Kelly, *Jacques Chirac : une relation particulière avec l'outre-mer*, Nouméa : *La 1ère*, publié le 26 septembre 2019, https://la1ere.francetvinfo.fr/jacques-chirac-relation-particuliere-outre-mer-753431.html, consulté le 7 février 2020.

RIHAI Sheima, *En image : Emmanuel Macron à Ouvéa*, Nouméa : *La 1ère*, publié le 5 mai 2018, https://la1ere.francetvinfo.fr/nouvellecaledonie/images-emmanuel-macron-ouvea-586081.html, consulté le 3 décembre 2019.

Deuxième Partie

L'APPROPRIATION DE LA FIGURE DE L'ÉTAT

Titre 1er

PREMIÈRES APPROCHES : « GRANDS » ÉTATS ET ÉTATS FÉDÉRAUX

CHAPITRE 4

AUSTRALIE ET NOUVELLE-ZÉLANDE : LA FORCE D'UN MODÈLE GOUVERNEMENTAL ET ADMINISTRATIF PAR-DELÀ LES FORMES ÉTATIQUES

Thierry DAUPS
Maître de conférences HDR, Université Rennes 2
Laboratoire interdisciplinaire de Recherches en Innovations Sociétales

***Avertissement** :*
Cette contribution tente de dresser le tableau général de l'organisation administrative centrale et territoriale de l'Australie et de la Nouvelle-Zélande. Pour cela, on s'est principalement fondé sur les Constitutions, les lois et autres actes de ces deux États.
Également du fait du changement de monarque du Royaume-Uni, on mentionne le Roi Charles III en tant que chef d'État de ces deux États en conservant la Reine dans les citations tirées des textes constitutionnels.
Enfin, les constitutions de chaque État sont désignées comme suit :
CNZ : Constitution de la Nouvelle-Zélande
ACFA : Acte de la Constitution de la fédération australienne

Introduction : Des formes étatiques contraintes par un modèle gouvernemental et budgétaire

Il est d'usage aujourd'hui de considérer dans la comparaison de l'État fédéral et de l'État unitaire, que ces deux modèles connaissent des rapprochements[1], notamment en raison de leur nature d'État qui l'emporterait sur leur différence. Tous deux, fondés sur la possession et l'exercice monopolistique de la souveraineté nationale[2], conditionnent

[1] S. Rials, *Destin du fédéralisme*, Institut de la Boétie, LGDJ, 1986, 78 p., p. 12.
[2] G. Scelle, *Précis du droit des gens*, Éd. du CNRS, (1ère édition Recueil Sirey, 1932), p. 73 et s. ; le phénomène étatique serait ainsi un phénomène social selon cet auteur « qui constitue le milieu social où le phénomène juridique est le plus complètement réalisé » (p. 141).

également dans leurs constitutions les catégories de collectivités territoriales ou fédérées, leurs compétences normatives, leur financement, les contrôles de constitutionnalité. On l'observe encore au sein de l'État unitaire par le spectre[1] de la liberté constitutive, décisionnelle, normative et financière des collectivités territoriales allant de la libre administration[2] en passant par la régionalisation[3] jusqu'à l'autonomie[4], sans atteindre l'autonomie de l'État fédéré[5]. Rapprochement renforcé par la centralisation fédérale à l'égard de ses États fédérés[6]. Pourtant, les différences formelles subsistent en raison des processus[7] historiques nationaux qui conduisirent au choix de l'État fédéral ou de l'État unitaire. En somme, tout se passerait comme si l'état formel d'un État résultait de l'agencement plus ou moins équilibré entre deux constantes : le processus historique de la formation de l'État et la contrainte de la possession et de l'exercice de la souveraineté étatique pour garantir l'unité de la nation. À cela, on rajoutera encore la présence d'un tronc commun à ces deux constantes, un quelque chose qui participe à la fois du processus, de la conception de la souveraineté et de la nation ; on pense ici à la dimension culturelle d'une nation qui influence la conception d'une Constitution, la vie politique et en société.

À ce titre la visite de l'Australie fédérale[8] et de la Nouvelle Zélande unitaire présente un intérêt quant à l'étude de l'État. Malgré leur

---

[1] M. Croisat, *Le fédéralisme dans les démocraties contemporaines*, Montchrestien, coll. Clefs Politiques, 1992, 158 p. ; v. p. 27

[2] Les collectivités territoriales françaises de l'article 72 de la Constitution de 1958 ; tout en accordant une place particulière au régime constitutionnel et législatif de la Nouvelle-Calédonie.

[3] Les régions italiennes.

[4] Les communautés autonomes de l'Espagne.

[5] On lira ici avec intérêt : Mueller S., 2020, « L'autonomie et le partage du pouvoir », *50 Déclinaison du fédéralisme*. Disponible en ligne : https://capcf.uqam.ca/a-la-une/autonomie-gouvernementale-et-gouvernance-partagee/. Également : Schakel, A. (2019). « Mesurer le fédéralisme et la décentralisation ». *50 déclinaisons de fédéralisme*. Disponible [en ligne] : https://capcf.uqam.ca/veille/mesurer-le-federalisme-et-la-decentralisation/

[6] Notamment par les financements fédéraux. Ce phénomène est aussi souligné par différents auteurs cités plus loin en ce qui concerne l'Australie.

[7] M. Croisat, *Le fédéralisme dans les démocraties contemporaines*, *op. cit.*, pp. 126 et 127.

[8] Pour cette visite, on lira dans le même ouvrage, le chapitre du professeur Jean-Philippe Feldman titré : « L'organisation des États fédérés et des collectivités infra-étatiques au sein des États fédéraux dans le Pacifique Sud ».

différence formelle, le rapprochement entre les deux modèles étatiques découle de leur soumission à la tendance générale concernant les États fédéraux et unitaires et surtout de leur appartenance commune au bain culturel constitutionnel et démocratique du monde anglo-saxon : le système de Westminster[1], l'usage de la *Common law*. S'ajoute à ce premier bain une conception économique commune des politiques publiques et du service public par le recours à la doctrine de la « nouvelle gestion publique »[2] développée dans les années quatre-vingt. Cette doctrine s'articule autour d'une conception de la liberté individuelle conditionnant les missions étatiques, leur coût et leur efficacité.

Cette doctrine rapprocherait les deux États de par sa méthodologie[3] qui influencerait moins la forme fédérale ou unitaire et gouvernementale que la manière de mettre en œuvre et de définir l'étendue des compétences nationales et territoriales par rapport au secteur privé et à l'individu[4]. La réalisation du *new public managment*

---

[1] Ce système se compose de cinq principes : un cabinet exerçant le pouvoir politique et collectivement responsable ; des ministres responsables devant le parlement ; un statut de l'opposition reconnu tel un pouvoir exécutif potentiel ; une administration constitutionnelle ; une fonction publique impartiale, spécialisée et un parlement souverain formant unité avec le pouvoir exécutif. Ces éléments sont cités par R. Shaw et I. Richet, « La nouvelle gestion publique en Australie : passé, présent et futur », *Pouvoirs* 2012/2 n° 141, pp. 117-132, ces deux auteurs citant à ce sujet : Roderick A. W. Rhodes et Patrick Weller, « *Westminster transplanted and Westminster implanted : explanations for political change* », *in* Haig Patapan, John Wanna et Patrick Weller (dir.), *Westminster Legacies. Democracy and Responsible Government in Asia, Australasia and the Pacific*, Sydney, University of New South Wales Press, 2005, p. 7.

[2] Cette dernière, au contraire de l'État providence chargé de répondre aux besoins de l'individu pour réaliser son bien-être, se fonde sur un individu réalisant lui-même son bien-être, permettant à l'État de se concentrer sur ses compétences régaliennes et les services publics jugés justes utiles. L'État redéfinit ses missions et politiques publiques par rapport au secteur privé (individu, entreprise…), conditionnant son budget, l'étendue et les missions de son administration et de ses fonctionnaires, notamment par le recours à la contractualisation des objectifs à réaliser.

[3] Bien qu'appliquant la nouvelle gestion publique, l'Australie et la Nouvelle-Zélande connaissent des nuances du fait de situations économiques différentes. Dans les deux cas, cependant, l'État fut profondément réformé.

[4] On retrouve ici le principe de subsidiarité qui détermine les compétences et les conditions de l'intervention de chaque niveau de gouvernement, mais aussi fixe le partage des rôles et des missions entre les secteurs public, privé et individuel. Ce principe serait donc lié à l'approche juridique des compétences et à une approche plus « idéologique » de la fonction étatique dans la société.

suggère l'impression d'une subsidiarité État, secteur privé, individu, réalisée par un autre genre de décentralisation vers une personne privée (privatisation, concession) ou vers des agences nationales ou territoriales, quelle que soit la forme de l'État, complétant la décentralisation et la déconcentration liées à chacune des formes étatiques.

Ainsi, analyser ensemble l'Australie fédérale et la Nouvelle-Zélande État unitaire, aboutit à voir comment ces États en tant que puissance étatique, s'organisent pour combiner l'unité et la diversité avec l'autorité et la liberté, à un moindre coût budgétaire, en assurant leurs compétences régaliennes et les services publics essentiels pour répondre aux besoins des citoyens que ces derniers ne pourraient suffisamment assurer[1]. Pour ce faire, on commencera par la présentation de l'organisation centrale et administrative (I) pour décrire ensuite l'organisation territoriale de ces États, en se demandant s'il existe des convergences (II).

I. Anatomie formelle de l'Australie et de la Nouvelle-Zélande

À lire les constitutions[2] de ces deux États on se tromperait sur la conception de la séparation des pouvoirs et de l'organisation administrative, si l'on ignorait la présence d'un modèle constitutionnel

---

[1] A ce sujet, on lira par exemple : Benoît Dupont, « Le contrôle budgétaire des services de police australiens et la nouvelle gouvernance de la sécurité », *Revue internationale des sciences administratives*, 2005-1, vol. 71, pp. 73- 85 ; Richard Shaw et Isabelle Richet, « La nouvelle gestion publique en Australie, passé, présent et futur », *Pouvoirs* 2012-2 n° 141, pp. 117-132 ; Adrien Rodd, « Politiques publiques et bien-être en Nouvelle-Zélande », *Revue Interventions économiques* [En ligne], 62 | 2019, mis en ligne le 28 juin 2019,
http://journals.openedition.org/interventionseconomiques/6536 ;DOI :https://doi.org/10.4000/interventionseconomiques.6536; Carnis Laurent, Hamelin Fabrice, « La politique de sécurité routière en Nouvelle-Zélande. Enjeux, contraintes et contradictions d'une réforme néo-managériale », *in* : *Politiques et management public*, vol. 23, n° 4, 2005 ; *Le management public à l'épreuve de la politique*, Actes du 14ème Colloque international (Bordeaux, jeudi 17 mars et vendredi 18 mars 2005) organisé en collaboration avec Sciences-Po Bordeaux, Tome 2, pp. 111-128.

[2] Cheryl Saunders et Isabelle Richet, « Le fédéralisme australien et l'autonomie locale », *in Pouvoirs*, 2012/2 n° 141, pp. 39-50 ; Fenna, A. 2020, « L'ombre paisible du fédéralisme australien », *50 déclinaisons de fédéralisme, disponible [en ligne] : https://capcf.uqam.ca/a-la-une/lombre-paisible-du-federalisme-australien/* ; Tamara Lajoinie, « Identité constitutionnelle et démocratie australienne », *Pouvoirs*, 2012/2, n° 141, pp. 17-28.

commun inspiré du Royaume-Uni où les conventions de la Constitution et les pratiques constitutionnelles enseignent plus que la lecture de l'acte constitutionnel de l'État. La Constitution d'un État englobe nécessairement la pratique et la jurisprudence constitutionnelle liées à l'Esprit constitutionnel[1] d'un peuple et des gouvernants d'un État. Sans prétendre accéder à l'Esprit constitutionnel de ces deux États, on se bornera à la présentation formelle de leur Constitution[2] (A) pour aborder leur gouvernement et leur administration[3] qui révèlent par-delà leurs différences, un modèle commun (B).

A. Une organisation constitutionnelle gouvernementale comparable

La lecture des actes constitutionnels de ces deux États, révèle bien peu de la composition des fonctions et de l'organisation de leur gouvernement respectif ; l'exploration des sites internet gouvernementaux dévoile l'essentiel. À savoir, l'influence d'un modèle gouvernemental commun. C'est là ce que l'on présente.

La comparaison des deux systèmes constitutionnels surprend. À lire la Constitution de l'Australie, se dégage l'impression que le Gouverneur général gouverne effectivement de par ses compétences propres et vis-à-vis des pouvoirs exécutif et législatif ; or tel n'est pas le cas. À consulter ensuite la loi constitutionnelle de la Nouvelle-Zélande, on douterait de la séparation des pouvoirs ; or tel n'est pas le cas. Seule la consultation des sites gouvernementaux respectifs révèle un discret modèle commun cependant bien connu : le système de Westminster. Ces deux monarchies constitutionnelles avec le Roi du Royaume-Uni de Grande-Bretagne pour chef d'État représenté par un Gouverneur général formellement mêlé aux pouvoirs exécutif et législatif (dissolution, nomination des ministres, assentiment des lois parlementaires) sont en pratique constitutionnelle gouvernées par un Premier ministre et des ministres tous issus de la volonté parlementaire laquelle vote les lois, le budget, contrôle l'action du gouvernement, ou

---

[1] On pense ici à Montesquieu et son fameux *Esprit des lois*, pour dire que la compréhension d'une Constitution prend en compte des éléments historiques, culturels, philosophiques et politiques.

[2] On se réfère ici, tant aux textes constitutionnels, qu'aux lois se rapportant à l'organisation gouvernementale, administrative et territoriale des deux États.

[3] On notera ici la très grande utilité des sites gouvernementaux de ces États, qui permettent de découvrir les détails de leur organisation gouvernementale, administrative et territoriale.

encore le renvoie[1]. Au-delà, des nuances constitutionnelles apparaissent à l'observation des deux États.

D'abord sur le contenu des constitutions, lesquelles présentent un chapitrage comparable de la présentation des trois pouvoirs. La Constitution néo-zélandaise présentant un « Titre 1 : "Le souverain" », suivi d'un « Titre 2 : "Le pouvoir exécutif" ». La Constitution australienne après un Préambule sur l'autorité de la Constitution commence par un « Chapitre 1 : "Le Parlement" ». On comprend, sans le lire, que le souverain de la Nouvelle-Zélande : la reine du Royaume-Uni[2] qui est aussi le chef de l'État nomme le Gouverneur général[3] qui le représente et exerce les compétences prévues dans la Constitution[4]. De même pour la Constitution australienne laquelle entre ses lignes fait du Roi son chef de l'État, lequel nomme le Gouverneur général de cet État[5] qui le représente et exerce les compétences prévues par la Constitution. On remarque alors l'implication constitutionnelle du Roi, donc du pouvoir exécutif, dans le pouvoir parlementaire[6]. Ainsi l'article 1er de la Constitution australienne, dispose que « Le pouvoir législatif de la Fédération est confié à un parlement fédéral composé de la Reine, d'un Sénat et d'une Chambre des Représentants… » ; la Constitution néo-zélandaise dans son article 14.1 dispose aussi que « Il y a un Parlement de Nouvelle-Zélande, qui se compose du Souverain en droit de la Nouvelle-Zélande et de la Chambre des représentants »[7]. Cette observation vaut aussi pour le pouvoir exécutif.

Ce dernier dans la Constitution australienne « est confié à la Reine pour être exercé par le Gouverneur général qui représente la Reine. »[8] ; ce gouverneur aidé par un Conseil fédéral exécutif « dans

---

[1] Tout se passe comme si l'on préservait formellement l'apparence du pouvoir du monarque contrebalancé par le réalisme politique qui juridiquement conduit à ce que le Parlement et le gouvernement qui en procède exercent la réalité des pouvoirs législatif et exécutif.

[2] Art. 2.1 de la Constitution Act 1986.

[3] Art. 2.2 de la Constitution Act 1986.

[4] Par exemple les articles 3, 8, 9B de la Constitution Act 1986.

[5] Art. 2 de l'Acte de la Constitution de la fédération australienne (ACFA).

[6] À noter qu'en Australie le Parlement fédéral, outre la Reine, comporte un Sénat et une Chambre des représentants tandis que le Parlement de la Nouvelle-Zélande se compose « […] du Souverain en droit de la Nouvelle-Zélande et de la Chambre des représentants (art. 14 de la Constitution de la Nouvelle-Zélande).

[7] Cela se saurait surprendre si l'on consulte les Chartes constitutionnelles du 4 juin 1814 (art. 15), du14 août 1830 (art. 14) et la Constitution du 14 janvier 1852 (art. 4).

[8] Art. 61 de l'ACFA.

l'administration du gouvernement de la fédération »[1] nomme, convoque, révoque, reçoit le serment de ses membres en tant que conseillers privés[2]. Par contre, c'est incidemment dans la Constitution néo-zélandaise que l'on découvre l'existence du Conseil exécutif composé de ministres ou ministres de la Couronne[3], et que le Gouverneur général peut nommer des sous-secrétaires parlementaires auprès d'un poste ministériel[4] ; et c'est presque tout. On retire l'impression pour ces deux États d'une confusion des pouvoirs, le Gouverneur général représentant le Roi, partie du pouvoir législatif et du pouvoir exécutif car il en est le souverain. Fausse impression cependant : si la dimension monarchique implique un souverain mêlé aux deux pouvoirs, elle est contrebalancée par la dimension constitutionnelle laquelle permet, par un jeu de pouvoirs et de contre-pouvoirs établi par des lois, des conventions, des pratiques, de portée constitutionnelle, l'expression de la volonté parlementaire traduite par les ministres. Il faut considérer dès lors l'ensemble formé par le Conseil exécutif qui avec le Gouverneur général « administrativement » valide et exécute les lois avec le Cabinet qui est l'organe politique émanation du Parlement qui discute des problèmes de société et présente des propositions au Parlement[5]. L'harmonie du dispositif se trouvant dans l'appartenance simultanée des ministres au Conseil exécutif et au Cabinet que l'on présentera après le Gouverneur général.

Ainsi le gouvernement dans la Constitution australienne : « *The Executive Government* » repose à la fois sur l'« *Executive power* » (art. 61 ACFA) et le « *Federal Executive Council* » (art. 62 ACFA). C'est dans ce cadre que l'on rencontre le Gouverneur général Australien qui dispose de nombreuses compétences, divisées en pouvoirs réservés exercés après l'avis du *Federal Executive Council* qu'il suit ou non et, en pouvoirs non réservés car exercés en Conseil. Ses compétences sont liées aux pouvoirs législatif et exécutif. Par exemple, il fixe, proroge les sessions du Parlement (art. 5 ACFA), dissout la Chambre des représentants et ou le Sénat (art. 5, 57 ACFA), reçoit la démission du

[1] Art. 62 de l'ACFA.
[2] Art. 62 de l'ACFA.
[3] Art. 6 de la Constitution néo-zélandaise (CNZ)
[4] Art. 8 de la CNZ.
[5] En somme, c'est comme si on distinguait en France un conseil chargé administrativement de l'exécution des lois, d'un conseil chargé de concevoir des projets soumis au Parlement, au lieu d'avoir comme c'est le cas un gouvernement qui conjugue les deux fonctions.

Président du Sénat (art. 17 ACFA), donne son assentiment au *bill* voté par les deux chambres ou le refuse, ou le réserve pour le présenter à la Reine (art. 58 ACFA). Son exercice du pouvoir exécutif se traduit par le fait de représenter le Roi dans cette fonction ; il fait appliquer et observer la Constitution et les lois fédérales (article 61 ACFA). Il est aussi le commandant en chef des armées. Le Gouverneur général préside le « *Federal Executive Council* » au sein duquel il exerce ses compétences » (art. 62 et 63 ACFA) et dont il reçoit les conseils. Ce « *Federal Executive Council* » se compose de membres tous parlementaires élus choisis par le Gouverneur général en tant que « *Executive Councillors* ». Il se trouve aussi des « *Ministers of State* » (art. 64 ACFA) membres du « *Federal Executive Council* » nommés par le Gouverneur général et placés à la tête de « *departements of State of the Commonwealth* ». En pratique, par convention, le Gouverneur général nomme le Premier ministre issu de la majorité parlementaire et nomme sur son conseil les ministres et les « *parliamentary secretaries* ». On notera que le Premier ministre et les ministres sont aussi membres du Cabinet[1]. Enfin, le Gouverneur général dispose de sa propre administration assurée par « *The Office of the Official Secretary to the Governor-General* » qui est une « *non-corporate Commonwealth entity* » créée en 1984 par un amendement au « *Governor-General act* » de 1974 afin de l'aider dans la réalisation de ses missions. Cette administration dirigée par l' « *Official Secretary to the Governor-General* » supervise six directions[2] afin d'assurer trois missions : le planning et la gestion du programme du Gouverneur, la gestion des résidences officielles et l'administration des « *Australian Honnours and Awards* »[3].

Quant au gouvernement de la Nouvelle-Zélande, il regroupe deux sens. Le premier concerne l'ensemble des trois pouvoirs : le parlement, la branche exécutive et le judiciaire[4]. Le second concerne le gouvernement en tant que pouvoir exécutif concrétisé à la fois par les ministres aidés par les ministères et les agences gouvernementales[5] et

---

[1] Sauf pour les ministres hors Cabinet.

[2] Par exemple, la direction des « *Communications and creativity* », ou celle de la « *People and Services* » ou encore celle des « *Honnours and awwards* ».

[3] À noter qu'un « *Audit Committee* » fournit des avis indépendants au « *official Secretary* ».

[4] C'est ainsi que se décrit la Nouvelle-Zélande dans son site gouvernemental : How government works | New Zealand Government (www.govt.nz)

[5] Voir : How government works | New Zealand Government (www.govt.nz)

constitutionnellement par le Gouverneur général[1] en tant que représentant du Roi (art. 2 CNZ)[2] pour donner force exécutive aux lois de la Chambre des représentants sur l'avis du Conseil exécutif dont sont membres les ministres qui constituent « *The Executive* »[3]. Ceci dit, les fonctions du Gouverneur général décrites dans la Constitution sont peu nombreuses. De par le « *Constitution Act 1986 reprint as at 17 May 2005* », le Gouverneur général peut nommer des parlementaires comme « *Parliamentary Under-Secretaries* » (art. 6 CNZ)[4], donner son consentement à ce qu'un « *Bill* » de la Chambre des représentants devienne une loi (art. 16 CNZ), convoquer, proroger et dissoudre le Parlement (art. 18 CNZ), et ne peut « *remove* » un juge de la « *High Court* » qu'à partir d'une adresse de la Chambre des représentants (art. 23 CNZ). Ce sont là ces fonctions constitutionnelles, sans pouvoir diriger les affaires de la Nouvelle-Zélande. En effet, le site Internet du Gouverneur général précise que son rôle constitutionnel consiste à maintenir la légitimité et la continuité du gouvernement en s'assurant de la présence d'un gouvernement démocratiquement mandaté pour gouverner. Il s'ensuit qu'en pratique, par arrangement, le Gouverneur général nomme le Premier ministre à l'issue des élections et nomme les autres ministres sur l'avis du Premier ministre, montrant ainsi que ni le Roi, ni le Gouverneur général ne se mêlent des affaires gouvernementales[5]. Toutefois par convention, le Gouverneur général est informé par les ministres des affaires gouvernementales et dispose de pouvoirs réservés comme nommer Premier ministre le député du parti ou de la coalition qui aura la confiance de la Chambre, voire le démettre, forcer la dissolution pour de nouvelles élections ou refuser

---

[1] Son statut quant à son traitement figure dans le « *Governor-General act 2010* », dans sa version du 28 octobre 2021.

[2] La Reine nomme le Gouverneur général sur le conseil du Premier ministre ; voir https://gg.govt.nz/office-governor-general/roles-and-functions-governor-general/constitutional-role/constitution/constitution

[3] Voir : « *Part 2 The Executive* », art. 6 à 9, *in* CNZ. On notera que : la Constitution de la Nouvelle-Zelande distingue la partie 1 « *The Sovereign* » (art. 2 à 5) de la partie 2 « *The Executive* ». La Partie 1 traite de la Reine en tant que chef d'État et Gouverneur général tandis que la Partie 2 aborde les ministres dans le Conseil exécutif. C'est dans la Partie 3 « *The Legislature, The House of Representatives* » que l'on trouve les fonctions du Gouverneur général (art. 18 CNZ) au regard de cette Chambre.

[4] Ils font partie du gouvernement mais ne sont pas membres du Conseil exécutif.

[5] Voir le site https://gg.govt.nz/office-governor-general .

son consentement à une loi ; ce qui en fait ne s'est jamais produit[1]. Également, commandant en chef des forces armées, il dispose aussi de la « *Royale prerogative mercy* »[2], procédure permettant de rouvrir une procédure criminelle. Enfin, à cela se rajoutent les fonctions de représentation notamment internationales, communautaires et cérémoniales. Pour réaliser ses fonctions, le Gouverneur général est aidé par une « *managment team* » sous la direction du « *Official Secretary* », membre du « *Senior Managment Group of the Department of Prime Minister and Cabinet* » et rendant compte devant le « *Clerk of the Executive Council* »[3]. Cependant malgré l'apparence constitutionnelle, le Gouverneur général voit son action encadrée par le Conseil exécutif qu'il préside sans en être membre. Ce Conseil créé par les « *Letters Patent* » est une partie de la branche exécutive du gouvernement dont la fonction est de conseiller le Gouverneur quant aux « *Orders in Council* » pour leur donner toute leur validité juridique et mettre en œuvre les décisions gouvernementales[4]. C'est le « *Clerk of the Executive* » nommé par le Gouverneur sur le conseil du Premier ministre qui assure le service du Conseil exécutif en fournissant notamment des conseils d'ordre constitutionnel ; il n'agit que sur l'autorisation du Cabinet et comprend tous les ministres qu'ils soient dans ou hors du cabinet que l'on aborde maintenant.

« *The Cabinet* » sans existence constitutionnelle, en Australie ou en Nouvelle-Zélande, obéit dans ces deux États à un même modèle ; il est le lieu central de la prise de décision et détermine ses propres règles. Le schéma en est simple. Par convention, le Gouverneur général nomme le Premier ministre chef de file d'un parti ou d'une coalition à l'issue des élections législatives puis nomme sur conseil du Premier ministre les autres ministres. L'ensemble du Premier ministre et des ministres forme le Cabinet, complété par des ministres dits hors cabinet qui cependant s'intègrent dans le Conseil exécutif avec leurs collègues ministres du Cabinet. Le Premier ministre dirige le Cabinet[5] composé de ministres

---

[1] Voir : https://gg.govt.nz/office-governor-general/roles-and-functions-governor-general/constitutional-role/reserve-powers

[2] Voir : https://gg.govt.nz/office-governor-general/roles-and-functions-governor-general/constitutional-role/royal-prerogative-mercy

[3] Voir : https://gg.govt.nz/government-house/staff-government-house/management-government-house

[4] Voir : https://gg.govt.nz/office-governor-general/roles-and-functions-governor-general/constitutional-role/executive-council

[5] On prend ici l'exemple du Cabinet néo-zélandais.

qui disposent chacun de plusieurs ministères aidés par des « *associates Ministers* ». Se rajoutent des ministres hors cabinet[1], des « *Co-Operation agreement ministers* »[2] et enfin des « *Parliamentary under-secretaries* ». Ensuite chaque ministre se voit attribuer un « *Portfolios* »[3] de ministères avec d'autres « *Other responsabilites* » assignées par le Premier ministre à un ministre. Ainsi, par exemple, en Nouvelle-Zélande, dans la liste ministérielle du 14 juin 2022, la ministre « Hon[4] Dr Megan Woods » est « *Minister of Housing, Minister of Energy and Resources, Minister of Building and Construction* » et « *Associate Minister of Finance* » auprès du ministre Hon Grant Robertson qui outre d'être le ministre des finances est aussi « *Deputy Prime Minister, minister for Infrastructure* » et « *minister for Sport and recreation* ». Dans son travail, le Cabinet est aidé par le « *Department of the Prime Minister and Cabinet* » (DPMC) qui joue un rôle central dans le système démocratique notamment néo-zélandais et dirigé par le « *Cheef Executive of DPMC* ». Ce dernier supervise tous les secteurs d'activités, pour fournir à tous les niveaux administratifs le lien constitutionnel et institutionnel qui soutient le système parlementaire démocratique. Il contribue aussi à l'étroite relation entre le Gouverneur général, le Premier ministre et le Cabinet. Ce DPMC comprend aussi un « *Cabinet Office* » dirigé par le « *Secretary of Cabinet* »[5]. Le « *Cabinet Office* » a pour mission principale d'être un secrétariat impartial au service du Conseil exécutif et du Cabinet, de fournir des avis notamment constitutionnels au Gouverneur général, au Premier ministre et aux ministres, d'expliquer le fonctionnement du « *Cabinet Manual* », de recevoir les propositions pour les transférer au Cabinet et au « *Cabinet Committees* », de préparer des analyses pour les ministres. En outre, le « *Cabinet office* » reçoit les propositions des ministres pour les présenter au cabinet et aux « *Cabinet Committees* »[6]

---

[1] En anglais : « *Ministers outside Cabinet* ».

[2] Il s'agit de ministres hors du cabinet qui doivent leur nomination en raison d'un accord de coopération entre le Premier ministre et un ou des partis de la Chambre des représentants (Nouvelle-Zelande).

[3] Le « *Ministerial Portfolios* » est un registre décrivant par ministère l'étendue de la compétence matérielle du ministre qui en a la charge. On consultera : https://dpmc.govt.nz/our-business-units/cabinet-office/ministers-and-their-portfolios/ministerial-portfolios/directory

[4] « *Hon* » est l'abréviation de « Honorable ».

[5] Qui est aussi le « *Clerk of Executive Council* ».

[6] Le descriptif présenté se fonde sur la Nouvelle-Zélande, mais pour l'Australie on consultera la liste des « *Cabinet Committees* » sur :

en garantissant que ces propositions sont conformes aux conditions établies par le Cabinet et exposées dans le « *Cabinet Manual* » et le « *CabGuide* »[1]. D'ailleurs, le « *Cabinet Manual* », document au contenu obligatoire approuvé dès la tenue du premier Cabinet, informe des arrangements constitutionnels et explique aux ministres les procédures décisionnelles à suivre. Ainsi, avant qu'un dossier ne parvienne au cabinet, il passera par les « *Cabinet Committees* » qui constituent le lieu de discussion avant qu'une proposition n'aboutissent devant le Cabinet. Ces « *cabinet Committees* » sont une émanation du Cabinet dont dérive leur pouvoir de décision et dont les décisions sont validées par le Cabinet ; à moins que ce dernier ne donne délégation de pouvoir à un « *Cabinet Committee* » ou à un ministre pour décider, d'avoir « *power to act* ». Pour terminer, on notera l'existence de modalités de relation et de coordination interministérielles. Ainsi, pour le cabinet de la Nouvelle-Zélande, les ministres doivent discuter avec leurs collègues des questions dont ils aimeraient qu'ils discutent avec eux. Également, on distingue au sein du Cabinet les thématiques qui lui sont soumises par l'intermédiaire d'un « *Cabinet Committee* »[2] et celles qui généralement ne le sont pas, telle la gestion quotidienne de matières d'un portfolio délégué à un ministère. Également, les ministres doivent consulter les ministres les plus importants comme le ministre des finances, veiller au respect des accords politiques, consulter les autres ministères et leurs agences, respecter des consultations obligatoires, voire organiser des consultations publiques.

Ainsi le Cabinet forme une entité jouant un rôle central dans le fonctionnent du gouvernement de ces deux pays en se basant sur un ensemble de structures et de procédures bien établies. Ce système garantit tant la compétence matérielle que le respect de la démocratie parlementaire. À cela il faut maintenant rajouter l'organisation administrative centrale des ministères.

---

https://www.directory.gov.au/commonwealth-parliament/cabinet/cabinet-committees

[1] Le « *CabGuide* » fournit des informations pratiques et des conseils pour les agents publics sur les procédures et opérations du Cabinet des « *Cabinet Committees* » et le Conseil exécutif. Il complète ainsi le « *Cabinet manual* » et les « *cabinet Office circulars and notices* ». On consultera pour la Nouvelle-Zélande : https://dpmc.govt.nz/publications/cabguide; *The CabGuide provides practical information and advice for public servants and Ministers' offices on the procedures and operation of the New Zealand Cabinet, Cabinet committees, and the Executive Council.*

[2] Par exemple, les propositions qui affectent la politique financière du gouvernement.

B. Une administration centrale comparable des politiques publiques

Si les deux États sont différents, des similitudes se dégagent quant à l'organisation administrative centrale. Ainsi le ministre est à la tête d'un *department* (ministère) composé d'une structure centrale et assisté d'un certain nombre d'organismes spécialisés aux statuts juridiques différenciés.

On se rend compte de cette organisation dans le *Flipchart of PGPA Act Commonwelath entites and companies* du gouvernement australien qui liste les ministères et les organismes qui en dépendent. Par exemple, pour les services sociaux[1], on trouve la liste des ministères compétents, et l'indication du site du Ministère des services sociaux[2] (*Department of Social Services*) composé de Sections, dont l'Executive composé d'un *Secretary of department of Social Services*, d'un *Deputy Secretary*, d'un *Chief Operatinf Officer* et de son adjoint, d'un *Executive Officer to the Secretary* et de son assistant, d'une commission sur les violences sexuelles, domestiques et familiales. On liste aussi d'autres Sections : *Participation and Family payments* ; *Pensions, Housing and Homelessness* ; *Family* ; etc. qui peuvent aussi être subdivisées en différentes *Sections*. Suivent ensuite les *Agencies* (ex. *Australian Institute Family Studies*), les *Government appoointed boards* (ex. *Australian Hearing Servicies*) et les *Other boards and structures* (ex. *Chief Executive Medicare, National Multicultural Advisory Group*). L'État du Victoria dispose du *Department of Premier and Cabinet* qui comprend divers services (ex. *Legal, Legislation, and Governance Group*), mais aussi les Portfolios (*Premier, Government services…*), *entities and agencies* (ex. *Victorian Arboriginal Heritage Council*). Suivent les *Departments*, les *Agencies*[3].

En Nouvelle-Zélande, on retrouve une organisation comparable. Chaque ministre est en charge de plusieurs ministères dont chacun correspond à un ou à différents *departments*[4] et renvoie à des *Crown*

---

[1] Social Services | Directory site internet.

[2] Executive | Directory, site internet de ce ministère.

[3] On consultera : https://vpsc.vic.gov.au/about-public-sector/employer-public-sector-bodies/ qui liste les agences du Victoria et indique leur statut.

[4] Selon le glossaire : Glossary - System architecture and design - Te Kawa Mataaho Public Service Commission, *Department* désigne une *Agency* qui est une partie de la *Crown* (« *includes all ministers of the Crown, all Public Service agencies and all Non-*

entities et des *Others organisations*. Par exemple, le ministre du *Social Development and Employment*[1] comprend trois *Department* (ex. *Ministry of Social Development*, *Social Wellbeinf Agency*), quatre *Crown entities* (ex. *Families Commission*) et d'autres organisations comme la *Social Security Appeal Autority*. Cette organisation révèle la conception du *Public service*[2] qui comprend[3] des *Public service agencies* composées de *departments*, *departments agencies*, *interdepartmental executive boards*, *interdepertmental ventures* et des *Crown agents*. Leur mission est définie à l'article 11 du *Public service Act 2020* ; il s'agit de soutenir un gouvernement démocratique, constitutionnel, de permettre le développement des politiques gouvernementales, d'assurer une haute qualité de services publics, de poursuivre l'intérêt public, de favoriser la participation citoyenne et d'agir dans le respect de la loi. Les services publics respectent les principes de neutralité, de libre et franc avis, de nomination au mérite, de gouvernement ouvert. Surtout, on remarque l'insistance sur l'idée d'un esprit du service public à la communauté irrigué par tous les agents du service public (art. 13 *Public service Act 2020*). Les services publics doivent ainsi respecter des standards minimaux : être impartiaux, responsables, intègres, transparents, respectueux et être à même de répondre aux besoins de la population (art. 16). Enfin, le *Public service Act 2020* définit et liste les entités composant le Public service. Les *Departments* sont des agences telles que le *Crown Law Office*, le *Department of Internal Affairs*, le *Ministry for the Environement* ou le *Serious Fraud Office* ; également des *Departmental agency* peuvent être accueillis par un autre *département* (le *ministry of Health* accueille la *Cancer Control Agency*) et l'annexe 2 *Public service Agencies* liste aussi les *Interdepartmental exexutive boards and servicing departments*. Enfin, les *Crown Entities*[4] divisées en cinq catégories dont une première en comprend trois : les *Crown agents* qui dépendent directement d'un ministère (ex. *health NewZealand*), les *Atonomous Crown entities* qui tiennent de la politique gouvernementale (ex. *Guardians of New Zealand*), et les *independant Crown entities*

Public Service departments »), des *Departments*, tous les ministres de la Couronne ; ainsi *department*, *minitry*, *office*, sont tous des *departments*.

[1] On ira sur le site : https://dpmc.govt.nz/cabinet/portfolios/social-development-and-employment

[2] On consultera le *Public Service Act 2020*.

[3] Art. 10 du *Public wervice Act 2020*.

[4] Ces entités sont définies par le *Crown Entities Act 2004*.

indépendantes de la politique gouvernementale (ex. *Commerce Commission*). Viennent ensuite les *Crown entity companies* (ex. *Crown research Institute*), les *Crown entity subsidiaries* qui dépendent du *Companies Act 1993*, les *Schools boards* qui relèvent du *Educational and training Act 2020* et des *tertiary education institutions* qui dépendent de la même loi (ex. certaines universités).

En conclusion de cette première partie, on retient des similitudes entre les deux États. De pareilles comparaisons sont-elles possibles en ce qui concerne l'organisation territoriale, les compétences et les contrôles sur les collectivités ?

II. Une organisation territoriale différente et comparable

À comparer les collectivités territoriales de la Nouvelle-Zélande et de l'Australie, on y découvre une ressemblance qui s'accentue encore par le recours au *new public managment.* Sans perdre l'objectif de l'intérêt général et de l'efficacité, il s'agit bien ainsi de combiner une organisation territoriale simple (en apparence), démocratique avec des compétences clairement définies, gérées de manière économique avec peu d'agents publics. Pour le vérifier, on observera l'organisation territoriale de ces deux États (A) pour aborder ensuite le partage des compétences, les modes de gestion et le contrôle (B).

A. L'organisation territoriale néo-zélandaise et australienne

L'histoire de la formation des deux États conduisit à des choix territoriaux différents qui obligent à présenter chacun d'eux pour distinguer leurs différences et affinités.

La Nouvelle-Zélande connaît depuis le milieu du XIXe siècle des réformes orientées, dans le cadre de sa forme unitaire, vers la simplification en nombre et types de collectivités, la bonne gouvernance démocratique, la prise en compte des Maoris, l'efficacité de la gestion et la rentabilité économique. Il s'agit bien de promouvoir le *good government* en permettant et facilitant les améliorations de la *local governance*[1].

Si la Nouvelle-Zélande fut organisée en provinces dès la loi constitutionnelle de 1846[2], celle de 1876 les remplaça par des comtés,

---

[1] Art. 23 A A du *Local Government Act* du 24 décembre 2002. On consultera aussi l'article 24 qui liste les méthodes de cette réorganisation.

[2] Cette loi mit en place deux provinces, puis la loi constitutionnelle de 1852 en créa six pour passer à dix ensuite.

des districts[1], des arrondissements, des villes, jusqu'en 1989. Jusqu'à cette date, on assista à l'augmentation des comtés[2], suscitant une volonté de rationalisation de l'organisation territoriale, déjà avec la loi de 1986 qui retenait 850 autorités locales, réalisait des fusions, réduisait le nombre de villes et conduisait à la réforme de l'administration locale de 1989. Depuis, la Nouvelle-Zélande est divisée en régions et en autorités territoriales comprenant d'autres catégories de collectivités. Le régime juridique des collectivités territoriales néo-zélandaises relève maintenant du *Local government Act* du 24 décembre 2002[3]. On verra donc les catégories de collectivités, les principes du gouvernement local et leur organisation principale.

L'article 21 de l'*Act* dispose que les *locals authorities*, personnes morales[4], sont constituées des régions[5] avec un conseil régional, et des *territorial authorities*[6]. Ces autorités distinctes se complètent, le même article disposant que toute partie de cet État se trouvant dans le district d'une autorité territoriale doit être dans le ressort d'un ou plusieurs conseils régionaux. Les autorités territoriales comportent les *city council* et les *district council*[7]. On y ajoutera les *Unitaries authorities*[8], ainsi que le Ministre (article 22 de l'*Act*)[9] qui est l'autorité territoriale de toute partie de la Nouvelle-Zélande qui n'est pas la part d'un district d'une autorité territoriale.

Les articles 41 et 42 du *Local Government Act* décrivent les institutions dirigeantes (*governing bodies*) de ces *local authorities*. Ainsi, le *governing body* du conseil régional est constitué par les membres élus (3 ans) selon la loi électorale de 2001 qui élisent le

---

[1] Le district était le regroupement de comtés ruraux avec des villes.

[2] Il y eut jusqu'à cent-vingt-neuf comtés.

[3] On emploiera par la suite le mot « *Act* » pour désigner cette loi.

[4] Art. 12 du *Local Government Act* du 24 décembre 2002 : *A local authority is a body corporate.*

[5] Les conseils régionaux sont listés dans : *Schedule 2 Local authorities, Part 1 Regional concils* du *local government act* du 24 décembre 2002.

[6] L'art. 21 indique qu'une autorité territoriale peut relever d'une ou plusieurs régions.

[7] Ces autorités territoriales sont listées dans la *Schedule 2 Local auhorities, Part 2 Territorial authorities* du *Local Government Act* du 24 décembre 2002.

[8] Ces *Unitarie authorities* regroupent les responsabiltés, devoirs et pouvoirs d'un conseil de district et les responsabilités, devoirs et pouvoirs d'un conseil régional, dans *Schedule 2 Local authorities, Part 3 Boundaries 3* du *Local Government Act* du 24 décembre 2002.

[9] Selon le *Local government act*, il s'agit du ministre de la Couronne qui applique cet *Act* de par le mandat ou l'autorité du Premier ministre ; voir *Interpretation* du *Local Government Act*.

Chairperson. Quant au *governig body* des *territorial autorities*, il est constitué de membres et d'un maire, élus (3 ans) selon la loi électorale de 2001. À noter que le *chairperson* et le maire sont aussi *Justice of the peace* durant leur mandat. L'article 41 A précise les pouvoirs du maire ; par exemple la direction des membres et des citoyens du district de l'autorité territoriale. Il dirige les plans de développement, les politiques, les budgets soumis à l'examen des membres de la *territorial autority* ; il nomme aussi un maire adjoint, met en place des comités[1] dont il est membre et présidés par un *Chairperson.* Enfin, la *local authority* nomme, un *chief executive* (art. 42 de l'*Act*) chargé notamment de l'application des décisions, de conseiller les membres, la *local authority* et ses *community boards* ; il garantit l'accomplissement de ses responsabilités, les activités de la *local authority*, facilite et favorise la participation au vote lors des élections, gère le personnel. Il est aussi responsable de ce que la structure de management reflète et renforce la séparation des responsabilités, le processus de décisions et donne les conseils adaptés pour faciliter la résolution dans un conflit d'objectifs. Ce *Chief executive* dirige ainsi une équipe de directeurs supervisant différents services[2].

En outre, le *Local Government Act* précise les qualités et finalités respectées par le *Local government* (article 3 de l'*Act*). Cet *Act* a pour but d'assurer un gouvernement local démocratique et effectif qui reconnaît les différentes communautés néo-zélandaises, précise le but de ce gouvernement, établit le cadre et les pouvoirs des autorités locales pour décider des activités qu'elles entreprennent et de quelle manière, promeut la responsabilité des autorités locales devant leurs communautés, et leur permet de jouer un rôle important dans la promotion du bien-être social, économique, environnemental et culturel de leurs communautés par un développement soutenable. Ainsi selon l'article 10 de l'*Act*, le but du *Local government* est de permettre une prise de décision et une action démocratique et de promouvoir dans le présent et le futur le bien-être social, économique, environnemental et culturel. Il revient à une *local authority* (art. 11 de l'*Act*) de réaliser, dans son district ou sa région, la finalité du *local government* et d'accomplir les devoirs et d'exercer les droits qui lui sont octroyés en

---

[1] Par exemple, ceux la ville de Upper Hutt : https://www.upperhuttcity.com/Your-Council/Council-Meetings/Committee-membership#section-3.

[2] On verra par exemple le site de Upper Hutt city : https://www.upperhuttcity.com/Your-Council/How-we-work/Executive-Leadership-Team .

vertu du *Local Government Act*. À cette fin, l'article 14 dispose notamment qu'une *local authority* conduit ses affaires d'une manière ouverte, transparente et démocratiquement responsable, tient compte de l'intérêt des communautés, permet aux Maoris de contribuer au processus de décision, d'évaluer ses investissements, ou encore de gérer prudemment ses ressources[1]. L'article 39 de l'*Act* donne des principes de gouvernance et de management. Ainsi, par exemple, la *local authority* doit être un bon employeur et s'assurer des bonnes relations entre les membres élus et le personnel (*managment*) ; également, elle s'assure que les membres élus ont bien compris le rôle de la gouvernance démocratique ainsi que ses procédés, et que les structures sont effectives, ouvertes et transparentes.

L'Australie, État fédéral, connaît une organisation territoriale différente. De par la Constitution, les colonies australiennes devinrent des États fédérés[2] avec trois territoires dits intérieurs et six territoires dits extérieurs[3] et un territoire associé autonome : l'Île Norfolk. L'Île Lord Howe est un territoire lié à l'État fédéré des Nouvelles-Galles du Sud[4]. L'organisation territoriale australienne combine la Constitution, des lois fédérales propres à chaque territoire[5], la Constitution de chaque État fédéré et l'organisation législative des collectivités territoriales de chacun d'eux. Les territoires intérieurs dépendent directement de la fédération en disposant du *self government* (sauf pour le territoire de la baie de Jervis) et les territoires extérieurs disposent de formes « constitutionnelles » variables. En ce qui concerne les États fédérés, la Constitution australienne dispose de leur liste, de la

---

[1] Sur le sujet des finances des collectivités territoriales, on lira : Camilla Vammale et Indre Bambalaite, *Funding and financing of local government public investment: A framework and application to five OECD countries*, OECD working papers on fiscal federalism, OECD Publishing, march 2021 n° 34, 65 p., p. 49 et s.

[2] Ces États fédérés sont au nombre de six.

[3] Ces territoires sont situés en dehors de l'île d'Australie ; par exemple, le Territoire antartique australien ou les Îles de la mer de Corail.

[4] Ce territoire dépend de l'État fédéré et non pas de l'État fédéral.

[5] Pour les territoires extérieurs, on consultera : *Ashmore and Cartier Islands Acceptance Act 1933*, *Heard Island and McDonald Islands Act 1953*, *Australian antarctic territory act 1954*, à combiner avec le traité sur l'Antartique de 1959, *Cocos (Keeling) Islands Act 1955*, *Christmas Island Act 1958*, *Coral Sea Islands Act 1969*. Sur les territoires intérieurs voir : *Jervis Bay Territory Acceptance Act 1915*, *Northern Territory (Self-Government) Act 1978*, *Australian Capital Territory (Self-Government) Act 1988*.

composition du Sénat, des compétences fédérales et des compétences non exerçables par les États fédérés, de la compétence de la Haute Cour, des services publics passant d'un État à la Fédération, d'aspects financiers, de la liberté de circulation des marchandises entre États, de la compatibilité entre les lois fédérées et les lois fédérales, des dettes fédérées, des nouveaux États. À noter que le *Australian Capital territory*, de par la Constitution fédérale, accueille le gouvernement fédéral.

Les États fédérés disposent de leurs propres constitutions. Par exemple, le *Constitution Act* de 1975 de l'État de Victoria dispose de ses pouvoirs et de son organisation territoriale. Comme le modèle fédéral, l'État de Victoria dispose d'un *Governor* (art. 6) assisté d'un *Lieutenant-Governor and Administrator* (art. 6A) ; d'un Parlement composé du monarque, d'un *Legilsative Council* qui représente les régions et comprend quarante membres (art. 26) et d'une *Legislative Assembly* composée d'élus des électeurs des districts de Victoria (art. 34). Le pouvoir exécutif (*The exécutive*, art. 87A et s.) apparaît après le *local government* (art. 74A et s.), la *Supreme court of the State of Victoria* et *The Judiciary. The Executive : Executive Council* (art. 87A) est composé de *Ministers* (art. 87B) qui se réunissent sous la présidence du *Governor* (art. 87C) qui précise leurs fonctions (art. 88A). Suivent ensuite les dispositions financières et d'autres finales. Cette Constitution distingue d'une part des circonscriptions électorales : les huit régions pour l'élection des membres du Council (art. 27 1), composées de 11 *districts* (art. 27 2) avec 88 *districts* pour l'élection de la *Legislative Assembly* et d'autre part le *Local government* considéré comme un niveau de gouvernement distinct et essentiel fondé sur des *Concils* (art. 74 A) qui garantissent « *the peace, order and good government of each municipal distirict* » (art. 74A 1). La Constitution (art. 74A 1A) dispose que les conseils des *Municipal districts*[1] sont composés de *Councilliors* démocratiquement élus, responsables de la *governance* du territoire municipal, des décisions, de l'application efficace de leurs décisions, etc. Il revient ensuite à des lois du Parlement de Victoria d'organiser le conseil et le pouvoir municipal (art. 74B) ; ce que fait le *Local Government Act 2020* de l'État du Victoria qui décrit, entre autre, les missions, les organes, le fonctionnement, et le budget

[1] Selon le *Local Government Act 2020* de l'État du Victoria, les *municipal districts* sont les districts placés sous le gouvernement local d'un conseil.

des *Councils* des *Municipals Districts*, sans oublier le contrôle ministériel. Enfin le *Municipal district* est divisé en *wards* (quartiers)[1].

Ainsi, le but de ce *Local Government Act* est d'assurer que le gouvernement local est un niveau démocratiquement élu du gouvernement de Victoria, que les *Councils* soient responsables, transparents, collaboratifs, efficaces et engagés auprès de leur communauté et disposent des fonctions et pouvoirs à cette fin (art. 4). L'article 8 de cette loi dispose que les *Councils* produisent une *good governance* dans le *municipal district* pour le bénéfice et le bien-être de la communauté municipale selon des principes préétablis (art. 9), comme tenir compte des générations futures, ou promouvoir une « soutenabilité » économique, sociale et environnementale, ou chercher la collaboration avec d'autres *Councils*. Pour réaliser sa mission, le *Council* a le pouvoir de faire tout ce qui est nécessaire (art. 10) et de déléguer à un comité ou au *Chief Executive officer* des compétences. Il s'ensuit que le Council est composé de conseillers élus (art. 13). Le maire (*Mayor*) et le maire adjoint (*Deputy Mayor*) sont des conseillers[2] (art. 13.2) élus par le *Council* dont les fonctions sont décrites (art. 18 à 27). Les conseillers (art. 28) participent au processus de décision, tiennent compte de la diversité des intérêts de la communauté municipale, sans se mêler des compétences du *Chief Executive officer* qui est recruté par le *Council* (art. 45), assiste le maire et le *Council* dans leurs missions (art. 46) et recrute le personnel municipal qui obéit à un code de conduite (art. 49).

Au final, cette courte évocation de l'organisation territoriale des deux États les distingue dans leurs formes unitaire et fédérale tout en soulignant, semble-t-il, des traits communs. On remarque la présence d'une loi nationale ou fédérée disposant de l'organisation territoriale, de principes qualitatifs quant à la finalité et l'exercice du pouvoir local centré sur le bien-être[3] de la population, le respect de la démocratie, de l'intégrité de l'élu, d'une division du territoire en régions, districts en tant que circonscriptions électorales et/ou collectivités territoriales.

---

[1] Art. 13 4 C du *Local Government Act 2020* de Victoria.

[2] À noter que le *Local Government Act 2020* de Victoria dispose d'une Partie 6 *Council integrity* indiquant le bon comportement du conseiller, les cas de conflits d'intérêts, ou encore son code de conduite.

[3] Sur le sujet du bien-être en Nouvelle-Zélande : *Études économiques de l'OCDE : Nouvelle-Zélande 2019* (version abrégée) ; pour plus d'informations, v. https://doi.org/10.1787/c79319d8-fr

Enfin, au niveau municipal, on retrouve le principe d'une assemblée locale élisant un maire et le directeur des services administratifs de la collectivité. Rencontre-t-on maintenant des similitudes en ce qui concerne les compétences et le contrôle des collectivités ?

B. Les compétences, la gestion et les contrôles dans ces deux États

Ces thématiques communes aux deux modèles étatiques, révèlent-elles dans les deux États une culture constitutionnelle et législative commune ?

On commencera par le partage des compétences où la Constitution australienne se démarque de la Constitution de la Nouvelle-Zélande. La première, dans son article 51, liste les compétences du Parlement fédéral, concernant les compétences régaliennes, les affaires communes à plusieurs États fédérés dans le but de la paix, du bon ordre et du bon gouvernement de la fédération. Là, le Parlement fédéral peut légiférer ou non car il dispose (art. 52) dans le même but, de compétences exclusives sur le siège du Gouvernement de la Fédération ou les services publics placés constitutionnellement sous contrôle du pouvoir exécutif. Les articles 106 et suivant règlent notamment les questions de primauté entre les ordres juridiques fédérés et fédéral et imposent à l'État fédéral de ne rien prescrire en matière religieuse, d'assurer la défense des États fédérés et de n'intervenir qu'à la demande des gouvernements fédérés pour réprimer des troubles intérieurs à ceux-ci ; les États fédérés n'étant pas compétents en matière monétaire (art. 115), ni militaire (art. 114), à moins d'y être autorisés par le Parlement de la Fédération, ou encore pour établir un impôt sur une propriété de la Fédération (art. 114). Enfin, la Constitution, en son article 120, partage la compétence en matière de prison[1]. La Constitution de Victoria dispose à l'article 16 que le Parlement dispose du pouvoir de voter des lois en tout état de cause dans la limite de la Constitution australienne et ne comporte pas de liste de compétences si ce n'est dans le domaine de la fracturation hydraulique (art. 98 et 99).

La seconde, pour sa part, en raison de la nature unitaire de la Nouvelle-Zélande, ne dispose pas de liste de compétences exclusives ou partagées ; l'article 15 reconnaît le plein pouvoir constitutionnel de légiférer, aboutissant à attribuer législativement des compétences spécifiques à telle ou telle collectivité. Il faut donc combiner le *Local*

[1] Les prisons des États fédérés accueillent les personnes violant les lois fédérales, dans le cadre des lois fédérales.

Government Act 2002 qui donne au *local Government* une sorte de « compétence générale » pour le bien-être économique, social, économique et environnemental, avec des lois attribuant une compétence à une autorité locale. Ainsi ce *Local Government Act 2002* dispose des compétences spécifiques des *local authorities* en matière d'eau[1], des parcs et réserves (art. 138) et des régions pour les parcs régionaux et les bibliothèques publiques (art. 142). D'autres compétences pour les régions proviennent aussi du *Ressources Managment Act 1991*[2]. Au niveau d'un *city Council* comme celui d'*Upper City*[3] les compétences relèvent de comités permanents comme par exemple : le *Policy Committee*, le *Finance and Perfomance Committee,* le *Risk and Assurance Committee*, le *City Services Committee*, ou encore le *Chief Executive Committee*, l'*Emergency Committee* et enfin d'autres formations du *Council* et des membres du *Council* qui le représentent dans des organisations extérieures comme le *Régional Transport committee* ou le *Wellington Water Forum*. Ce champ de compétences se traduit par le pouvoir réglementaire général de la *Territorial authority* (art. 145) lié à l'ordre public[4] et d'un pouvoir réglementaire spécial lié à certaines matières comme le commerce dans les lieux publics (art. 146). Les *régionals councils* disposent d'un pouvoir réglementaire lié à des compétences comme les parcs, réserves, le contrôle des inondations (art. 149).

La réalisation de ces compétences et ainsi des « services publics »[5] implique le recours à des critères d'économies, de bonne qualité et d'efficacité, invitant la collectivité à choisir la meilleure option pour réaliser le service. Ainsi, en Nouvelle Zélande, le *Local Government Act*, dans la partie concernant les buts du gouvernement local, concerne la coordination et les responsabilités des *Local Authorities* où l'on

---

[1] Il s'agit de la gestion de l'eau notamment au moyen de concession (art. 128 et s. ainsi que les art. 192 et s.).

[2] Pour les régions, il faut rajouter par exemple des compétences provenant du *Soil Conservation and river control Act 1941*, du *Reserves Act 1977*, du *Maritime Transport Act 1994*.

[3] On consultera son site internet Governance Statement - Revised March 2014 v4 FINAL.docx (upperhuttcity.com)

[4] Dans le sens où ce pouvoir réglementaire concerne la protection du public contre les nuisances, la sécurité et la santé publique et la réduction des comportements offensants dans les lieux publics, ce qui n'est pas sans rappeler l'article L. 2212-2 du Code général des collectivités territoriales en France.

[5] On emploie ici cette expression pour désigner tout service assuré par la collectivité territoriale, en dehors de la notion telle que comprise par le droit public français.

remarque que les régions (art. 17) peuvent transférer des responsabilités aux *Local Authorities* et inversement au moyen d'un *agreement* avec le respect de critères d'appréciation centrés sur le bénéfice de l'opération. Ensuite, l'article 17A : *Delivery of services*, invite les *Local authories* à opter pour différentes solutions pour la gestion, le financement, la fourniture d'infrastructures et de services obligatoires[1], tel que, par exemple : la gestion par la *local authority*, par une autre *local authority*, ou encore la gestion, le financement par la *local authority* et l'exécution par une *Council-controlled organisation* dont l'autorité locale est l'un des actionnaires ; ceci se réalisant dans le cadre d'un contrat contenant des objectifs obligatoires. Enfin, la *Part 5* distingue deux catégories d'organisations pour la gestion des « services publics » : les *Council-controlled organisation* et les *council organisations*[2] et dispose des modalités de leurs mises en œuvre, dont les détails figurent dans l'annexe 8 du *Local Government Act*.

En ce qui concerne maintenant l'État de Victoria en Australie, le *Local Government Act* de Victoria dispose d'une partie 5 *Council operations* commençant par poser les *Services perfomance principles* (art. 106) que le conseil doit respecter dans l'offre de services à la population ; ces services doivent répondre de manière équitable aux différents besoins, être accessibles, apporter une valeur à la communauté municipale selon des normes de qualité et de coûts, évoluer dans la prestation assurée et répondre aux plaintes des usagers selon une procédure (art. 107). Suit alors une politique des marchés publics (art. 108 et 109) où le *Chief Executive Officer* garantit qu'avant de passer un marché public, il existe une information sur l'opportunité préférable, mais non obligatoire, de collaborer avec d'autres conseils ou d'autres personnes publiques. Enfin, l'article 110 indique les modalités de participation d'un *Council* dans des *Beneficial entreprises* et la procédure à suivre (art. 111)[3]. Sur cet aspect, on rencontre une ressemblance avec la Nouvelle-Zélande.

---

[1] Dans l'*Act* art. 17A4 : « *délivery of infrastructure, services and regulatory functions* ».

[2] Dans les deux organisations, il s'agit de *Compagny* dont soit une ou plusieurs *Local Authorities* ont le contrôle complet (*council organisation*), soit une ou plusieurs d'entre elles contrôlent 50 % des actions et autres droits (*coucil-controlled organisation*) ; *in section 6* de *Interpretation* du *Local Government Act*.

[3] On consultera le site Procurement (localgovernment.vic.gov.au) qui présente un guide pour les bonnes pratiques en matière de marchés publics : Local Government Best Practice Procurement Guidelines PDF, 1505.17 KB. On signalera aussi des marchés publics dans le domaine social. Enfin existent aussi neuf réseaux régionaux

Cet exercice des compétences locales suppose celui de leur contrôle. Se trouve-t-il une différence entre l'Australie fédérale et la Nouvelle-Zélande unitaire ? Si l'on trouve au niveau du gouvernement fédéral australien un ministre chargé du développement régional et du gouvernement local et des territoires[1], ce sont le ministre des affaires intérieures et le *Secretary for local governement* de Nouvelle-Zélande qui, dans le gouvernement de la Nouvelle-Zélande, sont compétents en notant la présence de deux autres ministères[2] en lien avec les collectivités territoriales[3]. Ensuite, si la consultation des constitutions des deux États ne montre pas de dispositions particulières quant au contrôle étatique des collectivités territoriales[4], ce sont la Constitution de Victoria et les lois sur le *local gouvernment*[5] qui disposent de ces moyens de contrôle sur les collectivités locales. La Constitution de Victoria dispose (art. 74-2 et 3) que le Parlement peut faire des lois sur le gouvernement local concernant la révocation et la suspension d'un *Council*. Au final, c'est dans les *Local Government Act* de Victoria[6] et de Nouvelle Zélande[7] que se trouve le dispositif de contrôle des collectivités territoriales faisant appel à la compétence du ministre[8]. Dans les deux cas un ministre du gouvernement intervient selon les pouvoirs que lui attribue le *Local Government Act*.

Ainsi, dans l'État de Victoria, le ministre dispose d'un pouvoir d'intervention : *Gouvernance directions* (Part. 7, division 1) auprès

---

de conseils pour collaborer en matière de marchés publics et de pratiques commerciales.

[1] Peut-être pourrait-on rapprocher ce ministère avec celui de l'intérieur en France qui s'occupe des collectivités territoriales.

[2] D'autres ministères présentent cependant des liens avec les compétences territoriales.

[3] Il s'agit du ministère chargé de la gouvernance locale et de celui en charge des communautés rurales.

[4] La Constitution de la Ve Républigue dispose à l'art. 72 de la nécessité de ce contrôle par le représentant de l'État.

[5] Il s'agit des *local government Act* de Victoria et de la Nouvelle-Zélande.

[6] Voir le site : Local Government Act 2020 (legislation.vic.gov.au), *Part 7 Ministerial oversight*.

[7] Voir le site : https://www.legislation.govt.nz/act/public/2002/0084/latest/DLM170873.html, *Part 10 Powers of minister to act in relation to local authorities*.

[8] Dans le *Local Government Act 2002* de la Nouvelle-Zélande : *« Minister means the Minister of the Crown who, under the authority of any warrant or with the authority of the Prime Minister, is for the time being responsible for the administration of this Act »*. Le *Local Government Act 2020* de Victoria ne précise pas le ministre.

d'un *Council* afin d'améliorer sa gouvernance. Le ministre peut par exemple modifier, interrompre, remplacer ou reporter des décisions municipales, s'il en est avisé par une autorité compétente prévue à cet effet. Les *Municipal Monitor*, le *Chief municipal inspector*, la *Commission of Inquiry*, l'*Omdusman* et l'*IBAC*[1] peuvent informer le ministre. Au constat du non-respect de ces directives, le ministre peut (art. 176) recommander de suspendre les conseillers (*Concillors*). Les autorités citées juste avant disposent ainsi d'importants pouvoirs concernant le fonctionnement du *Council* et le comportement des *Councillors* dans l'exécution de leurs compétences, pouvant conduire à la suspension des conseillers et à l'administration temporaire par un administrateur. Le *Local Government Act* de Victoria dispose enfin que le *Governor in Council* peut, par un *Order in Council*, révoquer une *Local Law* (art. 85) et que la validité d'une *Local Law* peut être contestée par une personne devant la *Supreme Court* comme si celle-ci était un règlement (art. 86). Pour les *Local authorities* de Nouvelle-Zélande, le *Local Government Act 2002* (*Part. 10*) dispose d'abord à l'article 18 des responsabilités, pouvoirs et devoirs du ministre des affaires intérieures précisés dans l'annexe 1[2] de cet *Act* qui liste les lois lui donnant ces compétences[3] complétées par d'autres normes. L'article 19 dispose aussi de compétences découlant de la même annexe, attribuées au *Secretary for Local Government*[4]. Également le *Governor-General* (art. 259) dispose d'un pouvoir réglementaire (*regulation*). Ensuite, le ministre exerce des pouvoirs d'action à l'égard des *Local authorities* : un pouvoir d'assistance et d'intervention dans certaines situations (art. 253). Le ministre peut exiger des informations d'une *local authority* (art. 257) entraînant éventuellement la nomination d'une *Crown Review Team* chargée par exemple d'investiguer, de rapporter sur le problème de la *Local authority*, de formuler des recommandations au ministre ; la *local authority* doit coopérer avec la *Crown Review Team*. Également, le ministre peut nommer un *Crown*

[1] IBAC dans le *Local Government Act 2020 Victoria* : *means the Independent Broad-based Anti-corruption Commission established under section 12 of the Independent Broad-based Anti-corruption Commission Act 2011.*

[2] Par exemple : *Rivers boards Act 1908*, *Local Electoral Act 2001* ou le *Land Drainage Act 1908.*

[3] Le *Governor-General* peut modifier sur *Order in Council* les lois donnant compétence au ministre.

[4] L'art. 261 1 I lui donne aussi compétence pour l'établissement de la forme des documents que doit fournir la *Local authority.*

Observer pour aider la collectivité (art. 258 B), voire un *Crown manager* (art. 258 D) qui, dans la limite de son mandat pour la collectivité, résout le problème par exemple. Le ministre peut encore nommer une commission lorsque le *good local government* est menacé (art. 258 F) et provoquer de nouvelles élections s'il pense que la *Local Authority* ne peut assumer ses fonctions (art. 258 M). Enfin, le ministre est aidé par une *Local Government Commission* (art. 28 et s.), personne morale (art. 29) chargée de toute question concernant les *local authorities* (art. 31). Enfin, le *Local Government Act* pose dans ses article 153 et 154 le principe que la Couronne n'est pas liée par les règlements d'une autorité locale, sauf exception. Dès lors, la légalité des actes provient des articles 76AA à 81 qui précisent les conditions pour adopter une décision ; surtout, l'article 80 oblige à identifier les décisions « irrégulières » (*inconsistent*) au regard par exemple d'une politique locale.

Conclusion : La standardisation de l'État

Au final, si l'on constate toujours une différence entre l'Australie et la Nouvelle-Zélande en raison de leur forme fédérale et unitaire, des ressemblances se rencontrent par l'appartenance à une culture constitutionnelle commune et des méthodes de gestion similaires, issues du *new public management*. Ces ressemblances conduisent à l'impression d'une standardisation du modèle de l'État de droit et démocratique dans sa quête de la proximité avec le citoyen.

Si, déjà, la réalisation de l'État de droit, de la démocratie, repose sur des principes communs aux États, le souci de parvenir à une bonne gouvernance conforterait la standardisation de l'État. L'application ensuite des principes du *new public management* renforcerait cette tendance en exerçant une influence sur la conception de l'État dans sa relation avec la société et l'individu, en révisant l'étendue et les modalités de l'exercice des fonctions étatiques et territoriales. Cette influence se ressent sur le partage des compétences, les statuts des agents ainsi que les institutions administratives, et les moyens budgétaires, dans le but d'assurer des services nationaux et territoriaux de qualité à proximité des citoyens.

Le *new public management* met ainsi en évidence l'importance du principe de subsidiarité comme l'induirait la comparaison formelle des deux États présentés ici. Ce principe, parce qu'il renvoie à une conception de la vie en société, trouve aussi à s'épanouir dans la gestion administrative et budgétaire de l'État. Le principe de subsidiarité, par ses mécanismes propres, occuperait ainsi une place centrale dans l'État en organisant la complémentarité entre les principes de l'État de droit démocratique et ceux du *new public management* au service de la proximité du citoyen.

C'est peut-être une des idées que l'on retiendra de cette présentation formelle de l'Australie et de la Nouvelle-Zélande.

CHAPITRE 5

L'ORGANISATION DES ÉTATS FÉDÉRÉS ET DES COLLECTIVITÉS INFRA-ÉTATIQUES AU SEIN DES ÉTATS FÉDÉRAUX DANS LE PACIFIQUE SUD

Jean-Philippe FELDMAN
Agrégé des facultés de droit, ancien Professeur des universités et maître de conférences à Sciences-Po, avocat à la Cour de Paris

Le fédéralisme est peu présent dans le Pacifique Sud. Il se limite actuellement à trois États : l'Australie, les États fédérés de Micronésie et la République des Palaos. S'y ajouteront peut-être les Îles Salomon si le brouillon de la Constitution fédérale d'octobre 2004 est suivi d'une adoption en bonne et due forme. Dans un premier travail, nous nous étions intéressés au fédéralisme et à la nature des régimes dans le Pacifique Sud[1]. Beaucoup moins courante est l'analyse de l'organisation des États fédérés et des collectivités infra-étatiques au sein de ces États fédéraux. Tel est l'objet de la présente contribution.

Le droit comparé des États fédéraux donne un bon point de départ. Chronologiquement, trois pays livrent d'utiles informations. D'abord, la Constitution des États-Unis de 1787, il est vrai brève, se contente dans son article IV section 4 de disposer que « Les États-Unis garantiront à chaque État de l'Union une forme républicaine de gouvernement ». Ensuite, l'article 5.1 de la loi constitutionnelle canadienne de 1867 précise que l'Union sera divisée en quatre provinces. L'article V consacré aux constitutions provinciales stipule que la fonction exécutive est remplie par les lieutenants-gouverneurs des provinces. Quant à la fonction législative, l'article 70 prévoit que l'assemblée législative de l'Ontario sera composée de 82 membres, soit un membre par district électoral. Les annexes permettent de comprendre que les comtés des différentes provinces se subdivisent eux-mêmes en cités, parties de cités et villes ou villages. La loi constitutionnelle de 1982 s'intéresse dans plusieurs de ses articles au maintien des lois et libertés des peuples autochtones, et à la

[1] Jean-Philippe Feldman, « Fédéralismes et nature des régimes dans le Pacifique-Sud », *Revue juridique Polynésienne*, hors-série n° XI, 2010, pp. 91-109.

confirmation de leurs droits existants. L'article 32 ne manque pas de préciser que la charte s'applique au corps législatif et au gouvernement de chaque province. Enfin, la très longue Constitution fédérale de la Confédération suisse de 1999 consacre son titre III à la Confédération, aux cantons et communes. L'article 47 relatif à l'autonomie des cantons stipule que la Confédération respecte leur autonomie. Au sein de la section 3 relative aux communes, l'article 50 dispose que l'autonomie communale est garantie dans les limites fixées par le droit cantonal. L'article suivant consacré aux constitutions cantonales énonce que chaque canton se dote d'une constitution démocratique et que les constitutions cantonales doivent être garanties par la Confédération.

L'analyse des Constitutions fédérales du Pacifique Sud confirme que le poids de l'histoire est fondamental pour comprendre leur libellé et l'encadrement de l'organisation des États fédérés et des collectivités infra-étatiques par la norme fondamentale (I). L'organisation des niveaux de gouvernements au sein de ceux-ci témoigne d'une indéniable originalité qui, sur plusieurs points, confirme la prégnance d'une *Pacific Way* (II). Loin d'être anodine, l'importance accordée à la thématique des territoires démontre suivant les cas la réalité de la centralisation au sein du mécanisme fédéral et dans tous les cas une volonté unitaire clairement affirmée (III). Enfin, la révision de la Constitution fédérale tente de concilier le processus démocratique et le respect des traditions, témoignage là encore à plusieurs égards de cette *Pacific Way* (IV).

I. Le poids de l'histoire et des constitutions fédérales

Comme dans tout mécanisme, particulièrement au sein des États fédéraux, les conditions d'adoption du texte suprême donnent des indications fondamentales sur le rôle du « peuple » et sur le titulaire de la souveraineté, ce qui ne manque pas d'influer sur les autres niveaux de gouvernement (A). Dans tous les cas, la Constitution fédérale apparaît comme le cadre et la loi suprême du pays avec une insistance plus ou moins forte suivant les pays considérés (B).

A. L'adoption de la Constitution, le peuple et la souveraineté

Les conditions d'adoption d'une constitution ont un impact indéniable sur les collectivités infra-étatiques et leur organisation. Il en est particulièrement ainsi dans les États fédéraux.

La Constitution australienne fut rédigée par les délégués élus des colonies qui participaient à une convention fédérale. Elle fut ratifiée par des référendums tenus au sein des diverses colonies en 1899. La Constitution du 9 juillet 1900 précise en préambule que les habitants de la Nouvelle-Galles du Sud, Victoria, l'Australie méridionale, le Queensland et la Tasmanie ont consenti à s'unir en un seul État fédéral indissoluble et suivant la présente Constitution. Seules cinq colonies se trouvent mentionnées dans le préambule parce que le peuple d'Australie occidentale n'avait pas encore donné son accord afin de se fédérer dans les termes de la Constitution proposée. Le texte fut le produit d'un long processus de délibération et de ratification qui impliqua la participation active des gouvernements, des corps législatifs et des citoyens de chacune des colonies. Ce processus comprit une convention fédérale composée des délégués de chacune des colonies, délégués directement élus par les votants au sein de chacune d'entre elles. Le projet de constitution préparé par la Convention fut soumis aux corps législatifs des colonies pour commentaires et le projet révisé par la Convention fut soumis aux votants dans chaque colonie pour approbation par référendum[1]. Au cours du XIXe siècle, chaque colonie bénéficiait de l'autonomie locale marquée par la qualité de colonie séparée, l'institution d'une assemblée législative élue, un gouvernement responsable devant le Parlement et la possibilité pour chaque colonie d'amender sa loi fondamentale[2]. La Constitution de 1900 appela les colonies délibérément « États » et non pas provinces afin de confirmer leur statut de communautés politiques constituantes bénéficiant de l'autonomie locale[3]. L'Australie compte toujours six États, plus un certain nombre de territoires qualifiés d'intérieur ou encore de territoires associés autonomes. L'article 106 de la Constitution énonce que la Constitution de chaque État demeurera en vigueur dans la mesure où elle l'était au moment de l'avènement de la fédération et dans la mesure où elle l'était au moment de la formation ou de l'admission de l'État dans cette dernière. Les Constitutions des États continuèrent donc d'exister à partir du 1er janvier 1901, si bien que leur capacité d'amendement de leur propre Constitution était également maintenue.

Sous influence américaine se tint en 1978 un référendum sur le projet de Constitution des États fédérés de Micronésie. Seuls les quatre districts centraux l'acceptèrent, si bien que les habitants des autres

---

[1] Nicholas Aroney, *et al.*, *The Constitution of the Commonweanth of Australia : History, Principle, and Interpretation*, Melbourne, Cambridge UP, 2015, p. 5.

[2] *Ibid.*, pp. 24-25.

[3] *Ibid.*, p. 608.

districts constituèrent des États séparés. La Constitution des États fédérés de Micronésie dispose que ceux-ci sont une nation souveraine formée de quatre États, lesquels regroupent plus de 600 îles réparties sur près de 3 000 km².

Selon le brouillon de la Constitution fédérale des Îles Salomon de 2004, et plus précisément de son préambule, les communautés claniques et tribales et les peuples des Îles Salomon, exerçant leur droit souverain, établissent une République fédérale. Au sein du chapitre 1er relatif aux dispositions fondatrices, il est indiqué que les Îles Salomon sont une république fondée sur l'union des États et des communautés, ainsi que sur le principe que le gouvernement doit agir aussi localement et de manière autonome que les circonstances le permettent.

Indépendante des États-Unis depuis 1994, la République des Palaos est constituée de 16 États de quelques kms² à quelques dizaines de kms² et à la population de quelques dizaines à quelques milliers de personnes réparties sur plusieurs centaines d'îles.

B. La Constitution fédérale comme cadre et loi suprême du pays

La Constitution australienne n'établit pas formellement qu'elle soit la loi suprême du pays. Néanmoins, le point V du Préambule dispose que la Constitution et les lois votées par le Parlement de la fédération seront obligatoires pour les tribunaux, les juges et les habitants de chaque État et de chaque partie de la fédération. De plus, l'article 106, première disposition du chapitre V consacré aux États, énonce que la Constitution de chacun des États, « sujette à la présente Constitution », continuera à être en vigueur. En pratique, l'histoire de la Constitution australienne a été celle d'une croissance quasi-continue des pouvoirs du gouvernement fédéral et ce, du fait du gouvernement, du Parlement comme de la Haute Cour. Loin de protéger les droits des États, le Sénat a œuvré au renforcement des attributions fédérales sous la pression des partis politiques et notamment d'un parti travailliste centralisateur. Entendus originellement comme des gouvernements indépendants, les États ont le plus souvent été réduits à de simples agences exécutives pour mettre en œuvre des politiques déterminées par le gouvernement fédéral, soit avec soit sans négociations de leur part[1].

---

[1] Greg Taylor, « *The Division of Power in Federal Systems : Comparative Lesson for Australia* » *in* Gabrielle Appleby *et al.* (dir.), *The Future of Australian Federalism : Comparative and Interdisciplinary Perspectives*, Cambridge, Cambridge UP, 2012, p. 110 ; Cheryl Saunders, *The Constitution of Australia : A Contextual Analysis*, Oxford & Portland, Or., 2011, pp. 28 & 46.

L'article 2 de la Constitution des États fédérés de Micronésie dispose qu'elle est l'expression de la souveraineté du peuple et qu'elle est la loi suprême des États fédérés.

Le brouillon de la Constitution fédérale des Îles Salomon stipule dans le premier chapitre consacré aux dispositions fondatrices que les Îles Salomon sont une République fondée sur la suprématie de la Constitution. Au sein du chapitre 12 relatif aux gouvernements des États, l'article 150, s'il énonce que la Constitution écrite de chaque État fédéré sera sa loi suprême, ajoute que cette Constitution sera sujette à la présente Constitution fédérale.

Quant à la Constitution de la République des Palaos, à partir du moment où elle est très inspirée par son homologue américaine, le lecteur y trouvera sans surprise dans la section 1 de son article II que la Constitution est la loi suprême du pays.

II. Les niveaux de gouvernement et leur organisation

Manifestation de la *Pacific Way*, le poids de la tradition et des chefs coutumiers apparaît rien moins que notable (A). Il en découle une « séparation des pouvoirs » d'un caractère particulier (B). Si elles traitent le plus souvent des collectivités locales, les Constitutions des États fédérés du Pacifique-Sud se caractérisent par une absence de précision et elles laissent en conséquence latitude à ces États pour s'organiser (C). Conformément aux principes fédéraux, ces Constitutions gravent dans le marbre une certaine subsidiarité, parfois quant aux finances publiques (D).

A. Le poids de la tradition et des chefs coutumiers

En Australie, les délégués des peuples aborigènes et des insulaires du détroit de Torrès, étendue comprise entre l'Australie et la Nouvelle-Guinée, ont adopté à l'unanimité en 2017 une déclaration, dite déclaration d'Uluru, appelant à leur reconnaissance dans la Constitution. Ils ont demandé la réunion d'une commission afin d'établir un processus d'accords et d'expression de la vérité. Le gouvernement australien a rejeté ces exigences. En 2007 déjà, le Premier ministre avait annoncé que, en cas de réélection, il organiserait un référendum afin de modifier le préambule de la Constitution et plus précisément afin de magnifier la réconciliation par la mention des aborigènes. Rien ne fut entrepris, mais les constitutions de plusieurs États fédérés – la Nouvelle-Galles du Sud, le Queensland et Victoria – reconnaissent les indigènes, même si les clauses sont purement formelles[1]. En effet, les préambules des constitutions des États fédérés reconnaissent systématiquement les peuples aborigènes comme les premiers peuples de l'État et les gardiens traditionnels du pays. Mais, les Constitutions d'Australie méridionale et de Victoria stipulent expressément que le préambule n'aura aucun effet juridique… Le débat a été relancé au niveau fédéral en 2022 à la suite de l'élection d'une nouvelle majorité travailliste prônant la consécration d'un organe représentatif des peuples aborigènes.

Toutefois, dans beaucoup d'États des îles du Pacifique, le rôle du droit coutumier et l'autorité de la tradition sont des forces influentes[2]. L'article V de la Constitution des États fédérés de Micronésie s'attache aux « droits traditionnels ». Sa section 1 rappelle l'importance des chefs traditionnels dont le rôle et les fonctions se trouvent préservés. La section 2 insiste sur le fait que les traditions des peuples sont protégées par la loi. La section 3 stipule que le Congrès pourra établir une Chambre des chefs composée des chefs traditionnels de chaque État ou de représentants élus des États qui en seraient dénués. Elle s'intéresse aussi aux constitutions des États ayant de tels chefs en prévoyant qu'elles pourront prévoir un rôle actif pour eux. L'article IX Section 11 précise qu'un État peut prévoir que l'un de ses sièges sera réservé à un chef traditionnel choisi pour deux années au lieu d'un représentant élu sur la base de la population. Enfin, l'article XI Section 11 dispose non seulement que les décisions des cours seront cohérentes avec la Constitution, mais encore avec les coutumes et les traditions micronésiennes, ainsi qu'avec les configurations sociales et géographiques du pays. Les Constitutions des États fédérés insistent systématiquement sur le respect des coutumes et des traditions comme sur l'importance des chefs traditionnels.

L'article 7 du brouillon de Constitution fédérale des Îles Salomon prévoit que celle-ci sera interprétée de manière à prendre en considération la diversité ethnique, culturelle et linguistique, et son article 9, qui fait également partie des dispositions fondatrices, ajoute que les lois comprennent non seulement la Constitution fédérale et les constitutions des États mais également la pratique coutumière. Au sein des droits et libertés fondamentaux, selon l'article 21, les droits et

---

[1] Anne Twomey, « *Federalism in Australia : Gazing in the Crystal Ball of Constitutional Reform* » *in* Gabrielle Appleby & al. (dir.), *The Future of Australian Federalism*, *op. cit.*, pp. 451-452.

[2] Graham Hassall & Cheryl Saunders, *Asian-Pacific Constitutional Systems*, Cambridge, Cambridge U.P., 2002, p. 40.

libertés du peuple et des communautés sont protégés et ils incluent le maintien et le développement des pratiques coutumières.

L'article V de la Constitution de la République des Palaos relatif aux droits traditionnels consacre le rôle des chefs traditionnels et la primauté des lois traditionnelles. L'article VIII section 6 place auprès du Président un Conseil des chefs composé d'un chef traditionnel de chacun des seize États. La Constitution fédérale prévoit également que les chefs traditionnels, les anciens et les clans de haut rang participeront au gouvernement local selon les constitutions respectives desdits États. Le système des clans et leurs meneurs, qui exercent en pratique une forte influence, se trouvent ainsi confirmés constitutionnellement[1]. La Constitution de l'État de Kayangel cite les chefs traditionnels, comme celle des États de Hatohobei, de Koror, de Ngarchelong, de Ngardmau, de Ngatpang et de Sonsorol, cependant que la Constitution de l'État de Ngiwal confirme le Chad Era Ngiwal par les coutumes et les traditions.

B. La « séparation des pouvoirs »

Les constitutions des États fédérés d'Australie consacrent généralement d'abord des dispositions relatives à l'exécutif – la Couronne, l'exécutif proprement dit et le gouverneur – puis des dispositions relatives au législatif avec un Parlement bicaméral. Elles prévoient l'existence d'une première chambre, nommée Conseil législatif et élue pour quatre à six ans, et d'une seconde chambre, appelée Chambre de l'Assemblée, assemblée législative ou encore assemblée. Seule la Constitution du Queensland prévoit un Parlement unicaméral : l'Assemblée législative élue pour quatre ans. À la tête de l'exécutif, se trouve le gouverneur, représentant du roi. Il est assisté d'un lieutenant-gouverneur, d'un administrateur et d'un cabinet. C'est à un régime parlementaire que renvoie la Constitution du Queensland puisqu'il est stipulé que le cabinet, composé du « Premier », i.e. du Premier ministre, et des ministres, est collectivement responsable devant le Parlement. Les constitutions de Nouvelle-Galles du Sud et de Victoria consacrent la présence de l'administrateur de l'État, chargé de la présidence de la Cour suprême. Quant au judiciaire, il varie suivant les États, mais il comporte au moins deux niveaux de cours inférieures et à son sommet se trouve une Cour suprême. Certains États

---

[1] Graham Hassall, *Gouvernment and Republic Policy in the Pacific Islands*, Bingley, U.K., Emeral Publishing, 2021, pp. 43-44; Erica Rosenberg, « *The Politics of Progress in Palau* », *Cultural Survival Quaterly*, 1996, 20 (3).

comprennent également des cours spécialisées qui traitent notamment des litiges terriens et environnementaux[1].

En Micronésie, la Constitution de l'État de Chuuk fonde un Parlement bicaméral composé, selon la terminologie américaine, d'une Chambre des représentants et d'un Sénat. En revanche, les constitutions de Kosrae et de Yap érigent un Parlement unicaméral composé de dix à quatorze membres. Les Constitutions des États fédérés sont identiques en ce qui concerne l'exécutif, toujours cité après le législatif. Un gouverneur et un lieutenant-gouverneur sont conjointement élus lors des élections générales. Quant au judiciaire, il se trouve investi dans une Cour suprême ou d'État et dans des cours inférieures. Les ressemblances avec le modèle présidentiel américain sont donc patentes. Les élections présidentielles ont d'ailleurs lieu le même jour qu'aux États-Unis, l'ancienne puissance de tutelle…

Les Constitutions des États fédérés de la République des Palaos prévoient systématiquement une séparation des pouvoirs. Il est précisé parfois qu'il s'agit d'une séparation entre les trois branches classiques – ainsi à l'article VII de la Constitution de l'État d'Angaur ou l'article VI de celle de l'État de Ngarchelong –. De manière révélatrice, la branche exécutive est souvent citée avant la branche législative, mais sans que cela soit systématique. Toutefois, la structure des différentes Constitutions incite à se demander si, hors le cas d'une séparation explicitement de trois branches, la séparation des pouvoirs ne concernerait pas plutôt quatre branches. Ainsi, avant de prévoir une séparation des trois pouvoirs, la Constitution de l'État de Kayangel réserve son article VI aux chefs traditionnels. De même, l'article IV de la Constitution de l'État de Ngatpang stipule que tous les pouvoirs du gouvernement de l'État sont confiés au Conseil traditionnel des chefs. L'article III de la Constitution de l'État de Ngiwal énonce qu'une personne est Chad Era Ngiwal par les coutumes et traditions. Il en est de même de l'article VI de la Constitution de l'État de Koror qui met en place une Chambre des chefs traditionnels et de l'article VI de la Constitution de Sonsorol. Après la mention de l'exécutif et du législatif, mais avant celle du judiciaire, la Constitution de l'État de Hatohobei prévoit la présence d'un Conseil des chefs traditionnels. L'article XI de la Constitution de l'État de Ngarchelong confirme les huit chefs traditionnels, lesquels composent une Cour de tradition et des coutumes.

---

[1] Cheryl Saunders, *The Constitution of Australia*, *op. cit.*, p. 208.

La fonction exécutive est confiée à un gouverneur, assisté parfois, comme dans l'article VII de la Constitution de l'État de Hatohobei ou l'article VII de la Constitution de l'État de Sonsorol, d'un lieutenant-gouverneur. Ce citoyen élu doit résider dans l'État durant le cours de ses fonctions. Il détient les pouvoirs calqués sur ceux d'un chef exécutif américain. Il est généralement doté d'un droit de veto, total et parfois partiel. Certaines Constitutions prévoient des dispositions qui sortent de l'ordinaire. L'article VI de la Constitution de l'État de Ngardmau prévoit que le Gouverneur est un membre élu de la Chambre législative, le Kelulul Ngardmau. L'article VI de la Constitution de l'État de Ngatpang fait de l'un des chefs coutumiers et conformément à la coutume le Gouverneur, le représentant officiel de l'État et le Président de séance du Conseil d'Administration composé des quatre membres les plus importants du législatif, le Ngaimis. De plus, un directeur général sera élu lors d'une élection du gouvernement de l'État pour un mandat de trois ans. L'article V de la Constitution de l'État de Ngchesar fait du chef de l'un des six hameaux le chef de l'État. Mais le législatif, le Conseil de l'État, choisit parmi ses membres un Gouverneur de l'État pour un mandat de quatre ans.

Les dispositions relatives au législatif sont les plus complexes dans les Constitutions des États fédérés de la République des Palaos. L'article VIII de la Constitution de l'État d'Angaur confie le pouvoir législatif à l'Olbiil Era Ngeaur, composé des quatre grands chefs selon leurs rangs traditionnels et de cinq membres élus pour deux années. L'article X de la Constitution de l'État de Kayangel attribue le législatif à une Chambre composée de douze membres élus au suffrage universel pour deux ans, celle de l'État de Hatohobei dans son article VIII à une Chambre composée de neuf membres élus au suffrage universel pour un mandat de quatre ans. L'article VII de la Constitution de l'État de Koror érige une législature composée d'un membre élu au sein de chacun des hameaux de l'État et de cinq membres élus au suffrage universel, avec un mandat de quatre ans. L'article VII de la Constitution de l'État de Ngarchelong confie le pouvoir législatif à une assemblée d'État, donc toujours un Parlement unicaméral, composée du chef et d'un représentant élu de chaque municipalité pour un mandat de deux ans ; l'article VII de la Constitution de l'État de Ngardmau au Kelulul Ngardmau, une Chambre de neuf membres élus pour un mandat de quatre ans. L'article V de la Constitution de l'État de Ngatpang confie le législatif au Conseil traditionnel des chefs nommé Ngaimis et composé de dix chefs. L'article V de la Constitution de l'État Ngchesar, qui traite à la fois des branches exécutive et législative, attribue les fonctions gouvernementales, incluant les deux fonctions exécutive et législative, au Conseil d'État composé de dix-sept membres, à savoir huit chefs traditionnels ou de hameaux et neuf membres élus pour un mandat de quatre ans. L'article VIII de la Constitution de l'État de Ngiwal instaure une Chambre unique, le Kelulul a Kiuluul composée de dix-sept membres, à savoir des chefs traditionnels et sept personnes élues au suffrage universel pour un mandat de deux ans. L'article VIII de la Constitution de l'État de Peleliu établit une législature de l'État composée de cinq chefs de hameau, cinq élus au suffrage universel et cinq élus par chacun des hameaux pour les représenter, avec un mandat de trois ans. Une particularité doit être notée : l'article XI section 3 traite de l'initiative populaire. Enfin, l'article VIII de la Constitution de l'État de Sonsorol confie le législatif à la législature de l'État ou Fani Farau, composée des quatre chefs suprêmes des quatre municipalités, de leurs représentants nommés ou prescrits par les coutumes et traditions municipales et de – seulement – deux législateurs élus populairement pour un mandat de quatre ans.

Qu'il s'agisse de l'exécutif ou du législatif, les constitutions des États de la République des Palaos contiennent fréquemment des dispositions inspirées du paradigme américain relatives à l'empêchement ou à la révocation. Ainsi, la Constitution de l'État de Kayangel prévoit à son article VIII l'empêchement du gouverneur, selon une procédure particulièrement complexe au demeurant, et à son article XI celui d'un membre de la législature, selon des conditions tout aussi difficiles à remplir en pratique. La Constitution de l'État de Hatohobei mentionne à l'article VII l'empêchement du gouverneur ou du lieutenant-gouverneur et à l'article suivant la destitution d'un membre de la législature. L'article X de la Constitution de l'État de Ngarchelong régit le pouvoir de révocation populaire des fonctionnaires élus. L'article VI de la Constitution de l'État Ngardmau prévoit la possibilité de l'empêchement du gouverneur et son article XII celle de la révocation d'un membre de la législature, le Kelulul Ngardmau. L'article V section 10 de la Constitution de l'État de Ngchesar organise la révocation d'un membre du Conseil d'État. L'article VII section 6 de la Constitution de l'État de Ngiwal prévoit la possible révocation du gouverneur et l'article suivant dans sa section 5 la révocation d'un membre du législatif, le Kelulul a Kiuluul. Il en est de même de la Constitution de l'État de Peleliu qui fixe les conditions de révocation du gouverneur à l'article VII section 7 et d'un membre élu de la législature à l'article suivant section 5. Enfin, l'article VII section 9 de la Constitution de l'État de Sonsorol traite de l'empêchement du gouverneur et du lieutenant-gouverneur, tandis que la section 20 de l'article suivant concerne la révocation populaire d'un membre élu de la législature.

Les dispositions relatives au judiciaire sont souvent réduites à leur plus simple expression, mais, là encore, certaines constitutions prévoient des dispositions dignes d'attention. Ainsi, l'article XII de la Constitution de l'État de Kayangel dit que la résolution des disputes traditionnelles se produisant selon les coutumes et la tradition, sera faite par le Conseil des chefs, à charge d'appel devant les cours de la République des Palaos. L'article IX de la Constitution de l'État de Ngardmau réserve le pouvoir judiciaire au gouvernement de la République des Palaos, mais il est prévu que le Conseil des chefs pourra juger des causes concernant les violations des droits traditionnels et imposer des peines conformément aux traditions. De manière plus restrictive, l'article X de la Constitution de l'État de Hatohobei indique que le Conseil des chefs traditionnels gardera le droit d'entendre et de décider sur les matières relatives aux communautés conformément aux coutumes et traditions, mais avec une importante réserve : pourvu qu'une telle action du Conseil ne soit pas en conflit avec la Constitution de la République des Palaos, la Constitution de l'État et les lois. L'article IX de la Constitution de l'État de Peleliu renvoie au pouvoir unifié national, mais la législature de l'État peut établir une cour des traditions et des coutumes. L'article VII de la Constitution de l'État de Ngatpang ne parle pas de judiciaire, mais d'arbitrage confié par consentement mutuel au Conseil traditionnel des chefs, le Ngainis. Les décisions sont rendues à l'unanimité par le Conseil d'Administration et à la majorité du Ngainis. Leur valeur initiale n'est que persuasive, mais elle acquiert valeur exécutoire en l'absence d'appel d'une partie dans les trente jours devant une Cour nationale.

S'il n'a pas été rédigé à Londres comme la Constitution d'indépendance mais localement, le brouillon – en anglais – de la Constitution des Îles Salomon met en place[1]... un régime de nature parlementaire. Le Président peut dissoudre le Parlement fédéral selon l'article 74.3. Un Parlement qui est unicaméral en vertu de l'article 82. L'exécutif est constitué également d'un Premier ministre, à la tête du

---

[1] Jennifer Corrin, « *Breaking the Mould: Constitutional Review in Solomon Islands* », *Revue juridique polynésienne*, vol. 13, 2007, pp. 145-146.

gouvernement selon l'article 113. Particularité : est prévu à l'article 147 un Congrès des États, constitué du Président, des dirigeants de chacun des États et de personnes nommées par le Président avec l'avis desdits dirigeants. Son rôle de conseil a pour objet essentiellement de prendre en compte les vues des gouvernements d'État en vertu de l'article 148. Le système judiciaire, à la tête duquel trône la Cour constitutionnelle, est classique aux termes de l'article 189.

C. Les collectivités locales

En plus de ses six États, l'Australie compte trois territoires situés sur l'île, dits intérieurs : le territoire de la capitale, le territoire de la baie de Jarvis et le territoire du Nord. Elle compte également six territoires situés en dehors de l'île, dits extérieurs : l'île Christmas, les îles Cocos, les îles Ashmore-et-Cartier, les îles de la Mer de corail, les îles Heard et McDonald, le territoire antarctique australien. Les territoires sont directement soumis au gouvernement fédéral, hormis le territoire de la capitale, le territoire du Nord et l'île Norfolk qui s'administrent librement. Le territoire du Nord et l'île Norfolk ont des administrateurs nommés par le gouvernement général et ils ont, comme le territoire de la capitale, un Parlement monocaméral. Le territoire de la baie de Jarvis est divisé en une ville et deux villages de quelques centaines d'habitants. Le territoire du Nord est partagé en six municipalités : trois conseils municipaux, un comté et deux cités, mais aussi en trente conseils de gouvernement de communauté et vingt-six sections. L'île Christmas comporte un administrateur, nommé par le gouvernement général, qui représente le roi et l'Australie, et un Conseil local de six sièges élus au suffrage universel direct pour quatre ans avec renouvellement tous les deux ans par moitié. Le territoire antarctique est divisé en neuf districts. Les Constitutions des États fédérés australiens renvoient pour l'organisation du gouvernement local à la volonté du Parlement. Il est systématiquement prévu que le gouvernement local soit un corps élu. La Constitution de Tasmanie mentionne, elle, l'existence de Conseils municipaux.

L'article VII de la Constitution des États fédérés de Micronésie prévoit qu'il existe trois niveaux de gouvernement : national, d'État et local, et que chaque État aura une constitution démocratique. Toutefois, en cas d'absence de gouvernement local à la date d'application de la Constitution des États fédérés, un État n'aura pas l'obligation d'établir un nouveau gouvernement local. L'article XIII de la Constitution de l'État de Chuuk énonce qu'il existe deux niveaux de gouvernement :

l'État et les municipalités au nombre de 39. Chacune d'entre elles adoptera une Constitution, qui sera démocratique et qui pourra être traditionnelle. L'article 14 de la Constitution de l'État de Pohnpei constate l'existence de onze gouvernements locaux à sa date d'adoption. Chaque gouvernement local pourra établir sa propre constitution et celle-ci pourra prévoir un rôle fonctionnel pour les chefs traditionnels. La Constitution de l'État de Yap dispose dans son article III qu'il y aura un Conseil de Pilung et un Conseil de Tamol qui rempliront les fonctions relatives à la coutume et à la tradition. L'article VIII énonce que le corps législatif pourra prévoir la création de subdivisions politiques au sein de l'État.

L'article 69 du brouillon de Constitution fédérale des Îles Salomon comprend au titre du gouvernement, le gouvernement fédéral, le gouvernement de l'État et tous les autres gouvernements prévus par la Constitution et la loi. Le chapitre 12 traite des gouvernements des États. Selon l'article 151, les neuf provinces actuelles deviennent des États et le nombre total d'États ne pourra excéder douze. L'article 152 précise que les futures Constitutions des États comme leurs amendements n'entreront en vigueur qu'après avis conforme de la Cour constitutionnelle. Enfin, l'article suivant prévoit la possibilité pour les États de mettre en place un système judiciaire, bien entendu subordonné au système fédéral. L'annexe 4 à la Constitution est consacrée aux limites territoriales des neuf États. En pratique, chacune des neuf provinces actuelles se trouvent dirigées par une assemblée élue, cependant que la capitale l'est par un Conseil municipal. Certaines d'entre elles se sont d'ores et déjà préparées au fédéralisme. Ainsi la province Makira/Ulawa a voté un régime de gouvernance de la communauté qui met en place des conseils de quartiers des chefs et des autorités de développements de quartier[1].

La Constitution de la République des Palaos transforme les seize municipalités traditionnelles en États. L'article II de la Constitution de l'État de Ngarchelong précise que celui-ci est composé de huit municipalités. L'article I de la Constitution de l'État de Ngechesar se réfère aux six hameaux de l'État, l'article I de la Constitution de l'État de Ngiwal aux quatre hameaux et l'article XI de celle de l'État de Peleliu aux cinq hameaux, dont le nombre ne pourra être diminué. Plus

---

[1] Sam Alasia, « *Rainbows Accross the Montains : The First Post-Ramsi General Election* » *in* Sinclair Dinnen & Stewart Firth (dir.), *Politics and State Building in Solomon Islands*, Camberra, Anu E. Press & Asian Pacific Press, 2008, p. 140.

développée, la Constitution de l'État de Sonsorol consacre son article XI aux gouvernements municipaux, qui seront au nombre de quatre comme les municipalités.

D. La subsidiarité et les finances publiques

Ce qui frappe dans les Constitutions des États australiens, c'est la brièveté de leurs dispositions sur le gouvernement local, même si celles-ci sont systématiquement présentes. L'article 64-A de la Constitution d'Australie méridionale se contente de prévoir en quelques mots qu'il continuera d'y avoir un système de gouvernement local dans l'État avec des corps gouvernants élus localement et organisés selon les vœux de la législature d'État. Il en est de même à l'article 52 de la Constitution d'Australie occidentale et à l'article 51 de celle de Nouvelle-Galles du Sud, si ce n'est que ce dernier précise que sont considérés comme corps gouvernementaux locaux pour la division Ouest toute personne avec tout ou partie des fonctions d'un corps gouvernemental local en relation avec l'État ; pour l'Île de Lord Howe le Conseil ; et un administrateur avec tout ou partie des fonctions du corps gouvernemental local. Le chapitre 7 de la Constitution du Queensland est consacré au système de gouvernement local dont il règle la définition et la procédure de dissolution. Le chapitre IV A de la Constitution de Tasmanie, quoique court, est plus précis puisqu'il ne se contente pas de prévoir un système de gouvernement local. Son article 45 A stipule qu'il s'agit de conseils municipaux élus selon les prescriptions du Parlement. L'article 45 C dit que toute division de la Tasmanie en aires municipales ne doit pas être changée sans la recommandation du Conseil du gouvernement local établi en 1993. Enfin, la Constitution de Victoria traite dans le chapitre II A du gouvernement local. Son article 74 A édicte que celui-ci est un échelon distinct et essentiel de gouvernement composé de Conseils élus démocratiquement et ayant les fonctions et pouvoirs que le Parlement estime nécessaires pour assurer la paix, l'ordre et le bon gouvernement de chaque district municipal. Chaque Conseil est responsable de la gouvernance de l'aire désignée par ses limites municipales. Dans cette Constitution comme dans les autres, c'est le Parlement qui adopte toute loi nécessaire afin d'encadrer ce gouvernement local.

En Micronésie, l'article VIII section 6 de la Constitution de l'État de Chuuk dispose que la législature attribuera chaque année aux gouvernements municipaux au moins 8 % des fonds de l'État et aux municipalités pour des projets de développements au moins 40 % des fonds de développement qui pourront être alloués. L'article IX de la

Constitution de l'État de Kosrae stipule que si le pouvoir d'imposer appartient au gouvernement de l'État, les gouvernements municipaux peuvent prévoir des impôts, soumis à la loi. Au moins 50 % des revenus issus des impôts de l'État seront payés par le Trésor de la municipalité où ils ont été collectés et au moins 10 % de l'ensemble de l'argent reçu par l'État qui n'est pas destiné à un but spécifique seront répartis entre les municipalités. L'article XI de la Constitution de l'État de Pohnpei énonce que le gouvernement de l'État aura pouvoir de lever tout impôt, mais que les gouvernements locaux pourront lever une surtaxe. Au moins 30 % de l'ensemble des impôts reçus par le gouvernement seront répartis entre les gouvernements locaux pour des projets et des opérations de développements mentionnés dans des plans locaux. Enfin, de manière encore plus contraire à la subsidiarité fiscale, l'article IX de la Constitution de l'État de Yap réserve le pouvoir de lever l'impôt au gouvernement et il précise simplement que le corps législatif pourra répartir les revenus de l'État entre les gouvernements locaux.

Le chapitre 2 du préambule du brouillon de Constitution fédérale des Îles Salomon fait implicitement référence à la subsidiarité. En effet, il est prévu que la République doit soutenir la gouvernance effectuée au niveau le plus approprié incluant les communautés villageoises claniques et tribales, les églises et les autres communautés locales, étant précisé que l'article 150 consacre le droit d'autonomie locale. L'annexe 5 établit une liste des pouvoirs des États et des pouvoirs partagés.

Les constitutions des États de la République des Palaos contiennent des dispositions spécifiques relatives au budget et aux finances avec la création d'un Trésor de l'État. Ces dispositions sont le plus souvent précises, manifestement afin d'éviter les risques de corruption ou de détournement de fonds, ou du moins pour les juguler… La Constitution de l'État de Sonsorol se distingue car elle met en place une certaine subsidiarité fiscale. En effet, son article XII établit non seulement un Trésor d'État classique, mais encore des trésoreries municipales. Chacune des quatre municipalités aura droit aux trois quarts des revenus publics issus de l'exploration et de l'exploitation de toutes les ressources vivantes et non vivantes au sein des aires maritimes jusqu'à six miles nautiques, et le gouvernement de l'État un quart. La part de chaque municipalité se réduira à un quart dans la zone géographique comprise entre l'aire possédée par la municipalité et douze miles nautiques. Les amendes pour violation de la loi au sein des zones maritimes sous compétence d'une municipalité seront partagées également.

III. La terre et les changements territoriaux

Depuis l'instauration du Commonwealth en 1901, le territoire australien n'a quasiment pas bougé, hors la formation de deux régions autonomes dans l'Australie continentale : le territoire du Nord et celui de la capitale. Les Constitutions des États australiens sont muettes sur la question de l'annexion ou de la sécession des territoires, si ce n'est que l'organisation du gouvernement local, toujours mentionnée, est le fait exclusif et exprès du législatif. Par exception, l'article 61 de la Constitution d'Australie Occidentale dispose que le roi pourra diviser la colonie en lui ôtant une quelconque partie et soit en l'érigeant ou en en érigeant une partie dans une colonie séparée ou dans des colonies de telle forme de gouvernement qu'il lui plaira, soit en subdivisant toute colonie ainsi créée ou en réunissant à la colonie de l'Australie Occidentale toute part de la colonie ainsi créée. Dans ce cas, les dispositions de la Constitution s'appliqueront, autant qu'elles seront applicables, à la colonie d'Australie occidentale.

En Micronésie, l'article 14 section 4 de la Constitution de l'État de Pohnpei énonce que la Constitution ne modifie pas les frontières des gouvernements locaux et qu'aucun gouvernement local ne pourra être divisé ou fusionné. La Constitution de l'État de Chuuk précise simplement dans son préambule que le peuple se déclare « Un maintenant et à jamais ». Son article XIII consacré au second niveau de gouvernement de l'État, les municipalités, dit que la législation peut énoncer les conditions et procédure pour l'admission, en plus des 39 municipalités existantes, de nouvelles municipalités ou de nouveaux territoires en tant que municipalités. La Constitution de l'État de Kosrae est muette à cet égard, l'article VIII sur le gouvernement municipal n'en disant mot. Seule indication : le préambule se réfère à l'unité du peuple. Enfin, l'article VIII de la Constitution de l'État de Yap se contente, en quelques lignes, d'indiquer que la législature peut prévoir l'établissement de subdivisions politiques au sein de l'État.

Aux Palaos, l'article XII de la Constitution de l'État d'Angaur dispose que le gouvernement de l'État aura le pouvoir d'annexer, d'ajouter ou d'admettre comme nouvelle part de l'État toute partie qui était traditionnellement et historiquement une telle partie sur approbation de la Chambre avec l'accord à la majorité simple des chefs de clans traditionnels. Si l'État d'Angaur a la possibilité d'accroître son territoire par annexion, il ne saurait en perdre par sécession. En effet, la même disposition martèle qu'aucun village ni aucun des quatre hameaux traditionnels de l'État non plus qu'aucune partie d'entre eux ne fera sécession de l'entité de l'État. De même, l'article XII section 7 de la Constitution de l'État de Hatohobei énonce qu'aucun village ou aucune ville de l'État ne fera sécession. L'article II section 2 de la Constitution de l'État de Ngarchelong prohibe toute sécession de la part d'une municipalité ou d'une partie de municipalité. Quant à la Constitution de l'État de Sonsorol, si elle ne se réfère à la sécession, elle prévoit dans son préambule que la Constitution garantit un État unifié pour les générations présentes et futures.

L'article 151 du brouillon de la Constitution fédérale des Îles Salomon transforme les neuf provinces existantes en États et il fixe à 20 le nombre maximal d'États. Il précise que deux ou plusieurs États pourront se réunir, ou un État pourra se diviser pour créer un nouvel État, mais seulement en vertu d'un accord conclu entre les États concernés et le gouvernement fédéral. L'agrégation ou la sécession est donc possible, mais uniquement à l'intérieur de l'État fédéral et selon un processus consensuel.

IV. La révision de la constitution

En Australie, l'article 18 de la Constitution de Victoria donne un rôle essentiel au Parlement pour abroger ou modifier une disposition de la Constitution. Certaines modifications supposent un vote dans les deux chambres, suivi d'un référendum. Le chapitre 2 de la Constitution de Nouvelle-Galles du Sud établit une liste des propositions modificatives de la Constitution qui ne peuvent être présentées au Gouverneur sans un référendum préalable. Il en est de même de l'article 10 A de la Constitution d'Australie Méridionale. Les Constitutions des États fédérés d'Australie ne prévoient donc pas de chapitres spéciaux relatifs à leur révision, mais elles incluent dans les pouvoirs du Parlement ou de l'une de ses chambres des dispositions à cet effet, ce qui est révélateur. Il en est différemment de la Constitution d'Australie occidentale qui réserve l'un des articles de ses dispositions diverses à cette question. En effet, l'article 73 donne pouvoir à la législature d'abroger ou de modifier la Constitution, mais, comme dans les autres constitutions, certains amendements supposent un vote majoritaire des électeurs.

L'article 265 du brouillon de Constitution fédérale des Îles Salomon opère une distinction suivant les parties du texte : certaines parties de la Constitution peuvent être révisées par une proposition votée par le Parlement fédéral à la majorité des trois quarts de ses membres et avec l'accord d'une majorité absolue des corps législatifs des États, tandis que d'autres supposent seulement une majorité parlementaire des deux tiers et l'accord d'une majorité des corps législatifs des États. Il n'est donc pas prévu de référendum. Si la proposition de révision de la Constitution ne concerne qu'un État ou que plusieurs États, elle doit être approuvée par le ou les corps législatifs des États concernés.

Aux Palaos, l'article XIII de la Constitution de l'État d'Angaur prévoit une procédure lourde pour la révision de la Constitution et ce, en séparant de manière classique la proposition d'amendement de son vote. Un amendement peut être proposé soit sur initiative populaire par une pétition signée par au moins 25 % des électeurs inscrits, soit par le législatif, l'Olbiil Era Ngeaur, par une résolution adoptée par au moins trois quarts de ses membres. L'amendement doit ensuite être approuvé par référendum à la majorité des trois quarts des voix. Il en est de même selon l'article XVI de la Constitution de l'État de Kayangel, comme selon l'article XI de celle de l'État de Koror et l'article XIII de la Constitution de l'État de Hatohobei, si ce n'est qu'au surplus une question peut être soumise à la législature tous les quatre ans pour tenir une convention aux fins d'amendement de la Constitution, avec un vote à la majorité des voix et la tenue d'une convention constitutionnelle sous trois mois. Le même type de procédure : pétition suivie d'un référendum, se retrouve à l'article XIII de la Constitution de l'État de Ngardmau et à l'article VIII de la Constitution de l'État de Ngchesar. En revanche, l'article IX de la Constitution de l'État de Ngardmau prévoit seulement la possibilité d'amendement tous les quatre ans avec une proposition du Conseil traditionnel des chefs ratifiée lors d'un référendum. L'initiative d'une révision de la Constitution est le monopole de l'assemblée d'État aux termes de l'article XV de la Constitution de l'État de Ngarchelong. Il est à noter que la plupart des Constitutions avaient prévu une impossibilité de révision durant un certain délai, quatre ou dix ans suivant les cas à compter de son adoption. Mais certaines prévoient, en plus ou non, des possibilités d'amendements uniquement à certaines périodes : tous les quatre ans selon l'article IX de la Constitution de l'État de Ngatpang ou tous les dix ans selon l'article XII de la Constitution de l'État de Ngiwal. La Constitution de l'État de Sonsorol se distingue à un double titre aux termes de son article XIV : un amendement peut être proposé par une initiative populaire, les conseils municipaux, une convention constitutionnelle ou la législature de l'État ; dans tous les cas, il sera approuvé lors des prochaines élections non seulement à la majorité des voix, mais encore par au moins les trois quarts des municipalités.

En Micronésie, l'article XIV de la Constitution de l'État de Chuuk prévoit une triple possibilité pour proposer un amendement à la Constitution : de manière automatique, au moins tous les dix ans, la législature soumettra au corps électoral la question de savoir si la Constitution doit être révisée. Dans le cas où une majorité de votants répond affirmativement, une convention constitutionnelle se réunit dans l'année qui suit. De manière facultative, un amendement pourra être proposé par le truchement d'une pétition signée par 25 % des électeurs inscrits ou par le corps législatif. Dans tous les cas, l'amendement proposé n'entrera en vigueur qu'après un vote populaire lors des prochaines élections générales. La procédure est globalement la même aux termes de l'article XV de la Constitution de l'État de Kosrae, si ce n'est que l'amendement suppose non seulement une approbation populaire à la majorité, mais aussi une approbation à la majorité des municipalités. L'article 15 de la Constitution de l'État de Pohnpei ne prévoit pas de procédure d'amendement automatique, pas plus que l'intervention des gouvernements locaux. Enfin, l'article X de la Constitution de l'État de Yap retient la procédure d'amendement obligatoire tous les dix ans au moins et le mécanisme décrit dans la Constitution de l'État de Chuuk.

Conclusion

Nous ne pouvons que confirmer nos conclusions tirées de l'étude des régimes dans le Pacifique-Sud. Comme au niveau des Constitutions fédérales, les États fédérés et les collectivités infra-étatiques des États fédéraux témoignent d'une insistance considérable sur les coutumes, les traditions et autres chefs tribaux.

Deux caractéristiques apparaissent par ailleurs frappantes. En premier lieu, et ce point est paradoxalement lié au précédent, le fait que certaines dispositions semblent singer un paradigme, notamment celui du régime fédéral et présidentiel américain pour des raisons historiques. À certains égards, les Îles Salomon et la République des Palaos présentent de manière caricaturale les risques d'une bureaucratisation poussée à son acmé.

En effet, les Îles Salomon constituent un cas clinique au sein du Pacifique-Sud. Leur Constitution de 1978 érigeait un régime parlementaire au sein d'un État unitaire. Or, les sociétés traditionnelles sont divisées en une multitude de langues distinctes sur un millier d'îles distantes d'environ 1 500 kms. Les allégeances dans les groupes de quelques dizaines ou centaines de personnes se font auprès de « parrains ». On comprend que les tensions ethniques de la fin des années 1990 et du début des années 2000 aient conduit à remettre en cause le régime unitaire. Mais la Banque asiatique du développement n'a pas manqué de relever les coûts de mise en place et de fonctionnement d'un système fédéral dans ce cadre…[1]

De même, en dépit du fait que la République des Palaos ait une population limitée à un peu plus de 20 000 habitants sur une surface de 459 km² et qu'elle soit ainsi l'un des plus petits États au monde, le maintien d'institutions fédérales dans les seize États aboutit à une situation édifiante : une prédominance d'emploi dans le secteur public pour tous les adultes de l'Île. Alors que, habituellement, le fédéralisme est paré de toutes les vertus en termes institutionnels dans les grands États, il joue ici un rôle unificateur certes, mais hors de prix : comme l'a écrit un auteur, les coûts de transaction sous forme d'arrières constitutionnels constituent le principal obstacle à l'éclatement de la fédération, sur fond de favoritisme politique, de lourde bureaucratie, de patronage et de création d'emplois publics[2]. Autrement dit, le fédéralisme semble accuser à certains égards les effets pervers du poids des chefs coutumiers, des coutumes et des traditions.

Ensuite, au-delà des formes et de l'insistance sur le respect de ces derniers, l'organisation des États fédérés et des collectivités infra-étatiques des États fédéraux du Pacifique-Sud démontre une défiance certaine à l'égard de l'autonomie locale. Le séparatisme, *a fortiori* la sécession, et même la subsidiarité fiscale et les modifications territoriales sont tenus en lisière au sein de micro-États ou au contraire d'États très étendus à la population, elle, très limitée, mais traversée par des spécificités culturelles, ethniques et linguistiques.

---

[1] Guy Agniel, « Démocratie et colonialisme dans le Pacifique », *Pouvoirs*, 2008/4, n° 127, p. 143 ; Carine David, « Constitution et démocratie aux Îles Salomon. À la recherche d'une Constitution "Home Grown" », *www.hal.archives-ouvertes.fr*, 2016 ; Tarcisus Tara Kaputaulaka, « *Westminster Meets Solomon in the Honiara Riots* » *in* Sinclair Dinnen & Stewart Firth (dir.), *Politicis and States Building in Solomon Islands*, *op. cit.*, p. 101.

[2] Wouter P. Veenendaal, *« Origins and Persistance of Fedeleralism and Decentralization in Microstates »*, *Publius,* vol. 45, n° 4, Automne 2015, p. 583.

Titre 2

L'IDENTIFICATION D'UN MODÈLE D'ÉTAT : LE MICRO-ÉTAT OCÉANIEN INSULAIRE

CHAPITRE 6

L'ÉTAT OCÉANIEN INSULAIRE DANS LES HABITS DE L'ÉTAT MODERNE

Emmanuel GUISELIN
Professeur à l'Université Rennes 2
Laboratoire interdisciplinaire de Recherche en Innovations Sociétales (LiRIS), UR 7481

Les approches de l'État océanien déclinées par Thierry Daups et par Jean-Philippe Feldman : les « grands » États et les États fédéraux, n'épuisent pas les ferments du creuset étatique océanien. Les États insulaires non fédéraux offrent un autre terreau d'analyse, tout aussi riche. Plus précisément, nous avons choisi d'embrasser les 11 micro-États insulaires « unitaires » disséminés dans le « Grand Océan », répartis, pour reprendre la répartition de Dumont d'Urville, entre les trois grandes zones de terres émergées et de peuplements : la Micronésie, avec Kiribati, les Îles Marshall et Nauru, l'île au phosphate épuisé[1] ; la Mélanésie, avec les Fidji, les Îles Salomon et le Vanuatu[2] ; la Polynésie, enfin, avec les Îles Cook, Niue, les Samoa, le Royaume des Tonga et Tuvalu. À ces 11 micro-États, nous ajouterons un territoire : celui formé par les trois atolls des Tokelau[3]. Contrairement aux Îles Cook et à Niue, Tokelau (ou Tokélaou) reste dans l'orbite de la souveraineté de la Nouvelle-Zélande, qui continue à procurer à ce territoire peuplé de quelque 2 500 habitants la majorité de ses ressources financières. Pour autant, à l'instar de ce qui a été fait pour les Îles Cook et pour Niue, la Nouvelle-Zélande a encouragé les

[1] Ne seront pas considérés, sauf quelques rapprochements incidents, les États fédérés de Micronésie et Palau (ou République des Palaos), traités par le professeur Jean-Philippe Feldman dans le chapitre 5 de cet ouvrage.

[2] La Papouasie Nouvelle-Guinée ne sera pas intégrée : « géant du Pacifique Sud », avec une population estimée entre 10 et 17 millions d'habitants, répartis sur 462 840 kms^2, cet État ne peut à l'évidence être considéré comme un micro-État. Nombre de ses caractéristiques le rapproche cependant du modèle étatique que nous allons approcher dans ce titre. Pour une première approche, v. S. Leplâtre, « En Papouasie, les Églises pallient les failles de l'État », *Le Monde*, 10 septembre 2024, p. 5.

[3] Mot polynésien signifiant « nord-nord-est ».

institutions du territoire à accéder au statut d'État, en libre association avec elle. Deux référendums d'autodétermination ont été ainsi organisés sur l'accession de Tokelau à ce statut d'État en libre association, en 2006, puis en 2007, projet de Constitution à l'appui. La majorité qualifiée requise des deux tiers des suffrages exprimés n'a pas été atteinte lors de ces consultations ; il s'en fallut de 16 voix en 2007. Cependant, ces expériences référendaires, qui pourraient être renouvelées, permettent de disposer du livret de constitution proposé aux électeurs de l'archipel. Celui-ci, comme on le verra dans le chapitre suivant, est particulièrement intéressant en ce qu'il dessine un modèle de gouvernement empruntant une voie institutionnelle propre, éloignée du régime parlementaire si souvent reproduit pour les autres territoires au moment de l'accession à l'indépendance.

Ce sont donc, au total onze États et un territoire, que nous envisagerons, sans nous interdire de faire quelques rapprochements avec d'autres États ou territoires de l'Océanie insulaire. Dans le « Grand Océan », comme ailleurs, le tout s'éclaire du rapprochement de ses différentes parties.

L'intérêt porté aux micro-États n'est pas propre au Pacifique ; dès les lendemains de la Seconde Guerre mondiale, des études leur ont été consacrées[1]. Plus près de nous, des travaux ont pu être circonscrits à une zone particulière. Les micro-États européens, par exemple, ont été l'objet d'une thèse soutenue en 2016[2], considérant dans une étude comparative Monaco, Saint-Marin, Andorre, le Liechtenstein et le Vatican. Dans la zone du Pacifique Sud, l'étude des micro-États insulaires revêt d'autant plus d'importance qu'elle correspond à la forme majoritaire d'organisation du pouvoir dans le Pacifique insulaire. Sur 23 entités, regroupées en États ou en territoires[3], 13 relèvent de la structure étatique et de ce concept de micro-État océanien : les onze États objet de la présente étude, ainsi que les deux États fédéraux insulaires, les États fédérés de Micronésie et la République de Palau.

---

[1] V., par ex. : P. Vellas, « Les États exigus en droit international public », *RGDIP* 1954, pp. 559-581.

[2] P.-A. Blévin, *Les micro-États européens*, thèse, Université de Rennes 1, 2016.

[3] Suivant le tableau qu'en a dressé J.-P. Doumenge, « Le Pacifique et ses îles : contextes naturel et culturel de développement, réalités économiques et politiques contemporaines », *in États et Constitutions du Pacifique Sud. States and Constitutions of the South Pacific*, E.-P. Guiselin et M. Joyau (dir.), *RJP*, n° Hors série, vol. XI, pp. 33-34.

Renvoyer au concept de micro-État, désormais préféré à d'autres, tel celui d' « État exigu »[1], ou d' « État lilliputien »[2], c'est d'emblée poser la question de leur viabilité. Où situer le curseur entre dépendance et indépendance ? Sur quels plans situer ce curseur : politique, économique, géopolitique, démographique, social ? Sur tous ces plans à la fois ?

Quelques éléments apportent des premières réponses, sans dessiner un tableau uniforme. Sur les 13 micro-États insulaires océaniens, 11 sont adhérents à l'ONU, y compris les États fédérés de Micronésie et la République de Palau, mais pas Niue, ni les Îles Cook, les liens de ces deux États avec la Nouvelle-Zélande restant trop marqués. Pour autant, les Îles Cook et Niue font partie d'organisations régionales de la zone, tel le Forum des îles du Pacifique. Leur capacité à adhérer et à participer aux organisations internationales, attribut de la souveraineté externe des États, est ainsi mise en œuvre, fût-ce avec quelques limites.

Une histoire commune a marqué aussi ces territoires. Outre l'empreinte laissée par les missionnaires au XIXe siècle, et la marque subséquente des religions chrétiennes, ces territoires, dans leur ensemble, ont fait l'objet d'une occupation et d'une colonisation. Le « "Grand jeu" dans le Pacifique Sud »[3] n'est pas propre au temps présent ; il a aussi marqué, au XIXe siècle, l'histoire du Grand Océan, de ses îles et de ses peuples. L'histoire des colonisations a été certes diverse – l'empreinte de la colonisation n'a pas été la même aux Fidji et au Vanuatu, par exemple – ; il n'en reste pas moins que ces occupations de puissances occidentales, parfois par État interposé, telles l'Australie et la Nouvelle-Zélande, ont permis, dans le respect le plus souvent des coutumes et de l'ordre social établi, « la mise en place de structures institutionnelles qui inspireront les émergences étatiques ultérieures »[4]. Une « alliance objective » entre « élites », formées à la culture occidentale, et « coutumiers » a ainsi permis « l'élaboration des actes constitutionnels préalables à l'indépendance »[5]. Outre ce legs

---

[1] P. Vellas, « Les États exigus en droit international public », préc., p. 559.

[2] L. Adam, « Le concept de micro-État : États lilliputiens ou parodies d'États ? », *Revue Internationale de Politique Comparée*, Vol. 2, n° 3, 1995, p. 577.

[3] Titre d'une étude de G. Giraudeau, parue dans *Le Monde diplomatique*, août 2024, pp. 6-7, avec ce sous-titre : « Des confettis d'empires proies de toutes les convoitises ».

[4] P. de Deckker et L. Kuntz, *La bataille de la coutume et ses enjeux pour le Pacifique Sud*, L'Harmattan, coll. « Mondes Océaniens », 1998, p. 47.

[5] *Ibid.*, p. 68.

institutionnel réapproprié, ces occupations, parfois plurielles dans le temps, comme à Nauru, ont aussi dessiné des zones d'influence encore présentes aujourd'hui, entre la France, les États-Unis, la Nouvelle-Zélande ; la Grande-Bretagne s'étant quant à elle largement désengagée[1].

Les caractéristiques contemporaines des États considérés vont également dans le sens d'une étude conjointe. Leur superficie est faible – de 21 km^2 pour Nauru à 28 450 km^2 pour les Îles Salomon –, de même que leur population : de 1 800 habitants pour Niue à 940 000 pour les Fidji. Plusieurs États ont plus de ressortissants vivants à l'extérieur de leur territoire[2] ; d'autres sont handicapés par une surpopulation, tels Tuvalu ou Nauru[3]. Tous les États peuvent être confrontés à des phénomènes météorologiques ou naturels dévastateurs, tels des cyclones ou des séismes ; sans compter le réchauffement climatique et la montée induite du niveau de l'océan, posant, avec plus de prégnance chaque année, la question de la survivance de plusieurs des États, notamment ceux constitués d'îles de basse altitude de structure corallienne. Autre caractéristique commune : la dépendance économique de ces États est forte, monoculture aidant, faute aussi de ressources énergétiques, pas encore compensées par l'exploitation des richesses de leurs zones économiques exclusives (ZEE). La faiblesse de leurs revenus proprement nationaux incite souvent les micro-États à des liens de dépendance ou de partage de souveraineté avec les anciennes ou les nouvelles puissances : États-Unis, Nouvelle-Zélande, Japon, et maintenant la Chine, géant désormais incontournable du Pacifique insulaire.

Au vu de ces premières indications, une certaine homogénéité se dessine pour ces micro-États insulaires. Homogénéité renforcée par deux éléments : ces États font tous partie des « petits États insulaires en développement » (PIED), catégorie identifiée par l'ONU. Qui plus est, ils relèvent tous du sigle « MIRAB » : « *Migrations, Remittances, Aid*

---

[1] V., à ce sujet, l'étude de G. Giraudeau, préc. Sur le désengagement britannique, v. en particulier : F. Doumenge, « Les îles et les micro-États insulaires », *Hérodote*, 1985, n° 37-38, p. 297.

[2] Tels Niue, Tonga ou les Îles Cook. Pour ce dernier État, P. de Deckker note ainsi la présence de « 35 000 cookiens en Nouvelle-Zélande et en Australie, alors qu'ils ne sont que 18 000 aux Îles Cook », « Le multiculturalisme dans le Pacifique », *L'Observateur des Nations-Unies (Revue de l'Association française pour les Nations-Unies. Section d'Aix-en-Provence)*, 2007-2, vol. 23 : Le multiculturalisme, p. 285.

[3] À Nauru, on note la plus forte densité de population pour les États et les territoires du Pacifique Sud : 655 habitants par km^2.

and Bureaucraty », forgé par certains analystes pour caractériser leur système économique[1], « où le rôle prépondérant serait tenu par les migrations, les envois de fonds de travailleurs émigrés, l'aide externe et la bureaucratie »[2].

Mais qu'en est-il alors sur le plan de l'organisation étatique ? La même homogénéité peut-elle être relevée ? Le concept de micro-État insulaire océanien, dans une zone marquée par des identités coutumières fortes, a-t-il sa pertinence pour approcher l'organisation du pouvoir dans les sociétés et les ordres sociaux traditionnels du Pacifique Sud ? Là où le « fait urbain », si prégnant dans d'autres parties du monde, ne concentre encore qu'une minorité de la population. Au-delà des questionnements récurrents sur « le dilemme des îles du Pacifique, tiraillées entre leur identité coutumière et les prétendus principes incontournables du monde moderne »[3], c'est le concept de micro-État insulaire océanien que nous interrogerons. Celui-ci s'inscrit-il dans des « parodies d'États »[4] ou correspond-il à de véritables États ? Surtout, à supposer que ce concept puisse être le vecteur d'identités constitutionnelles et étatiques propres, quels traits, quels particularismes permettraient de le caractériser et de l'identifier ? Pourrait-on s'orienter vers un modèle d'État propre au Pacifique insulaire ? Ce type de recherches a pu être entrepris pour d'autres continents, l'Afrique en particulier[5]. Nous proposons de l'esquisser pour le Pacifique insulaire, dans le prolongement de travaux antérieurs[6].

Deux angles d'approches seront considérés, objets, pour le premier, du présent chapitre ; pour le second, du chapitre 7. L'histoire des États du Pacifique insulaire, la colonisation déjà évoquée et la fin de celle-ci,

---

[1] I.G. Bertram et R.F. Watters, "*The Mirab economy in South Pacific microstates*", *Pacific viewpoint Wellington*, 1985, vol. 26, n° 3, p. 497.

[2] J.-P. Latouche, entrée « MIRAB », Petit dictionnaire historique et politique », *in Les insulaires du Pacifique. Histoire et situation politique* (I.C. Campbell et J.-P. Latouche, dir.), PUF, coll. « Politique d'aujourd'hui », 2001, p. 337.

[3] G. Agniel, « Démocratie et colonialisme dans le Pacifique », *RDP* 2008, n° 127, p. 141.

[4] Suivant la qualification interrogée par L. Adam : « Le concept de micro-État : États lilliputiens ou parodies d'États ? », art. préc.

[5] V., notamment, É. M. Ngango Youmbi et R. Ngando Sandjé, « Existe-t-il une identité constitutionnelle africaine ? », *RDP*, 2021, p. 1315.

[6] V. E.-P. Guiselin et M. Joyau (dir.), *États et Constitutions du Pacifique Sud…*, *op. cit.*

a d'abord conduit à une forme de « mimétisme constitutionnel »[1]. Pour la quasi-totalité des États ou des territoires étudiés (une observation identique a pu être faite pour les États fédérés de Micronésie et pour Palau[2]), c'est le modèle de l'ancienne puissance tutélaire qui a été transplanté : présidentiel pour les deux États précédemment cités ; parlementaire, notamment suivant le modèle de Westminster, pour les États considérés dans ce titre. Aux deux exceptions notables, cependant, du Royaume des Tonga et des trois atolls des Tokelau, exceptions sur lesquelles nous reviendrons à la fin du titre 2. Cette transplantation du régime parlementaire, pour les États étudiés, a donné des fruits politiques de qualité variable, certains auteurs pointant du doigt la forte instabilité politique de plusieurs États du Pacifique insulaire[3]. Il reste qu'un seul pays, les Fidji, le plus peuplé des micro-États océaniens insulaires, a connu une succession de coups d'État… et autant de Constitutions[4]. Mais, pour finir, la démocratie a été confortée avec la Constitution de 2013, la quatrième depuis l'indépendance, qui a rapproché les Fidji du modèle occidental de démocratie. On est loin de l'instabilité qu'ont pu connaître bon nombre d'États d'autres continents. Au-delà de ce mimétisme concernant les institutions politiques, on est frappé, à la lecture des textes constitutionnels des micro-États, par la convergence de l'organisation étatique sur le plan administratif : tout en tenant compte du caractère micro-étatique (comme sur le terrain des institutions politiques), les instruments et structures administratives se reproduisent pour l'essentiel d'un État à l'autre, confirmant sur ce plan aussi, l'endossement par l'État océanien insulaire des habits de l'État moderne. Demeurent, cependant, des éléments de différenciation dans l'organisation décentralisée ou locale.

Cela dit, l'endossement, assumé, des habits de l'État moderne, s'est fait sans préjudice d'une prise en considération de la coutume. Celle-ci

---

[1] Pour T. de Berranger, « la quasi-totalité des États [du Pacifique Sud] ont fait preuve d'un mimétisme constitutionnel », « L'exécutif dans les États du Pacifique Sud », *in États et Constitutions du Pacifique Sud…*, *op. cit.*, p. 117. Sur le mimétisme en matière constitutionnelle et institutionnelle, v. Y. Mény (dir.), *Les politiques du mimétisme institutionnel : la greffe et le rejet*, L'Harmattan, coll. « Logiques politiques », 1993.

[2] V. de J.-P. Feldman : « Fédéralismes et nature des régimes dans le Pacifique Sud », *in États et Constitutions du Pacifique Sud…*, *op. cit.*, pp. 91-109.

[3] V., par exemple : G. Agniel, « Démocratie et colonialisme dans le Pacifique », art. préc., spéc. pp. 137-140.

[4] M. Bastogi et H. Goiran, « Les Fidji : Constitutions et coups d'État », *in États et Constitutions du Pacifique Sud…*, *op. cit.*, p. 251.

a été présentée par les spécialistes des sociétés océaniennes, Jean-Pierre Doumenge notamment, comme « un système global de régulation des relations interpersonnelles, du rapport de l'Homme à la Nature (donc du foncier) »[1], comme « une vision du devenir des sociétés insulaires »[2]. Loin d'être uniquement le produit de comportements passés, la coutume s'inscrit dans une dynamique impliquant la communauté. Norbert Rouland peut ainsi écrire : « la coutume est beaucoup moins un contenu qu'un contenant : un mode de production du droit reposant sur la volonté de la communauté qui l'engendre »[3]. Marquant l'« attachement viscéral à des principes de vie communautaire »[4], la coutume, « omniprésente »[5], source d'inspiration des faits sociaux, a diffusé ses effets juridiques dans les arcanes des structures étatiques, portant régulièrement des effets normatifs[6], singulièrement en matière foncière ; accompagnée, ici et là, par des institutions politiques et juridictionnelles. Elle a été confortée, enfin, par la référence aux fondements chrétiens, jusque dans les préambules des constitutions et les serments prêtés par les autorités politiques, juridictionnelles, voire administratives. Pour autant, l'analyse des rapports entre le micro-État océanien insulaire, le « Grand Océan » et le modèle occidental révèle aussi les limites de l'empreinte coutumière. Ces limites s'observent sur le terrain des institutions politiques. L'ordre social établi, le poids des autorités coutumières au moment de l'accession à l'indépendance et de la rédaction des nouvelles constitutions a parfois conduit à des catégorisations éloignées du modèle occidental de démocratie : ainsi aux Fidji, aux Tonga, aux « Samoa-Occidentales »[7]. Or, les évolutions constitutionnelles et

---

[1] J.-P. Doumenge, « Le Pacifique insulaire en 2010, un monde éclaté en grande mutation, tiraillé entre traditions "autochtonistes" et valeurs de "métissage" », *Les Cahiers d'Outre-Mer, Revue de géographie de Bordeaux*, n° 252, oct.-déc. 2010, pp. 499-524, https://doi.org/10.4000/com.6107, § 35.

[2] *Ibid.*

[3] N. Rouland, « Autonomie et autochtonie dans la zone Pacifique sud : approches juridiques et historiques », *RFDC* 2015, n° 104, pp. 919-920.

[4] P. de Deckker et L. Kuntz, *La bataille de la coutume…*, *op. cit.*, p. 14.

[5] *Ibid.*, p. 15.

[6] À ce sujet, P. de Deckker et L. Kuntz mettent en avant le concept de « créolisation juridique », pour appréhender « un système légal tout à fait original (…) articulant deux parties distinctes, rendues indissociables : une partie fixe regroupant les institutions et le droit hérités, et une partie lexicale, donc par essence évolutive, recouvrant les principes coutumiers », *ibid.*, p. 114.

[7] Dénomination originelle de l'État samoan au moment de l'accession à l'indépendance, en 1962.

législatives récentes (telle l'augmentation de la représentation du peuple à l'Assemblée législative des Tonga) ont conduit plusieurs de ces États à se rapprocher – ou à adopter – des canons démocratiques communément admis pour caractériser une démocratie. De telle sorte qu'on est conduit à se poser *in fine* la question de la légitimité d'une voie institutionnelle propre pour les États du Pacifique insulaire.

Pour saisir ce deuxième angle d'approche, il importera donc de situer l'État océanien insulaire entre « Grand Océan » et modèle occidental de l'État. Ce sera l'objet du deuxième chapitre de ce titre. Préalable à cet examen, le présent chapitre permettra d'abord d'observer l'endossement des habits de l'État moderne par l'État océanien insulaire. Cet endossement se vérifie tout à la fois dans la transplantation largement majoritaire du régime parlementaire (I) et par la mobilisation récurrente par ces États, quoique parfois de façon différenciée, de la panoplie étatique – ce dont témoignent les Constitutions d'indépendance, et pour les Fidji, la Constitution de 2013[1] (II).

I. La transplantation largement majoritaire du régime parlementaire

Si l'on excepte la République de Palau et les États fédérés de Micronésie, organisés suivant le modèle du régime présidentiel des États-Unis d'Amérique, les régimes politiques des micro-États insulaires océaniens relèvent, pour la plupart, du régime parlementaire, et, singulièrement pour les États des zones mélanésienne et polynésienne, du modèle de Westminster. La fusion des fonctions de chef de l'État et de chef du gouvernement, observable pour trois États de Micronésie – Kiribati, Îles Marshall et Nauru –, si elle détache quelque peu ces États du modèle de Westminster (influence américaine oblige), ne les enlèvent pas pour autant du schéma du régime parlementaire. « Régime dans lequel les organes de l'État collaborent et dépendent mutuellement », « collaboration fonctionnelle » et « révocabilité mutuelle » à l'appui[2], le régime parlementaire a donc été reçu par la quasi-totalité des États étudiés dans ce chapitre. Le principe de responsabilité du gouvernement ou du cabinet devant le Parlement

---

[1] Pour les Fidji, c'est principalement à la Constitution de 2013 que nous nous référerons ; les autres Constitutions – de 1970, de 1990 et de 1997 – ne seront évoquées que de façon incidente.

[2] J. Gicquel et J.-É. Gicquel, *Droit constitutionnel et institutions politiques*, LGDJ, 2024, 38e éd., p. 187.

se retrouve ainsi régulièrement mis en avant par les textes constitutionnels. Ainsi, à Kiribati et aux Îles Cook, le Cabinet est « collectivement responsable » devant le Parlement[1] ; aux Samoa, le Cabinet des ministres est « collectivement responsable devant le Parlement » de la « direction et [du] contrôle généraux du gouvernement exécutif des Samoa »[2].

Un État et un territoire échappent cependant à cette classification. La « monarchie constitutionnelle et traditionnelle assez unique »[3] des Tonga est encore « très loin du modèle démocratique de Westminster »[4] : le mécanisme de la dissolution, au « gré » du Roi, existe certes[5], de même qu'une procédure d'*impeachment* à l'encontre de tout ministre[6] ; mais pas la responsabilité collective du cabinet devant l'Assemblée législative. L'archipel des Tokelau, quant à lui, répond, dans l'organisation de son régime politique, à un modèle spécifique, sur lequel nous reviendrons dans le chapitre 7 : celui du *régime villageois*. En l'état, on observera – pour dénier à ce territoire la qualification de régime parlementaire – que le *Council for the ongoing gouvernment of Tokelau*[7], organe exécutif collégial de six membres constitué des trois chefs traditionnels (*Faipule*) et des trois maires (*Pulenuku*) de chacun des villages de l'archipel, n'est pas responsable devant l'Assemblée législative. À cet égard, le projet de Constitution, soumis, sans succès, aux électeurs de l'archipel en 2006, puis en 2007, n'a pas infléchi sensiblement l'orientation « villageoise » des institutions actuelles.

Ces deux exceptions actées, il convient de présenter, pour les régimes politiques océaniens à structure parlementaire, l'organisation des institutions politiques (A) et leur fonctionnement (B).

A. L'organisation des institutions politiques des micro-États océaniens

Sauf les Tonga (et l'archipel des Tokelau), donc, les dix autres États, dans l'organisation de leurs institutions, répondent aux canons généraux du régime parlementaire. Avec des nuances bien sûr,

---

[1] Constitution de Kiribati, art. 45 ; Constitution des Îles Cook, art. 13, § 1er.

[2] Constitution des Samoa, art. 32, § 1er.

[3] T. de Berranger, « L'exécutif dans les États du Pacifique Sud », préc., p. 146.

[4] *Ibid.*, pp. 133-134.

[5] Constitution des Tonga, art. 77.

[6] Ou autre membre du « Conseil privé » du Roi : Constitution des Tonga, art. 75.

[7] Conseil pour le gouvernement de Tokelau.

caractéristiques, ici, de l'influence des autorités coutumières au moment de l'accession à l'indépendance, là, des zones d'influence des grands États occidentaux, ainsi pour les trois républiques parlementaires des États unitaires micronésiens : Kiribati, les Îles Marshall et Nauru. Mais, sur l'essentiel, les dix États considérés – outre les trois cités : les Fidji, les Îles Salomon, Vanuatu, les Îles Cook, Niue, Samoa et Tuvalu – se rejoignent dans le moule du régime parlementaire.

Concernant le pouvoir exécutif, d'abord, celui-ci, pour les sept États des zones mélanésienne et polynésienne, est bicéphale, avec un chef de l'État et un cabinet ou un gouvernement. Dans cinq cas, dans le cadre d'une monarchie : après la Reine Elisabeth II, depuis leur indépendance, c'est désormais son fils, le Roi Charles III, qui est le chef d'État des Îles Cook, de Niue, des Îles Salomon et de Tuvalu, représenté dans les territoires par un Gouverneur général[1]. Aux Samoa, dans le cadre d'une « monarchie constitutionnelle… élective »[2], depuis le décès de Malietoa Tanumafili II, après 45 ans de règne, deux chefs traditionnels se sont succédé à la fonction suprême, élus par le *Fono* (Parlement) pour cinq ans, puis réélus pour un nouveau mandat de cinq ans. Coutume et modèle occidental de démocratie se sont conjugués ici : l'élection et la réélection, en 2007 et en 2012, de Tupua Tamasese Tufuga Efi, puis l'élection et la réélection, en 2017 et 2022, de Tuimaleali'ifano Va'aleto'a Sualauvi II, ont conduit les parlementaires à faire leur choix parmi les chefs des quatre grandes dynasties autochtones, forme de « convention de la Constitution » samoane pour reprendre l'expression de Pierre Avril[3]. Dans le même temps, la Constitution a été amendée en février 2019 par le *Fono* pour limiter à deux le nombre total de mandats du chef de l'État… suivant en cela, de peu, la loi constitutionnelle française du 23 juillet 2008. Pour deux autres États, enfin, le bicéphalisme de l'exécutif est porté par des institutions républicaines. L'exécutif des Fidji, dans le cadre de la Constitution de 2013, repose sur un « Président de la République » – élu pour trois ans par le Parlement et rééligible une fois – et sur un Cabinet, les pouvoirs étant pour l'essentiel concentrés en la personne du Premier ministre qui nomme et révoque les ministres. De même, au Vanuatu, les institutions aménagent un exécutif bicéphale, avec un Conseil des

[1] Tenu informé par le Cabinet ou le Gouvernement de la conduite des affaires.
[2] T. de Berranger, « L'exécutif dans les États du Pacifique Sud », préc., p. 125.
[3] P. Avril, *Les conventions de la Constitution*, PUF, 1997.

ministres et un « Président de la République », élu par un collège électoral composé des membres du Parlement et des présidents des conseils régionaux de l'archipel.

Influence des États-Unis d'Amérique oblige, les exécutifs des trois républiques parlementaires de Kiribati, des Îles Marshall et de Nauru sont tous organisés suivant le même modèle d'une fusion des fonctions de chef de l'État et de chef du gouvernement. C'est donc le chef de l'État[1] qui concentre l'essentiel du pouvoir exécutif ; celui-ci restant toutefois dans l'épure d'un régime parlementaire. À Kiribati, le Cabinet qui dispose de « l'autorité exécutive » « est collectivement responsable devant le *Maneaba ni Maungatabu*[2] », suivant l'article 45 de la Constitution. La concentration du pouvoir entre les mains du Président peut être aidée par son mode de désignation : une élection au suffrage universel direct à Kiribati, après que le Parlement ait présélectionné 3 ou 4 candidats ; une élection par le Parlement à Nauru et aux Îles Marshall.

Comme dans tout régime parlementaire, le gouvernement, répondant couramment à l'appellation de « Cabinet » est, au Pacifique Sud comme ailleurs, un vecteur traditionnel de collaboration entre l'exécutif et le Parlement. Il représente l'élément commun aux dix États considérés. Les textes constitutionnels prévoient systématiquement les modalités de désignation de ses membres, suivant des dispositions qui peuvent se rejoindre ou varier d'un État à l'autre, et sur le détail desquelles il n'y a pas lieu de rentrer[3]. On se contentera d'indiquer qu'elles peuvent impliquer le Président – ainsi pour les États de la zone micronésienne –, le Parlement, singulièrement pour la désignation du Premier ministre (Îles Salomon, Vanuatu, Fidji…), ou le chef du gouvernement lui-même, pour la désignation des autres membres du cabinet (sur son avis, aux Îles Salomon, pour une nomination par le Gouverneur général ; ou sur le fondement d'un pouvoir décisionnel propre : ainsi aux Fidji, le Premier ministre nomme et révoque les ministres sans intervention du Président[4]).

---

[1] Parfois pourvu d'une dénomination traditionnelle : *Beretitenti* à Kiribati, parfois doté d'un vice-président : à Kiribati également, nommé par le *Beretitenti* « parmi les ministres ».

[2] Littéralement : « Maison commune de la Montagne sacrée », dénomination traditionnelle du Parlement.

[3] V. T. de Berranger, « L'exécutif dans les États du Pacifique Sud », étude préc., spéc. p. 140.

[4] Constitution des Fidji de 2013, art. 92, § 3.

Cependant, il nous semble intéressant de relever quatre éléments inscrivant la formation des cabinets des micro-États insulaires océaniens dans une forme de standard gouvernemental commun. En premier lieu, très régulièrement, conformément au modèle de Westminster et porteuse de la collaboration entre les deux pouvoirs, exécutif et législatif, est posée la règle de la compatibilité entre la fonction ministérielle et l'exercice du mandat parlementaire. Ainsi, aux Îles Salomon, les ministres sont nommés « parmi les membres du Parlement »[1]. En deuxième lieu, systématiquement, la taille du cabinet, répondant à l'exiguïté de l'État (notamment en termes de population), fait l'objet de dispositions constitutionnelles très précises, limitant les effectifs à un nombre donné de membres (à Niue, en sus du Premier ministre, « trois autres membres de l'assemblée »[2]), ou inscrivant ces effectifs dans une fourchette – basse – de membres (en sus de son chef, entre 6 et 8 ministres pour le Cabinet des Îles Cook[3]), ou dans une proportion définie par rapport aux effectifs du parlement monocaméral : au Vanuatu, le nombre de membre du Conseil des ministres ne peut dépasser le quart des membres du Parlement[4]. En troisième lieu, ces effectifs limités conduisent chaque membre du cabinet, fût-il son chef, à cumuler plusieurs fonctions gouvernementales[5], suivant une répartition décidée par le Président, en Micronésie, ou le Premier ministre, en Mélanésie et en Polynésie. En quatrième lieu, enfin, sans que cela soit systématiquement le cas, il arrive souvent que la Constitution mentionne expressément telle ou telle fonction gouvernementale. La Constitution de la République des Îles Marshall vise précisément six fonctions gouvernementales[6] ; celle

[1] Constitution des Îles Salomon, art. 33, § 3.

[2] Constitution de Niue, art. 2, § 1er.

[3] Constitution des Îles Cook, art. 13, § 1er.

[4] Constitution du Vanuatu, art. 40, § 2. Le Parlement comptant 52 membres, l'effectif gouvernemental est donc limité à 13 membres, « y compris le Premier ministre ».

[5] À titre d'illustration, à Nauru, le chef de l'État élu en 2019, Lionel Aingima, a cumulé cette fonction avec celles de ministre des Affaires étrangères et du commerce extérieur, de l'Éducation, des Télécommunications, des forces de police et des Médias.

[6] Au titre de l'allocation des portefeuilles ministériels à laquelle doit procéder le Président de la République des Îles Marshall, entre les membres du Cabinet, « y compris lui-même s'il le souhaite », l'Article V, Section 5, § 1er, vise les portefeuilles des Finances, des Affaires étrangères, des Communications et des Transports, des Ressources et du Développement, de la Protection sociale et des Travaux publics. Ces mentions de fonctions gouvernementales sont faites sans préjudice de « tout autre portefeuille qui peut être nécessaire ou souhaitable ».

du Royaume des Tonga mentionne notamment la fonction de ministre des Terres[1].

Dérogeant quelque peu à ces schémas de présentation, il arrive qu'un autre organe exécutif vienne s'ajouter au tableau exécutif. Sans aborder ici l'organisation particulière de l'exécutif du Royaume des Tonga, sur laquelle nous reviendrons dans le chapitre 7, on notera l'existence d'un « conseil exécutif » aux Îles Cook, réunissant le Haut-commissaire, représentant le Gouverneur général, et les membres du Cabinet[2]. Un tel conseil existe également dans la monarchie élective des Samoa, réunissant cette fois le chef de l'État, le Premier ministre et les ministres[3]. Dans l'un et l'autre cas, il s'agit de donner au Haut-commissaire, aux Îles Cook, ou au chef de l'État samoan, la possibilité de réexaminer une décision du cabinet : une forme de droit d'évocation qui témoigne, en particulier aux Samoa, de la place singulière occupée par le chef de l'État, non réductible au rôle qui est le sien dans le cadre du modèle de Westminster[4].

Plus que les exécutifs, objets, somme toute, de variantes assez nombreuses, par-delà les lignes de force dessinées, les Parlements des micro-États insulaires océaniens permettent d'identifier un modèle de Parlement, portant une forme de parlementarisme, sinon propre au Pacifique Sud, du moins tirant de celui-ci certaines de ses caractéristiques[5]. Pour les onze États considérés et pour Tokelau, les Parlements sont tous monocaméraux ; la chambre unique se justifiant par l'exiguïté de l'État (préservant, en un sens, les deniers publics). Même les Fidji, qui, sous l'empire de ses trois premières constitutions de 1970, de 1990 et de 1997, étaient dotées d'un Sénat – concession à la place de la coutume et aux autorités coutumières –, se retrouvent aujourd'hui pourvues d'un Parlement monocaméral. Les effectifs de ces chambres uniques sont aussi à la mesure de la faiblesse des

---

[1] Aux côtés des fonctions de ministre des Affaires étrangères et de ministre de la Police (Constitution des Tonga, art. 51).

[2] La Constitution lui consacre ses articles 22 à 25.

[3] Constitution des Samoa, art. 39 et 40.

[4] L'article 40 de la Constitution des Samoa organise précisément l'examen des décisions du Cabinet par le Conseil exécutif. Le chef de l'État samoan a la possibilité de s'opposer à la décision soumise à l'examen du Conseil exécutif, ou d'en demander la modification. Le Cabinet est alors à nouveau convoqué ; il peut réaffirmer sa position initiale ; il peut aussi accepter l'amendement du texte demandé par le chef de l'État.

[5] V. à ce sujet, T. Daups, « Les Parlements du Pacifique », *in États et Constitutions du Pacifique Sud…*, *op. cit.*, p. 157.

populations concernées, sans préjudice cependant des configurations géographiques des territoires conviant, dans le cas des États archipélagiques, à retenir plusieurs circonscriptions et des modes de scrutin adaptés[1]. Souvent prescrits par la constitution, les effectifs vont ainsi de 15 membres pour le *Fale i Fono*, le Parlement de Tuvalu, à 50 membres, pour le Parlement des Îles Salomon et pour celui des Fidji – et même 52 membres pour le Parlement du Vanuatu –, en passant par 18 sièges pour l'Assemblée législative de Niue, 24 sièges pour le Parlement des Îles Cook ou 46 sièges pour le *Maneaba ni Maungatabu* de Kiribati. Preuve accordée à l'importance du principe d'égalité devant le suffrage, plusieurs textes constitutionnels accordent une place particulière à son respect dans la détermination des ratios de représentation (par rapport aux électeurs) d'une circonscription à l'autre. Ainsi, la Constitution de Tuvalu pose que « chaque membre du Parlement doit représenter approximativement le même nombre d'électeurs »[2]. Des mécanismes de révision périodique de la représentation sont parfois installés[3]. Preuve aussi de la fonction neutre dévolue à la personne qui présidera la chambre unique du Parlement, les constitutions prescrivent aussi régulièrement la désignation d'une personne qui ne soit pas député (Constitution des Fidji de 2013 ; Constitution de Kiribati…) ; à supposer qu'elle le soit, elle devra quitter sa fonction de membre élu de l'assemblée et n'aura pas de vote délibératif : ainsi pour la personne appelée à présider le *Fono Ekepule* de Niue[4]. Plus exceptionnellement, une procédure de *recall* est parfois prévue : à Tuvalu, il est possible de destituer le député d'une circonscription, par plus de 50 % des électeurs inscrits, comme « incapable d'exercer correctement » son mandat[5]. Enfin, et sans prétendre à l'exhaustivité dans cette recension des éléments caractéristiques des Parlements du Pacifique insulaire, il est parfois prévu – temps utile pour arriver à une maturation suffisante des travaux et de la réflexion parlementaires – plusieurs lectures pour parvenir à

[1] Sur la détermination des cartes électorales et des régimes électoraux des États du Pacifique Sud, on pourra se reporter à notre étude : « Les régimes électoraux des assemblées parlementaires du Pacifique Sud : entre "*Pacific Way*" et standards occidentaux », *in États et Constitutions du Pacifique Sud…*, *op. cit.*, p. 183.

[2] Constitution de Tuvalu, art. 83, § 2. On retrouve le même type de dispositions dans la Constitution des Îles Marshall (Article IV, Section 2, § 4).

[3] V., à ce sujet, notre étude préc. : « Les régimes électoraux des assemblées parlementaires du Pacifique Sud… », *op. cit.*, spéc. pp. 197-200.

[4] Constitution de Niue, art. 20, § 3.

[5] Constitution de Tuvalu, art. 99, § 1er.

l'adoption d'un projet de loi : trois lectures, par exemple, sont nécessaires pour les textes de loi examinés par le Parlement des Îles Marshall et par celui du micro-État de Niue.

B. Le fonctionnement des régimes parlementaires

Complétant l'analyse des institutions politiques, l'observation des régimes parlementaires des micro-États insulaires océaniens invite aussi à examiner leur fonctionnement.

D'abord, en considérant les mécanismes de collaboration entre pouvoirs mis en place par les constitutions. Outre la compatibilité des fonctions gouvernementales et parlementaires, déjà relevée, et les conditions de préparation et de vote des textes de loi[1], on reviendra ici sur les moyens d'action réciproques dont disposent les pouvoirs exécutif et législatif. Manifestant le « droit de révocation mutuelle entre les pouvoirs »[2], propre aux régimes parlementaires, la question de confiance et la motion de censure, engageant la responsabilité du cabinet, de même que le droit de dissolution, font partie des instruments du régime parlementaire repris par les États océaniens, comme dans d'autres parties du monde.

Quant à l'engagement de la responsabilité du cabinet, les deux procédés se retrouvent, déclinés avec des nuances, dans les différents États, exceptions faites du Royaume des Tonga et de Tokelau. Ainsi, à Kiribati, motion de censure et question de confiance sont inscrites dans la Constitution[3] ; aux Îles Salomon, le Parlement peut voter une « motion de censure » à l'égard du Premier ministre[4] ; au Vanuatu, les membres du Parlement peuvent déposer une motion de censure, dès lors que celle-ci est signée par un sixième au moins de ses membres ; la majorité absolue est requise pour son adoption[5]. Témoignant de la volonté d'asseoir la stabilité des institutions, quelques États ont privilégié des mécanismes de motions de censure « constructive ». Aux Îles Marshall, en cas d'adoption d'une motion de censure – au plus tôt

[1] V. à ce sujet l'étude préc. de T. Daups : « Les Parlements du Pacifique », spéc. pp. 176-179.

[2] J. Gicquel et J.-É. Gicquel, *op. cit.*, p. 192.

[3] Constitution de Kiribati, art. 78 et 33. L'article 78 lie dissolution du Parlement et mise en cause par celui-ci de la responsabilité des *Beretitenti* (Président et Vice-président) ou du gouvernement : le *Maneaba ni Mauntatabu* est dissous si une motion de censure est adoptée par une majorité des membres du Parlement, ou si une question de confiance est rejetée.

[4] Constitution des Îles Salomon, art. 34, § 1er et § 2.

[5] Constitution du Vanuatu, art. 43, § 2.

cinq jours et au plus tard dix jours après la date du dépôt de la motion –, « le Président sera réputé avoir présenté sa démission de ses fonctions »[1]. Toutefois, « si le *Nitijela* n'a pas élu de président à l'expiration d'un délai de 14 jours après la date à laquelle le Président est ainsi réputé avoir présenté sa démission, le vote de censure et la proposition de démission du Président deviennent caducs »[2]. Une solution alternative de direction du Cabinet et de l'État doit donc être trouvée, sauf, pour la motion de censure adoptée, à perdre son effet.

Mais c'est sans doute aux Fidji, dans le cadre de la Constitution préparée sous l'égide du Commodore Frank Baïnimarama, et adoptée en 2013, que la technique de la motion de censure constructive (privilégiée en Allemagne et dont on sait qu'elle n'a abouti qu'une seule fois dans l'histoire de l'Allemagne contemporaine, en 1982, au profit d'Helmut Kohl) s'est inscrite dans une volonté clairement affirmée des rédacteurs de la nouvelle constitution d'assurer la stabilité du gouvernement[3]. Globalement, la rédaction de la Constitution de 2013 est portée par la volonté d'instaurer un « gouvernement majoritaire », en lieu et place du « gouvernement pluraliste et consensuel » installé par la Constitution de 1997[4]. En témoignent, tout à la fois : le choix d'une circonscription unique pour l'élection des députés ; le mode de scrutin choisi[5] ; le mécanisme de désignation du Premier ministre,

[1] Constitution des Îles Marshall, Article V, Section 7, § 3.

[2] *Ibid.*, Article V, Section 7, § 4.

[3] Le nouveau contexte politique issu des élections législatives des 30 juin et 7 juillet 2024 a conduit certains à proposer d'introduire le mécanisme de la motion de censure constructive dans la Constitution de la Ve République. En ce sens : M. Dupas, « Une motion de censure constructive garantirait la stabilité gouvernementale », *Le Monde* du 21 août 2024, p. 22.

[4] F. Faberon, « Représentation ethnique et droit constitutionnel à Fidji », *RDP* 2014, p. 529.

[5] La constitution fidjienne de 2013, en son art. 53, a fait le choix d'un régime de représentation proportionnelle, dans le cadre d'une circonscription nationale unique, avec un seuil de représentativité assez élevé, de 5 % des suffrages exprimés pour accéder à la répartition des sièges. Si les principes du régime électoral sont les mêmes que pour l'élection des membres de la *Knesset*, en Israël, une différence importante les distingue : le seuil d'accès à la répartition des sièges, qui est de 3,25 % des suffrages exprimés pour la *Knesset*.

nécessairement *soutenu*[1] ou *élu*[2] par une majorité absolue des suffrages, sauf… dissolution du Parlement à l'issue d'un 3ème vote non conclusif[3] ; la mise en place d'un Gouvernement de législature : « Le Premier ministre est élu pour la durée de tout le mandat du Parlement »[4]. Mais, *last but not least*, c'est le mécanisme de motion de censure constructive, poussé, comme rarement, dans les retranchements du parlementarisme rationalisé, qui révèle la volonté de garantir la stabilité gouvernementale. On peut en juger en prenant connaissance de l'article 94 de la Constitution fidjienne de 2013. Dans son 1er paragraphe, celui-ci affirme d'abord que « le Premier ministre ne peut être révoqué que par une motion de censure, qui doit également proposer le nom d'un autre député pour être Premier ministre ». Mise aux voix dans les 24 heures, la motion, pour être adoptée, doit réunir « au moins une majorité des membres du Parlement » ; c'est la même majorité qui est exigée par l'article 49, alinéa 2 de la Constitution de la Ve République française. En cas de rejet, une autre motion de censure ne peut être déposée contre le Premier ministre qui en a été l'objet « pendant au moins six mois ».

L'arme de la dissolution constitue, en Océanie insulaire comme ailleurs, l'autre facette des moyens d'action réciproque entre pouvoirs. Elle est donc régulièrement prévue ; il est vrai suivant des modes d'action différenciés d'un État à l'autre, d'une constitution à l'autre, révélateurs des positionnements (et des forces respectives) des différents pouvoirs au sein des régimes politiques. Au Vanuatu, suivant un schéma classique en régime parlementaire, c'est le Président de la République, sur proposition du Premier ministre, qui prononce la

---

[1] Suivant l'art. 93, § 1er, de la Constitution de 2013, si un parti politique a remporté plus de 50 % des sièges, le député élu au Parlement dont il est le chef « prend ses fonctions de Premier ministre en prêtant serment » ; l'accès aux fonctions primo-ministérielles se fait donc sans vote des parlementaires.

[2] Si aucun parti n'a emporté plus de 50 % des sièges au Parlement, et si plusieurs candidatures aux fonctions primo-ministérielles émanent de la représentation parlementaire, la Constitution, en son art. 93 également, aménage le dispositif de désignation du Premier ministre, vote des parlementaires à l'appui.

[3] À défaut pour les parlementaires d'avoir réuni sur un candidat aux fonctions de Premier ministre la majorité qualifiée de plus de 50 % des membres du Parlement, à l'issue d'un troisième vote, le Président de la République procède à la dissolution du Parlement. Un mécanisme de parlementarisme rationalisé particulièrement dissuasif pour les parlementaires, contraints, qu'ils le veuillent ou non, de trouver une solution majoritaire, sauf à se retrouver privés de leur mandat à peine après l'avoir obtenu.

[4] « sauf s'il est révoqué par une motion de censure » (Constitution des Fidji de 2013, art. 93, § 6).

dissolution du Parlement[1]. Aux Samoa, le chef de l'État peut dissoudre le *Fono* si le poste de Premier ministre est vacant et s'il « est convaincu (…) qu'il n'existe aucun député susceptible de mériter la confiance d'une majorité des députés »[2]. Aux Îles Salomon, le Parlement peut décider « à tout moment » de sa prorogation ou de sa dissolution si une résolution en ce sens est « appuyée par les voix d'une majorité absolue » de ses membres[3] ; une prérogative parlementaire en somme, le Gouverneur général étant dans une situation de compétence liée pour, « immédiatement », « dissoudre le Parlement par proclamation publiée dans la Gazette »[4]. Au Royaume des Tonga, à l'inverse, la dissolution apparaît comme une prérogative royale, non sans rappeler l'usage que peut en faire le Président de la Ve République française dans l'exercice d'un pouvoir propre : « Le Roi aura le droit, à son gré, de dissoudre l'Assemblée législative »[5]. Manifestation de la diversité constitutionnelle de l'Océanie insulaire, d'autres Constitutions lient – à l'image d'un Charles de Gaulle en 1962 – mise en cause de la responsabilité du gouvernement et fin de la législature. Ainsi, suivant l'article 78 de la Constitution de Kiribati, le *Maneaba ni Maungatabu* est dissous en cas de vote d'une motion de censure contre l'exécutif, ou de rejet par l'assemblée d'une question de confiance posée par l'exécutif.

La vie politique constitue un autre vecteur d'appréhension des régimes politiques issus des indépendances. Sans s'arrêter ici sur l'organisation du système des partis, parfois réduit à un *no party system* comme à Tuvalu ou Niue – le numéro spécial de la *Revue juridique polynésienne* précité s'en étant fait l'écho[6] –, nous évoquerons les angles d'approche, différenciés, des auteurs.

Certains, tel Guy Agniel, mettent en avant l'instabilité gouvernementale chronique que connaissent nombre d'États de la région, et une pratique des acteurs de la vie politique révélant un éloignement « de la conception contemporaine de la démocratie, fondée

---

[1] Constitution du Vanuatu, art. 28, § 3. Suivant le § 2 du même article, le Parlement peut aussi, « à tout moment décider de se dissoudre » ; « il le fait, lors d'une séance spéciale, par une délibération approuvée par la majorité de tous ses membres (…) ».
[2] Constitution des Samoa, art. 63, § 2.
[3] Constitution des Îles Salomon, art. 73, § 1er.
[4] *Ibid.*
[5] Constitution des Tonga, art. 77.
[6] V. dans ce numéro spécial de la *RJP* : *États et Constitutions du Pacifique Sud…*, les contributions préc. de T. de Berranger et d'E.-P. Guiselin.

sur une confrontation d'idées et de programmes, sous l'arbitrage de la société civile en vue d'un mieux-vivre dans la Cité »[1]. Regret étant manifesté que « de nos jours, des "clans" rivaux luttent pour le pouvoir, non pour mettre en œuvre un programme gouverné par la raison et le bien-être de la population, mais bien plutôt pour obtenir les attributs du pouvoir et les avantages induits »[2]. Appréciation qui semble rejoindre Jean-Marc Régnault, pointant en 2004 une « instabilité politique récurrente souvent due à la corruption qui règne parmi les élites »[3].

D'autres, tel Thibaut de Berranger, à la fin de son étude fouillée sur les exécutifs du Pacifique Sud réalisée en 2010 pour *États et Constitutions du Pacifique Sud*, font la différence entre pays à « stabilité obtenue »[4] – Kiribati, Îles Marshall, Niue, Samoa, Tuvalu – et pays à « stabilité introuvable »[5], soit en raison de « l'incidence des conditions politiques »[6] – Îles Cook, Nauru, Salomon, Vanuatu –, soit en raison de « l'incidence des conflits ethniques, tribaux, territoriaux et sociaux »[7] – Fidji, Papouasie Nouvelle-Guinée, et, à nouveau, les Îles Salomon et Vanuatu.

D'autres auteurs, encore, préfèrent mettre l'accent sur une approche par zone du Pacifique. Pour Darrell Tryon, le « système parlementaire serait mal adapté au monde mélanésien »[8], le lien étant fait, singulièrement aux Îles Salomon et au Vanuatu, avec le grand nombre de langues, peu propice, au regard de l'organisation sociale y afférente autour des *bigman*, à l'affermissement d' « une unité politique plus grande qu'une île »[9]. Cette approche par zone, à laquelle nous souscrirons, rejoint celle du professeur Frédéric Angleviel, mettant en perspective Mélanésie, Micronésie et Polynésie. « Les sociétés océaniennes orientales ont toujours bénéficié d'une plus grande hiérarchisation politique, ce qui a indéniablement joué un grand rôle

---

[1] G. Agniel, « Démocratie et colonialisme dans le Pacifique », art. préc., p. 145.
[2] *Ibid.*
[3] J.-M. Régnault, « Une zone d'instabilité : le Pacifique insulaire intertropical », *Cahiers d'Histoire immédiate*, n° 25, printemps 2004, p. 89.
[4] T. de Berranger, « L'exécutif dans les États du Pacifique Sud », étude préc., pp. 143-146.
[5] *Ibid.*, p. 146. Sur ces pays à « stabilité introuvable », on pourra se reporter, *ibid.*, aux pages 147 à 153 de la contribution de l'auteur.
[6] *Ibid.*, p. 147.
[7] *Ibid.*, p. 150.
[8] D. Tryon, « Violence et coutume en Mélanésie insulaire », *in* F. Angleviel, *Violences Océaniennes*, L'Harmattan, 2004, p. 60.
[9] *Ibid.*, p. 50.

dans la facilité avec laquelle ces sociétés ont assimilé, voire adapté, les règles institutionnelles qui leur étaient proposées »[1]. Qui plus est, pour cet auteur, « les chefs traditionnels » ont su « investi(r) depuis longtemps les nouvelles structures du pouvoir »[2]. À l'inverse, les pays de la zone mélanésienne – à l'exclusion de l'Australie – semblent rester dans le « trou noir » du Pacifique identifié par François Doumenge[3], offrant la triste image d'États marqués par une « instabilité gouvernementale »[4] chronique. L'organisation fédérale de l'État, prévue par le nouveau projet de Constitution conçu pour les îles Salomon, analysé par Jean-Philippe Feldman[5], la nouvelle Constitution des Fidji aussi, pouvaient rendre optimiste sur la capacité du droit (constitutionnel) à trouver des solutions adéquates pour organiser la vie d'un peuple et de ses cadres dirigeants. Les soubresauts récents de la vie politique fidjienne, après la défaite de Frank Baïnimarama aux élections de 2022 (suspension de l'ancien Premier ministre de ses fonctions officielles de « chef de l'opposition », après un discours considéré comme « séditieux » par la nouvelle majorité ; *in fine* dissolution de l'ancien parti majoritaire *Fidjifirst*) ne sont pas, toutefois, sans susciter une pointe d'inquiétude quant à la capacité des acteurs politiques fidjiens à organiser la vie politique de façon apaisée dans le nouveau cadre constitutionnel tracé en 2013.

Il reste qu'au total, et selon nous, le bilan de la transplantation du régime parlementaire dans l'Océanie insulaire reste largement positif. Comme le relèvent justement Ian C. Campbell et Jean-Paul Latouche, « malgré les tensions nées de la corruption, le Pacifique se distingue dans l'ancien monde colonial par la longévité de ses institutions politiques et par la douceur et même l'élégance des changements qui se font dans le cadre constitutionnel »[6]. À ce jour, Fidji reste le seul pays

[1] F. Angleviel, « Introduction », *in Violences Océaniennes*, *op. cit.*, p. 8.
[2] *Ibid.*, p. 8.
[3] F. Doumenge (*in* « La France confrontée au trou noir du Pacifique. La face cachée de la question calédonienne », *Conflits actuels*, n° 10, 2002, p. 101 s.) cité par F. Angleviel, « Introduction », *in Violences Océaniennes*, *op. cit.*, p. 7.
[4] D. Tryon, « Violence et coutume en Mélanésie insulaire », *in Violences Océaniennes*, *op. cit.*, p. 55.
[5] V. le chapitre 5 de cet ouvrage ; v. aussi : C. David, « Constitution et démocratie aux Îles Salomon. À la recherche d'une Constitution "*Home Grown*" », *Diversité de la démocratie. Théorie et comparatisme : les pays de la Mélanésie*, 2016, Nouméa, Nouvelle-Calédonie.
[6] I.C. Campbell et J.-P. Latouche, *Les insulaires du Pacifique. Histoire et situation politique*, *op. cit.*, p. 298.

de l'Océanie insulaire à avoir connu des coups d'État. On ne peut en dire autant d'autres continents ayant connu la colonisation. Une part du mérite en revient sans doute à la transplantation, en grande partie réussie du régime parlementaire, mais aussi à la mobilisation par les rédacteurs des constitutions d'un large éventail de la panoplie étatique.

II. La mobilisation récurrente de la panoplie étatique

Dans la mobilisation par les rédacteurs des textes constitutionnels, puis par les nouveaux États, de la panoplie étatique, deux tendances se dessinent : une identification relativement homogène par les États océaniens insulaires des structures et outils mobilisés au niveau « central » (A) ; un traitement constitutionnel différencié de l'organisation décentralisée ou locale (B).

A. L'identification homogène par l'État océanien insulaire des structures et outils mobilisés au niveau central

Transposition et adaptation : deux maître-mots pour apprécier la capacité des rédacteurs des constitutions des États insulaires à puiser dans l'ingénierie juridique des États occidentaux. Deux premières illustrations permettent de le vérifier. Dans sa Constitution de 1968, Nauru nationalise l'exploitation du phosphate, principale richesse de l'île : l'article 83-1 du texte constitutionnel affirme ainsi que « le droit d'exploiter le phosphate appartient à la République de Nauru ». Le principe des nationalisations sous-tend cette affirmation, même si le mot n'est pas employé. Également, plusieurs Constitutions (Constitution fidjienne de 2013, constitutions de Kiribati, des Samoa, de Tuvalu…) entendent conférer à l'exécutif – sans préjudice d'une confirmation ultérieure par le Parlement – la possibilité de déclarer l'État d'urgence. Guerre, troubles intérieurs, et surtout catastrophes naturelles, sont autant de circonstances, en Océanie comme ailleurs, qui peuvent justifier l'intervention urgente de l'exécutif et l'exercice de pouvoirs exceptionnels dans le but premier de « sauvegarder les intérêts et [de] maintenir le bien-être de la communauté [nationale] »[1].

Transposition et adaptation se retrouvent aussi dans le dessin des structures institutionnelles, humaines et financières à la disposition du cabinet ou du gouvernement.

Structures institutionnelles d'abord. Une grande convergence transparaît en la matière de la lecture des textes constitutionnels. À

[1] Constitution des Samoa, art. 106, § 1er.

l'appui de l'action du gouvernement, l'ensemble des États, peu ou prou, se sont dotés d'une structure unipersonnelle. Les dénominations peuvent varier d'un État à l'autre, tout en s'inscrivant dans une tonalité commune : « Secrétaire du cabinet » (Kiribati, Îles Salomon, Îles Cook, Samoa) ; « Secrétaire du gouvernement » (Tuvalu) « Secrétaire en chef » (Nauru) ; « Solliciteur général » (Fidji) ; « Greffier du cabinet » (Niue)... Leurs fonctions, semblables d'une constitution à l'autre, ne sont pas sans faire penser à celles du Secrétariat général du gouvernement français. Ainsi, à Kiribati, le Secrétaire du cabinet est responsable, tout à la fois, de l'organisation des travaux du Cabinet, de la tenue des procès-verbaux de ses séances, mais aussi de la transmission de ses décisions aux autorités et personnes appropriées[1]. Une fonction de coordination du travail gouvernemental est parfois identifiée, comme à Tuvalu : le Secrétaire du gouvernement se voit charger « de coordonner le travail de tous les ministères et bureaux du gouvernement »[2]. Dans certains États (Kiribati, Îles Salomon, Vanuatu), au surplus, un Procureur général (parfois intégré au cabinet, comme à Kiribati et aux Fidji[3]) se voit confier la mission de « conseiller juridique principal du gouvernement »[4]. Des constitutions vont plus loin dans l'adossement administratif des structures gouvernementales. La Constitution de Kiribati, tout en marquant le rôle de « direction » et de « contrôle » du ministre sur son ministère, a tenu à préciser que les services de chaque ministère seraient placés sous la supervision d'un « secrétaire », exerçant à cet égard une « fonction publique »[5]. Plus encore, la Constitution des Fidji de 2013 a tenu à placer chaque département ministériel « sous l'administration d'un secrétaire permanent »[6], finalité à l'appui : une « gestion efficace, efficiente et économique du ministère » et de tout service en relevant[7]. Une telle finalité n'est pas s'en faire écho à la loi organique relative aux lois de finances (LOLF) française de 2001.

Ressources humaines ensuite. Les auteurs s'étant penchés sur le destin des États océaniens insulaires ont régulièrement dénoncé, avec

---

[1] Constitution de Kiribati, art. 44, § 2.
[2] Constitution de Tuvalu, art. 78, § 4.
[3] Constitution de Kiribati, art. 40 ; Constitution des Fidji de 2013, art. 96, § 4.
[4] Constitution de Kiribati, art. 42, § 1er ; Constitution des Îles Salomon, art. 42, § 1er ; Constitution de Tuvalu, art. 79, § 3 ; Constitution des Fidji de 2013, art. 96, § 1er.
[5] Constitution de Kiribati, art. 47, § 2.
[6] Constitution des Fidji de 2013, art. 127, § 2.
[7] *Ibid.*, art. 127, § 3.

raison, la « poussée bureaucratique, devenue rapidement inflationniste »[1] de ces États. À l'image des Îles Cook, dont le nombre d'agents publics a pu atteindre 3 000 – pour une population de 18 000 habitants : soit un agent pour six habitants ![2] Avant que le réalisme financier et la pression des bailleurs de fonds ne conduisent ce micro-État à se séparer d'un agent sur deux. Il est vrai que, même aujourd'hui, le poids de la fonction publique pèse lourdement dans les finances des États insulaires. C'était vrai aussi à l'époque de l'indépendance, l'administration coloniale ayant véhiculé des « structures administratives lourdes »[3] pourvoyeuses d'emplois publics. Or, la plupart des nouveaux États ont endossé ces structures administratives et les ont approfondies, étatisme aidant.

On ne s'étonnera pas, dès lors, d'une convergence tendant à inscrire dans les constitutions insulaires des instances régulatrices de la fonction publique. Très souvent, en premier lieu, a été mise en place une « commission de la fonction publique » : aux Îles Marshall, aux Fidji, aux Samoa, à Tuvalu… Le texte constitutionnel en précise la composition (de 4 à 6 membres pour celle de Fidji[4]) et le rôle, en matière de nomination des agents (pouvoir de nomination ou pouvoir consultatif préalable au pouvoir décisionnel), d'avancement, de discipline aussi. Son rôle est parfois plus large. Aux Îles Marshall, la « Commission de la fonction publique », outre des compétences en matière de nomination, de surveillance et de contrôle général de l'organisation et de la gestion de la fonction publique, est aussi « chargée d'examiner l'efficacité et l'économie de tous les départements et bureaux du gouvernement »[5]. La petite taille de certains États conduit parfois à privilégier une autorité unipersonnelle, comme aux Îles Cook, avec un « commissaire de la fonction publique »[6] ou à Nauru, la Constitution nauruane identifiant un « secrétaire en chef »[7], tout en laissant ouverte, cependant, la possibilité alternative de faire appel à un « conseil de la fonction publique »[8], présidé par le secrétaire en chef. Ces instances agissent, comme le précise par

[1] P. de Deckker et L. Kuntz, *La bataille de la coutume…*, *op. cit.*, p. 162.
[2] *Ibid.*
[3] *Ibid.*, p. 161.
[4] Constitution des Fidji de 2013, art. 125, § 2.
[5] Constitution des Îles Marshall, Article VII, Section 9, § 1er.
[6] Constitution des Îles Cook, art. 73.
[7] Constitution de Nauru, art. 68.
[8] *Ibid.*, art. 69, § 1er, a).

exemple en son paragraphe 2 l'article 87 de la Constitution des Samoa, « en t(enant) compte de la politique générale du Cabinet relative à la fonction publique ». Elles sont parfois complétées par d'autres : une « commission d'appel de la fonction publique », pour un éventuel second examen des décisions prises en premier ressort[1] ; une « Commission des Offices constitutionnels » aux Fidji, pour conseiller le Président de la République au sujet des nominations aux principales fonctions administratives et militaires de l'État fidjien[2].

À signaler : l'opportune insertion, dans la Constitution fidjienne de 2013, des « valeurs et principes du service de l'État ». Parmi ces valeurs que se doivent de porter les agents publics fidjiens, suivant l'article 123 : « des normes élevées de professionnalisme », « éthique professionnelle et intégrité » comprises ; la mise en œuvre « rapide et fidèle » des politiques gouvernementales et des lois ; le bannissement de la corruption ; « l'utilisation efficace, efficiente et économique des ressources publiques » ; « la réponse rapide aux demandes et aux questions du public » ; le principe de responsabilité ; la transparence, à l'égard du public, mais aussi vis-à-vis du Parlement, transparence portée par la production diligente de rapports « complets et francs » ; une « bonne gestion des ressources humaines » enfin. Dans le droit fil de ces valeurs, pour les principales autorités politiques et administratives cette fois, un « Code de conduite » a été mis en avant par la Constitution fidjienne, sa présentation par l'article 149 incluant même une protection des lanceurs d'alerte. Ce faisant, le texte fidjien rejoint la Constitution salomonaise, et son « code de *leadership* »[3] et celle du Vanuatu dont le Titre X mentionne un « code de conduite des hautes autorités ».

Pour terminer sur les structures humaines, on notera que certaines autorités ont pu faire l'objet d'une mention (et donc d'une attention) particulière de la part des rédacteurs des Constitutions ; l'histoire des États et des territoires y étant parfois pour beaucoup. Ainsi de l'article 131 spécifiquement consacré, dans la Constitution fidjienne de 2013,

---

[1] Constitution de Nauru, art. 70 ; Constitution des Îles Cook, art. 76 ; Constitution des Samoa, art. 89.

[2] Constitution des Fidji de 2013, art. 133. Parmi les fonctions visées comme entrant dans le champ de la compétence consultative de la commission : le président et les membres du Comité des droits de l'homme et de la commission électorale ; le Secrétaire général du Parlement ; le président et les membres de la commission de la fonction publique ; le commandant des forces militaires de la République des Fidji.

[3] La Constitution y consacre une subdivision entière : le chapitre VIII (art. 93 à 95).

aux « Forces militaires de la République des Fidji » ; ainsi encore de l'identification par la Constitution des Îles Salomon d'un commissaire de police ayant sous son commandement les forces de police[1], ou par ce même texte d'une « commission de la police et des services pénitentiaire »[2].

Troisième ressort étatique structurel examiné : les finances publiques des micro-États insulaires. Sur ce plan aussi, la doctrine a pu dresser un constat assez sévère. Leur dépendance budgétaire a été soulignée : « Les micro-États (…) sont dépendants, tant pour leur fonctionnement que pour leurs investissements, de fonds étrangers sans lesquels ils ne peuvent à l'évidence assumer les compétences étatiques les plus élémentaires »[3], le paiement des agents publics notamment. Ces capitaux extérieurs proviennent d'accords bilatéraux, tels les *Compact of free association* liant les États de Micronésie (Îles Marshall, mais aussi États fédérés de Micronésie et Palau) aux États-Unis d'Amérique, ou d'aides, prenant souvent la forme d'investissements, apportées par le Japon, par la Chine désormais, géopolitique des routes de la soie aidant. Investissements qui se traduisent par la réalisation d'équipements au coût de fonctionnement parfois élevé, vecteur nouveau de dépendance pour les États bénéficiaires. Les capitaux des micro-États sont aussi abondés dans le cadre d'aides multilatérales, portées notamment par l'Union européenne, la Banque mondiale, diverses organisations non gouvernementales. Cette dépendance, parfois très forte[4], accentuée par les déficits récurrents des balances commerciales, n'est pas nouvelle ; elle s'est même matérialisée dès l'accès aux indépendances. Dans un chapitre de leur ouvrage *Les insulaires du Pacifique. Histoire et situation politique* – « Depuis l'indépendance » –, Ian C. Campbell et Jean-Paul Latouche relevaient ainsi que, dans les années 1980, « dans la plupart des nations du

---

[1] Constitution des Îles Salomon, art. 43.

[2] *Ibid.*, art. 119.

[3] A. Duranthon, « Quelle souveraineté pour les micro-États d'Océanie ? », *in Destins des collectivités politiques d'Océanie. Peuples, Populations, Nations, États, Territoires, Pays, Patries, Communautés, Frontières* (J.-Y. Faberon, V. Fayaud et J.-M. Régnault, dir.), vol. 2 : *Singularités*, PUAM, coll. « Droit d'outre-mer », p. 502.

[4] A. Duranthon relève ainsi, pour les Îles Marshall, que « 60 % du budget annuel repose sur la subvention américaine » ; il note aussi que « l'aide extérieure totale représente 70 % du PIB », « Qu'est-ce qu'un micro-État aujourd'hui ? L'exemple des micro-États d'Océanie », *RFDC* 2012, p. 793.

Pacifique, au moins un tiers du budget provenait de l'aide étrangère ; pour la moitié [des États], c'était les deux tiers »[1].

Il reste que les États insulaires du Pacifique, confrontés à leurs besoins financiers et à ceux de leur population, singulièrement dans les aires urbaines qui ont poursuivi leur développement, ont fait preuve de réalisme. Ils ont manifesté une « capacité avérée (…) à négocier leurs accords »[2], par exemple en mettant la Chine et Taïwan en balance, « et à faire valoir leurs intérêts dans les relations qu'ils entretiennent avec les autres États »[3]. Contestable, en revanche, la tendance de certains États insulaires à « affront(er) leurs évidentes difficultés financières en recourant à des moyens parfois discutables »[4]. Paradis fiscaux, pavillons de complaisance, vente de passeports, accueil de centres de rétention australiens à Nauru et en Papouasie Nouvelle-Guinée… autant de moyens auxquels ont pu recourir tel ou tel État insulaire, non sans susciter l'ire des bailleurs de fonds internationaux, l'OCDE par exemple, pointant du doigt, en 2001, la législation fiscale de plusieurs des États[5].

La matière financière, cruciale pour les nouveaux États accédant à l'indépendance, ne pouvait échapper à l'orbite constitutionnel. Les constitutions des États océaniens, dans leur ensemble, font ainsi une large place aux finances publiques. Presque toutes ont identifié un fonds : « fonds consolidé » pour Kiribati, « dans lequel sont versées toutes les recettes du gouvernement »[6] ; « fonds consolidé » également pour Tuvalu, « dans lequel tous les fonds publics seront versés »[7] ; « fonds général de la République », aux Îles Marshall[8] ; « fonds du trésor » aux Samoa[9]… À Nauru, la pluralité des fonds identifiés par la Constitution de 1968, dont un « fonds d'investissement à long terme »

---

[1] *Op. cit.*, p. 91.

[2] A. Duranthon, « Quelle souveraineté pour les micro-États d'Océanie ? », *in Destins des collectivités politiques d'Océanie…*, *op. cit.*, p. 503.

[3] *Ibid.*

[4] F. Faberon, « Chronique constitutionnelle des États d'Océanie », *RFDC*, 2019, n° 118, p. 474.

[5] Pour A. Duranthon, « les Îles Marshall, Nauru, Vanuatu, Tonga, Samoa correspondent à des paradis fiscaux », « Quelle souveraineté pour les micro-États d'Océanie ? », préc., p. 504. V. aussi : P.-A. Blévin, *Les Paradis fiscaux*, PUF, coll. QSJ, 2e éd., 2022.

[6] Constitution de Kiribati, art. 107, § 1er.

[7] Constitution de Tuvalu, art. 167, § 1er.

[8] Constitution des Îles Marshall, Article VIII, Section 3.

[9] Constitution des Samoa, art. 90.

– dont « aucune somme ne sera retirée » jusqu'à l'épuisement des gisements de phosphates[1] –, n'a pas empêché une gestion calamiteuse des dividendes de l'exploitation du phosphate, faisant passer Nauru d'un des États ayant le PIB par habitant parmi les plus élevés au monde (le deuxième dans les années 1970) à la situation d'État failli[2]. Outre ces fonds, les constituants ont aussi prévu des autorités unipersonnelles chargées de procéder au contrôle et à la vérification des fonds et des comptes publics. Les dénominations sont variées d'un État à l'autre : « directeur de l'audit » à Kiribati[3] et à Nauru[4] ; « vérificateur général » aux Îles Salomon[5], aux Fidji[6] et aux Îles Marshall[7] ; « Auditeur général » à Tuvalu[8]... Parfois, l'extrême exiguïté de l'État conduit à s'en remettre à une autorité extérieure : le « Bureau d'audit de la Nouvelle-Zélande » pour Niue[9]. Le texte constitutionnel précise parfois le statut de l'autorité, dans le sens de son indépendance : ainsi, le vérificateur général des Îles Marshall est inamovible jusqu'à 72 ans. Complétant le panel des dispositifs financiers, la mention plus rare d'une banque centrale : la *Reserve Bank of Fidji*[10] ; ou des dispositions, somme toute assez classiques, relatives au budget annuel, à la compétence du législateur en matière d'imposition, ou à une gestion maîtrisée des finances publiques. Suivant l'article 47, § 1er de la Constitution fidjienne de 2013, « seul le ministre responsable des finances ou un autre ministre autorisé par le Cabinet peut présenter un billet à ordre ». La définition du « billet à ordre », par le § 4 du même article[11], traduit la volonté du constituant fidjien de confier les rênes de la maîtrise budgétaire au « gouvernement majoritaire » voulu pour le pays.

Le tableau des ressorts étatiques mobilisés par les constitutions océaniennes est complété par la place réservée au troisième pouvoir : le

---

[1] Constitution de Nauru, art. 62, § 3.

[2] Sur le destin et la trajectoire singulière de Nauru, v. L. Folliet, *Nauru, l'île dévastée*, éd. La Découverte, 2010.

[3] Constitution de Kiribati, art. 114.

[4] Constitution de Nauru, art. 66.

[5] Constitution des Îles Salomon, art. 108.

[6] Constitution des Fidji de 2013, art. 151 et 152.

[7] Constitution des Îles Marshall, Article VIII, sections 13 à 15.

[8] Constitution de Tuvalu, art. 170 à 172.

[9] Constitution de Niue, art. 60.

[10] Constitution des Fidji de 2013, art. 153.

[11] Le « billet à ordre », en particulier, est celui qui « impose, augmente, révise, accorde des exemptions à, réduit ou supprime les taxes ».

pouvoir judiciaire. C'est du reste la dénomination la plus fréquemment retenue, que la constitution, suivant sa structuration, lui consacre un « Article » (Îles Marshall), un « Chapitre » (Kiribati), une subdivision de Chapitre (Îles Salomon : « Partie II » du « Chapitre VII » sur « Le système juridique ») ou de Partie (Tonga : dernière subdivision de la Partie II sur « La forme de gouvernement »), ou, plus fréquemment, une Partie à part entière, comme pour les constitutions des Îles Cook, de Niue et des Samoa. Plus modestement, sont parfois retenues d'autres dénominations : « La magistrature » pour le Chapitre V de la Constitution fidjienne de 2013 ; « *The judicature* » pour la Partie V de la constitution nauruane ; « De la justice », pour le Titre VIII de la constitution du Vanuatu. Plus modestement encore, la Constitution de Tuvalu intitule sa partie VII « Les tribunaux » ; l'article 8 du projet de constitution de 2006 conçu pour l'archipel des Tokelau est intitulé de même : « Les tribunaux de Tokelau ». Il ne nous appartient pas ici de développer l'appareil juridictionnel des États insulaires océaniens ; le chapitre suivant nous permettra d'y revenir concernant plus spécifiquement les juridictions coutumières. On se contentera de relever les fortes parentés des systèmes d'organisation juridictionnelle, les dénominations d'autorités ou de juridictions se rencontrant fréquemment d'un État à l'autre : « juge en chcf », « Cour suprême », « Haute Cour », « Cour d'appel », juridictions inférieures ou de première instance. La présentation du pouvoir judiciaire par la Constitution de la République des Îles Marshall offre en soi un bon résumé de la complétude et de la hiérarchisation du système juridictionnel des États océaniens insulaires, de son indépendance par rapport aux autres pouvoirs, mais aussi de l'insertion (assez fréquente) en son sein de juridictions coutumières. Suivant la Section 1 (§ 1er) de l'Article VI : « Le pouvoir judiciaire de la République des Îles Marshall est indépendant des pouvoirs législatif et exécutif et est confié à une Cour suprême, une Haute Cour, un tribunal des droits traditionnels et des tribunaux de district, tribunaux communautaires et autres tribunaux subordonnés (…) ».

Enfin, écho à des institutions comparables mises en place par les constitutions d'États occidentaux, certaines constitutions mettent en avant des autorités ou des commissions indépendantes du pouvoir exécutif. La Constitution des Îles Salomon réserve ainsi son Chapitre IX à un « Médiateur », autorité indépendante nommée pour cinq ans par le Gouverneur général sur avis d'un comité constitué de hautes personnalités[1]. Il est notamment chargé d'« enquêter sur la conduite de toute personne » dépositaire d'une autorité publique ; de « contribuer à l'amélioration des pratiques et procédures des organismes publics » et de « garantir l'élimination des décisions arbitraires et injustes »[2]. De même, au Vanuatu, le Médiateur, objet d'un chapitre à part entière dans la Constitution[3], également nommé pour cinq ans, « peut enquêter sur tout agissement de tout fonctionnaire ou autorité publique »[4]. Plus récemment, dans le même esprit, la Constitution fidjienne de 2013 a installé plusieurs commissions indépendantes, notamment une « commission de la responsabilité et de la transparence », à laquelle le législateur doit donner « compétences », « autorité » et « pouvoirs » « de recevoir et d'enquêter sur les plaintes contre les secrétaires permanents [des ministères] et toutes personnes exerçant une fonction publique »[5].

Le tableau d'ensemble des structures et outils étatiques identifiés au niveau central apparaît donc s'inscrire dans une forme d'homogénéité et de complétude propre aux standards constitutionnels occidentaux, parfois même en allant plus loin dans les « valeurs » et principes mobilisés, ce dont témoigne particulièrement la dernière constitution fidjienne. En va-t-il de même concernant les institutions locales, dont les constitutions occidentales traitent le plus souvent ? À l'image du Titre XII de la Constitution de la Ve République : « Des collectivités territoriales », largement approfondi en 2003.

B. Le traitement constitutionnel différencié par les États insulaires de l'organisation décentralisée ou locale

Dans sa thèse consacrée aux cinq micro-États européens, Pierre-Alexis Blévin montre l'importance pour ces États, et leurs constitutions respectives, d'une organisation décentralisée. La plupart, à l'exception de la République de Saint-Marin – dont le territoire accueille cependant des « châteaux » et des « capitaines » à leur tête – « ont accordé un statut constitutionnel à leurs collectivités »[6] décentralisées : paroisses en Andorre, commune à Monaco, régions et communes au Liechtenstein. Les constitutions des principautés d'Andorre et du

[1] Constitution des Îles Salomon, art. 96, § 2.
[2] *Ibid.*, art. 97, § 1er.
[3] Constitution du Vanuatu : art. 61 à 65.
[4] *Ibid.*, art. 62, § 1er.
[5] Constitution fidjienne de 2013, art. 121, § 9.
[6] P.-A. Blévin, *Les micro-États européens*, thèse préc., p. 188.

Liechtenstein définissent même leurs collectivités territoriales dès l'article 1er et le régime juridique des paroisses ou communes « occupe dans la constitution de ces États un titre complet »[1]. Les collectivités décentralisées, tout en disposant le plus souvent de compétences propres, font ainsi « partie intégrante de l'organisation territoriale des micro-États »[2]. Considération intéressante au regard des États océaniens insulaires, les principautés d'Andorre et du Liechtenstein « n'ont pas mis fin aux villages dont le régime juridique est coutumier »[3].

Qu'en est-il des institutions ou des structures locales des micro-États océaniens insulaires ? Comme certaines analyses précédemment esquissées – pour témoigner, par exemple, de la moins bonne transplantation du régime parlementaire dans la zone mélanésienne –, nous distinguerons en fonction des trois zones du Pacifique insulaire : Micronésie d'abord, Mélanésie ensuite, Polynésie enfin, pour voir si des points de correspondance peuvent être établis entre les États d'une même zone ; avant de frayer la voie vers une approche plus globale.

La Micronésie en premier lieu. Reconnaissons-le d'emblée : l'influence du grand-frère États-Uniens est patente. Déjà manifeste pour les deux États organisés sous une forme fédérale : la République de Palau et les États fédérés de Micronésie (les 16 « États » de la République de Palau et les quatre entités étatiques des États fédérés micronésiens de Chuuk, Pohnpei, Kosrae et Yap, étant déjà en soi une forme avancée d'organisation du pouvoir local)[4], l'importance accordée à l'organisation d'un pouvoir local se retrouve aussi à Kiribati et aux Îles Marshall. À Kiribati, les 21 îles habitées « possèdent chacune leur conseil local chargé de régler les affaires de proximité »[5]. Les dispositions y afférentes, de nature législative, ne sont pas inscrites dans la Constitution ; cette dernière consacre cependant, révélateur de l'histoire de l'ancienne colonie, un chapitre IX consacré à Banaba et à la communauté banabane[6]. Celle-ci, résidant désormais sur l'île de Rabi

---

[1] *Ibid.*, p. 189.

[2] *Ibid.*, p. 190.

[3] *Ibid.*

[4] Pour l'organisation du pouvoir « étatique » local – fédéralisme oblige – à Palau et aux États fédérés de Micronésie, on se reportera à la contribution de J.-P. Feldman dans ce volume.

[5] F. Faberon, « Chronique des États d'Océanie – 2020 », *RFDC* 2021, n° 126, p. 261.

[6] À l'instar de Nauru, le territoire de Banaba, une des îles de la République de Kiribati, recelait d'importants gisements de phosphates. L'exploitation de ces gisements, par une extraction à ciel ouvert, « endommagea l'île à tel point que ses habitants durent

aux Fidji, se voit spécifiquement réserver un siège au Parlement ; elle est, au surplus, dotée par l'article 121 de la Constitution d'un « conseil de l'île Banaba », dont les pouvoirs et les fonctions sont prescrits par la loi. Mais, plus encore que Kiribati, ce sont les Îles Marshall qui offrent aux habitants des différents atolls constitutifs du territoire de la République un véritable « droit à un système de gouvernement local », dont les principes constitutionnels généraux sont déclinés par l'Article IX de la Constitution. La Section 1 de cet article, en son § 1er, pose ainsi, pour « les habitants de chaque atoll ou île peuplée qui ne fait pas partie d'un atoll », le « droit à un système de gouvernement local » fonctionnant conformément à la législation en vigueur. Dépassant pour les « gouvernements locaux » ainsi reconnus – héritiers des conseils municipaux « existant immédiatement avant [l']entrée en vigueur de la Constitution »[1] – la portée du principe de libre administration des collectivités territoriales françaises, le § 2 de la même Section indique que « le système de gouvernement local s'étend à la mer et aux fonds marins des eaux intérieures de l'atoll ou de l'île, ainsi qu'à la mer et aux fonds marins environnants »[2]. La Section 2 de l'Article IX pose, quant à elle, le système normatif applicable pour ces gouvernances locales : « Un gouvernement local peut prendre des ordonnances pour la zone – terrestre et maritime, donc – pour laquelle il a compétence », dans le respect de la législation nationale et des dispositions édictées par l'exécutif[3]. Une ordonnance locale peut même prévoir la perception d'impôts et l'affectation de fonds pour les besoins locaux[4]. On le constate, la Constitution des Îles Marshall, État unitaire, est allée très loin dans l'affirmation de la gouvernance locale, sans préjudice, comme on le verra dans le chapitre suivant, du rôle reconnu aux autorités coutumières.

être évacués vers une île inoccupée de l'archipel fidjien, Rambi », J.-P. Latouche, « Petit dictionnaire historique et politique », préc., *op. cit.*, p. 310. L'auteur conclut sa relation historique, p. 311, en notant que « les banabans sont possesseurs de leur île depuis 1979 et possèdent une double citoyenneté : devenus citoyens fidjiens en 1970, ils demeurent citoyens de Kiribati ». La volonté du constituant kiribatien de marquer l'appartenance de la communauté banabane à la République de Kiribati s'est traduite par ce chapitre spécifique dédié à l'île et à sa communauté dans la Constitution.

[1] Constitution des Îles Marshall, Article XIII, Section 2 : « Les conseils municipaux seront les gouvernements locaux ».

[2] Jusqu'à une distance de 5 milles.

[3] Le texte vise le respect de « tout instrument exécutif », ce qui semble renvoyer à la règlementation nationale.

[4] Constitution des Îles Marshall, Article IX, Section 2, § 2.

Quant à Nauru, plus petit État de la Micronésie, réduit pour sa surface terrestre à une île de 21 kms², sa Constitution ne renvoie qu'incidemment, en sa deuxième annexe, aux subdivisions territoriales. Les 14 districts structurant le territoire nauruan sont nommés par l'annexe et eux-mêmes répartis en 8 circonscriptions électorales, dessinées pour l'élection des 18 membres du Parlement monocaméral. La gouvernance locale n'est donc pas valorisée par la Constitution. Les rédacteurs de la Constitution avaient d'autres préoccupations : faire enfin profiter la jeune République et ses habitants de l'exploitation des gisements de phosphates.

Au total, donc, n'était Nauru, les États de la Micronésie accordent une grande importance à la gouvernance locale – influence américaine oblige – et en organisent les cadres constitutionnels et/ou législatifs.

La Mélanésie nous retiendra en deuxième lieu. L'appréhension des pouvoirs locaux y est d'autant plus délicate que le « pouvoir local » est avant tout marqué et structuré par la multiplicité des aires linguistiques et des pouvoirs coutumiers. Darrell Tryon l'a bien montré : « la Mélanésie est caractérisée par une grande multiplicité de sociétés égalitaires, minuscules en général, où le but de la vie est la promotion personnelle et individuelle. Dans une telle société on doit son allégeance à son clan, à son aire culturelle et linguistique, et peut-être à son île natale »[1]. D'où la perspective tracée par l'auteur à l'orée du troisième millénaire : « créer des macrocosmes, voilà le problème fondamental pour le développement de la Mélanésie au XXIe siècle »[2].

Ancien condominium franco-britannique, le Vanuatu, constitué de « 14 principaux groupes insulaires (environ 80 îles au total) »[3] consacre le Titre XIII de sa Constitution à la gouvernance locale. Intitulé « De la décentralisation », précédé du Titre XII « De la terre » (l'ordre et donc la préséance ne sont pas anodins dans une Constitution !), ce Titre XIII, le plus court de la Constitution, est structuré en deux articles. L'article 82 marque l'importance de la réalisation de la décentralisation, comme mode de participation du peuple à la gouvernance régionale, érigeant même cette participation en « idéal » : « La République du Vanuatu, consciente de l'importance que représente la décentralisation pour permettre au peuple de participer pleinement au gouvernement des régions, met en œuvre la législation nécessaire à la réalisation de cet

1 D. Tryon, « Violence et coutume en Mélanésie insulaire », *in Violences Océaniennes*, *op. cit.*, p. 60.

2 *Ibid.*

3 J.-P. Latouche, « Petit dictionnaire historique et politique », préc., p. 358.

idéal ». Le rôle du législateur est précisé par l'article 83 : « La loi prévoit la division de la République en régions dont chacune est administrée par un conseil régional, dans lequel sont représentés les chefs coutumiers ». Pris dans son ensemble, ce Titre XIII privilégie une organisation territoriale régionale. L'importance de cet échelon, dicté par la géographie de l'État vanuatuan, trouve un prolongement au niveau national : les présidents des conseils régionaux sont en effet associés aux parlementaires au sein du corps électoral chargé d'élire le Président de la République. Mais le Titre XIII, et l'organisation territoriale y afférente, doit aussi être lu au regard de l'absence en son sein de renvoi à un échelon territorial infrarégional. Ce silence se comprend : il permet de ne pas affecter, au niveau local, l'organisation sociale vanuatuane caractérisée par une « multitude de petites sociétés parlant toutes leur propre langue (ou plusieurs langues ou dialectes étroitement liés), dirigées par un *bigman* (...) qui est l'homme le plus élevé dans la société locale à grade »[1]. Comme le relève par ailleurs Darrell Tryon, pour caractériser une « organisation sociale traditionnelle micro-cosmique »[2], « dans les villages, ce sont les *bigman*/chefs qui détiennent traditionnellement le pouvoir »[3] ; assurant « le contrôle presque total de leur aire d'influence »[4]. Un équilibre a ainsi été trouvé, à deux niveaux territoriaux, entre structures modernes de décentralisation, et reconnaissance de la place et du pouvoir des autorités coutumières. Le Parlement, au demeurant, n'a pas vocation à se désintéresser de la structuration des pouvoirs traditionnels, au plan local comme au plan national. L'article 31 du Titre IV consacré au « Conseil national des chefs » assigne ainsi au Parlement la mission de légiférer sur l'organisation de cette instance, « et en particulier sur le rôle des chefs dans les *villages*, dans les *îles* et dans les *régions* »[5].

La Constitution des Îles Salomon consacre également une de ses subdivisions, le Chapitre VIII, à l'organisation territoriale. La rédaction de ce chapitre, « Divisions politiques », est moins engagée que celle du Titre XIII de la Constitution vanuatuane. Elle fournit cependant la base utile permettant au législateur, tout à la fois, de prescrire le nombre et les limites territoriales des provinces et de la capitale, Honiara ; mais

---

[1] D. Tryon, « Violence et coutume en Mélanésie insulaire », *in Violences Océaniennes*, *op. cit.*, pp. 49-50.
[2] *Ibid.*, p. 50.
[3] *Ibid.*
[4] *Ibid.*
[5] Nous soulignons, pour marquer les différentes échelles territoriales.

aussi de prévoir leurs systèmes d'administration – le texte de l'article 114 parle de « gouvernement » –, ceux-ci se devant, pour les provinces, de « considérer le rôle des chefs traditionnels ». On retrouve ainsi, pour les Îles Salomon, les mêmes éléments que pour Vanuatu : la prédilection pour le niveau provincial (*ie* régional) ; l'association à ce niveau des autorités coutumières ; le rôle du législateur dans la définition des principes de gouvernance ; l'absence de mention, enfin, d'un niveau infra-provincial, laissant là-aussi toute sa place à l'organisation sociale traditionnelle marquée par le pouvoir des *bigman*. L'adoption d'une forme fédérale pour l'organisation de l'État salomonais – les provinces, huit actuellement, devenant des entités étatiques fédérées – ne devrait pas changer fondamentalement les choses quant à l'organisation du pouvoir au plan local, la « profondeur » du « local »[1], pour ne pas dire du « Grand Océan », restant marquée par la donnée incontournable des 70 langues différentes et le rôle des *bigman*.

Sans que l'on puisse développer ici, la Papouasie Nouvelle-Guinée relève d' « un système décentralisé et complexe d'assemblées dans les 19 provinces (les anciens districts australiens pour la plupart) »[2] qui structurent l'État. Quant aux Fidji, la Constitution de 2013 – sans doute dans son souci, préambule excepté, de se rapprocher des canons occidentaux – ne fait plus référence aux autorités coutumières, sans pour autant renvoyer à une organisation décentralisée. La compétence pour en déterminer les structures et les pouvoirs en revient cependant au législateur.

Si tant est que l'on puisse s'appuyer sur les exemples vanuatuan et salomonais, auxquels on ajoutera la Papouasie Nouvelle-Guinée, l'organisation territoriale des États mélanésiens semble ainsi reposer sur un équilibre, subtil, fragile aussi, entre décentralisation au niveau régional ou provincial et place faite aux autorités coutumières locales, autorités structurantes de l'ordre social dans cette partie du Pacifique insulaire, et dont l'État ne peut se passer.

Reste à considérer, pour finir, les États polynésiens. Ceux-ci offrent-ils la prise à un sous-modèle océanien d'organisation territoriale ?

La Constitution des Îles Cook, tout en marquant l'importance des institutions coutumières – nous y reviendrons dans le chapitre suivant –

---

[1] Pour reprendre des mots de l'intitulé des Mélanges qui ont été dédiés à Jean-Claude Douence : *La profondeur du droit local. Mélanges en l'honneur de Jean-Claude Douence*, Dalloz, 2006.

[2] J.-P. Latouche, « Petit dictionnaire historique et politique », préc., p. 344.

ne recèle aucune disposition relative à des institutions décentralisées. Celle du Royaume des Tonga, organisé sous une forme très centralisée autour de l'autorité tutélaire du Roi, pas davantage. La capitale, « Nuku'alofa, centralise tous les pouvoirs » et « il n'existe pas de conseils municipaux »[1]. Tout au plus, la structuration territoriale de l'État, dans cette partie du Pacifique, a-t-elle conduit le Constituant à identifier les deux districts d'Ha'apai et de Vava'u, dont l'administration est confiée à deux gouverneurs, nommés par le Roi, avec le consentement du cabinet. Exerçant leurs fonctions autant que prévaudra le « gré du Roi »[2], ces deux gouverneurs sont membres du Conseil privé du Roi et siègent également au Parlement. L'exercice de leurs fonctions s'inscrit ainsi dans le cadre d'une organisation territoriale de l'État ; non dans le champ d'une organisation décentralisée. Pour les Samoa, la Constitution ne renvoie pas davantage à des pouvoirs locaux ; sa Partie IX préfère se pencher sur les « Terres et titres » : titre de *Matai* et terres coutumières en particulier. Cette situation symbolise l'importance des *Matai* dans l'organisation sociale. De telle sorte que, pour assumer certaines fonctions étatiques, la police notamment, l'État « doit composer avec [ces] autorités coutumières locales pour garantir le maintien de l'ordre public »[3]. Faute aussi, il est vrai – mais on revient ici aux contraintes financières déjà relevées des micro-États océaniens insulaires –, « de pouvoir assumer financièrement un corps de police plus large »[4].

Les trois derniers États ou territoire retiendront peu à la fin de ce chapitre. Tuvalu – « 8 ensembles », comme les huit îles formant l'archipel – ne renvoie pas non plus, dans sa Constitution, à une quelconque gouvernance locale. Quant à l'État de Niue et au territoire des Tokelau, ils semblent constituer des contre-exemples. La Constitution de Niue, de même que le texte constitutionnel de 2006 conçu pour les trois îles de l'archipel des Tokelau, renvoient pour Niue, et encore plus pour Tokelau, aux « villages », qui apparaissent comme des éléments structurants de l'organisation territoriale, mais aussi étatique. Ainsi, aux Tokelau, les trois chefs et les trois maires de chacun des trois villages sont intégrés tout à la fois au *Fono* général, mais aussi à l'exécutif du territoire. Nous y reviendrons plus avant dans le chapitre suivant.

---

[1] P. de Deckker et L. Kuntz, *La bataille de la coutume…*, *op. cit.* p. 72.

[2] Constitution des Tonga, art. 54.

[3] P. de Deckker et L. Kuntz, *La bataille de la coutume…*, *op. cit.*, p. 78.

[4] *Ibid.*, p. 79.

À ce stade, on se contentera – hors Niue et Tokelau, donc – de relever l'absence, dans les textes constitutionnels des États de la zone polynésienne, de toute disposition relative à une organisation décentralisée du pouvoir local. Le poids de la coutume et des autorités coutumières – et royale dans le cas des Tonga – est sans doute pour beaucoup dans cette absence.

Au total, l'organisation territoriale et locale des États se dessine de façon différenciée d'une zone à l'autre : les États micronésiens, à l'exception de Nauru (le seul État qui ne soit pas constitué sous la forme d'un archipel), affirment tous, dans une approche contemporaine et « américaine », l'importance du pouvoir local. Les États mélanésiens, pour leur part, tracent un équilibre entre deux niveaux d'administration locale : un niveau régional ou provincial inscrit dans une perspective décentralisatrice et consacré par la constitution, et un niveau local, qui reste enserré dans un ordre social coutumier éclaté entre de multiples aires d'influence, y compris linguistiques. Enfin, les États polynésiens concèdent, avec des variantes, le poids de la coutume et des autorités coutumières dans l'organisation sociale, voire nationale. Les sous-ensembles identifiés de l'organisation du pouvoir local dans les États insulaires océaniens rejoignent ainsi les trois grandes zones du Pacifique, mêlant : influence des anciens États de tutelle ; géographie des territoires étatiques ; poids, plus ou moins marqué, des autorités coutumières.

Conclusion

Un premier propos conclusif se dégage de ce chapitre. L'État océanien insulaire, incontestablement, a endossé les habits de l'État moderne, ou, si l'on veut, occidental. Le régime parlementaire – ou présidentiel pour la République de Palau et les États fédérés de Micronésie – a été transplanté, avec plus ou moins de succès suivant les États, mais avec le souci, assez général, de dessiner des institutions en phase avec le caractère micro-étatique de l'État. Pour les institutions administratives, les rédacteurs des constitutions ont largement mobilisé la panoplie étatique, tentant d'introduire des instances de régulation et de contrôle. Quant à l'organisation du pouvoir au plan local, les solutions retenues ont été assez variées, à la mesure, somme toute, de l'histoire des territoires avant les indépendances ; à la mesure, aussi, de la structuration des ordres sociaux, du positionnement du curseur coutumier et de la place réservée aux autorités coutumières. Cette dernière remarque invite à présent à considérer les États océaniens insulaires entre « Grand Océan » et modèle occidental.

CHAPITRE 7

L'ÉTAT OCÉANIEN INSULAIRE, LE « GRAND OCÉAN » ET LE MODÈLE OCCIDENTAL

Emmanuel GUISELIN
Professeur à l'Université Rennes 2
Laboratoire interdisciplinaire de Recherche en Innovations Sociétales (LiRIS), UR 7481

> *Nous, peuple de la République des Îles Marshall, confiant en Dieu, le Donateur de notre vie, de notre liberté, de notre identité et de nos droits inhérents, exerçons par la présente ces droits et établissons pour nous-mêmes et les générations à venir cette Constitution (...)*
>
> *Nous avons raison d'être fiers de nos ancêtres qui se sont aventurés avec audace à travers les eaux inconnues du vaste océan Pacifique il y a plusieurs siècles, répondant avec compétence aux défis constants liés au maintien d'une existence simple sur ces petites îles, dans leur noble quête de construire leur propre identité et société.*
>
> *Cette société a survécu et a résisté à l'épreuve du temps, à l'impact d'autres cultures, aux ravages de la guerre et au prix élevé payé pour la paix et la sécurité internationales. Tout ce que nous avons et sommes aujourd'hui en tant que peuple, nous l'avons reçu comme un héritage sacré que nous nous engageons à sauvegarder et à maintenir, n'estimant rien de plus cher que notre demeure légitime sur les îles situées à l'intérieur des limites traditionnelles de cet archipel.*
>
> *Avec cette Constitution, nous affirmons notre désir et notre droit de vivre en paix et en harmonie, souscrivant aux principes de la démocratie, partageant les aspirations de tous les autres peuples à un monde libre et pacifique, et s'efforçant de faire tout ce qui est en notre pouvoir pour contribuer à la réalisation de cet objectif.*

Plus que tout autre, sans doute, le Préambule de la Constitution de la République des Îles Marshall, État archipélagique constitué de 31 atolls disséminés sur une surface d'océan d'1,3 million de kms^2 – pour une population de 42 000 habitants, répartis sur 181 kms^2 – porte et traduit l'identité du micro-État océanien insulaire et de sa société, au croisement d'influences diverses et entremêlées : les fondements chrétiens, d'abord ; la fierté du peuple autochtone pour ses ancêtres et son attachement à l' « héritage sacré » ; la fragilité inhérente de la société insulaire ; son attachement cependant à une « demeure légitime » sur les « petites îles » constitutives de l'archipel ; l'adhésion enfin aux « principes de la démocratie ».

C'est cette rencontre d'influences, ancrées dans l'histoire des sociétés insulaires et des structures étatiques qui les ont accueillies, dans la seconde moitié du XXe siècle, que nous souhaitons appréhender dans le présent chapitre. Comment ces États, qui – on l'a vu précédemment – ont endossé les habits de l'État moderne, ont-ils concilié l'histoire de leurs peuples et de leurs sociétés avec le modèle de démocratie occidentale ? En particulier, les fondements chrétiens et coutumiers des sociétés ont-ils été assumés par les rédacteurs des nouvelles constitutions, alors même qu'était largement transplanté le régime parlementaire au cœur de l'organisation politique vouluc pour ces États ? Comment la coutume a-t-elle été prise en compte, d'une zone du Pacifique à l'autre, d'un État insulaire à l'autre ? Et ce, que l'on considère les institutions politiques des nouveaux États, mais aussi leurs systèmes juridiques et leurs institutions juridictionnelles. Comment, en particulier, le profond attachement de ces sociétés insulaires à la terre, au foncier a-t-il été pris en considération ? Une fois actée la transplantation majoritaire du régime parlementaire, dans quelle mesure les Constitutions de certains États ont-elles dessiné, au moment de leur adoption, des voies institutionnelles propres à l'Océanie insulaire ? Ce dessin et ce dessein de voies propres ont-ils perduré dans le temps ? La quatrième Constitution fidjienne de 2013 fournira à cet égard de précieuses indications quant à la force d'attraction du modèle occidental de démocratie. Pour autant, ne peut-on, avec le projet de constitution conçu dans les années 2000 pour l'archipel des Tokelau, esquisser une voie proprement océanienne, « Pacifique », de démocratie ?

À la rencontre entre l'infiniment grand : l'Océan Pacifique (plus grande zone à la surface de la planète) et l'infiniment petit : les micro-États insulaires, ce chapitre considérera en premier lieu l'importance des fondements chrétiens et coutumiers, entrelacs posés par les constitutions dès leurs préambules (I). Il analysera ensuite le double mouvement d'institutionnalisation et de juridicisation de la coutume, double mouvement retranscrit dans les structures étatiques et portant une matière essentielle pour les sociétés insulaires : le foncier (II). Il envisagera enfin les portes étroites d'une voie Pacifique propre aux États océaniens insulaires : nonobstant la voie spécifique tracée pour le petit archipel des Tokelau, l'attraction du modèle occidental a conduit plusieurs des États ayant emprunté à l'origine des voies océaniennes à « occidentaliser » leur démocratie et leurs institutions (III).

I. Des fondements coutumiers et chrétiens entremêlés

Dans le Pacifique, la coutume se trouve au fondement de la structure de l'ordre social et des sociétés insulaires. Fondamentalement, elle porte une conception communautaire de l'organisation de la société ; l'individu n'existe qu'au travers de la communauté à laquelle il appartient, à laquelle il se rattache. Cette conception, cette intégration consubstantielle de l'homme au groupe, a été parfaitement traduite par Paul de Deckker et Laurence Kuntz dans leur maître-ouvrage *La Bataille de la coutume et ses enjeux pour le Pacifique Sud* : « renier la coutume équivaut à s'extraire de la coutume et se traduit par la perte de l'identité et des droits s'y rattachant. Le membre du groupe n'est plus alors qu'une individualité sans existence généalogique et foncière »[1].

Fondement de l'ordre social, la coutume, naturellement peut-on dire, a été « érigée au rang de principe constitutionnel par les textes fondamentaux organisant l'État en Océanie »[2]. Mais, la reconnaissance de ces fondements coutumiers, présente dans nombre de préambules constitutionnels, ne s'est pas faite seule. Elle a été entremêlée à la reconnaissance des fondements chrétiens des sociétés insulaires. On revient ici à l'histoire des sociétés traditionnelles des îles du Grand Océan. L'évangélisation des îles par les missionnaires, au XIXe siècle, phénomène connu et retracé par les universitaires spécialistes du monde océanien[3], l'accueil des religions chrétiennes – catholique, mais pas

---

[1] P. de Deckker et L. Kuntz, *La bataille de la coutume et ses enjeux pour le Pacifique Sud*, L'Harmattan, coll. « Mondes Océaniens », 1998, p. 89.

[2] *Ibid.*, p. 74.

[3] V., par ex., le chapitre sur « La guerre des missions », *in* Ch.-A. Julien, *Histoire de l'Océanie*, PUF, coll. « QSJ », 2e éd., 1951, pp. 77-98. V. aussi : I.C. Campbell et J.-P. *Latouche*, *Les insulaires du Pacifique. Histoire et situation politique*, PUF, coll. « Politique d'aujourd'hui », 2001, *passim*.

seulement – par les peuples et les sociétés insulaires ont été accompagnés ici par la rédaction de « codes missionnaires », là par l'accueil des principes chrétiens. Au point que l'organisation coutumière des sociétés s'est acclimatée à ces principes chrétiens, ceux-ci connaissant eux-mêmes une forme d'acculturation aux populations et aux terres insulaires qui les accueillaient. Un mouvement d'influences réciproques, en somme. Fondements chrétiens et coutumiers se sont ainsi retrouvés au cœur des organisations sociales et des sociétés insulaires. La contribution de Clara Filippi dans la première partie de cet ouvrage en témoigne à propos de la belle valeur de réconciliation en terre kanak[1].

Ce sont essentiellement les préambules des constitutions qui portent ce patrimoine entrelacé, chrétien et coutumier, coutumier et chrétien, des peuples des nouveaux États. Comme dans le chapitre précédent, nous serons guidés par la présentation par zones du Pacifique : micronésienne, mélanésienne et polynésienne.

Pour la Micronésie, le Préambule de la Constitution de la République des Îles Marshall, on l'a noté, affirme avec force le double fondement chrétien et coutumier. Le terme « coutume » n'a pas en soi été employé par les rédacteurs de la Constitution, mais les références à l'« identité » du peuple des « petites îles » de l'archipel, et aux « droits inhérents » à cette identité y renvoient nécessairement, relayées par la place – prééminente – réservée au Conseil d'*Iroij* par la Constitution, conseil des chefs traditionnels dont le rôle est important dans les structures de l'État ; on y reviendra. Pour Kiribati, le Préambule de la Constitution mêle également la reconnaissance par le peuple de « Dieu comme le Père Tout-Puissant », confiance étant placée en lui, et « foi dans la valeur durable de [ses] traditions et de [son] patrimoine ». Allant dans le même sens de l'identité du peuple kiribatien, les derniers mots du Préambule affirment : « Nous continuerons à chérir et à défendre les coutumes et traditions de Kiribati ». Des constats similaires ont pu être faits par Jean-Philippe Feldman pour les deux États fédéraux de la zone : Palau et les États fédérés de Micronésie. Nous renvoyons à la partie de son chapitre en traitant dans l'ouvrage[2]. Reste Nauru. Sa Constitution est clairement en retrait par rapport au schéma référentiel des autres États micronésiens. La référence chrétienne est certes

[1] C. Filippi, « La réconciliation : une valeur kanak », chapitre 3 de cet ouvrage.
[2] J.-P. Feldman, « L'organisation des États fédérés et des collectivités infra-étatiques au sein des États fédéraux dans le Pacifique Sud », chapitre 5 de cet ouvrage.

présente : le peuple de Nauru, dans le court Préambule de la Constitution de 1968, reconnaît « Dieu comme le Seigneur tout-puissant et éternel et le dispensateur de toutes bonnes choses », tout en se plaçant « humblement sous la protection de sa bonne providence ». Mais ce texte introductif ne renvoie aucunement à la coutume, ni aux traditions ; comme si l'enjeu pour le peuple nauruan accédant enfin à l'indépendance était ailleurs : dans le bénéfice plein et entier attendu des dividendes tirés de l'exploitation du phosphate. Impression confirmée par la structuration des onze parties de la Constitution nauruane et par le contenu de la centaine d'articles que comporte ce texte : aucun ne renvoie aux coutumes, aux traditions, ni aux autorités coutumières de l'île.

La Mélanésie, pour les trois États considérés dans ce titre, offre un deuxième champ d'observation privilégié de ces entrelacs constitutionnels océaniens.

De façon cursive mais ferme, le Préambule de la Constitution salomonaise de 1978 s'ouvre ainsi : « Nous peuple des Îles Salomon, fiers de la sagesse et des nobles coutumes de nos ancêtres, conscients de notre héritage commun et diversifié et conscients de notre destin commun, établissons maintenant, sous la main directrice de Dieu, l'État démocratique souverain des îles Salomon ». La double affiliation, coutumière et chrétienne, est ici complétée par l'affirmation des caractères « démocratique et souverain » du nouvel État, clair rattachement au modèle occidental de l'État. Tradition et modernité, au total ; que reprennent les engagements du peuple salomonais figurant dans la suite du Préambule. Pour la tradition : le renvoi à la « solidarité communautaire », valeur traditionnelle des sociétés insulaires, mais aussi l'engagement du peuple à chérir et à promouvoir « les différentes traditions culturelles des Îles Salomon ». Pour la modernité : un « gouvernement » – au sens de système de gouvernement – « fondé sur les principes démocratiques du suffrage universel et de la responsabilité des autorités exécutives envers les assemblées élues » ; le respect des « principes d'égalité, de justice sociale et de répartition équitable des revenus », l'engagement à respecter et à améliorer « la dignité humaine ».

La Constitution du Vanuatu, quant à elle, dans un Préambule très court, recentre sur la double filiation : traditionnelle et chrétienne, tout en marquant la fierté de l'indépendance acquise. Les deux phrases de ce préambule affirment ainsi :

« Nous, Peuple du Vanuatu,

- fier de notre lutte pour la liberté,
- et déterminé à préserver les fruits de cette lutte,
- profondément attaché à notre diversité ethnique, linguistique et culturelle,
- et conscient par ailleurs de notre destin commun,
- proclamons la création de la République libre et unie du Vanuatu, fondée sur les valeurs traditionnelles Mélanésiennes, la foi en Dieu et les principes chrétiens. À cette fin, nous nous donnons cette Constitution ».

Pour Fidji, enfin, la « modernité » de la quatrième Constitution depuis l'indépendance, celle de 2013, mais aussi l'histoire du territoire, puis de l'État, à partir de 1970, ont conduit les rédacteurs à trouver une autre forme d'équilibre. Le modèle occidental se retrouve dans l'engagement du peuple « à reconnaître et à protéger les droits de l'homme, ainsi qu'à respecter la dignité humaine ». Mais on ne trouve aucun fondement religieux dans le Préambule de la nouvelle Constitution, qui se trouve recentré et axé sur l'unicité du peuple fidjien : « Nous le peuple de Fidji (…), nous sommes tous des Fidjiens unis par une citoyenneté commune et égale ». Pour autant, pour les quatre populations identifiées comme constitutives du peuple : « le peuple autochtone des *I Taukei* (*ie* : les fidjiens-mélanésiens), « le peuple indigène ou Rotuman de l'île de Rotuma », « les descendants des travailleurs salariés de l'Inde britannique » (*ie* : les indo-fidjiens), « les descendants des colons et des immigrants à Fidji », se voient reconnaître la jouissance de leurs « cultures », de leurs « coutumes », de leurs « traditions » et de leurs « langues » ; les deux premiers peuples cités disposant, au surplus, de la jouissance de « la propriété des terres » *I Taukei* ou des terres de Rotuma. La tradition est donc bien présente, l'histoire du pays aussi, à travers ses différents peuplements : un marqueur historique d'identité, y compris, et peut-être même surtout, dans l'histoire récente du pays. Cependant, donc, la tradition n'est pas ici entrelacée à la religion ; aux religions plutôt puisque les fidjiens se répartissent entre chrétiens, hindouistes et musulmans.

Les États et territoire de la zone polynésienne nous retiendront moins. Trois des Constitutions, en effet, celles des Îles Cook, de Niue et du Royaume des Tonga, ne sont en effet pas précédées de Préambule. Le projet de constitution de 2006 conçu pour les Tokelau, en revanche, offre un nouvel entrelacs de la référence à Dieu et des fondements coutumiers, l'organisation villageoise au premier chef. En quelques mots, les deux premières phrases du Préambule traduisent cette imbrication : « Les Tokelau sont fondées en permanence sur Dieu. Ce fondement se manifeste dans les villages et lorsque les gens coopèrent et vivent ensemble et heureux ». Dans ce petit territoire de 2 500 habitants, l'imbrication est aussi celle des pouvoirs, « national » et villageois ; on y reviendra dans la troisième partie de ce chapitre.

La même imbrication des fondements chrétiens et coutumiers se retrouve dans la rédaction des préambules des constitutions des Samoa et de Tuvalu. Là encore, la citation des formulations employées par les rédacteurs témoigne de la fusion de ces fondements et principes. La Constitution des Samoa est adoptée et promulguée par le peuple samoan « Au Saint nom de Dieu » ; étant « attendu que les dirigeants [du pays] ont déclaré que les Samoa devraient être un État indépendant fondé sur les principes chrétiens et les coutumes et traditions samoanes ». On observe la même liaison dans le Préambule de la Constitution de Tuvalu. Après un rappel de l'histoire du territoire formé par les « Huit ensembles » – *Tuvalu* –, anciennement partie de la colonie britannique des Îles Gilbert et Ellice, ce texte mêle en deux paragraphes fondements chrétiens, coutumiers et « État de droit » :

« - Et attendu que le peuple de Tuvalu, reconnaissant Dieu comme le Seigneur Tout-Puissant et éternel et le dispensateur de toutes bonnes choses (…) ;

- Et considérant que le peuple de Tuvalu désire se constituer en un État indépendant fondé sur les principes chrétiens, l'État de droit et les coutumes et traditions tuvaluanes ».

Au total, et par-delà les nuances inévitables d'un État à l'autre, la souveraineté des micro-États océaniens insulaires se trouve le plus souvent placée « sous l'égide à la fois du christianisme et de la coutume »[1]. C'est, d'une certaine façon, dans un double mouvement d'appropriation réciproque, marquer l'intégration par la coutume des principes chrétiens – l'ordre social insulaire les faisant siens –, mais traduire aussi l' « entérinement de la dimension coutumière par la religion chrétienne »[2], entérinement déjà acté lors de la rédaction des « codes missionnaires », entérinement manifeste aujourd'hui dans la rédaction des préambules constitutionnels. De telle sorte que l'on peut reprendre à l'issue de cette présentation une des conclusions tracées par Paul de Deckker dans une étude consacrée au multiculturalisme dans le Pacifique : « Ce qui rassemble ces peuples divers depuis le phénomène

[1] P. de Deckker et L. Kuntz, *op. cit.*, p. 105.
[2] *Ibid.*, p. 107.

colonial occidental, ce sont à la fois l'univers de la coutume et celui de la religion chrétienne, entremêlés, imbriqués jusqu'à en être devenus unifiés »[1]. Une sorte d'univers commun donc, à la fois coutumier et chrétien, propre aux sociétés et aux États du Pacifique Sud. C'est bien l'impression qui ressort de la lecture comparative de ces préambules. À cette imbrication et à cette unification, on ajoutera l'acceptation des principes de la démocratie moderne, dont se font écho plusieurs des passages qui précèdent. « État de droit », « principes démocratiques », « suffrage universel »... sont ainsi appelés à constituer l'autre toile de fond du pacte social et politique porté par les nouveaux États et par leurs constitutions.

Et ces deux toiles sont elles-mêmes liées ; ce que l'on peut exprimer en deux propositions. Il ne pouvait y avoir d'État océanien moderne sans « reconnaissance » préalable et assumée des fondements traditionnels ; en contre-point, ces fondements traditionnels se devaient de trouver un réceptacle, et donc une nouvelle voie de légitimation, dans la structure étatique. Cette opération de reconnaissance mutuelle apparaît pouvoir se faire au bénéfice des deux « parties ». L'État, aux fondements coutumiers assumés, est conforté dans ses assises. De même, les coutumes et les autorités coutumières qui les portent, l'ordre social insulaire aussi, se voient confortés par la reconnaissance étatique à travers la « loi suprême » que constitue la Constitution.

Il reste à présent à voir dans quelle mesure la coutume, à la fois norme de la Constitution et fondement d'organisation de la société insulaire, a été institutionnalisée et juridicisée.

II. Institutionnalisation et juridicisation de la coutume

L'intégration de la « coutume » dans les constitutions des États océaniens insulaires, que l'on considère la norme ou les autorités la portant, la promouvant, l'exprimant ou l'interprétant, a emprunté quatre voies : l'intégration d'autorités coutumières aux institutions politiques (A) ; l'insertion de la coutume dans le système des sources du droit de l'État (B) ; sa prise en considération au sein du système judiciaire, notamment par le biais de juridictions spécialisées en matière

---

[1] P. de Deckker, « Le multiculturalisme dans le Pacifique », numéro sur *Le multiculturalisme, L'Observateur des Nations Unies (Revue de l'Association française pour les Nations Unies – Section d'Aix-en-Provence)*, 2007-2, Vol. 23, p. 288.

coutumière (C) ; la définition, enfin, d'un terrain de prédilection, forme de « domaine réservé »[1] : le foncier (D).

A. L'intégration d'autorités coutumières aux institutions politiques

L'intégration d'autorités coutumières au système politique de l'État océanien constitue sans doute la partie la plus visible de l'institutionnalisation de la coutume. Nous distinguerons ici, non par zone du Pacifique, mais par groupe d'États, en fonction des mécanismes institutionnels actionnés.

Un premier groupe d'États a choisi d'intégrer aux structures étatiques une instance spécifique faisant appel à des autorités ou à des chefs coutumiers. C'est le cas, en premier lieu, de la République des Îles Marshall. Cet État micronésien est en effet doté d'un Conseil d'*Iroij – Mweo Imon Iroij* –, objet de l'Article III du texte constitutionnel. La place de cet Article, juste après l'affirmation de la « Suprématie de la Constitution » (Article I) et la « Déclaration des droits » (Article II), traduit en soi l'importance de l'institution coutumière qu'il consacre dans les structures de l'État. Cette importance n'est pas que symbolique. Elle se traduit en effet sur le plan institutionnel par plusieurs éléments : l'attention apportée par le constituant à la définition de la composition de l'instance et aux modalités de désignation de ses membres (douze chefs traditionnels – *Iroijlaplaps* –, répartis entre les différents districts de la chaîne Ralik et de la chaîne Ratak)[2] ; une réunion en session ordinaire ou en session extraordinaire, « pendant toute période » où le Parlement – *Nitijela* – se réunit lui-même sous le régime de l'un ou l'autre type de session[3] ; la compétence générale qui est la sienne pour « examiner toute question intéressant la vie de la République »[4] ; la possibilité, suite à la transmission par le greffier du *Nitijela* de tout projet de loi adopté en 3ème lecture par le Parlement, d'adopter dans les sept jours une « résolution exprimant son avis suivant lequel un projet de loi (...) affecte le droit coutumier, ou une pratique traditionnelle, ou le régime foncier, ou une question connexe »[5] ; la possibilité, dans la suite de la procédure législative, de la « tenue d'une conférence conjointe » entre

[1] P. de Deckker et L. Kuntz, *op. cit.*, p. 76.
[2] Constitution de la République des Îles Marschall, Article III, Section 1.
[3] *Ibid.*, Article III, Section 7, § 1er.
[4] *Ibid.*, Article III, Section 2.
[5] *Ibid.*, Article III, Section 3 (« Demandes de réexamen des projets de loi »), § 2.

les membres du Conseil d'*Iroij* et ceux du *Nitijela*, sorte de commission mixte paritaire à la mode micronésienne[1]. Certes, en dernier ressort, le dernier mot revient au *Nitijela*, qui peut, ou non, « amender le projet de loi de toute manière qu'il juge appropriée »[2]. Il reste que le Conseil d'*Iroij* a quasiment les pouvoirs d'une seconde chambre, coutumière en l'occurrence.

À l'instar de la Constitution des Îles Marshall, celle du Vanuatu consacre une subdivision entière – le Titre V – au « Conseil national des chefs ». Elle le fait cependant suivant un ordre de préséance second par rapport au Parlement, objet du Titre IV. Le titre V est assez court, structuré en quatre articles, loin du luxe de précisions apportées pour le Conseil d'*Iroij*. L'article 29, en premier lieu, précise la composition de l'instance : « des chefs coutumiers élus par leurs pairs au sein des Conseils régionaux des chefs », et le régime de ses sessions : au moins une fois par an. La compétence du conseil, définie par l'article 30, est étendue à « tous les domaines relatifs à la coutume et à la tradition ». À cet effet, le conseil « peut être consulté sur toutes questions, particulièrement celles relatives à la tradition et à la coutume, en liaison avec tout projet de législation du Parlement ». Il peut aussi « faire des recommandations au Parlement ou au Gouvernement concernant la protection et la promotion de la culture et des langues vanuatuanes ». Une compétence générale et une compétence particulière, donc ; cependant, la place de ce Conseil national des chefs dans les institutions de l'État vanuatuan est moindre que celle du Conseil d'*Iroij* aux Îles Marshall.

Autre État à faire appel à une instance collégiale coutumière : les Îles Cook, avec la Maison des *Ariki*. Dans la Constitution, « La Maison des *Ariki* des Îles Cook » prend place au sein de la première Partie – « Le gouvernement des Îles Cook » – juste après le chef de l'État, Charles III désormais, et « le représentant [du Roi] ». « Le gouvernement exécutif », « le Parlement » et « le pouvoir judiciaire », objets, respectivement, des Parties II, III et IV, ont donc été traités après. Les dispositions concernant la Maison des *Ariki* sont assez nombreuses et précises, à l'image de celles traitant du Conseil d'*Iroij* des Îles Marschall. La représentation territoriale des chefs héréditaires traditionnels est précisée[3]. Les fonctions de l'instance coutumière sont

[1] *Ibid.*, Article III, Section 3, § 6.
[2] *Ibid.*, Article III, Section 3, § 7.
[3] Constitution des Îles Cook, art. 8.

définies par la Constitution en établissant une relation privilégiée avec le Parlement. Il est en effet prévu que la Maison des *Ariki* « examine toutes les questions relatives au bien-être de la population des Îles Cook qui peuvent lui être soumises par le Parlement pour examen » ; l'instance coutumière « exprime son avis et fait des recommandations à ce sujet au Parlement »[1]. Les relations avec les autres pouvoirs sont définies de telle façon que la Maison des *Ariki* soit intégrée à la marche de l'État : le Premier ministre peut, à tout moment, assister à l'une de ses séances et prendre la parole ; un ministre ou l'un de ses représentants peut également assister aux délibérations de l'instance lorsqu'une question traitée par elle relève de la responsabilité du ministre. Dans le même esprit d'une bonne liaison entre pouvoirs publics, et d'un dialogue constructif entre eux, le président de la Maison des *Ariki* peut inviter tout membre du Parlement pour recueillir son avis sur une question dont elle a à traiter. D'autres dispositions ont trait au régime des sessions de la Maison des *Ariki* – une réunion « au moins une fois par période de 12 mois »[2] –, à la procédure suivie devant elle, et à ses privilèges. Il n'y pas lieu de s'y appesantir. On concédera pour finir que si le positionnement de cette instance dans les structures de l'État est moindre que pour le Conseil d'*Iroij*, il n'en est pas moins révélateur de la volonté des rédacteurs de la Constitution de « reconnaître officiellement la dignité et le rang des *ariki*, tout en les cantonnant dans la fonction de conseiller pour les questions relevant du domaine foncier »[3]. Et ce, nonobstant la référence, assez vague, en termes de compétences, à l'examen des « questions relatives au bien-être de la population »[4].

Reste à considérer pour ce premier groupe d'États, l'État fidjien. Sous l'empire des trois premières constitutions, de 1970, de 1990 et de 1997, un parlement bicaméral a en effet recélé, aux côtés d'une Chambre des représentants, un Sénat. Celui installé par la Constitution de 1997 faisait appel à 32 membres nommés, des chefs coutumiers. Dans sa volonté – sur laquelle nous reviendrons dans la troisième partie de ce chapitre – de se rapprocher du modèle occidental de démocratie et de donner à tous les fidjiens des droits identiques, y compris en termes de représentation parlementaire, les constituants de 2013 ont privilégié un Parlement monocaméral. Ce faisant, était actée la

---

[1] *Ibid.*, art. 9.
[2] *Ibid.*, art. 11 A, § 2.
[3] P. de Deckker et L. Kuntz, *La bataille de la coutume…*, *op. cit.*, p. 76.
[4] Constitution des Îles Cook, art. 9.

suppression du Sénat, « institution ethnique, au bénéfice des Mélanésiens, rappelant la prééminence du peuple premier »[1].

Un deuxième groupe d'États a entendu traduire directement l'importance des institutions coutumières dans les pouvoirs exécutif et législatif, sous des formes elles-mêmes diverses. On les évoquera ici brièvement ; la troisième partie de ce chapitre nous fournira l'occasion d'y revenir plus avant. Au Royaume des Tonga, le Roi est, suivant la Constitution, l'instance centrale du système monarchique et coutumier installé ; la structuration de l'Assemblée législative, marquée par la présence des nobles, est elle-même d'essence coutumière. Aux Samoa, la prégnance des autorités coutumières se retrouve dans la désignation du chef de l'État – par convention de la Constitution, le chef d'État désigné par le *Fono*, tous les cinq ans, est choisi parmi l'un des quatre grands chefs du territoire –, et dans la désignation des parlementaires, seuls les *Matai* pouvant se porter candidats. Pour le tout petit État de Niue, de même que pour le petit archipel des Tokelau, la valorisation institutionnelle de la coutume se fait par le biais des villages, principales aires de structuration de l'ordre social, tant en termes de représentation parlementaire (ainsi pour Niue[2]), qu'en termes de participation des autorités villageoises coutumières à l'exécutif national (ainsi pour Tokelau[3]).

Les États du troisième groupe identifié, quant à eux, n'ont pas jugé opportun de faire entrer des instances ou autorités coutumières dans leur structure étatique : ainsi de Nauru, de Kiribati, des Îles Salomon et, désormais, des Fidji. Cette absence de valorisation de la coutume dans les institutions politiques ne signifie pas, toutefois, qu'elle n'ait pas sa part dans la Constitution. Ainsi, pour les Îles Salomon, on l'a vu, la Coutume est pleinement reconnue dans le Préambule de la Constitution, et, dans l'office du législateur, les « lois coutumières » ont aussi droit de cité.

B. L'intégration de la coutume au système des sources du droit

Dans l'analyse des rapports entre la loi et la coutume dans les États de l'Océanie insulaire, Paul de Deckker et Laurence Kuntz sont

---

[1] F. Faberon, « Représentation ethnique et droit constitutionnel à Fidji », *RDP* 2014, p. 528.

[2] Pour Niue, par exemple, sont définies des circonscriptions villageoises (art. 16, § 2, b) i) qui assurent majoritairement la représentation à l'Assemblée : 14 sièges ; 6 autres sièges sont attribués dans le cadre d'une circonscription nationale.

[3] V., pour Tokelau, la troisième partie de ce chapitre.

conduits à distinguer deux cas de figure. Suivant le premier, en zone mélanésienne notamment (ainsi pour les Îles Salomon et le Vanuatu), « la loi nationale [doit être] en parfaite harmonie avec la coutume » ; cependant, la coutume est « subordonn(ée) (…) aux droits fondamentaux »[1]. Ainsi, « en cas de conflit », la coutume est « assujettie » aux principes constitutionnels[2]. Suivant le second cas de figure, l'État « privilégi(e) les valeurs coutumières en leur réservant un domaine de compétence expressément défini par la Constitution »[3]. Pour les deux auteurs, ce sont « les États en Micronésie et en Polynésie [qui] ont en général opté pour ce schéma de hiérarchisation implicite des normes »[4].

Sans revenir ici sur l'ensemble des systèmes des sources du droit des micro-États étudiés, on cherchera, à travers quelques exemples, à approcher la place faite à la coutume dans ces systèmes, en essayant de situer les différences de degré dans la reconnaissance, et la « puissance » de la coutume.

Le système des sources du droit de la République des Îles Marshall, en Micronésie, semble faire de la coutume un élément prééminent du système de droit ; la même valorisation a été observée précédemment sur le plan institutionnel avec le Conseil d'*Iroij*. Cette prééminence se vérifie notamment à travers deux dispositions de l'Article X consacré aux « Droits traditionnels ». Il est d'abord affirmé que « Rien dans l'Article II [qui recueille la « Déclaration des droits »] ne doit être interprété comme invalidant le droit coutumier ou toute pratique traditionnelle concernant le régime foncier ou toute question connexe dans toute partie de la République des Îles Marshall »[5] : c'est poser une forme de sanctuarisation constitutionnelle de la coutume, y compris vis-à-vis des droits fondamentaux. En second lieu, le *Nitijela*, dans son office de législateur, se voit tout aussi clairement assigner la mission de protéger la coutume, la loi étant présentée comme le vecteur approprié pour porter le droit coutumier, en le complétant, chaque fois que le *Nitijela* le juge « nécessaire » ou « souhaitable ». Une invitation faite au *Nitijela* par le Constituant, en somme, à situer le droit coutumier dans une perspective dynamique et évolutive, tant il est vrai que ce droit ne

[1] P. de Deckker et L. Kuntz, *La bataille de la coutume…*, *op. cit.*, pp. 110-111.
[2] *Ibid.*, p. 111.
[3] *Ibid.*, p. 111.
[4] *Ibid.*
[5] Constitution de la République des Îles Marschall, Article X, Section 1 (« Droits fonciers traditionnels préservés »), § 1er.

doit pas rester figé[1]. La coutume apparaît ainsi première dans le système des sources du droit de l'État. La « Suprématie de la Constitution » est certes affirmée d'entrée par l'Article I, mais c'est bien la coutume, ainsi « légalisée », qui apparaît au centre du système des sources du droit. De telle sorte, qu'au total, les Îles Marshall, dans leur positionnement entre modernité et tradition, apparaissent plus proches de cette dernière, sans préjudice d'une dynamique évolutive de reconnaissance par la loi des règles et des pratiques coutumières.

La Constitution des Îles Salomon, en Mélanésie, offre également un mode de valorisation de la coutume par la loi. Dans le chapitre VII, consacré au système juridique, la Partie I sur « L'application des lois » prévoit que « Le Parlement prend des dispositions pour l'application des lois, y compris les lois coutumières »[2]. Ce faisant, le Parlement « doit accorder une attention particulière aux coutumes, aux valeurs et aux aspirations du peuple des Îles Salomon »[3]. Poursuivant cette valorisation de la norme coutumière, l'Annexe 3 à la Constitution, également consacrée à l' « Application des lois », place les principes et les règles de la *common law* et de l'équité en dessous du « droit coutumier ». Comme le précise l'article 1er de l'Annexe, ces principes et ces règles de la *common law* ne seront pas applicables à une situation particulière s' « ils sont incompatibles avec le droit coutumier applicable à cette question ». Sans atteindre le degré relevé aux Îles Marshall, le droit coutumier salomonais occupe lui aussi une position privilégiée dans le système des sources du droit.

Pour Tuvalu, État de la zone polynésienne, le Parlement se voit pareillement assigner, dans son office de législateur, et dans le respect de la Constitution, la mission de protéger la coutume. Mais les « Principes de la Constitution », qui renvoient à cette mission, le font avec une certaine relativité, écho à un monde – océan Pacifique compris – en évolution, véhiculant des « besoins changeants ». Dans le Pacifique, comme ailleurs, coutume comprise, rien de saurait être

---

[1] Ainsi, suivant le 1er § de la Section 2 (« Déclaration du droit coutumier ») de l'Article X, « Dans l'exercice de ses fonctions législatives, il incombe au *Nitijela*, chaque fois et dans la mesure jugée appropriée, de déclarer, par voie de loi, le droit coutumier de la République des Îles Marshall ou de toute partie de celle-ci. Le droit coutumier ainsi déclaré peut comprendre toutes dispositions qui, de l'avis du *Nitijela*, sont nécessaires ou souhaitables pour compléter les règles établies du droit coutumier ou pour tenir compte de toute pratique traditionnelle ».

[2] Constitution des Îles Salomon, chapitre VII, Partie I, art. 75, § 1er.

[3] *Ibid.*, chapitre VII, Partie I, art. 75, § 2.

considéré comme gravé dans le marbre. Un certain équilibre est donc trouvé. Le 6ème principe indique ainsi que « la vie et les lois de Tuvalu devraient (...) être fondées sur le respect de la dignité humaine et sur l'acceptation et le respect des valeurs et de la culture tuvaluanes ». L'emploi du conditionnel, qui peut de prime abord surprendre, est éclairé par le 7ème principe qui clôture cette partie introductive de la Constitution, placée juste après le Préambule : « Néanmoins, la population de Tuvalu reconnaît que dans un monde en évolution et avec des besoins changeants, ces principes et valeurs, ainsi que la manière et la forme de leur expression (en particulier dans les questions juridiques et administratives), changeront progressivement (...) ».

Ainsi, les trois systèmes de droit considérés, tout à la fois, révèlent la place éminente de la coutume, le rôle du législateur pour la protéger, singulièrement au rang législatif, et des nuances d'approche dans les rapports avec la norme suprême, placée au sommet de la hiérarchie des normes, comme dans les systèmes occidentaux. Il reste que tous les systèmes des sources du droit n'ont pas opéré la même consécration. Dans la Constitution du Vanuatu par exemple, le rôle du législateur en matière coutumière n'apparaît qu'incidemment. Au sein du Titre IV consacré au Parlement, l'article 16, qui précise son champ de compétence, n'y fait pas référence, l'office du législateur étant précisé au regard « des lois concourant à la paix, l'ordre et le bon gouvernement du Vanuatu ». Il faut attendre les Titres V et XII, traitant respectivement du « Conseil national des chefs » et « De la terre », pour que le rôle du législateur soit considéré. D'abord sous un prisme institutionnel : « Le Parlement légifère sur l'organisation du Conseil national des chefs et en particulier sur le rôle des chefs dans les villages, dans les îles et dans les régions »[1] ; puis sous un angle matériel : le Parlement est appelé à voter une « loi foncière nationale, après consultation du Conseil national des chefs »[2]. Enfin, on signalera le cas de la Constitution nauruane, où la coutume n'apparaît tout bonnement pas. Cette situation est cependant un contre-exemple ne reflétant pas la consécration juridique fréquente de la coutume à l'occasion de la rédaction des constitutions d'indépendance, consécration qui a naturellement ouvert la voie à sa légalisation[3]. Le même souci de consécration juridique de

[1] Constitution du Vanuatu, Titre V, art. 31.

[2] *Ibid.*, Titre XII, art. 76.

[3] En ce sens, v. P. de Deckker et L. Kuntz, *La bataille de la coutume...*, *op. cit.*, p. 113 : « L'accession à l'indépendance constitutionnelle [a] favorisé par son message le retour à la coutume et procédé à sa "légalisation" ».

la coutume s'est retrouvé dans le soin porté par les rédacteurs des constitutions aux parties touchant à l'organisation judiciaire des États.

C. La coutume et l'organisation judiciaire des États océaniens

L'intégration de la coutume aux systèmes judiciaires de la plupart des micro-États océaniens insulaires constitue le pendant de son intégration aux systèmes des sources du droit. Naturellement et logiquement, les constitutions des nouveaux États indépendants ont « impos(é) aux juges de reconnaître la coutume en sa qualité de source du droit »[1]. Et l'organisation judiciaire des États a été adaptée en conséquence, comme le montrent les illustrations qui suivent.

La Constitution de la République des Îles Marshall, constitution *écrite coutumière* s'il en est – si l'on peut oser l'oxymore –, ouvrira une nouvelle fois la présentation. La Section 1 de l'Article VI, consacré au pouvoir judiciaire, précise sa structuration en relevant qu'il « est confié à une Cour suprême, une Haute Cour, un tribunal des droits traditionnels, des tribunaux de district, des tribunaux communautaires et autres tribunaux subordonnées, tribunaux créés par la loi ». Le tribunal des droits traditionnels, objet de la Section 4 du même Article, fait l'objet d'une attention particulière. Sa composition est précisée : une collégialité d'au moins trois juges, « sélectionnés de manière à inclure une représentation équitable de toutes les catégories de droits fonciers ». Sa compétence – qui « peut être invoquée de plein droit à la demande d'une partie à une procédure judiciaire en cours » – « est limitée à la détermination des questions relatives aux titres ou aux droits fonciers ou à d'autres intérêts juridiques dépendant entièrement ou partiellement du droit coutumier et des pratiques traditionnelles de la République des Îles Marshall ».

Au Vanuatu, l'organisation judiciaire fait elle aussi une place à la coutume. Trois des dispositions du Titre VIII, « De la justice », viennent reconnaître cette place. L'article 47, qui ouvre le Titre précise que, « dans le cas où toute disposition légale fait défaut, le tribunal statue selon les principes de l'équité et, dans la mesure du possible, en conformité avec la coutume ». Une place est faite, en deuxième lieu, au « monde coutumier », y compris au plus haut niveau de l'appareil juridictionnel. Ainsi, dans l'objectif de « vérifier l'existence de règles coutumières qui peuvent s'appliquer », et si le Parlement en décide ainsi, des « personnes expertes en matière coutumière » sont appelées à

[1] P. de Deckker et L. Kuntz, *La bataille de la coutume…*, *op. cit.*, p. 142.

siéger avec les juges de la Cour suprême ou avec ceux de la Cour d'appel[1], faisant ainsi office d' « assesseurs coutumiers »[2]. Enfin, le Parlement est autorisé à créer des « tribunaux de village ou d'île avec compétence en matière coutumière » ; à cette occasion, il « définit le rôle des chefs auprès de ces tribunaux »[3]. L'organisation judiciaire vanuatuane a donc bien été adaptée, sous la responsabilité du législateur, pour prendre en considération la coutume. La légitimation des décisions rendues est confortée par le rôle confié aux « personnes expertes » et aux autorités coutumières. Bel et riche exemple mélanésien d'imbrication de la coutume à l'organisation judiciaire.

Les États polynésiens ne sont pas en reste. Quelques rapides illustrations permettront de le vérifier. À Niue, la Haute Cour, principale juridiction du micro-État, est structurée en trois divisions : aux côtés d'une « division civile » et d'une « chambre criminelle », prend place une « division foncière »[4]. Celle-ci a « toute la juridiction et tous les pouvoirs en matière foncière », qui, avant l'entrée en vigueur de la Constitution, étaient conférés au tribunal foncier de Niue[5]. La Constitution des Samoa prévoit, quant à elle, un « Tribunal foncier et des titres », compétent en matière de « terres coutumières », mais aussi en matière de titres *Matai*[6]. Chefs titrés, dont on sait l'importance dans l'organisation de la société samoane, les *Matai* voient ainsi, dans cette seconde compétence du tribunal, une garantie juridictionnelle de protection de leur titre. Aux Tonga, l'organisation juridictionnelle s'appuie elle-aussi sur une juridiction coutumière : le « tribunal foncier », qui prend place aux côtés d'une Cour d'appel, d'une Cour suprême et d'un tribunal de première instance[7].

Ces quelques exemples d'organisations judiciaires, pris dans chacune des zones du Pacifique, sont symptomatiques de la prise en compte de la coutume, en tant que norme, mais aussi en tant que norme à appréhender par des personnes expertes apportant leur concours au service de la justice, ou par des tribunaux ou juridictions dédiés, au plan national comme au plan local. La spécialisation de l'organisation

[1] Constitution du Vanuatu, art. 51.
[2] P. de Deckker et L. Kuntz, *La bataille de la coutume...*, *op. cit.*, p. 131.
[3] *Ibid.*, art. 52.
[4] Constitution de Niue, art. 37, § 3.
[5] *Ibid.*, art. 38, § 2.
[6] Constitution des Samoa, art. 101.
[7] Constitution des Tonga, art. 84.

judiciaire en matière coutumière dessine aussi un terrain de prédilection : le foncier, ou, si l'on veut, la terre.

D. La définition d'un terrain de prédilection de la coutume : le foncier

La doctrine, à l'analyse des constitutions, ou des projets de nouvelles constitutions – ainsi pour celui rédigé pour l'État salomonais –, a tenu à marquer la difficulté à définir la coutume et son droit. Carine David peut ainsi écrire, à propos du projet de nouvelle constitution rédigé pour les Îles Salomon : « Si le droit coutumier est reconnu par la Constitution salomonaise comme faisant partie intégrante du système juridique, on ne trouve ensuite aucun élément de définition de ce qui est entendu par "droit coutumier" »[1].

Pour approcher cette définition, cependant, un indice ne trompe pas. Quand l'on considère la structuration des textes constitutionnels des États océaniens, celle-ci permet d'identifier dans six cas – sur les onze États et territoire considérés dans ce chapitre – une subdivision principale consacrée spécifiquement à la coutume ou à ses déclinaisons juridiques ou matérielles, sous un intitulé ou sous un autre : « Droits traditionnels » pour l'Article X de la Constitution de la République des Îles Marshall ; « *Land* » (*ie* : « Terre ») pour le chapitre XI de la Constitution des Îles Salomon ; « De la terre », pour le Titre XII de la Constitution de la République du Vanuatu ; « Terres et Titres » pour la Partie IX de la Constitution des Samoa ; « La Terre » pour la troisième et dernière partie de la Constitution du Royaume des Tonga ; « Terres », pour l'un des seize articles du projet de constitution de 2006 rédigé pour l'archipel des Tokelau. Une majorité d'États et de territoire, donc, sans compter les subdivisions spécifiquement consacrées aux instances coutumières, ou à une terre particulière, à l'image du chapitre IX que la Constitution de Kiribati consacre à Banaba et aux banabans ; sans compter non plus toutes les dispositions abordant ou traitant de la coutume ou du droit coutumier, sur les plans procédural ou matériel.

De la simple lecture des intitulés précités, un domaine de prédilection se dégage : le foncier, la terre. Le domaine coutumier ne se réduit pas certes au foncier, comme en témoigne l'importance accordée aux titres *Matai* aux Samoa. Mais force est de reconnaître que le foncier

---

[1] C. David, « Constitution et démocratie aux Îles Salomon. À la recherche d'une Constitution "*Home Grown*" », *in Diversité de la démocratie. Théorie et comparatisme : les pays de la Mélanésie*, 2016, Nouméa, Nouvelle-Calédonie, hal-02116994, p. 7.

constitue l'essentiel de ce domaine. Observation que vient confirmer, comme on l'a vu, le champ de compétence principale des juridictions spécialisées en matière coutumière.

Que la terre soit ainsi mise en exergue dans les constitutions des États océaniens insulaires ne surprendra pas. Comme l'ont parfaitement montré Paul de Deckker et Laurence Kuntz, « les Océaniens entretiennent une relation charnelle et viscérale avec la terre »[1]. Dispersée sur toute la surface du Grand Océan, celle-ci est particulièrement rare, et donc d'autant plus précieuse pour les populations et les peuples qui y vivent. Suivant un décompte établi par Jean-Pierre Doumenge, les 23 États et territoires recensés pour le « Pacifique insulaire » reposaient seulement sur des terres émergées de 129 760 kms², pour une population totale de 4,4 millions d'habitants[2]. L'infiniment petit au sein du Grand Océan. L'attachement à la terre doit aussi être resitué dans une perspective historique : les terres, agricoles notamment, « constituaient (...) le support économique essentiel de la vie collective »[3]. « Un groupe sans terre ne pouvait s'épanouir, d'où la relation intime et sacrée que tout groupe de parenté entretenait avec sa “terre d'élection” »[4]. Au moment des indépendances, aujourd'hui encore, et en dépit des migrations vers les quelques aires urbaines du Pacifique – somme toute assez limitées –, la terre reste, pour reprendre les mots de Paul de Deckker et de Laurence Kuntz, le « fondement de l'identité »[5] en Océanie insulaire. « Vecteur d'intégration sociale, outil politique mais également assurance économique, le foncier joue un rôle déterminant, conférant une place et conditionnant les rapports de force entre hameaux, tribus, familles, clans, individus »[6]. Les premières pages de *La bataille de la coutume* posent d'emblée le constat : « Le rapport à la terre est fondamental en Océanie insulaire : l'homme

---

[1] P. de Deckker et L. Kuntz, *La bataille de la coutume...*, *op. cit.*, p. 171.

[2] J.-P. Doumenge, « Le Pacifique et ses Îles : contextes naturels et culturels de développement, réalités économiques et politiques contemporaines », *in États et Constitutions du Pacifique Sud. States and Constitutions of the South Pacific*, E.-P. Guiselin et M. Joyau (dir.), *RJP*, n° Hors série, vol. XI, pp. 33-34.

[3] J.-P. Doumenge, « Le Pacifique insulaire en 2010, un monde éclaté en grande mutation, tiraillé entre traditions “autochtonistes” et valeurs de “métissage” », *Les Cahiers d'Outre-Mer*, n° 252, oct.-nov. 2010, https://doi.org/10.4000/com.6107 ; § 22.

[4] *Ibid.*

[5] P. de Deckker et L. Kuntz, *La bataille de la coutume...*, *op. cit.*, p. 128.

[6] *Ibid.*, pp. 128-129.

appartient à la terre et c'est par elle qu'il acquiert son identité »[1]. On comprend dès lors, qu'en Océanie insulaire, « la terre ne p(uisse) être objet de propriété au sens occidental du terme, seuls des droits d'occupation, d'exploitation ou, encore, de passage s'y exercent »[2]. On comprend aussi l'attention portée par les rédacteurs des constitutions à la terre ; on comprend enfin que ces constitutions aient consacré les droits des populations autochtones sur ces terres, même aux Fidji, sous l'empire de la Constitution de 2013. S'il était besoin, la montée des eaux, liée au réchauffement climatique, vient encore renforcer ce rapport premier et essentiel des populations autochtones à « leurs » terres.

L'évocation de quelques constitutions sera utile pour apprécier la protection de ce rapport si particulier que les insulaires du Pacifique entretiennent avec la terre. Aux Îles Marshall, comme déjà signalé, rien, dans la Déclaration des droits « occidentalisée », « ne doit être interprété comme invalidant le droit coutumier ou toute pratique traditionnelle concernant le régime foncier ou toute question connexe »[3]. Aux Fidji, « seuls les autochtones, les Rotumans et les Banabans jouissent de la propriété des terres, qu'ils ne peuvent aliéner, à l'exclusion des Indo-fidjiens, cela en dépit du principe d'égalité »[4], posé par ailleurs entre toutes les composantes de l'unique peuple fidjien. Plus particulièrement, trois articles de la Déclaration des droits de la Constitution de 2013 sont ainsi consacrés spécifiquement aux « Droits de propriété » des peuples autochtones, *I Taukei*, Rotuman et Banaban[5], à la « Protection de la propriété et des intérêts fonciers »[6] et

---

[1] *Ibid.*, p. 26.

[2] *Ibid.*

[3] Constitution de la République des Îles Marshall, Article X (« Droits traditionnels »), Section 1 (« Droits fonciers traditionnels préservés »), § 1er.

[4] N. Rouland, « Autonomie et autochtonie dans la zone Pacifique sud : approches juridique et historique », *RFDC* 2015, p. 923. Dans un rare jeu de miroirs constitutionnel, la Constitution de Kiribati, dans son chapitre IX spécifiquement consacré à Banaba et aux Banabans, a entendu protéger les droits sur la terre des personnes originaires de Banaba, et ce même si ces personnes résident sur l'île de Rabi dépendant de l'archipel des Fidji. Ainsi, suivant l'article 119, § 1er de la Constitution de Kiribati, « Si un Banaban possède un droit ou un intérêt sur une terre de Banaba, ce droit ou cet intérêt ne sera pas affecté en raison du fait qu'il réside sur l'île de Rabi aux Fidji ». D'autres dispositions protectrices figurent au sein de ce chapitre IX, telle la rétrocession des droits sur les terres pour les Banabans concernés ou leurs héritiers, « dès la fin de l'extraction du phosphate sur ces terres ».

[5] Constitution de la République des Fidji de 2013, art. 28.

[6] *Ibid.*, art. 29.

au « Droit des propriétaires fonciers à une juste part des redevances pour l'extraction des minéraux »[1]. Dans le même esprit, le titre XII de la Constitution du Vanuatu, « De la terre », consacre d'emblée les droits des populations autochtones sur leurs terres. Ouvrant ce Titre, l'article 73 affirme ainsi en une formule lapidaire : « Toutes les terres situées dans le territoire de la République appartiennent aux propriétaires coutumiers indigènes et à leur descendance ». Et l'article suivant ajoute, tout aussi lapidairement : « Dans la République, les règles coutumières constituent le fondement des droits de propriété et d'usage des terres ».

Les constitutions des États polynésiens traduisent le même rapport, viscéral, des populations autochtones à la terre. La Constitution des Samoa, dans un exercice de clarification louable vient établir une classification en son article 101 : « Toutes les terres aux Samoa sont des terres coutumières, des terres en pleine propriété ou des terres publiques ». La suite de l'article permet au constituant de donner une définition de chacune de ces trois catégories de terres[2], avant que l'article suivant ne vienne protéger les terres coutumières, en proscrivant, les concernant, toutes formes d'aliénations[3]. La Constitution du petit État de Niue donne pour sa part une définition précise de la « terre niouéenne » : « les terres situées à Niue, dévolues à la Couronne, mais détenues par les Niouéens selon les coutumes et usages de Niue »[4], tout en restreignant drastiquement la compétence de l'Assemblée de Niue à l'égard des terres coutumières et des titres coutumiers sur ces terres, forme de protection du régime foncier traditionnel de ce « petit territoire très isolé »[5] de 260 kms^2. Quant au Royaume des Tonga, sa Constitution indique dans sa Troisième partie « La Terre »[6], que « Toutes les terres sont la propriété du Roi » et qu' « il peut à son gré accorder aux nobles et aux chefs (...) un ou

[1] *Ibid.*, art. 30.

[2] Les définitions de la « terre coutumière », de la « terre en pleine propriété » et de la « terre publique » sont données par les § 2, 3 et 4 de l'art. 101 de la Constitution des Samoa. Ainsi, suivant le § 2, la « Terre coutumière désigne les terres détenues aux Samoa conformément à la coutume et à l'usage samoans et à la loi relative à la coutume et à l'usage samoans ».

[3] Constitution des Samoa, art. 102.

[4] Constitution de Niue, art. 33, § 5.

[5] J.-P. Latouche, entrée « Niue », « Petit dictionnaire historique et politique », *in Les insulaires du Pacifique. Histoire et situation politique* (I.C. Campbell et J.-P. Latouche, dir.), PUF, coll. « Politique d'aujourd'hui », 2001, p. 340.

[6] Constitution des Tonga, art. 104, par lequel s'ouvre la partie.

plusieurs domaines pour devenir leurs domaines héréditaires ». La coutume et la terre rejoignent ici la personne du Roi pour cette monarchie encore organisée il y a peu sous une forme assez éloignée des canons de la démocratie occidentale.

Le cas Tongien et le modèle de quasi-monarchie absolue qu'il recélait jusqu'à une époque encore récente conduisent à s'interroger sur la pertinence des voies propres qui ont été explorées par certains États océaniens insulaires.

III. Des voies propres pour les États océaniens interrogées

Entre chemin institutionnel propre, inscrit dans un schéma de régime parlementaire, ou plus ou moins éloigné de lui ; force d'attraction du modèle occidental de démocratie et définition d'un système de gouvernement traditionnel, différents États ou territoire insulaires méritent à présent d'être interrogés : Fidji, dans sa quête d'une *Pacific Way* aux fondements renouvelés avec la Constitution de 2013 (A) ; Samoa et Tonga, monarchies à fondements traditionnels confrontées à l'attraction du modèle occidental de démocratie (B) ; les Îles Salomon et Vanuatu, à la recherche d'une optimisation de leurs ressorts institutionnels et politiques (C) ; l'archipel des Tokelau, enfin, dans l'appréhension d'un nouveau type de régime : le régime villageois (D).

A. Fidji ou la quête d'une Pacific Way *renouvelée*

Le pays de Sir Ratu Mara et de la *Pacific Way*, on le sait, a connu une histoire singulière. Lorsque les britanniques ont pris possession du territoire, au XIXe siècle, ils ont trouvé un ordre social hiérarchisé autour de grands chefs. L'importance de ceux-ci a été reconnue à travers la création, en 1876, d'un Grand conseil des chefs. Autre fait marquant de l'histoire coloniale des Fidji, la venue en masse de travailleurs indiens, pour la culture de la canne à sucre. Les travailleurs indiens sont, pour la plupart, restés ; de telle sorte qu'en 1966, à la veille de l'indépendance, la population de l'archipel comptait 202 000 autochtones et 241 000 personnes d'origine indienne. Aussi, lors de l'accession à l'indépendance, et au stade de l'élaboration de la Constitution qui allait régir le nouvel État, la question principale a été : « comment assurer simultanément l'épanouissement identitaire – des deux principales communautés fidjienne et indo-fidjienne – et l'unité nationale ? »[1].

Sur le plan politique, la réponse a pu s'exprimer, à l'entame des années 1970, dans le dessein d'une *Pacific Way* par le Premier ministre, Sir Ratu Mara. Sur le plan constitutionnel, les rédacteurs de la Constitution de 1970 ont d'abord cherché à valoriser au sein des instances du nouvel État la représentation des chefs coutumiers. C'est la solution d'un Parlement bicaméral qui fut retenue : la seconde chambre, le Sénat, faisait appel à des représentants du Grand conseil des chefs[2]. Sur le plan constitutionnel toujours, les mêmes rédacteurs ont entendu garantir une représentation égale des deux ethnies principales, l'une et l'autre dotée de 22 sièges à la Chambre des représentants, les 8 derniers sièges étant réservés à la représentation des autres électeurs. Une représentation ethnique donc, même si le régime électoral mis en place, avec un complexe système de votes croisés – et quatre bulletins de vote remis à chaque électeur – « devait inciter les politiciens de chaque groupe ethnique à solliciter les électeurs des autres »[3]. Pour faire unité. Ce souhait aura cependant du mal à se concrétiser. Le pays devait en effet connaître, à partir de 1987, une succession de coups d'État, et de Constitutions[4]. Or, ni la Constitution de 1990, ni celle de 1997, nonobstant le bicaméralisme maintenu, ne permirent de retrouver les voies d'une vie politique apaisée. La Constitution de 1990, « à caractère racial »[5], « reprit le système de ségrégation ethnique »[6] hérité de la Constitution de 1970, mais cette fois sur une base inégalitaire. Dans le nouveau texte constitutionnel, les fidjien-mélanésiens bénéficiaient en effet d'une représentation de 37 sièges à la première chambre du Parlement, quand les indo-fidjiens, encore majoritaires dans la population, devaient se contenter de 27

---

[1] F. Faberon, « Représentation ethnique et droit constitutionnel à Fidji », *op. cit.*, p. 528.

[2] Ainsi que le rappelle F. Faberon, le Sénat disposait d'un « droit de veto à l'égard des propositions de la Chambre des représentants impliquant les spécificités des fidjiens autochtones », *ibid.*, p. 528.

[3] J.C. Campbell, J.-P. Latouche, *Les insulaires du Pacifique…*, *op. cit.*, p. 270.

[4] Sur l'histoire des coups d'État fidjiens et des trois premières Constitutions (1970, 1990 et 1997), v. M. Bastogi et H. Goiran, « Les Fidji : Constitutions et coups d'État », *in États et Constitutions du Pacifique Sud…*, *op. cit.*, pp. 251-266.

[5] J.-M. Régnault, « Une zone d'instabilité : le Pacifique insulaire intertropical », *Cahiers d'Histoire immédiate*, n° 25, printemps 2004, p. 95.

[6] F. Faberon, « Chronique constitutionnelle des États d'Océanie », *RFDC* 2019, n° 118, p. 459.

sièges[1]. La Constitution de 1997, quant à elle, revint à une représentation égalitaire des deux ethnies à la chambre, et, dans un souci louable de restauration de l'unité nationale, instaura le principe d'un « gouvernement pluraliste », solution institutionnelle qui sera également retenue par la France pour la Nouvelle-Calédonie. Mais le gouvernement de coalition installé sur cette base en 1999 fut renversé par un nouveau coup d'État en 2000, un contre coup d'État du Commodore Frank Baïnimarama s'en suivant.

Préparée sous l'égide de ce dernier, la nouvelle Constitution de 2013 entendit réorienter assez fondamentalement les principes constitutifs de la République fidjienne et de ses institutions. En premier lieu, le bicaméralisme fut abandonné au profit d'un Parlement monocaméral. C'était enlever des structures de l'État fidjien toute représentation institutionnelle des autorités coutumières ; sans préjudice cependant, même sans assise constitutionnelle, du maintien du Grand conseil des chefs. En second lieu, et allant dans le même sens d'une représentation parlementaire égale de chaque fidjien, à rebours des solutions antérieures, le Constituant entendit mettre en avant, comme première valeur de la République, une « citoyenneté commune et égale »[2], le reste du texte constitutionnel déclinant – et protégeant autant qu'il est possible – cette « valeur ». Ainsi, suivant l'article 53, § 1er de la Constitution, « le vote est de valeur égale » et son expression s'appuie sur « une liste électorale nationale unique comprenant tous les inscrits ». Dans le même sens, l'article 55, § 5 confie à la commission électorale, par ailleurs mise en place, la tenue d'« un registre national unique et commun des électeurs » ; l'électorat étant ouvert à tous les citoyens âgés de 18 ans et plus.

Clairement, cette nouvelle organisation institutionnelle et politique, tout en restant dans l'épure du modèle de Westminster, se rapproche des canons occidentaux du régime parlementaire. Ce faisant, et pour reprendre les mots de Florence Faberon, Fidji a abandonné les « voies originales mais risquées » – l'histoire contemporaine des Fidji l'a trop montré – « du droit constitutionnel de la représentation ethnique »[3]. Non pas que celle-ci ne soit pas justifiée dans certaines circonstances :

---

[1] Un siège était réservé pour les Rotumans, et 5 sièges pour les autres électeurs.

[2] Constitution des Fidji de 2013, art. 1er : « La République des Fidji est un État démocratique souverain fondé sur les valeurs de : a) la citoyenneté commune et égale et l'unité nationale » (…) ».

[3] F. Faberon, « Représentation ethnique et droit constitutionnel à Fidji », *op. cit.*, p. 534.

ainsi pour la représentation réservée (et donc protégée) de cinq sièges pour les *Maori* au Parlement de Nouvelle-Zélande. Mais, pour Fidji, force est d'acter le bien-fondé de droits égaux pour toutes les communautés, dans la volonté, exprimée très vite par Frank Baïnimarama après le coup d'État de décembre 2006, de « construire une société fidjienne biculturelle égalitaire »[1]. Un retour à la *Pacific Way*, en somme, acté par la Constitution de 2013.

Reste un regret, à la lecture de ce texte constitutionnel, qui figure désormais sans doute parmi les plus occidentalisés des États insulaires du Pacifique : l'extrême difficulté qu'il y aura à réviser la Constitution, le projet de révision, proposé au référendum, devant être adopté à une majorité qualifiée extrêmement élevée : les « trois quarts du nombre total des électeurs inscrits »[2]. Il ne saurait y avoir de texte constitutionnel, aussi bien conçu et réfléchi soit-il, qui ne requiert pas, tôt ou tard, une modification de telle ou telle de ses dispositions.

Dans des contextes différents, la monarchie samoane et celle des Tonga ont donné prise à d'autres évolutions pour se rapprocher du modèle occidental.

B. Les monarchies à « fondement traditionnel » en prise avec la modernité

Suivant des cheminements propres, les « Samoa-Occidentales » – Samoa aujourd'hui – et Tonga ont été en prise avec la modernité.

Aux Samoa, l'élément structurant de la société « est constitué par le *'aiga*, ensemble de familles étendues hiérarchisées et dirigées à chaque niveau par un *matai*, c'est-à-dire un chef titré, choisi parmi ses membres »[3]. Or cette organisation sociale, de même que la culture samoane – *fa'a Samoa* – « se lisent encore (…) dans les institutions et le jeu politique contemporains »[4]. Et, au moment de l'indépendance, c'est une « Constitution à fondements traditionnels »[5], pour reprendre la qualification de Paul de Deckker, qui a été adoptée. Deux éléments

---

[1] *In* P. de Deckker, « Le multiculturalisme dans le Pacifique », *op. cit.*, p. 288.

[2] Constitution des Fidji de 2013, chapitre 11, art. 160.

[3] J.-P. Latouche, entrée « *matai* », « Petit dictionnaire historique et politique », *in Les insulaires du Pacifique…*, *op. cit.*, p. 336.

[4] J.-P. Latouche, entrée « Samoa (occidental) », « Petit dictionnaire historique et politique », *op. cit.*, p. 351.

[5] P. de Deckker, « Évolutions statutaires dans le Pacifique insulaire : la manière anglo-saxonne », *in* J.-Y. Faberon, *L'avenir statutaire de la Nouvelle-Calédonie. L'évolution statutaire des liens de la France avec ses collectivités périphériques*, Les études de la Documentation française, 1997, p. 83.

importants en attestent dans la conception et dans l'organisation des institutions samoanes. En premier lieu, seuls les *Matai* pouvaient voter et se présenter pour les élections au *Fono*, le Parlement monocaméral installé[1]. Plus précisément, ils étaient désignés parmi les membres des *Fono* (assemblées) des onze districts du pays. En second lieu, dans le cadre de la monarchie constitutionnelle « élective »[2] installée, ce sont deux des quatre grands chefs traditionnels qui ont été désignés pour assurer, conjointement, la fonction de chef de l'État. Il était prévu que le dernier survivant des deux resterait chef de l'État jusqu'à sa mort. C'est ainsi que Malietoa Tanumafili II « régna » pendant 45 ans, et seul à la fonction de chef de l'État du 15 avril 1963 (date du décès du « co-monarque »[3]) au 11 mai 2007. On en convient avec Thibaut de Berranger, ces modalités de désignation « reflète(nt) bien davantage un esprit monarchiste que républicain »[4].

Cependant, dans la période contemporaine, deux concessions au modèle de démocratie occidentale furent faites. Concernant l'Assemblée législative, un référendum, organisé en octobre 1990, acta le caractère désormais universel du suffrage. Il est vrai que, depuis les années 1980, la vie politique samoane était « marquée par l'ascension du Parti pour la protection des droits de l'homme »[5]. Pour autant, le droit d'éligibilité continua à être réservé aux *Matai*. Deuxième concession à la modernité : la limitation à deux mandats de cinq ans, consécutifs ou non, du nombre de mandats de chef de l'État que peut accomplir la même personne. Introduite par voie de modification de la Constitution, en 2019, cette disposition, assez fréquente désormais dans les Constitutions, n'a pas cependant remis en cause la convention de la Constitution invitant les Parlementaires à choisir, le moment venu, l'un des quatre grands chefs traditionnels. L' « esprit » de la Constitution a donc été préservé ; et les Samoa demeurent, malgré les évolutions décrites, une monarchie élective, guidée par une Constitution qui reste

---

[1] Aux Samoa américaines, le Parlement, ou *Fono*, est bicaméral. Si les 20 membres de la chambre des Représentants sont élus au suffrage universel, les 18 membres du Sénat sont élus par les *Matai*.

[2] Qualification retenue, à juste titre, par T. de Berranger, « L'exécutif dans les États du Pacifique Sud », *in États et Constitutions du Pacifique Sud…*, *op. cit.*, p. 125.

[3] *Ibid.*, p. 138.

[4] *Ibid.*

[5] J.-P. Latouche, entrée « Samoa (occidental) », « Petit dictionnaire historique et politique », *op. cit.*, p. 352.

à « fondements traditionnels », tout en s'inscrivant dans le cadre d'un régime parlementaire.

Le Royaume des Tonga a connu une histoire plus complexe, plus longue aussi : sa Constitution remonte à 1875. Protectorat à partir de 1900, le Royaume des Tonga reprend son indépendance en 1970. Comme le soulignent Paul de Deckker et Laurence Kuntz, la Constitution est le fruit d'un « compromis de concessions faites par le Roi George Tupou en 1875 à ses sujets et d'un ordre social fonctionnant sur le principe du *Fakaa-Pacipa* »[1] : « principe social régissant la vie à Tonga en fonction duquel toute personne doit une obéissance totale et incontestable à toutes les autorités auxquelles elle est directement subordonnée »[2].

L'organisation institutionnelle de l'État tongien, jusqu'à une période récente, s'est inscrite dans cette logique. Dans l'aménagement des institutions, le Roi a été conçu comme le « personnage central de l'exercice du pouvoir »[3], et ce pouvoir a été « longtemps exercé d'une manière assez autocratique et traditionnelle »[4]. La Partie II de la Constitution, consacrée à la « Forme de gouvernement », porte cette conception. La monarchie est héréditaire ; l'article 32 organise la succession au trône et l'héritier présumé, pour se marier, doit requérir « le consentement du roi »[5]. Outre le Cabinet, composé d'un Premier ministre et de ministres, nommés par le Roi, et appelés à exercer leurs fonctions « pendant le gré du roi »[6], l'exécutif repose sur un Conseil privé. Mentionné avant le Cabinet dans l'ordre des articles de la Constitution, ce Conseil privé est nommé par le Roi « pour l'assister dans l'exercice de ses fonctions importantes »[7]. Sa composition fait appel aux membres du Cabinet, aux deux gouverneurs d'Ha'apai et de Vava'u, ainsi qu'à « toute personne que le Roi jugera bon d'appeler à son conseil »[8]. Chaque ministre est appelé à rédiger « une fois par an un rapport informant le Roi des affaires de son département »[9]. On le voit, l'exécutif est largement dominé par le Roi ; les formulations

[1] P. de Deckker et L. Kuntz, *La bataille de la coutume…*, *op. cit.*, p. 122.
[2] *Ibid.*, p. 122, note 56
[3] T. de Berranger, « L'exécutif dans les États du Pacifique Sud », *in États et Constitutions du Pacifique Sud…*, *op. cit.* p. 126.
[4] *Ibid.*
[5] Constitution des Tonga, art. 33.
[6] *Ibid.*, art. 51.
[7] *Ibid.*, art. 50.
[8] *Ibid.*, art. 50.
[9] *Ibid.*, art. 51

utilisées par le Constituant ne sont pas sans laisser transparaître une ambiance de monarchie absolue.

Dans l'organisation de l'Assemblée législative des Tonga – deuxième « corps » du gouvernement, aux côtés du Conseil privé et du Cabinet du Roi (1er corps) et du pouvoir judiciaire (3ème corps)[1] –, la prégnance d'une organisation monarchique du pouvoir est tout aussi forte. Suivant l'article 59 de la Constitution qui traite de la composition de l'Assemblée (dans sa rédaction résultant d'une loi de 1914), celle-ci fait appel aux conseillers privés et aux ministres du Cabinet, à des représentants des nobles et à des représentants du peuple. N'était le clergé, cela n'est pas sans rappeler la composition des États généraux réunis par Louis XVI en 1789. Pour la détermination du nombre de sièges des deux dernières catégories, l'article 60 – dans une rédaction résultant d'une loi de 1962 – octroyait neuf sièges à la représentation des nobles, « élus par les nobles du Royaume », et le même nombre de sièges à la représentation du peuple, élus par « les électeurs qualifiés ». C'est le Roi qui nomme le président de l'Assemblée[2]. Avec une telle organisation, on est loin des principes d'organisation d'une assemblée d'un régime démocratique ; impression renforcée par le « Privilège des nobles » au sein de l'Assemblée, distingué par l'article 67 : « Il sera permis uniquement aux nobles de l'Assemblée législative de discuter et de voter sur les lois relatives au roi ou à la famille royale ou aux titres et héritages des nobles (…) ».

Pendant longtemps, en vertu du principe du *Fakaa-Pacipa*, la population du Royaume a « adhér(é) à ce système de gouvernement au vu de la stabilité politique et de la permanence des valeurs, communément partagées, qu'il implique et garantit »[3]. Mais une « jeune élite tongienne », formée aux principes de la démocratie, s'est mise, à partir des années 1990, à « dénonc(er) … l'ordre établi », précisément au nom de ces principes[4]. Cette dénonciation, qui a pu prendre la forme, en 2006, de violentes émeutes, qui ont été jusqu'à détruire 80 % du centre-ville de la capitale du Royaume, Naku Alofa, a conduit le monarque à faire évoluer le système politique. Cela s'est fait par touches successives. D'abord, en acceptant, en 2005, de désigner des ministres non nobles au sein du Cabinet – dont le Premier ministre

[1] Sur la division en trois « corps » du « Gouvernement [du] Royaume », cf. art. 30 de la Constitution.
[2] Constitution des Tonga, art. 61.
[3] P. de Deckker et L. Kuntz, *La bataille de la coutume…*, p. 72.
[4] *Ibid.*, p. 73.

lui-même, en 2006. Puis, surtout, en acceptant, une représentation sensiblement accrue pour le peuple à l'Assemblée ; celle-ci est passée de 9 sièges à 21, à compter des élections de 2008. On a pu en conclure que « le pays semble (...) véritablement en route vers le modèle de Westminster »[1]. Beaucoup de chemin reste cependant à faire pour rejoindre un modèle pleinement démocratique de gouvernance, à commencer, pour prétendre au régime parlementaire, à l'acceptation du principe de responsabilité de l'exécutif devant le Parlement.

D'autres États répondent aux canons démocratiques, mais sont plutôt à la recherche d'une optimisation des ressorts de leur ingénierie constitutionnelle et politique.

C. Les États à la recherche d'une optimisation de leur ingénierie constitutionnelle et politique

Sans prétendre à l'exhaustivité, on évoquera brièvement ici la situation des Îles Salomon et de la République du Vanuatu.

Le « caractère hétérogène de la population salomonaise »[2], la multiplicité, en particulier, des groupes linguistiques – jusqu'à 70 groupes, répartis sur une douzaine d'îles principales – ont souvent été avancés pour caractériser une société plurielle. On a souligné, dans le même sens, qu'il n'y avait « pas d'unité qui aille au-delà d'une île, voire en deçà »[3].

La doctrine, Carine David en particulier, a pu faire le constat désabusé d'un décalque du « système constitutionnel britannique, inadapté aux spécificités socio-culturelles de l'organisation traditionnelle de la société salomonaise »[4]. Inadaptation renforcée, suivant Carine David, par le choix du régime électoral : le *first past the post*[5], en effet, retenu pour l'élection des 50 parlementaires, dans le cadre des circonscriptions électorales dessinées, ne serait pas de nature

---

[1] T. de Berranger, « L'exécutif dans les États du Pacifique Sud », *in États et Constitutions du Pacifique Sud...*, *op. cit.* p. 127, note 50.

[2] C. David, « Constitution et démocratie aux Îles Salomon. À la recherche d'une Constitution "*Home Grown*" », préc.

[3] D. Tryon, cité par G. Agniel, *in* « Démocratie et colonialisme dans le Pacifique », *Pouvoirs*, n° 127, 2008, p. 138.

[4] C. David, « Constitution et démocratie aux Îles Salomon. À la recherche d'une Constitution "*Home Grown*" », préc.

[5] C'est-à-dire le scrutin uninominal majoritaire à un tour, souvent pratiqué dans le monde anglo-saxon.

à favoriser les regroupements politiques, au-delà des microsociétés électives, et, partant, la stabilité de la vie politique salomonaise[1].

Partant de ces constats, les acteurs politiques salomonais ont entendu changer la forme de l'État, en le faisant passer d'une forme unitaire à une forme fédérale. D'où l'élaboration de projets de constitution pour un État fédéral, qui pourrait compter de 9 à 12 entités fédérées. On ne s'attardera pas ici sur l'organisation institutionnelle imaginée par ces projets. Elle est analysée par Jean-Philippe Feldman dans le chapitre 5 de cet ouvrage ; elle l'a aussi été par Carine David dans son étude précitée publiée en 2019. On se contentera d'aller dans le sens de ces auteurs, et de relever, avec Jean-Pierre Doumenge, que la forme fédérale de l'État peut apparaître comme le « moyen institutionnel apparemment le plus performant pour empêcher les revendications sécessionnistes »[2]. À ce premier avantage peuvent s'en ajouter deux autres, pour ce même auteur : la limitation des « coûts inhérents à l'exercice de la souveraineté en déléguant certaines responsabilités publiques aux entités fédérées » ; la sauvegarde des « identités locales »[3].

L'organisation fédérale de l'État, pour Salomon ou pour la Papouasie Nouvelle-Guinée[4] demain, pour d'autres États du Pacifique Sud dans le passé, tels Palau et les États fédérés de Micronésie, fait donc partie des outils pouvant être mobilisés pour rechercher, et atteindre, la *Pacific Way*[5].

---

[1] Dans l'étude préc., « Constitution et démocratie aux Îles Salomon… », C. David dénonce ainsi les conséquences du choix du « *first past the post* » et des comportements électoraux induits : « l'élection d'une majorité de députés indépendants, car non membres d'un parti politique. Ceci se traduit par une extrême volatilité des députés qui font et défont les majorités, engendrant ainsi une instabilité gouvernementale chronique ».

[2] J.-P. Doumenge, « Le Pacifique insulaire en 2010, un monde éclaté en grande mutation, tiraillé entre traditions "autochtonistes" et valeurs de "métissage" », préc., § 62.

[3] *Ibid.*, § 62.

[4] Pour une approche du fédéralisme concernant ce dernier État, v. H. Goiran et C. Gravelat, « Papouasie-Nouvelle-Guinée : le fédéralisme comme hypothèse pour l'avenir de Bougainville », *in Les fédéralismes* (J.-Y. et F. Faberon, dir.), Recherches sur la cohésion sociale (RCS), 2020, pp. 391-411.

[5] V. à ce sujet, la contribution de J.-P. Feldman dans ce volume.

Dans le cas du Vanuatu, ancien *condominium* franco-britannique[1], ce n'est pas la forme de l'État qui a fait l'objet de débats et de propositions de réforme. Les propositions de réforme ont cependant cherché, comme aux Îles Salomon, à remédier à l'instabilité politique. Deux des chroniques de Florence Faberon à la *Revue française de droit constitutionnel* se font l'écho des réformes envisagées[2] : un encadrement plus poussé de l'outil de la motion de censure ; la réforme du statut des partis politiques, « pour limiter le départ des députés de leur parti »[3] ; ou encore – plus contestable au regard des canons modernes de la démocratie – la limitation du droit de se présenter aux élections législatives aux citoyens autochtones[4]... Les chroniques de Florence Faberon permettent de saisir plus avant le contexte de ces réformes.

Reste, pour finir ce tour d'horizon des voies institutionnelles et politiques propres empruntées, ici ou là, dans le Pacifique insulaire, à considérer le cas, très particulier, de l'archipel des Tokelau.

D. Le régime villageois des Tokelau : un mode de gouvernement proprement Pacifique

Dans son « Petit dictionnaire historique et politique », joint à l'ouvrage sur *Les insulaires du Pacifique. Histoire et situation politique*, paru en 2001, Jean-Paul Latouche ouvre ainsi son entrée consacrée à Tokelau : « Ce territoire composé de trois atolls [pour] une superficie de 12 km², fut successivement protectorat britannique, puis annexé, inclus (...) dans la Colonie des îles Gilbert et Ellice, transféré administrativement en 1925, puis souverainement en 1946 à la Nouvelle-Zélande. Il a une population de 1 700 habitants[5], des Polynésiens parlant le tokelau, en majorité chrétiens, qui souhaitent conserver leurs liens privilégiés avec la Nouvelle-Zélande, dont

[1] Marqué, dans le développement de son histoire coloniale, par deux résidences coloniales, deux systèmes scolaires, deux systèmes de santé et deux langues officielles : le français et l'anglais.

[2] F. Faberon, « Chronique constitutionnelle des États d'Océanie », *RFDC* 2019, p. 453 et s. ; « Chronique des États d'Océanie – 2019 », *RFDC* 2020, spéc. p. 50 et s.

[3] F. Faberon, « Chronique constitutionnelle des États d'Océanie », préc., p. 472.

[4] F. Faberon, *ibid.*, p. 471 : suivant le projet de révision de la Constitution analyé dans la chronique, « Tout citoyen vanuatais autre qu'un citoyen naturalisé âgé d'au moins 25 ans a droit de se présenter aux élections législatives ».

[5] 2 500 habitants aujourd'hui.

Tokelau est une partie intégrante et où résident en permanence près de 3 000 habitants » originaires de Tokelau[1].

Appelés à deux reprises, en 2006, puis en 2007, à voter sur le statut d'État associé à la Nouvelle-Zélande, à l'image des Îles Cook et de Niue, projet de Constitution à l'appui, les électeurs de l'archipel dégagèrent certes, par leurs votes, des majorités lors de l'une et l'autre des consultations, mais sans que celles-ci atteignent la majorité qualifiée requise des deux tiers des suffrages exprimés. La perspective d'une nouvelle consultation n'est pas à exclure ; aussi, il peut être intéressant de revenir sur le projet de Constitution de 2006. Ce d'autant plus que ce projet s'appuie en grande partie sur l'organisation institutionnelle présente d'un territoire voulu autonome.

Principale particularité du projet de Constitution, une fois rappelés, par le Préambule, les entrelacs divins et coutumiers : « Les villages sont la source de toute autorité aux Tokelau ». Cette phrase du Préambule, par laquelle se termine la partie déclarative de celui-ci – ce qui est une façon de souligner son importance –, éclaire l'ensemble de l'organisation institutionnelle, politique et sociale voulue, et déjà expérimentée, pour l'archipel. Elle est renforcée, s'il était besoin, par les derniers mots du court Préambule : l'union du peuple de l'archipel « pour la protection de nos familles et de notre culture et pour la protection de l'indépendance des villages dans les questions qui les concernent ».

Cette expression du principe de subsidiarité, au profit des villages de chaque atoll – Atafu, Fakaofo et Nukunonu –, est en soi un marqueur de l'importance des villages. D'autres marqueurs villageois attestent de cette importance.

D'abord, quant à l'organisation institutionnelle voulue pour le territoire. Les deux principales autorités de chaque village – le maire : *Pulenuku* et le chef : *Faipule* –, élues pour trois ans par les électeurs du village, sont l'une et l'autre appelées à former (avec leurs homologues des deux autres villages) le conseil permanent du gouvernement. Les portefeuilles sont attribués à chaque membre du conseil, qui est présidé pour un an, alternativement, par l'un des trois *Faipule*. Pendant un an, le *Faipule* concerné devient *Ulu-o-Tokelau*, à la fois chef du gouvernement et ministre des affaires étrangères. Une forme de présidence tournante, à la manière, toutes proportions gardées, de la

[1] J.-P. Latouche, entrée « Tokelau », « Petit dictionnaire historique et politique », *op. cit.*, p. 355.

présidence tournante du conseil des ministres de l'Union européenne. Les membres du conseil émanent ainsi directement des entités locales, et c'est l'un d'eux qui assure la présidence, avec une fonction de représentation bien marquée par l'article 6, § 3 du projet de Constitution de 2006 : « L'*Ulu-o-Tokelau* préside le Conseil et représente le Conseil, le *Fono* général et la nation ». Cette imbrication des structures locales et nationales se retrouve dans la composition du *Fono* général, qui fait appel, suivant l'article 3 du projet de Constitution, aux *Faipule* et aux *Pulenuku* de chaque village ; et, en sus, à un délégué de chaque village par tranche de cent habitants, arrondie au cent habitants les plus proches. Les trois villages structurent ainsi au premier chef, et même exclusivement, la représentation des habitants au *Fono*. Qui plus est, la durée du mandat des délégués du *Fono* général coïncide avec celle des *Faipule*.

D'autres indices confirment l'importance des villages dans l'organisation institutionnelle. Ainsi, pour les réunions du *Fono* général, et suivant l'article 4, § 3 du projet de Constitution de 2006, « aucune décision ne sera prise par le *Fono* général si au moins les deux tiers des membres ne sont présents, dont au moins quatre membres de chaque village », cas peut être unique, dans le fonctionnement d'une assemblée nationale, de « quorums territorialisés », venant seconder un quorum général[1] ! On relèvera encore la place réservée aux sources du droit dans le système juridique conçu pour Tokelau : suivant l'article 12, § 4 du projet de Constitution, ces sources « sont, par ordre décroissant de priorité, la présente Constitution, les règles générales du *Fono*, les règles du village, la coutume des Tokelau et les principes généraux du droit international ».

Sans aller plus avant, on ajoutera aux considérations qui précèdent le fait que le Conseil du gouvernement permanent de six membres n'est pas véritablement responsable devant le *Fono* général. Tout juste peut-on mentionner l'obligation pour le Conseil de « f(aire) rapport au *Fono* général lors de sa prochaine réunion sur la conduite des affaires exécutives »[2]. Cette absence de responsabilité écarte le système de gouvernement prévu par le projet de Constitution de 2006 des canons

---

[1] Suivant le même article 4, § 3, le quorum général est fixé à « au moins les deux tiers des membres » de l'assemblée.

[2] L'article 6, § 1er du projet de Constitution prévoit en effet que : « Lorsque le *Fono* général n'est pas en session, les affaires exécutives du *Fono* général seront dirigées par le Conseil du gouvernement en cours » (*ie* : l'instance exécutive collégiale de six membres).

du régime parlementaire. Ce projet ne s'inscrit pas davantage dans l'épure d'un régime d'assemblée, ni dans celle d'un régime présidentiel. Reste la qualification, que nous proposons, de *régime villageois*. Celle-ci, pour singulière qu'elle soit par rapport aux autres modes d'organisation institutionnelle analysés dans ce titre – si ce n'est qu'elle témoigne à nouveau de la « profondeur » du « local » et de l'importance des autorités coutumières – n'en répond pas moins à l'esprit de *la Pacific Way*, chère à Sir Ratu Mara. Une phrase du Préambule du projet de 2006 résume le destin commun et solidaire de ce peuple du Pacifique : elle met en avant « la manière des Tokelau, qui comprend [:] un engagement en faveur d'une vie d'interdépendance où les moins fortunés sont pris en charge, le système *inati* de partage des ressources, l'égalité des chances de participer à la vie de la communauté et le droit de vivre heureux ».

Conclusion

À l'issue de ce titre consacré aux micro-États insulaires océaniens, nous pensons pouvoir considérer qu'il existe bien un modèle étatique propre à ces États. Certes, ces États ont concédé, au moment de l'accession à l'indépendance, une organisation institutionnelle héritée du vieux continent, la fréquente transposition du modèle de Westminster et plus largement du régime parlementaire en étant la marque la plus emblématique. Certes, les déclarations des droits et les principes posés par les textes constitutionnels rappellent très largement les déclarations et les droits affirmés par les constitutions occidentales. Pour autant, c'est bien un modèle spécifique d'États – unitaires pour ceux que nous avons considérés dans ce titre, mais ces conclusions valent aussi pour la République de Palau et les États fédérés de Micronésie – qu'il nous a été donné d'identifier. Cette identification a pour berceau le Grand Océan, l'infiniment grand recélant ici l'infiniment petit. On ne peut comprendre ces territoires, ces États et les populations qui y vivent si l'on a pas présent à l'esprit ce double dimensionnement : des confettis de territoires et des parcelles de peuplements au sein de l'immensité du Pacifique.

Ce double dimensionnement explique pour beaucoup tout le reste. Sur le plan sociétal : l'attachement à la terre, au groupe, aux règles coutumières qui le régissent, aux fondements chrétiens qui ont imprégné les populations des îles et des archipels du Grand Océan à partir du XIXe siècle. Sur les plans institutionnel et politique : une organisation étatique centrale adaptée à la taille de l'État (format des gouvernements, parlements le plus souvent monocaméraux, y compris pour les États fédérés de Micronésie) ; l'importance fréquente de la coutume dans l'organisation de l'État, dans la protection de la terre, institutions spécifiques et juridictions spécialisées à l'appui. Les spécificités se retrouvent dans l'organisation du pouvoir local, différenciée d'un État insulaire à l'autre, mais avec comme point fréquemment partagé l'importance des autorités coutumières locales, utiles secours de structuration de l'ordre social insulaire pour des États peu dotés sur les plans financiers et humains. Sur le plan géopolitique enfin, l'attention des grandes puissances pour ces territoires du Pacifique ne se dément pas.

Au total, c'est bien un modèle propre d'États qu'ont accueilli ou construit les populations de ces terres du Pacifique insulaire : le micro-État insulaire océanien. La coutume, au-delà des traits de l'État occidental, en constitue la caractéristique première et fondamentale, entrelacée avec les fondements chrétiens. C'est sans doute là que réside le cœur toujours battant de l'État insulaire océanien, confronté à présent, après « la bataille de la coutume », à des nouveaux et redoutables défis : le réchauffement climatique et la montée des eaux au premier chef, qui menacent l'existence même de plusieurs de ces États.

Troisième Partie

LA DIFFICILE CONCILIATION DES SYSTÈMES DE VALEURS

CHAPITRE 8

REGARDS CROISÉS SUR LES VALEURS OCÉANIENNES ET EUROPÉENNES

Marc JOYAU MACALPINE
Professeur à Nantes Université
DCS (Droit et Changement Social), UMR 6297

Cette fois encore, la présente contribution ne correspond pas à l'ambition initiale de son auteur[1].

Le projet originel était en effet de réaliser une recherche sur l'influence que les libertés et droits fondamentaux européens ont, ou ont pu avoir sur les systèmes juridiques des États du Pacifique Sud. Ce sujet nous semble toujours pertinent[2] et peut-être sera-t-il même un jour traité, par exemple dans le cadre d'une recherche doctorale. Mais il présente, selon nous, un inconvénient majeur au regard du travail collectif entrepris pour réaliser cet ouvrage. L'idée de ce dernier, ambitieuse, est en effet de parvenir à présenter les valeurs, l'esprit du Pacifique Sud. Or, en s'attachant exclusivement à l'impact des libertés et droits fondamentaux européens sur les systèmes juridiques du Pacifique Sud, on ne s'attèle pas nécessairement à l'identification de ce que l'on pourrait appeler les spécificités océaniennes[3] "authentiques", non "modifiées", mais on raisonne sur une réalité "adaptée" et peut-être

---

[1] M. Joyau, « De "La démocratie en Nouvelle-Zélande" : contribution à l'étude de la notion de démocratie dans le Pacifique Sud », in *États et Constitutions du Pacifique Sud. States and Constitutions of the South Pacific* (E.P. Guiselin et M. Joyau, dir.), New Zealand Association for Comparative Law et Association de Législation Comparée des Pays du Pacifique, 2010, *RJP* Hors Série/Special Issue, Vol. XI, p. 231.

[2] Cf., par exemple, la démarche volontariste de « Stratégie d'influence par le droit », assumée sans complexe par la France : Ministère de l'Europe et des affaires étrangères et Ministère de la Justice, *Influence par le droit. Stratégie 2023-2028*, MEAE, mars 2023, 8 pages (https://www.diplomatie.gouv.fr/fr/le-ministere-et-son-reseau/les-metiers-de-la-diplomatie/depuis-la-france-des-fonctions-fondamentales-pour-la-diplomatie/quelles-sont-les-missions-juridiques-du-ministere/article/strategie-d-influence-par-le-droit).

[3] Par références à l'expression, souvent utilisée en droit des outre-mers français, de « spécificités ultramarines ».

même “dénaturée”. De plus, la démarche resterait très unilatérale. L’Histoire ne permet pas de se poser la question inverse : l’influence des libertés et droits fondamentaux océaniens sur les systèmes juridiques des États européens n’est en effet assurément pas un sujet.

Aussi avons-nous préféré chercher à “juxtaposer” les valeurs océaniennes aux valeurs européennes, sans prétendre les hiérarchiser, ni même les comparer. Une telle approche, certes un peu descriptive, nous est néanmoins apparue comme susceptible de mieux contribuer à connaître, à mieux comprendre ces valeurs océaniennes et ainsi, peut-être, à mieux percevoir si, et en quoi, elles peuvent être considérées aujourd’hui comme se situant entre la *Pacific Way* et le modèle occidental[1]. Le souhait de chercher à présenter des « regards croisés » sur ces valeurs océaniennes et européennes s’est alors imposé à nous. Restait à trouver les matériaux pour le réaliser...

C’est alors que nous est revenu en mémoire l’existence d’un petit livre singulier : *Le Papalagui. Les étonnants propos de Touiavii, chef de tribu, sur les hommes blancs*[2]. Publié pour la première fois en Allemagne en 1920, il aura fallu attendre le tout début des années 1980 pour qu’il paraisse en français[3].

L’histoire de ce petit ouvrage est particulière et il convient ici d’en faire une rapide présentation, en commençant par indiquer que « Le “Papalagui” désigne le Blanc, l’étranger, littéralement : le pourfendeur du ciel. Le premier missionnaire blanc qui débarqua à Samoa, arriva sur un voilier. Les aborigènes prirent de loin les voiles blanches pour un trou dans le ciel, à travers lequel le Blanc venait à eux. Il traversait le ciel »[4].

---

[1] Même si les deux (*Pacific Way* et “modèle occidental”) sont bien difficiles, sinon peut-être même impossibles, à définir précisément…

[2] *Le Papalagui. Les étonnants propos de Touiavii, chef de tribu, sur les hommes blancs*, Présence Image Editions, 2001, coll. « Pocket ».

[3] *Le Papalagui. Les discours de Touiavii chef de tribu de Tiavea dans les mers du Sud*, Flammarion, 1981.

[4] *Op. cit.*, Présence Image Editions, 2001, coll. « Pocket », p. 5.

Touiavii, dont on possède une description assez précise du physique[1] et du caractère[2], était le plus important chef de tribu dans le village de Tiavéa, sur l'île d'Upolu qui appartient au groupe de Samoa[3]. S'attachant à un groupe folklorique qui parcourait ce continent, il lui fut donné de réaliser son souhait de découvrir la lointaine Europe[4]. De son périple, il tira des notes qu'il remit à un certain Eric Scheurmann, à la fois peintre, écrivain et conteur né en 1878 à Hambourg[5], qui en organisa la publication. Peu de temps après la Première Guerre Mondiale, ce dernier se rendit en effet à Samoa et finit, après avoir vécu plus d'un an dans l'entourage immédiat du chef, par devenir son ami. La publication de ces notes ne résulte toutefois nullement de la volonté de leur auteur. Bien au contraire, comme l'écrit (sans honte) E. Scheurmann : « Ce n'était pas du tout l'intention de Touiavii de publier ces propos en Europe, ni même de les faire imprimer ; ils étaient pensés exclusivement pour ses compatriotes polynésiens » (p. 7). Toujours est-il que ce petit ouvrage a littéralement subjugué "l'ami"[6] de son véritable auteur, la traductrice[7], l'éditeur[8]... et même l'auteur de la présente contribution.

Grâce à ces précieuses observations, à ces « étonnants propos », et finalement (malgré son caractère très discutable) grâce à leur publication, nous disposions donc d'un regard océanien porté sur l'Europe, fait fort rare, puisqu'à notre connaissance toujours unique.

---

[1] « Sa première approche était celle d'un géant massif et amical. Il était bien haut de deux mètres et d'une constitution extraordinairement forte. Tout à l'opposé, sa voix résonnait doucement et suavement comme celle d'une femme. Ses grands yeux sombres, enfoncés, ombragés d'épais sourcils, avaient un je-ne-sais-quoi d'étrange et de fixe » (p. 8).

[2] « Alors que l'aborigène, en général, vit comme l'enfant seul dans son royaume sensible, complètement dans le présent, sans réflexion sur soi ni sur son entourage proche ou lointain, Touiavii était d'une nature d'exception. Il dominait de loin ses semblables parce qu'il possédait la conscience, cette énergie intérieure qui nous distingue en premier lieu de tous les peuples primitifs » (p. 9).

[3] « Situées à 3 000 kilomètres au nord de la Nouvelle-Zélande, les Samoa occidentales couvrent une superficie égale au tiers de la Corse. Les deux îles principales sont Savaii et Upolu où se trouve la capitale, Apia » (p. 15).

[4] « Cet assoiffé d'expériences visita l'un après l'autre tous les États européens et acquit une connaissance précise de l'âme et de la culture de ces pays » (pp. 9-10).

[5] Il est mort le 4 mai 1957 à Armsfeld.

[6] Cf. l' « Introduction » d'E. Scheurmann (pp. 7 à 12).

[7] Cf. l' « Avant-propos de la traductrice » (p. 13) et la « Postface de la traductrice » (pp. 135 à 139), Dominique Roudière.

[8] Cf. la « Note de l'éditeur » (pp. 143 à 149), Jean-Jacques Roudière.

Restait à choisir un regard européen porté sur l'Océanie. Désormais convaincu par le fait que des écrits anciens consacrés à telle ou telle de ses composantes territoriales peuvent valoir « assez largement pour tout le Pacifique Sud »[1] et conserver leur pertinence aujourd'hui, il ne nous restait plus qu'à faire le choix de l'ouvrage "idéal". Car si les regards océaniens portés sur les sociétés européennes sont excessivement rares, l'inverse n'est pas vrai et on est là confronté à l'embarras du choix. De nombreux ouvrages, de qualité au demeurant fort inégale, s'offrent en effet en la matière[2]. Notre choix s'est pourtant résolument porté sur l'ouvrage d'Eric Rau, *Institutions et coutumes canaques*[3]. Plusieurs raisons, plus ou moins subjectives, ont présidé à ce choix.

D'abord l'ouvrage est, temporellement, sinon contemporain (il est rédigé en 1943 et publié en 1944), pas très éloigné de la période à laquelle Touiavii s'est exprimé « sur les hommes blancs » (années 1910). L'écart chronologique se réduit encore lorsque l'on sait que son auteur séjourna en Nouvelle-Calédonie d'octobre 1933 à janvier 1938[4].

Ensuite, Éric Rau n'est ni un missionnaire, ni un navigateur, ni un aventurier, toutes "catégories" éminemment respectables et aux propos parfois très documentés, mais « un juriste, qui plus est magistrat »[5]. On avouera sans complexe que la proximité disciplinaire a exercé sur l'auteur de cette communication un attrait immédiat et rendu l'appropriation de l'ouvrage particulièrement aisée. De plus, comme l'écrit Régis Lafargue, « Dans le sillage de ces grands devanciers que furent les Professeurs Arthur Girault et Henry Solus, – le premier (publiciste) amenant le second (privatiste) à s'intéresser au statut des populations de l'outre-mer… – Eric Rau est l'un de ces hommes… qui contribuèrent à l'épanouissement de ce que l'on appelait alors le "droit ethnologique" : à savoir une démarche de juriste pour comprendre les

---

[1] P. de Deckker, cité dans M. Joyau, *op. cit.*, *in États et Constitutions du Pacifique Sud. States and Constitutions of the South Pacific* (E.P. Guiselin et M. Joyau, dir.), New Zealand Association for Comparative Law et Association de Législation Comparée des Pays du Pacifique, 2010, *RJP* Hors Série/Special Issue, Vol. XI, p. 232.

[2] Il ne servirait à rien de dresser ici une longue liste de ces ouvrages, mais on citera volontiers, en raison de leur grand intérêt : J. Guis, *La vie des Papous. Côte Sud-Est de la Nouvelle-Guinée (Roro et Mékéo)*, Archiconfrérie de N.-D. du Sacré-Cœur et Editions Dillen, 1936 et A. et C. Hollande, *Si Tahiti m'était conté…*, Imprimerie Saint-Joseph, Trabes, 1956.

[3] E. Rau, *Institutions et coutumes canaques*, L'Harmattan, 2005, coll. « Fac-similés océaniens ».

[4] R. Lafargue, « Prologue », *in* E. Rau, *ibid.*, p. V, spéc. p. XI.

[5] R. Lafargue, *ibid.*, p. IX.

sociétés non européennes »[1]. Cette caractéristique a, elle aussi, été déterminante.

Par ailleurs, si le titre de l'ouvrage finalement retenu fait référence aux « coutumes Canaques », on y puise des enseignements sur d'autres territoires que ceux de la Nouvelle-Calédonie. Éric Rau est en effet un fin connaisseur du Pacifique Sud. Lorsqu'il fait référence à « l'archipel canaque »[2] écrit Régis Lafargue, il qualifie ainsi bien entendu « la Nouvelle-Calédonie de l'époque, [mais] peut-être en y incluant les Nouvelles-Hébrides toutes proches ; car manifestement l'auteur s'intéresse plus aux peuples qu'aux frontières »[3]. Il a aussi consacré sa thèse de doctorat aux populations des îles Wallis[4].

Enfin, et peut-être surtout, ce qui nous a conduit à retenir cet ouvrage plutôt qu'un autre tient à ce qu'E. Rau s'intéresse « à l'âme des peuples, à leurs croyances, à leurs valeurs »[5]. Or c'est précisément cet intérêt qui a motivé la recherche collective à l'origine du présent ouvrage *Identités du monde océanien. Entre valeurs du Pacifique et modèle occidental.*

Le choix des ouvrages opéré, restait à déterminer la structuration de la contribution. Deux impératifs s'imposaient. Tout d'abord il ne pouvait être question de chercher à en rendre compte de manière exhaustive, non seulement pour des raisons pratiques de volume, mais aussi parce que les deux ouvrages sont suffisamment intéressants pour ne chercher qu'à susciter l'envie de les lire intégralement. Ensuite, au-delà de leur qualité intrinsèque, ils ne présentent ici d'intérêt que par rapport à la recherche collective réalisée pour le présent ouvrage. Leur lecture attentive a ainsi permis de constater qu'ils abordent l'un et l'autre quelques thèmes communs dont le rapprochement est riche d'enseignements quant à la perception que chaque auteur peut avoir de la société qu'il a observée et tenté de comprendre. C'est la raison pour

---

[1] R. Lafargue, *ibid.*, pp. IX-X, qui poursuit ainsi : « L'expression "ethnologie juridique" est provisoirement passée de mode : on lui a préféré, depuis la fin des années 1960, celle "d'anthropologie juridique". Mais si les mots changent, le concept demeure ». L'auteur renvoie, en note de bas de page, aux travaux de plusieurs auteurs : J. Vanderlinden, J. Copans, N. Rouland, E. Le Roy, G. Nicolau, G. Pignarre et lui-même.

[2] Per ex., p. 30.

[3] R. Lafargue, *ibid.*, p. X.

[4] Sa thèse, soutenue en 1935 à l'Université de Paris, sera publiée sous le titre *La vie juridique des indigènes des îles Wallis*, Domat-Montchrestien, 1935. L'ouvrage a été réédité par les éditions L'Harmattan, avec le même titre, en 2007, dans la collection « Fac-similés océaniens ».

[5] R. Lafargue, *ibid.*, p. XIII.

laquelle quatre thèmes seront successivement abordés, à savoir : « La place de l'écrit et de l'oralité » (I), « L'importance du vêtement » (II), « Les croyances religieuses » (III) et « Le rapport au travail » (IV).

I. La place de l'écrit et de l'oralité

C'est dans un chapitre où il traite également du « lieu de la vie factice »[1] (le cinéma), que Touiavii exprime sa stupéfaction à l'égard des journaux, qu'il appelle « les mille papiers » (p. 101) ou encore « les mille feuilles » (p. 108). Et cette stupeur, cette fois envers les livres, se retrouve encore dans un chapitre consacré à « La maladie de penser sans cesse »[2].

Ce n'est pas tant le support en lui-même qui étonne Touiavii, puisque les peuples du Pacifique Sud connaissent le *tapa*, qui est une « étoffe fabriquée à partir de ficus, ou de l'écorce de l'arbre pain, martelée, encollée et peinte » (p. 108, note 1) et qui pourrait être qualifié de papier local.

Mais c'est la place que prend l'écrit dans la vie des Européens qui l'impressionne : « Dans ces feuilles se trouve la grande intelligence du Papalagui. Il faut qu'il mette matin et soir sa tête entre elles, pour la remplir de nouveautés et la rassasier, pour avoir beaucoup de pensées et penser mieux » ; « Tous les Papalaguis font pareils, ils lisent » (p. 108).

Le contenu des journaux, aussi bien de par son exhaustivité que dans sa précision, y compris pour les mauvaises nouvelles, marque également Touivaii : « Tout ce qui arrive et que font ou ne font pas les hommes est propagé [par les journaux] … rien n'arrive dans le vaste pays sans que les nattes [toujours les journaux] le rapportent fidèlement » ; le Papalagui « veut être informé sur tout ce qui se passe dans son pays d'un coucher de soleil à l'autre » ; « Il absorbe tout avidement, bien que toutes les horreurs aussi soient divulguées et tout ce qu'un homme de bon sens préfère oublier rapidement. Et justement, ce mauvais qui est porteur de douleurs est encore plus minutieusement communiqué que tout le bon… comme si le bon n'était pas beaucoup plus important et plus gai à partager que le mauvais ! » (p. 109).

De même, Touiavii relève l'impact des journaux sur la détermination du sens commun et sur l'abêtissement qu'ils provoquent : « Si le matin

---

[1] « *Le lieu de la vie factice et les milles papiers du Papalagui* », pp. 101 à 111. Les développements consacrés au cinéma se trouvent aux pages 103 à 107.

[2] « *La maladie de penser sans cesse* », pp. 113 à 124.

tu lis les mille papiers, tu sais à midi ce que chaque Papalagui trimbale dans sa tête et ce qu'il pense » ; « Le journal est aussi une sorte de machine qui fabrique quotidiennement quantité de pensées nouvelles, beaucoup plus que ce qui peut émerger dans une seule tête. Mais la plupart de ces pensées sont faibles et ternes, elles remplissent bien notre tête de beaucoup de provisions, mais ne la rende pas plus forte » (p. 110).

Et le grand chef d'en conclure : « ... les mille papiers ont fait du Papalagui ce qu'il est : un être faible et dans l'erreur, qui aime l'illusion et ne sait plus reconnaître le réel, qui confond la lune avec son reflet et une natte couverte d'inscription avec la vie » (p. 111).

Par ailleurs, dans l'unique paragraphe consacré au livre, qu'il est plaisant de citer dans son intégralité, celui-ci ne trouve pas davantage grâce à ses yeux car il y voit un formidable instrument d'uniformisation, de confusion et de complexification de la pensée : « C'est une chose grave et lourde de conséquences que toutes les pensées, indifféremment bonnes ou mauvaises, soient jetées de la même façon sur les minces nattes blanches. Le Papalagui dit qu'elles sont imprimées. Cela veut dire que ce que ces malades-là pensent est alors écrit avec une mystérieuse machine, pleine de merveilles, qui a mille mains et la volonté puissante de plusieurs grands chefs. Pas une ou deux fois seulement, mais de multiples fois, infiniment toujours les mêmes pensées. Une grande quantité de nattes de pensées est ensuite comprimée en paquets – la Papalagui les appelle livres – et expédiée dans tous les coins du grand pays. Tous ceux qui absorbent ces pensées sont aussitôt contaminés. Car on engloutit les nattes de pensées comme des bananes très douces. Elles ont leur place dans chaque hutte. On en remplit des bahuts entiers, et jeunes et vieux les grignotent comme les rats rongent la canne à sucre. Il résulte de cela qu'un très petit nombre de Papalaguis peut encore avoir avec bon sens des pensées simples comme tout Samoan authentique » (p. 122).

Eric Rau, lui, ne consacre que quelques lignes à l'oralité, qui caractérise pourtant les coutumes canaques : « ... le Calédonien, comme tous les primitifs, possède une mémoire étonnante qui a fait l'admiration des premiers ethnographes. Il a le don de la parole. Sa conversation, pleine d'alacrité, a un ton enjoué, vif et spirituel, où fusent bons mots et saillies » (p. 24).

Il faut dire que l'importance de la tradition orale dans cette région relève du simple constat. Elle a été maintes fois soulignée et commentée, notamment dans le cadre de ce que l'on qualifie aujourd'hui de « littérature orale polynésienne », laquelle englobe l'ensemble des récits, mythes, légendes et traditions orales, incluant la généalogie, dont la mémoire lacunaire attira, on s'en souvient, tant de mésaventures à l'oublieux Terii des *Immémoriaux*[1] de Victor Segalen…

Les liens entre l'oralité et l'écrit dans le Pacifique Sud continuent à nourrir des travaux, notamment sur les premiers écrits océaniens[2] ou encore sur le passage de l'oral à l'écrit[3] et sur ses conséquences[4], mais ce n'est pas ici le lieu d'en dresser l'inventaire, ni d'en présenter le contenu[5]. Il est toutefois essentiel d'insister sur la place, radicalement différente, de manière certaine au moins historiquement, de l'écrit et de l'oralité dans les sociétés océaniennes et européennes.

II. L'importance du vêtement

C'est dans le paragraphe intitulé « *Caractères physiques des Canaques. Leurs costumes* »[6] qu'E. Rau livre quelques très courtes appréciations sur la tenue vestimentaire. Il faut dire que même sans être forcément adepte de "La théorie des climats"[7], force est de reconnaître que le climat en Océanie, souvent de type tropical, ne conduit pas à s'habiller de la même manière que sous les climats, tempérés et continentaux, d'Europe, qui invitent à moins de légèreté…

Il n'est pas sans intérêt d'observer qu'E. Rau considère, au moyen d'expressions qu'il n'est pas nécessaire dc rapporter ici et qui aujourd'hui conduirait l'éditeur, soit à refuser de les publier, soit *a*

---

[1] V. Segalen, *Les Immémoriaux*, Mercure de France, 1907.

[2] B. Saura, « Quand la voix devient la lettre : les anciens manuscrits autochtones (*puta tupuna*) de Polynésie française », *Journal de la Société des Océanistes*, 2008, n° 126-127, p. 293.

[3] C. Raybaud, *De l'oralité à l'écrit en Polynésie du XVIIIème au XXIème siècle*, Mémoire du Pacifique, 2021.

[4] A. Babadzan, « De l'oral à l'écrit : les *puta tupuna* de Rurutu », *Journal de la Société des Océanistes*, 1979, n° 65, p. 223.

[5] Il faut quand même mentionner que la tradition orale se perd incontestablement en Océanie (« Une première constatation s'impose : la tradition orale, dans la définition canonique qui lui est habituellement reconnue, est en voie de disparition dans cette île, qui passe pourtant – à juste titre sans doute – pour l'une des communautés les mieux structurées et les plus traditionnalistes de la Polynésie française », A. Babadzan, *ibid.*, p. 223).

[6] E. Rau, *op. cit.*, L'Harmattan, 2005, pp. 19-21.

[7] « Ce sont les différents besoins dans les différents climats, qui ont formé les différentes manières de vivre ; et ces différentes manières de vivre ont formé les diverses sortes de lois » (Montesquieu, *De l'Esprit des lois*, 1748, Livre XIV, chap. X).

minima à indiquer en note de bas de page : « N.d.É. : Ces phrases n'engagent que leur auteur »[1], que la tenue vestimentaire des Canaques, rudimentaire, est étroitement liée à leurs caractères physiques et non au climat.

En ce qui concerne les hommes, il écrit en effet que : « Ces splendides qualités physiques, le Canaque les doit, sans nul doute, non seulement à la pratique des exercices sportifs les plus variés..., mais à son genre d'existence lui-même, et surtout à ses habitudes vestimentaires » (p. 20).

Si l'auteur est si bref à ce propos, c'est qu'il reprend, en les citant, les écrits d'H. Rivière[2] : « Dès sa plus tendre enfance... l'indigène vit nu ou à peu près nu sous le beau soleil des tropiques. "L'originalité du costume canaque, écrit à cet égard M.H. Rivière, c'est qu'il n'existe pas ou si peu qu'il n'y a pas lieu de s'étendre à ce sujet. Les hommes enveloppent leur chevelure dans un mouchoir noué en turban avec leur fronde et souvent orné de verdure et de plumes... Quant au costume réel, de même qu'Achille n'était vulnérable qu'en un seul point, il ne s'adapte qu'à une partie du corps. Ce n'est pas le talon. L'accoutrement est une étoffe de couleur voyante" » (p. 20).

Et il actualise sa citation ainsi : « Bien... qu'il arrive parfois – trop souvent hélas ! – de rencontrer les indigènes vêtus à l'occidentale, de quelque défroque hors d'usage d'un Européen en veine de libéralité ou de ces vêtements de cotonnade que l'industrie moderne déverse en série sur les marchés, le costume du Canaque n'est guère plus important aujourd'hui. Il consiste ordinairement en un maillot d'athlète et en un pagne aux teintes vives, dit "manou", que l'indigène porte sur le caleçon imposé par les Missions pleines de pudique sollicitude » (pp. 20-21).

Pour ce qui concerne les femmes, après des lignes singulièrement cruelles sur leur physique, il expédie sa description ainsi : « Vêtue autrefois, dès sa nubilité, d'un simple pagne en fibre de pandanus, elle porte, aujourd'hui, l'horrible sarrau de cotonnade à la coupe rigoureusement uniforme que les Missions ont choisi pour elle » (p. 21).

La question vestimentaire, qui est donc très succinctement traitée par E. Rau, revêt (sans jeu de mot) au contraire une tout autre importance aux yeux de Touiavii. Le chef Samoan aborde même ce

---

[1] Ce que l'on retrouve dans *Le Papalagui* à propos d'une phrase d'E. Scheurmann (*op. cit.*, Présence Image Editions, 2001, par ex. p. 9).

[2] H. Rivière, *Souvenirs de la Nouvelle-Calédonie*, Calmann-Lévy, 1881, p. 18.

sujet dans son tout premier chapitre[1], lequel commence par « Le Papalagui est continuellement préoccupé de bien couvrir sa chair » (p. 19).

La raison de cette obsession tient, d'après des témoignages qu'il dit avoir recueillis, à ce que « "(si) le corps et ses membres sont de la chair, seulement ce qui est au-dessus du cou est l'homme véritable". Voici ce que me disait un Blanc qui jouissait d'une grande considération, et passait pour très intelligent. Il pensait que n'était digne du regard que le lieu où l'esprit et toutes les bonnes et mauvaises pensées séjournent : la tête, que le Blanc laisse volontiers découverte, ainsi qu'à la rigueur les mains » (p. 19).

De plus, « La chair est péché. Ainsi parle le Papalagui… Tout ce qui est chair est péché. Dans chaque tendon vit un poison sournois qui bondit d'homme à homme. Qui regarde seulement la chair absorbe le poison, il est atteint et devient aussi mauvais et rejeté de celui qui se donne à voir. Voilà ce que disent les lois morales sacrées de l'homme blanc ! » (p. 20).

Suivent ensuite, en ce qui concerne les vêtements des hommes, de longues descriptions, souvent très imagées des maillots de corps (« mince peau blanche appelée la peau d'en haut », p. 20) ; des pantalons (« peau d'en bas », p. 21) ; des costumes trois pièces (« troisième peau plus épaisse, faite avec les poils entrelacés d'un quadrupède laineux, qui est élevé spécialement dans ce but… [qui] est le véritable pagne… [et qui] se compose la plupart du temps de trois parties », p. 21) ; des chaussures (« sorte de pirogue à bords relevés, juste assez grande pour accueillir un pied. Une pirogue pour le pied gauche et une pour le pied droit », p. 21), tige et semelle (« Les pieds… sont aussi pourvus d'une peau douce et d'une peau très dure », p. 21) ; du plastron blanc (« morceau de pagne durci à la chaux[2], de la grandeur d'une feuille de taro[3] », p. 23) ; de la queue-de-pie (« l'habit d'oiseau : un pagne d'un noir profond qui tombe dans le dos, pointu comme la queue du perroquet des bois », p. 24) ; du col (p. 24) ; des gants (p. 24) ; du manteau (p. 25) ; du chapeau (« vase rigide et noir, creux et bombé », p. 24)…

Les descriptions des vêtements des femmes sont elles aussi très précises, mais assez logiquement (en raison du sexe de l'auteur) moins

---

[1] « *Les couvre-chair du Papalagui, ses nombreux pagnes et nattes* », pp. 17 à 26.

[2] Amidon.

[3] Le taro est un tubercule alimentaire.

nombreuses, portant seulement sur les corsets (« natte fabriquée très durement avec des arrêtes de poissons[1], des fils et du fil de fer », p. 22), les robes (« les pagnes des femmes et des filles sont plus fins que ceux des hommes, et peuvent aussi avoir des couleurs et briller de loin », p. 23) et encore les chapeaux (« de grands raphias entrelacés ou des paniers renversés, où elles attachent des fleurs qui ne fanent jamais, des plumes d'apparat, des perles de verre, des morceaux de pagnes et toutes sortes de décorations », p. 25).

L'importance relative accordée à la présentation du vêtement, anecdotique pour ne pas dire quasi inexistante chez E. Rau, méticuleuse chez Touiavii, s'explique bien entendu par la simplicité de l'un et la complexité de l'autre dans chacune des sociétés présentées. Mais ce qui marque chez le chef Samoan, c'est qu'il en tire des conclusions donnant à penser que, pour lui, le vêtement apparaît comme une expression, comme un langage et pas seulement comme une protection suppléant aux rigueurs de la nature[2]. La pratique vestimentaire européenne lui paraît en effet poser un certain nombre d'inconvénients, extrêmement pragmatiques.

D'abord, comme il convient toujours de cacher la chair : « Quand un jeune homme fait d'une jeune fille sa femme, il ne sait jamais s'il n'est pas dupé car il n'a jamais vu son corps auparavant » (p. 19). Ensuite, à force d'être enveloppé, serré, privé de soleil, le corps du Papalagui « devient pâle, blanc et fatigué » (p. 20). Plus particulièrement en ce qui concerne les chaussures, « Le Blanc remarque bien que cela n'est pas du tout naturel, parce que cela rend les pieds comme morts et commençant déjà à puer, et parce que effectivement la plupart des pieds européens ne peuvent plus agripper, ni grimper à un palmier » (p. 22). Quant aux femmes, leurs « seins sont devenus faibles et ne donnent plus de lait à cause de la pression d'une natte nouée devant la poitrine et sur le dos » (p. 22). Enfin, « parce que les corps des femmes et des jeunes filles sont si fortement recouverts, [que] les hommes et les adolescents ressentent un grand désir de voir leur chair, comme c'est naturel en effet », alors que « s'ils laissaient voir ouvertement la chair, ils s'adonneraient à d'autres pensées, leurs yeux ne loucheraient pas et leurs bouches ne diraient pas de mots libidineux quand ils rencontrent une jeune fille » (p. 26).

---

[1] Les baleines.

[2] V. en ce sens, R. Barthes, « Histoire et sociologie du vêtement. Quelques observations méthodologiques », *Annales Economies Sociétés Civilisations*, juillet-septembre 1957, n° 12-3, p. 430.

Il est facile, surtout en tant qu'européen, de porter un regard amusé, voire même peut-être un peu condescendant à l'égard de ces conclusions. Pourtant, la vérité oblige à reconnaître qu'elles paraissent frappées au coin du bon sens.

Quoiqu'il en soit, d'un "côté" comme de l'autre, du point de vue d'E. Rau comme de celui de Touiavii, chacun constate qu'en matière vestimentaire la société qu'il observe est radicalement opposée à la sienne. Sans doute cette dissemblance est-elle aujourd'hui très relative et tient-elle peut-être surtout maintenant à des considérations d'ordre climatique, mais il est permis de penser qu'elle existe encore et exprime des identités différentes[1], à défaut d'être opposées.

III. Les croyances religieuses

S'il est un sujet essentiel pour essayer de comprendre les sociétés et tenter d'en percevoir les valeurs, c'est assurément celui de leurs croyances religieuses[2].

Il n'est donc guère surprenant que, sur ce sujet, E. Rau développe davantage ses propos[3]. Renvoyant à divers auteurs[4], il commence en effet par rappeler que pour les anciens Canaques, le monde était « peuplé d'esprits supérieurs : génies de l'air, de l'eau, des forêts (*dieoué*), tantôt favorables, tantôt funestes, et que les sorciers ou "*Takata*" avaient pour rôle d'apaiser et de rendre propices » (p. 29). Puis, après avoir développé son affirmation à grand renfort de citations, il en conclut que « la religion calédonienne est donc dominée par le culte des ancêtres » (p. 30), tout en ajoutant immédiatement qu'à côté

---

[1] L'éditeur voit ainsi dans Touiavii « un de … [ses] maîtres dans l'art de prendre la vie plus simplement » (p. 143).

[2] L'intérêt particulier que l'auteur de cette contribution nourrit pour la Papouasie Nouvelle-Guinée l'autorise à soutenir que cette affirmation est spécialement vraie en ce qui concerne cet État. V., par exemple, et de manière tout à fait non exhaustive : J. et P. Villeminot, *Coutumes et mœurs des Papous*, Société Continentale d'Editions Modernes Illustrées (SCEMI), 1964 ; A. Dupeyrat, *Papouasie. Histoire de la mission (1885-1935)*, Archiconfrérie de N.-D. du Sacré-Cœur, Issoudin-Editions Dillen, 1935 ; P. Lemonnier, *Le sabbat des lucioles. Sorcellerie, chamanisme et imaginaire cannibale en Nouvelle-Guinée*, Stock, 2006.

[3] « 5° *Leur religion* » (pp. 29 à 31).

[4] P. Lambert, *Mœurs et superstitions des néo-Calédoniens*, Nouvelle Imprimerie Nouméenne, 1900, spéc. p. 41 ; H. Rivière, *Souvenirs de la Nouvelle-Calédonie*, Calmann-Lévy, 1881, spéc. p. 16 ; E. Vieillard et E. Delplanches, « Essais sur la Nouvelle-Calédonie », *Revue Maritime et Coloniale*, sept. 1862, spéc. pp. 74-75.

de ces croyances, les « pratiques totémiques »[1] jouent un rôle très important. Et il ajoute cette précision intéressante : « Alors que les dieux sont le fait des hommes et symbolisent la puissance, les totems procèdent des femmes et constituent, dans la société canaque, les dispensateurs de la vie » (p. 30).

L'auteur conclut ainsi ses développements : « Bien que l'archipel canaque ait été christianisé depuis plusieurs décades, les indigènes calédoniens, subtils et naïfs à la fois, sont demeurés fort superstitieux. Très férus de leurs anciennes croyances, ils vivent aujourd'hui encore dans la crainte du surnaturel… C'est ainsi que catholiques comme protestants, qui ne croient plus aux divinités païennes, ont gardé l'instinct de la peur » (pp. 30-31).

Quant à Touiavii, cette fois encore[2] c'est dans deux chapitres qu'il faut se reporter pour cerner sa perception des croyances religieuses du Papalagui[3]. À la lecture du contenu du premier chapitre, il pourrait sembler que celui-ci est exclusivement consacré à la propriété privée, thème qui aurait d'ailleurs pu, lui aussi, être retenu dans cette étude[4]. En effet, c'est bien de la propriété privée, de son existence (qui l'étonne

---

[1] Ces pratiques sont sommairement présentées : « Plusieurs animaux, végétaux ou phénomènes météorologiques personnifient le totem. Tels sont le lézard, la chenille… » (suit une énumération assez détaillée) ; « Chaque totem est vénéré et redouté comme un dieu… Il est l'objet d'un culte » …

[2] Cf. *supra*, les développements consacrés à la place de l'écrit et de l'oralité.

[3] « *Le Papalagui a appauvri Dieu* », pp. 71 à 79 et « *L'obscurité du Papalagui* », pp. 125 à 131.

[4] Puisqu'E. Rau y consacre aussi de longs développements (Cf. le « Titre II – La possession », pp. 163 à 176, spéc. p. 164 : « 2. – Les biens personnels à l'individu et les biens familiaux », où on peut lire : « Les Canaques, à la différence de la plupart des peuples de développement et de civilisations arriérés, connaissaient depuis longtemps, semble-t-il, sur les immeubles comme sur les meubles, un droit qu'en l'absence de terme propre nous qualifierions de "propriété" individuelle » (p. 164) et « L'institution du bien familial paraît générale en Océanie. On la rencontre chez les Polynésiens comme chez les Mélanésiens ; et grand a été notre étonnement de constater à quel point la "propriété" foncière canaque ressemblait à celle des Wallisiens par exemple », p. 165).

grandement), de son omniprésence[1] ainsi que de ses effets négatifs[2], dont traite le grand chef dans ce chapitre. Mais la trame de ce chapitre est fondamentalement religieuse comme le montre d'ailleurs son intitulé : « *Le Papalagui a appauvri Dieu* ». Pour Touiavii en effet, au-delà même de ses caractéristiques, la propriété privée lui apparait incompréhensible car en dehors de la propriété incontestable dont dispose chacun sur son propre corps[3], « rien ne nous appartient, puisque dans le fond nous ne pouvons rien retenir » (p. 76). Tout vient de Dieu et « Tout est à Dieu » (p. 79). Et avec l'appropriation généralisée qu'il observe en Europe, pour lui, « Dieu n'a presque plus rien, les hommes lui ont presque tout pris et en ont fait leur mien et leur tien » et il estime même que « la plupart volent Dieu sans honte » (p. 75). Pour le grand chef, « le Papalagui ne sait pas » que Dieu lui a vraiment tout donné et qu' « il faut qu'il… redonne à son frère » (p. 79, pour les deux citations).

Dans le second chapitre, intitulé « *L'obscurité du Papalagui* »[4], Touiavii dépasse très largement la question des relations entre la foi et la propriété privée chez le Papalagui pour s'intéresser cette fois à la nature de la foi de ce dernier. Le tableau qu'il en dresse est impitoyable. Seule la lecture intégrale de ce chapitre permet-elle sans aucun doute de comprendre parfaitement la pensée de l'auteur, mais les larges extraits qui suivent en donnent toutefois la tonalité : « Rien ne m'est plus difficile et rien ne me remplit davantage de tristesse… que de vous annoncer cela », écrit-il à ses « chers enfants des nombreuses îles ».

---

[1] « *Laou* veut dire dans notre langue à la fois mien et tien, c'est quasiment une seule et même chose. Mais dans la langue du Papalagui il n'existe guère de mots qui soient plus éloignés que ce mien et ce tien. Mien désigne ce qui n'appartient qu'à moi et seulement moi. Tien désigne ce qui n'appartient qu'à toi et seulement toi… Où que tu ailles chez le Papalagui et quoi que tu voies, que cela soit un fruit, un arbre, une eau, une forêt ou un petit tas de terre, toujours, partout il y a quelqu'un à côté qui dit : "C'est à moi ! Fais attention de ne pas prendre ce qui est à moi !". Si toutefois tu prends quelque chose, aussitôt il crie et t'appelle "voleur", mot qui jette une grande honte sur toi, et cela simplement parce que tu t'es permis de toucher un mien de ton prochain » (p. 74).

[2] Que sont : « la crainte, la peur » de perdre ce « mien » (p. 76) et « la lutte ["brûlante et difficile" et qui "dure jour et nuit"] entre ceux qui n'ont qu'un peu ou pas du tout de mien, et ceux qui se prenne un grand mien » (p. 77).

[3] « Quand un homme dit : "Ma tête est la mienne et elle n'appartient à personne d'autre qu'à moi", c'est cela, c'est vraiment cela, et personne ne peut avoir un avis contraire. Personne n'a davantage de droits sur sa propre main que celui qui a cette main. Jusque-là je donne raison au Papalagui » (p. 73).

[4] « *L'obscurité du Papalagui* », pp. 125 à 123.

« Mais nous ne devons pas, et nous ne voulons pas nous tromper sur le Papalagui, pour qu'il ne nous entraîne pas dans son obscurité. Il nous a apporté la parole de Dieu, oui. Mais lui-même n'a pas compris cette parole et son enseignement. Il l'a comprise avec sa tête et avec sa bouche, mais pas avec son corps. La Lumière n'a pas pénétré en lui, afin qu'il en rayonne et que lorsqu'il arrive, tout s'éclaire de la Lumière sortant de son cœur, cette Lumière que l'on peut aussi appeler l'Amour.

Il ne ressent plus sans doute ce mensonge entre ses mots et son corps. Mais vous pouvez remarquer qu'aucun Papalagui ne peut plus sortir le mot Dieu de son cœur. En le disant, il étire sa figure comme s'il était fatigué ou comme si ce mot ne le concernait pas » (p. 129).

Après cette présentation sans concession de la réalité, de l'authenticité de la foi de l'Européen, le chef de la tribu de Tiavéa poursuit avec l'ingratitude de celui-là, avec son caractère intéressé : « Le Papalagui se souvient rarement de Dieu. Ce n'est que pris dans le tourbillon d'une tempête, ou lorsque les flammes de sa vie menacent de s'éteindre, qu'il pense qu'il y a des forces au-dessus de lui et de plus hauts chefs pour les hommes. À la lumière du jour, Dieu le dérange et il le tient éloigné… » (p. 130).

Puis, s'adressant à nouveau à ses « chers frères », il conclut avec cette sentence : « le Papalagui a aujourd'hui plus d'idoles que nous en avions autrefois, si l'idole est ce que nous adorons et privilégions dans nos cœurs. Dieu n'est pas le préféré dans le cœur du Papalagui » (p. 131).

Parmi les regards croisés permettant d'identifier les valeurs européennes et océaniennes, ceux relatifs aux croyances religieuses sont finalement parmi les plus importants, et peut-être même les plus importants. Ainsi, on se souvient en effet que si c'est à la demande insistante du président Chirac que la référence aux « racines chrétiennes » de l'Europe fut finalement retirée en 2004 du projet de préambule de la Constitution européenne, celles-ci sont pourtant un fait incontestable[1]. Par ailleurs, si la dimension religieuse de certaines sociétés européennes est moins affirmée qu'auparavant, en Océanie la foi reste, comme on peut d'ailleurs aussi le lire dans plusieurs des

---

[1] V. par ex. : B. Dumezil, *Les racines chrétiennes de l'Europe. Conversion et liberté dans les royaumes barbares Ve - VIIIe siècle*, Fayard, 2005 ; G. Lingua, « Racines chrétiennes de l'Europe ? Sur le rapport entre ressources religieuses, identité et sphère publique européennes », *Revue Française d'Histoire et d'Idées Politiques*, 2006/1, n° 43, p. 289 et M. Laroche, *Les racines chrétiennes de l'Europe*, Erick Bonnier Eds, 2014.

contributions au présent ouvrage, un élément constitutif, structurel et certainement « explicatif » des sociétés contemporaines[1].

IV. Le rapport au travail

Dans la description qu'il fait de « *La condition des personnes* »[2], à l'occasion de laquelle il présente « Les chefs » (grands[3] et petits, pp. 46-47), « La noblesse et les notables » (pp. 47-48) et « Le peuple » (pp. 48-49), il est remarquable qu'E. Rau ne fasse aucunement référence au travail des uns et des autres. Cette position s'explique parfaitement dans la mesure où, s'appuyant sur les travaux de de Rochas[4], il relève – cette fois dans des développements consacrés à « *La convention* »[5] (au sens de "contrat") – que « Chez les Canaques… la distinction des professions n'existe pas, chacun sachant cultiver la terre, construire une pirogue, tresser un filet de pêche, édifier une cabane, pourvoir en un mot à tous les besoins ». Et pour lui il n'y a là aucun sujet d'étonnement puisque : « C'est un principe d'économie politique bien connu que la différenciation des métiers ne fait son apparition qu'assez tard chez les peuples ; lorsque l'individu est sorti du cercle étroit de la famille et que les raffinements de la civilisation ont créé des besoins nouveaux dans la cité » (p. 177, pour les deux dernières citations).

Ces assertions sont pleinement corroborées par les observations de Touiavii. Le chapitre que ce dernier consacre à « *La profession du Papalagui* »[6] commence en effet par ce paragraphe : « Chaque Papalagui a une profession. Il est difficile de dire de quoi il s'agit. C'est quelque chose qui devrait être fait avec plaisir, mais que la plupart du temps le Papalagui n'a pas l'envie de faire. Avoir une profession, c'est faire toujours une seule et même chose, la faire si souvent qu'on peut la faire les yeux fermés et sans effort. Si, avec mes mains, je ne fais rien

---

[1] V. par ex. : F. Angleveil (dir.), *Religion et sacré en Océanie*, L'Harmattan, 2000 ; F. Faberon et J.-Y. Faberon (dir.), *Religion et société en Nouvelle-Calédonie et en Océanie*, Centre Michel de l'Hospital, 2013 et M. Joyau, « La démocratie en Papouasie-Nouvelle-Guinée », *in Diversité de la démocratie. Théorie et comparatisme : les pays de la Mélanésie*, F. Faberon (dir.), LGDJ, 2016, p. 191, spéc. pp. 196 à 198.

[2] « *La condition des personnes dans le droit public de la tribu* », pp. 45 à 50.

[3] Grands-chefs auxquels il consacre des développements spécifiques en raison de leur autorité particulière (pp. 55 à 63).

[4] V. de Rochas, *La Nouvelle-Calédonie et ses habitants. Productions – Mœurs – Cannibalisme*, Ferdinand Sartorius, Libraire-éditeur, 1862, p. 248.

[5] « *La convention* », pp. 177 à 190.

[6] « *La profession du Papalagui* », pp. 91 à 100.

d'autre que construire des huttes ou tresser des nattes, tresseur de nattes ou bâtisseur de huttes, voilà ma profession » (p. 93).

Touiavii expose ensuite : que pour utiliser une expression aujourd'hui à la mode, en Europe le travail est genré : « Il y a des professions d'homme[1] ou de femme[2] » (p. 93) ; que « Dès qu'elle se marie, la femme abandonne souvent son travail, tandis que l'homme commence seulement à l'exercer sérieusement » (p. 93) ; que les pères (« *alii* ») « ne donnent leur fille qu'à l'amoureux qui a une profession confirmée » (p. 93) ; qu'un Papalagui sans métier « ne peut pas se marier » (pp. 93-94) et que, finalement, « Chacun est obligé d'avoir un métier » (p. 94).

Puis, avec ses mots toujours très imagés, le grand chef Samoan explique comment les jeunes européens choisissent une profession (« C'est une question très importante, et l'*aïga* [la famille] parle autant de cela que de ce qu'elle mangera le lendemain »), comment ils l'apprennent (en apprentissage) et combien il est difficile de revenir sur le choix qu'ils ont opéré (« C'est dommage et c'est triste, parce que changer simplement de profession n'est pas dans les coutumes »). Il relève aussi que les professions sont multiples (« Les Papalaguis ont autant de professions qu'il y a de pierres dans la lagune. Chaque acte devient une profession », p. 94 ainsi que pour toutes les citations qui précèdent) et que la profession s'avère être un fléau (« La profession est aussi un *Aïtou* [un mauvais esprit, un diable] qui détruit la vie, un *Aïtou* qui fait de belles suggestions aux hommes, puis qui boit le sang de leur corps », p. 96), notamment parce qu'elle retire le plaisir de travailler et la joie d'œuvrer ensemble (pp. 95-96) et suscite l'envie et la jalousie (« on parle de hautes ou basses professions », p. 99). Il en conclut, catégorique, que « Le Papalagui vit dans le trouble à cause de sa profession » (p. 99).

Le regard porté sur la relation au travail par l'un et l'autre des deux auteurs est instructif par au moins deux aspects. Le premier tient à la convergence de leur analyse sur la spécialisation des tâches : chez les Canaques « la distinction des professions n'existe pas » (E. Rau) alors qu'en Europe « Les Papalaguis ont autant de professions qu'il y a de pierres dans la lagune » (Touiavii). Peut-être, sans doute, peut-on y voir une expression de l'individualisme des sociétés européennes et du

---

[1] « Conduire une pirogue en mer ou viser les ramiers dans les bois [chasser] » (p. 93).

[2] « Laver le linge dans la lagune et faire reluire les peaux de pieds [sans doute cirer les chaussures] » (p. 93).

“coopératisme” des sociétés océaniennes. Le second enseignement est relatif à l’absence de critique, d’un point de vue comme de l’autre, du caractère travailleur du Canaque comme de l’Européen. Ayant une profession que l’on pourrait qualifier d’envahissante, l’Européen ne saurait être suspecté de ne pas être travailleur. Mais il serait totalement erroné de conclure des propos de Touiavii que les Océaniens n’aiment pas le travail. Sa “critique” porte sur ce qu’il nomme « la profession » et non sur le travail. Et d’ailleurs, il l’exprime très nettement dans une belle formule, sans ambiguïté : « nos frères, habitants authentiques des nombreuses îles, font leur travail dans la joie, jamais dans la souffrance, sinon ils préfèrent ne pas le faire du tout. Voilà ce qui nous distingue des Blancs » (p. 100).

Conclusion

Chacun aura sa propre perception, son propre ressenti par rapport à cette présentation de ces “regards croisés sur les valeurs océaniennes et européennes”.

Il est possible, sinon probable, que la lecture, *a fortiori* au XXIe siècle, des propos en effet « étonnants »[1] de Touiavii provoque de la surprise, mais peut-être aussi, comme écrit plus haut, un certain amusement, éventuellement teinté d’un peu de condescendance. À l’inverse, cette lecture peut aussi susciter, comme évoqué en Introduction, un très réel intérêt, un véritable questionnement[2] et même une forme d’envie. Il est ainsi difficile de résister à la tentation de rapporter ici l’enthousiasme de la traductrice Dominique Roudière : « Touiavii se préparait à parler de la menace que cachait le Blanc, en allant en *mélaga*[3] de village en village faire des causeries, en cercle autour de la *tanoa*[4]. Les chapitres de ce livre ne représentent que les thèmes de ces onze conversations dévoilant l’une après l’autre les

---

[1] *Le Papalagui. Les étonnants propos de Touiavii, chef de tribu, sur les hommes blancs*, Présence Image Editions, 2001, coll. « Pocket ».

[2] L’éditeur J.-J. Roudière s’interroge ainsi en fin d’ouvrage : « Papalagui moi-même, parfois empêtré dans mes contradictions, travaillant à mettre au monde de nouvelles choses, je me questionne sur le chemin à suivre : Pleurer et accepter ce que nous sommes, écouter le silence ? Méditer en cultivant ce jardin prêté, Ouvrir le cœur ? Agrandir le champ de conscience, Partager ? Rire ? » (p. 147).

[3] Voyage.

[4] Un *tanoa* est un grand plat évasé en bois, à quatre pieds, qui sert à la préparation et à la distribution du *kava* (ou *kava-kava*, *kawa*, *kawa-kawa* ou encore *ava*), qui est lui-même une boisson rituelle des îles de Polynésie, préparée à partir de racines de l’arbuste kava (*piper methysticum*).

facettes des Blancs. Et nous voilà nous-mêmes sous le faisceau de cet éclairage venu de loin. L'envie se lève de secouer nos habitudes et de nous dévêtir de nos vieilles peaux, pour retrouver la vérité nue… Il évoque nos dos voutés et nos "os devenus durs et immobiles" (p. 96), ainsi que l'expriment les fasciathérapeutes qui œuvrent à rendre nos corps plus mobiles, nos os plus moelleux… » ; « Un chapitre, qui avec son entrée en matière et sa conclusion peut se suffire à lui-même, se dit en dix à quinze minutes. Écoutons alors ce qui s'éveille et s'ouvre en nous… Quand vous aurez lu et dit *Le Papalagui*, passez-le à vos amis pour qu'il circule et se vive, puisqu'il porte une roue de lumière »[1].

Il est tout aussi plausible que les écrits d'E. Rau excitent l'intérêt de la découverte, suscitent l'attrait de la connaissance d'une société lointaine et exotique, mais aussi peut-être provoquent une certaine gêne, non seulement en raison du style littéraire très… « colonial », mais aussi parce qu'ils peuvent peut-être trouver, ici ou là, un certain écho dans notre for intérieur.

Quoiqu'il en soit, le rapprochement de ces deux regards, croisés sur quatre thèmes pourtant si banalement communs, révèle des perceptions souvent et profondément différentes, parfois même opposées. Il serait possible de penser que ces écrits, datés, ne correspondent plus, non seulement en pratique mais aussi dans leur esprit, à la réalité d'aujourd'hui. Car, comme le souligne E. Rau dès le début de son « *Avant-propos* » : « Ce n'est un mystère pour personne que les coutumes des peuplades primitives se meurent, victimes d'une façon générale de la grande loi sociologique d'imitation » (p. 9). Par certains aspects (mais par certains aspects seulement) on pourrait même s'en réjouir.

Et pourtant, nous sommes absolument convaincus du contraire. Eric Rau, comme Touiavii, ont cherché, et d'ailleurs ils l'écrivent l'un et l'autre[2], à saisir les « coutumes » de la société qu'ils ont observée et ils ont tenté de les comprendre, de les expliquer. Et, comme E. Rau, nous sommes persuadés qu'aujourd'hui encore, contrairement à ce que croit « l'observateur moderne non averti [qui] a souvent tendance à s'écrier, suivant le mot célèbre de Montaigne : "Mais… c'est tout comme icy !". Non ! En fait, çà et là surgissent encore des institutions originales qui,

[1] Postface, pp. 136 et 139.

[2] V., par ex., en ce qui concerne E. Rau : « Telles sont les principales coutumes et institutions des Néo-Calédoniens » (p. 191) et, en ce qui concerne Touiavii : « C'est dommage et c'est triste, parce que changer simplement de profession n'est pas dans les coutumes » (p. 94).

tenaces, ont su résister à l'envahissement des lois du pays colonisateur et dont, bien souvent, ne connaissant pas l'origine, on ne comprend pas le sens »[1].

[1] E. Rau, « Avant-propos », *op. cit.*, p. 9.

CHAPITRE 9

LES VALEURS DU PACIFIQUE SUD DANS LE MONDE RÊVÉ DES UTOPIES OU L'ARTIFICE DU PACIFIQUE

Olivier MÉNARD
Maître de conférences en histoire du droit
Laboratoire Droit et Changement Social, UMR CNRS 6297

Le drapeau aborigène est planté par des militaires aborigènes australiens qui découvrent une île imaginaire peuplée de natifs blancs qu'ils vont coloniser. Les incompréhensions débutent dès l'appellation de la découverte de l'île quand l'officier aborigène demande au groupe de blancs qu'il découvre « *What do you call this place ?* » et, en s'entendant répondre « *it's, it's barbecue area* », d'en conclure « *They call this Babakiueria. Nice native name, colorful, I like it* ». Ainsi commence *Babakiueria*[1], le court métrage réalisé en 1986 par l'australien Don Featherstone.

Le réalisateur décline alors sur 29 minutes une fiction trop méconnue dans notre hémisphère sur le renversement des rôles, une satire alternative des relations entre blancs et aborigènes. Dans cette vision où les aborigènes ont pris le pouvoir, l'arbitraire et l'iniquité sont les maîtres mots des traitements réservés aux blancs dont les valeurs sont déqualifiées. Dans un racisme de tous les instants, les travers prêtés sont inversés. Les blancs sont présentés comme paresseux, alcooliques, épris de violence et de jeux d'argent. Ils sont montrés comme ayant tendance à ne pas se mélanger aux autres races et à vouloir s'accrocher à leur propre vision du monde, présentée comme aberrante. Ainsi le film présente-t-il un projet de transformation d'un terrain aride autoroutier en un parc soigneusement conçu arrêté par l'opposition de groupes de protestation blancs qui souhaitent que la situation reste en l'état au nom de l'ambition des blancs d'avoir la société la plus polluée du monde et revendiquant pour ce faire des droits fonciers.

Un monde à l'envers.

Le terme « utopie » est forgé à partir de deux mots grecs : τόπος (topos) (lieu) et οὐ (sans) signifiant donc « sans lieu » ou « nulle part ».

---

[1] https://www.youtube.com/watch?v=w2RfyRpy3w4

En 1516, dans son *Utopie*, More écrit également « eutopia » traduit par « eutopie », introduisant ainsi le préfixe : « eu » signifiant « bon », pour désigner le « royaume de la félicité » comme il l'appelle lui-même. Il passe alors le sens de « sans lieu » à « bon lieu, lieu du bon, du bien ». C'est toutefois la première écriture et le premier sens de « sans lieu » qu'il retient au final. Mais, aujourd'hui, bien que découlant du non-lieu, l'utopie peut être considérée comme un lieu idéal alors que la dystopie peut quant à elle être considérée comme un contre idéal.

L'utopie est un genre occidental qui s'est approprié le Pacifique pour y placer ses idées de réformation du monde, que ce soit par le truchement de l'idée de mieux (eutopie) ou par l'idée de pire (dystopie).

L'utopie est « ce lieu incertain de la pensée » comme le nomme si justement Christophe Prochasson[1] ; un lieu de tous les possibles. Et le Pacifique est un lieu idéal pour ce champ des possibles ; il va devenir ce lieu dont s'emparent les utopistes à la recherche du bonheur parfait et pour lesquels il s'agit de déplacer les îles fortunées de la mythologie antique aux confins du monde à savoir dans le Pacifique.

S'emparant du Pacifique et des terres australes, les utopistes vont créer leur esprit des lieux en y plaçant leurs projets. Avant même la *littérature* de voyage et l'attrait pour l'exotisme, les îles sont des lieux de projection de l'imaginaire et le Pacifique est le règne de l'insularité par excellence. Il est donc naturel qu'on y trouve les utopies. Dès l'origine du genre, les utopistes vont faire des îles leur lieu de prédilection, le lieu de tous les possibles, tout comme le naufrage ou le rêve sont pour eux les moyens les plus classiques d'arriver en ces lieux jusque-là inconnus.

L'ethnographie montre combien les cultures et les valeurs sont attachées à un lieu, un climat et une histoire qui donnent un esprit des lieux[2]. S'emparant du Pacifique et des terres australes, les utopistes vont créer leur esprit des lieux en y plaçant leurs projets.

La première utopie située dans les terres australes, inconnues alors, est l'œuvre de l'évêque anglais Joseph Hall qui publie en 1605 *Mundus alter et idem sive terra australis ante hac semper incognita, longis itineribus peregrini academici nupperime lustrata*. Elle sera traduite en anglais quatre ans plus tard sous le titre *The discovery of a new world.*

---

[1] Prochasson Christophe, « Les premiers socialismes » *in* Becker Jean-Jacques, Candar Gilles, *Histoire des gauches en France. Volume 1*, La Découverte, 2005, pp. 405-425.

[2] Peylet Gérard et Prat Michel (dir.), *L'esprit des lieux*, Pessac, PU Bordeaux, 2012, 580 p.

Mercurius Brittanicus découvre lors de son voyage une *Terra australis incognita*, où dans chacun des quatre pays visités, il ne s'agit que d'« un monde à l'envers où les fautes et les faiblesses de la société anglaise sont ridiculement exagérées »[1]. À Crapulia, les écoles sont transformées en tavernes où l'on apprend la science du boire et du manger. Hall « montre en effet que ce monde est aussi mauvais que celui que nous habitons et que ses défauts sont en réalité les nôtres »[2]. En décrivant Viraginia, le pays des femmes, Hall reprend la méthode d'Aristophane dans *l'Assemblée des femmes*. Le parlement est dirigé par les femmes et est convoqué quotidiennement du fait de l'inconstance de celles-ci. Toute loi peut être rectifiée et révoquée le jour même après son approbation entraînant une insécurité juridique absolue. Vita Fortunati voit dans le *Mundus alter* la première dystopie ou utopie satirique montrant que, puisque l'homme et la nature ne peuvent changer, il ne peut y avoir d'espoir d'un univers alternatif[3].

Publiée anonymement à Saumur en 1616, l'*Histoire du grand et admirable royaume d'Antangil*[4] est la première utopie française et elle se situe également dans les terres australes. Par la suite, de nombreuses utopies sont placées en ces contrées australes du Pacifique[5]. Elles sont

---

[1] Appelbaum R., « Angleterre », *in* Fortunati Vita et Trousson Raymond (coord.), *Histoire transnationale de l'utopie littéraire et de l'utopisme*, Paris, Champion, 2008, p. 235. Lacassagne Claude. « *Mundus Alter et Idem*, de Joseph Hall : expérience sur le discours fictionnel ». *Cahiers Élisabéthains*, 23 (1), 1983, pp. 83-92.

[2] Bignami M.L., « Angleterre », *in* Fortunati Vita et Trousson Raymond (coord.), *op. cit.,*, p. 579.

[3] Fortunati V., « *Mundus alter et idem* » in Fortunati Vita et Trousson Raymond (coord.), *Dictionary of Literary utopias*, Paris, Champion, 2000, pp. 409-412.

[4] *La Première utopie française. Le Royaume d'Antangil (inconnu jusqu'à présent).* Réimprimé sur l'unique édition de Saumur, 1616, avec des éclaircissements de Frédéric Lachèvre. « Étude liminaire : Variation de l'Utopie par René-Louis Doyon », Paris, La connaissance, 1933, XXVIII + 162 p. ; Leplatre Olivier, « Déplier l'utopie (Histoire du grand et admirable Royaume d'Antangil, 1616), *Textimage*, n° 2, Cartes et plans, 2008.

[5] Au nombre des utopies les plus notables placées en ces terres australes du Pacifique : *La Terre australe connue* de Gabriel de Foigny (1676), l'*Histoire des Sévarambes* de Denis Veiras d'Allais (1677-1679), les *Voyages et aventures de Jacques Massé* de Simon Tyssot de Patot (1710), les *Voyages de Gulliver* de Jonathan Swift (1726) (notamment Lilliput et le royaume des Houyhnhnms situés en Tasmanie) ; la *Relation du royaume des Féliciens* du marquis de Lassay (1727), le *Nouveau Gulliver* de l'abbé Desfontaines (1730), *Entretien d'un Européen avec un Insulaire du royaume de Dumocala* de Stanislas Leszczynski (1752), le *Voyage de Robertson aux terres australes* (1766), *La découverte australe par un homme volant* de Nicolas Restif de la Bretonne (1781), *Aline et Valcour* du marquis de Sade (1793), *The Happy*

en si grand nombre qu'il serait possible de reprendre une partie du titre de l'ouvrage de Nicole Morgan[1] pour dire que les utopistes créent un sixième continent à savoir celui de l'utopie et plus particulièrement celui des utopies du Pacifique comme lieu de tous les possibles.

Il y a deux temps pour les utopies australes. Tant que la cartographie du Pacifique n'est pas achevée, les mythes de la *terra australis incognita* et de la grande Jave peuvent perdurer d'autant plus qu'à partir de la seconde moitié du XVIe siècle les grandes découvertes ont montré qu'on ne peut trouver ce lieu idéal en Afrique, en Asie ou en Amérique du Nord[2]. Une légende pluriséculaire veut que dans le Pacifique et ses terres australes se sont épanouies des îles fortunées où, dans un âge d'or légendaire, « les hommes vivaient dans un état de bonheur parfait »[3]. Avant la découverte de ces terres australes, de nombreux auteurs considéraient qu'elles devaient exister ne serait-ce que pour faire contrepoids aux terres présentes dans l'hémisphère nord. On a alors considéré que le Pacifique pouvait abriter des sociétés parfaites inconnues.

À mesure que les frontières du monde connu avancent et que la cartographie s'achève, le rêve de sociétés parfaites évolue. Certains se méfient désormais du Pacifique à l'instar de Dampier[4] qui, en 1697, qualifie les terres découvertes des plus inhospitalières et les aborigènes australiens des peuples les plus misérables du monde. D'autres continuent d'idéaliser les îles comme en témoigne la description exaltée de Tahiti par Commerson, publiée en 1769, qui contribuera grandement au mythe tahitien du bon sauvage telle que l'idéalisait Rousseau. Ainsi le médecin explorateur écrit-il :

> « Cette Isle me parut telle, que je lui avois déjà appliqué le nom d'Utopie ou de fortunée que Thomas Morus avoit donné à sa République idéale [...] Le nom que je luis destinois convenoit à un pays, le seul peut-être de la terre

colony de Robert Pemberton (1854) (situé en Nouvelle-Zélande), *Erewhon* et *Erewhon revisité* de Samuel Butler (1872 et 1901) (également situés en Nouvelle-Zélande).

[1] Morgan Nicole, *Le sixième continent, L'utopie de Thomas More : nouvel espace épistémologique*, Paris, Vrin, 1995, 176 p.

[2] Friederich, Werner P., "The Image of Australia in French Literature from the XVIIth to the XXth Centuries" *in Mélanges de littérature comparée et de philologie offerts à M. Brahmer*, PWN, Varsovie, 1967, 589 p., pp. 219-230, p. 221

[3] Gautier Jean. « Tahiti dans la littérature française à la fin du XVIIIe siècle. Quelques ouvrages oubliés », *in Journal de la Société des océanistes*, tome 3, 1947. pp. 43-56.

[4] Dampier William, *A new voyage round the world*, 1697.

> où habitent des hommes sans vices, sans préjugés, sans besoins, sans dissensions. Nés sous le plus beau ciel, nourris des fruits d'une terre qui est féconde sans culture, régis par des pères de famille plutôt que par les Rois, ils ne connaissent d'autre Dieu que l'amour ; tous les jours lui sont consacrés, toute l'isle est son temple, toutes les femmes en sont les idoles, tous les hommes les adorateurs. Et quelles femmes encore ! [...] La honte ni la pudeur n'exercent point leur tyrannie »[1].

Cette description servira d'ailleurs de base à Nicolas Bricaire de la Dixmerie pour écrire, l'année suivante, *Le sauvage de Taiti aux Français*, satire des mœurs françaises comme d'autres avant lui avaient usé du stratagème du faux étranger s'étonnant des mœurs parisiennes comme le firent Lahontan et son Huron ou Montesquieu et son Persan.

Ces découvertes qui mettent un terme à l'idée de terres inconnues n'entraîne toutefois pas pour autant la disparition des utopies australes qui continuent à être placées sur ces rives lointaines d'un Pacifique qui demeure pour les utopistes le lieu de tous les possibles – et notamment le lieu d'épanouissement du mythe du bon sauvage – même si comme l'étymologie de son nom l'indique l'utopie demeure en principe un non-lieu.

Ces fictions placées dans un imaginaire austral dépassent la simple description pour glisser vers la critique[2]. La fiction utopique est en effet un procédé d'écriture politique et la technique du monde à l'envers vient y contribuer. Le monde à l'envers a un but didactique. Parler des antipodes est un moyen de présenter un monde à l'envers et les utopistes ont plein usage de ce monde à l'envers, à l'image de Restif de la Bretonne qui, en 1781, dans sa *découverte australe par un homme volant*, utilise le procédé de l'anacyclique : « Paris » se lit à l'envers pour devenir « Sirap », la capitale de ses Mégapatagoniens ; une capitale à l'envers, comme le monde qu'il décrit.

---

[1] Commerson Philibert, *« Lettre de Monsieur de Commerson, docteur en médecine et médecin botaniste du Roi à l'Isle de France, le 25 février 1769. Sur la découverte de la Nouvelle Cythère ou Tahiti ». Mercure de France*, Paris, Lacombe, novembre 1769, pp. 197-207, pp. 197-198.

[2] Despoix Philippe, *Le monde mesuré, dispositifs de l'exploration à l'âge des Lumières*, Genève, Droz, 2005. Chapitre IV « L'imaginaire austral », p. 179 s., p. 182. ; BRAGA Corin, *Du paradis perdu à l'antiutopie aux XVIe-XVIIIe siècles*, Paris, Classiques Garnier, 2010, 416 p., pp. 120-133 « L'utopie sur les îles du Pacifique et le continent austral inconnu ».

Les antipodes sont certes une réalité ; l'archipel des îles des Antipodes en Nouvelle-Zélande est découvert en 1800. Mais les antipodes des utopistes répondent au procédé du monde à l'envers ; un point diamétralement opposé, orthogonal, qui permet d'avoir une société renversée, aux valeurs contraires, inversées ou tout le moins divergentes de ce que l'écrivain connaît en son lieu de vie. L'utopie est un biais classique – et prudent – pour critiquer les dysfonctionnements de la société de son temps et placer ces critiques dans un non-lieu ou dans un lieu situé aux antipodes. Elle permet de distraire le lecteur tout en s'autorisant les exagérations les plus extrêmes et en échappant à la censure. Les utopies du Pacifique sont des ailleurs dans lesquels leurs auteurs projettent les possibles. Les utopies des antipodes peuvent donc être soit le lieu d'épanouissement d'une société idéalisée soit celui d'une société exécrée ; les deux biais mettant en perspectives les valeurs de la société contemporaine de l'auteur. Et l'ailleurs projeté devient le miroir de la société de l'auteur : « *L'ailleurs, miroir d'ici* » comme le titre Jordan Bojilov sur un tout autre sujet[1].

Les utopies ayant pour terrain d'expression le Pacifique sont trop nombreuses pour en faire une recension exhaustive et encore moins une étude complète en un chapitre. Il a donc fallu choisir. Sont ainsi retenues des utopies que leurs auteurs ont choisi de localiser dans le Pacifique même si le plus souvent ceux-ci ne sont pas d'une précision absolue, de façon à ce que cette idéalisation du possible ne puisse pas être trop facilement démentie par une vérification.

Le choix a été fait de retenir certaines des thématiques travaillées par les autres contributeurs dans leurs approches des valeurs réelles des sociétés du Pacifique. Ce chapitre s'intéressera donc avant tout aux éléments relatifs à la relation de l'homme à la nature, à la question de l'égalité, de la propriété, du travail et du rapport au corps en laissant au maximum parler les auteurs.

Quant aux œuvres étudiées, le choix a été fait d'en retenir de peu connues, en mêlant utopies et dystopies afin d'assurer une diversité d'approches. Ce choix est arbitraire et d'autant plus critiquable qu'un dernier critère a été ajouté, à savoir l'origine de l'œuvre. Il a en effet été choisi de retenir trois utopies bretonnes parmi les cinq étudiées.

---

[1] Bojilov Jordan, « L'ailleurs, miroir d'ici » *in* « La mondialisation des anti-sociétés, espaces rêvés et lieux communs », *Cahiers de l'IUED, Nouveaux Cahiers*, 6, Genève, Graduate Institute publications, 1997, 221 p., pp. 137-140.

Ainsi seront envisagées successivement *Les terres australes* de Marc-Antoine Legrand (1721), Les *Fragmens du dernier voyage de La Pérouse* (1797), Le *Voyage pittoresque et industriel dans le Paraguay-Roux* de Charles Nodier (1836), *Le monde tel qu'il sera* d'Emile Souvestre (1845/1846) et l'*Utopie des îles bienheureuses dans le Pacifique en l'an 1980* d'Émile Masson (1921)[1].

Il s'agira d'y rechercher comment l'artifice des îles du Pacifique a pu être utilisé pour faire, non pas une description de sociétés australes que leurs auteurs ne connaissaient pas, mais une critique des valeurs de la société dans laquelle ils évoluaient, et, comment par la description d'un faux Pacifique et par le procédé du monde à l'envers, les utopies du Pacifique sont en fait la mise en scène d'une Europe des antipodes.

Partons donc maintenant en voyage sur les rivages imaginaires de ce Pacifique artificiel.

***Les terres australes* (1721) de Marc-Antoine Legrand[2]**

Le 20 septembre 1721 est jouée au Théâtre de l'Hôtel de Bourgogne par les comédiens italiens une comédie en un acte et en prose *Les terres australes* de l'acteur et dramaturge Marc-Antoine Legrand écrite en collaboration avec Pier Francesco Biancolelli.

Si l'intérêt discutable de ce court texte fit que la pièce fut un échec et permet de comprendre pourquoi celle-ci ne fut exhumée et publiée pour la première fois qu'en Italie deux siècles et demi après sa présentation à Paris, la pièce n'en demeure pas moins directement utile pour un propos sur les utopies australes.

Cette île des mers du sud où a lieu le naufrage est un lieu d'abondance, un pays de cocagne où les naufragés jouissent « de tous les plaisirs de la vie »[3]. Comme le résume fort bien Carmelina Imbroscio, la trilogie utopique à laquelle appartient cette pièce[4] montre une égalité sexuelle et un renversement des rôles dans le couple dans le

---

[1] Sont d'origine bretonne les trois utopies suivantes : Les *Fragmens du dernier voyage de La Pérouse* (1797), *Le monde tel qu'il sera* d'Emile Souvestre (1845/1846) et l'*Utopie des îles bienheureuses dans le Pacifique en l'an 1980* d'Émile Masson (1921).

[2] Legrand Marc-Antoine, *Les Terres australes*, Texte publié pour la première fois *in* Carlo Lauro, *'Foire' e utopia nel teatro di M.-A. Legrand*, Fasano di Puglia, Schena Editore, 1985, 206 p., pp. 159-180.

[3] *Ibid.*, p. 166.

[4] *Le roi de cocagne*, 1718, *Les terres australes*, 1721 et *Les amazones modernes*, 1727. C. Imbroscio, « Terres australes (Les) », *in* V. Fortunati and R. Trousson, *Dictionary of Literary utopias*, Paris, Champion, 2000, pp. 600-601.

cadre d'un pays de cocagne où règne l'abondance et où sont inconnus la guerre, les privilèges, le travail quotidien et la faim endémique.

Si le mariage des femmes nécessite d'atteindre l'âge de 15 ans[1], les mœurs sont libres. La polygamie y est la règle et non seulement le choix du conjoint y est libre mais ce dernier peut également être répudié : « On change icy quand on veut et nul autre interest que celuy du cœur ne nous lie »[2]. Et, à cette assertion de Sermodas, Trivellin conclut en alexandrins :

> « Ah, que je me prépare à goûter de plaisirs !
> Lorsque je seray las d'une blonde mourante,
> Je feray succeder une brune fringante.
> Une rousse tantost fixera mes ardeurs,
> En un mot j'en prendray de toutes les couleurs. »[3]

Cette faculté de changer d'époux est offerte aux deux sexes. Ainsi, prétextant son respect de l'ordre établi, Dariolette affirme-t-elle « je changeray d'époux, je veux suivre nos loix »[4]. Alors même que le critère du choix tant de Dariolette que de Bouffinon n'est que la beauté[5].

Et quand bien même le mari et la femme viendraient à vivre en harmonie, l'auteur fait dire à Dariolette « Et par le changement je m'en trouveray mieux. Toujours le même époux, rien n'est plus ennuyeux. »[6], ce à quoi Arlequin répond plus loin en contrepoint « Une femme dans ce païs est comme un Almanach, elle n'est bonne que pour une année ».

Les Terres australes font l'apologie du changement mais c'est au final pour mieux se moquer de l'inconstance des Parisiennes comme le montre la suite quand Trivelin rétorque à Dariolette :

> « Je suis tout stupéfait, ques ce [sic] que j'entends là !
> Non, cette fille là n'est point Australienne,
> Et pour moi, je la crois plutôt parisienne
> Ou fille de Françoise. »[7]

Ainsi, l'utopie des *Terres australes* n'est que le moyen de la critique des mœurs et des valeurs de la société de son temps comme en témoigne encore le chant entonné en chœur au temple du soleil à propos de

---

[1] Legrand, *Les Terres australes*, pp. 167-168 et 180.
[2] *Ibid.*, p. 165.
[3] *Ibid.*, p. 167.
[4] *Ibid.*, p. 168.
[5] *Ibid.*, pp. 169 et 177.
[6] *Ibid.*, p. 168.
[7] *Ibid.*, p. 168.

l'Amour : « Ce n'est que par l'inconstance qu'on peut gouter ses plaisirs »[1] avant d'entendre les acteurs reprendre en chœur :

> « Tout au gré de notre envie
> Cedons à nos désirs
> Passons notre vie
> Dans d'agréables loisirs
> L'amour nous convie
> A goûter ses plaisirs
> La constance est une folie »[2].

Pour mieux critiquer Paris, les acteurs font les louanges de ces Terres australes où

> « on fait icy bonne chère sans rien payer [...] Point de créancier, point de fiacres, point de carrosses, point de parvenu qui vous éclabousse, point d'Opéra Comique, point de régiment de la Calotte... Ah le bon païs, ah le bon païs ! [...] Icy l'on ne critique personne, Ergo point de poète ; tout le monde y a de la conscience, Ergo point de procureurs »[3].

et le chœur de continuer plus loin :

> « Procureurs et gens de Palais
> N'exercent point leur manigance,
> Icy l'on ne plaide jamais
> On y vit en assurance :
> Et zon zon zon
> Que ce pays est bon »[4].

L'utopie des *Terres australes* n'est donc qu'un artifice, par lequel, en plaçant la scène aux antipodes, Legrand critique d'autant plus les valeurs qui traversent la société parisienne du début du règne de Louis XV.

Les *Fragmens du dernier voyage de La Pérouse* (1797)[5]

En prairial an V, soit entre mai et juin 1797, paraît à Quimper une œuvre anonyme, sous le nom de *Fragmens du dernier voyage de La*

---

[1] *Ibid.*, p. 176.
[2] *Ibid.*, pp. 178-179.
[3] *Ibid.*, p. 175.
[4] *Ibid.*, p. 179.
[5] *Fragmens du dernier voyage de La Pérouse*, Quimper, Barazer, prairial an V de la République, 55 p.

Pérouse ; une relation de voyage d'une réalité qui jamais ne fut. En 1797, l'auteur, aujourd'hui encore incertain[1], annonce que La Pérouse et quelques-uns de ses hommes qui ont disparu en mars 1788 ont en fait survécu dans une île proche de Vanikoro ; une île dans laquelle ils auraient déjà fait escale auparavant et dans laquelle ils auraient choisi de rester. La vérité historique du naufrage et du décès de tous ces hommes ne sera connue que plusieurs dizaines d'années plus tard et démentira bien évidemment cette œuvre spéculative.

Les *Fragmens* sont écrits à partir de notes prétendument dérobées le 24 janvier 1788 dans la cabine d'un officier de l'*Astrolabe* et présentant une île non mentionnée dans les écrits publiés de La Pérouse. Ils décrivent avec toute la minutie nécessaire[2] pour gagner en vraisemblance une société d'abondance à la nature généreuse qui pourvoit à tous les besoins comme dans un âge d'or idéalisé où tout n'est qu'abondance, naturelle ou cultivée.

Cette île dont on n'apprend le nom d'île bleue qu'à l'occasion du complément botanique en fin d'ouvrage est une île volcanique boisée de type marquisien à la nature exubérante. Entourée d'une mer poissonneuse, pleine de fruits, de fleurs et d'oiseaux et sur laquelle aucun animal ne représente le moindre danger, l'île ne connaît pas d'ennemis[3], l'île est « une terre opulente »[4], un « paradis terrestre »[5], un pays de cocagne où tout pousse en abondance, un véritable jardin d'Eden. On remarquera toutefois que si les paysages ressemblent à ceux de la Nouvelle Cythère, nom donné par Bougainville à Tahiti, la société qui s'y est développée et que découvrent La Pérouse et son équipage en est éloignée.

---

[1] Jacques Gury estime que l'auteur des *Fragmens* est Jacques Cambry. John Dunmore quant à lui prête plus volontiers la paternité à Watkin Tench. Gury Jacques. « L'invention d'une chimère : Fragments du dernier voyage de La Pérouse (1797) », *Dix-huitième Siècle*, 22, 1990. Voyager, explorer. pp. 195-236 et Gury Jacques « Sur les fragmens du dernier voyage de La Pérouse, *Dix-huitième siècle*, 28, 1996, pp. 702-703. Dunmore John, *Fragmens du dernier voyage de La Pérouse*, 2 vol., National Library of Australie, Canberra, 1987. http://www.vers-les-iles.fr/livres/Utopie/Dunmore.html et https://coldcase28.blogspot.com/2015/03/quel-est-lauteur-des-fragments-du.html. L'édition de la BN porte la mention manuscrite « Cambry au citoyen Grégoire ».

[2] Allant jusqu'à utiliser 1/5e du livre pour la description scientifique de nouvelles plantes découvertes sur l'île bleue, *Fragmens*, p. 45-55. L'auteur affirme que l'expédition aurait cueilli plus de 800 espèces inconnues, *Fragmens*, p. 36.

[3] *Fragmens*, pp. 27-28.

[4] *Ibid.*, p. 1.

[5] *Ibid.*, p. 3.

La population, « au teint basané sans être noir »[1], a été civilisée par quatre naufragés français arrivés puis décédés des années auparavant sans qu'il soit possible de dire quand[2]. L'auteur des *Fragmens* reste attaché à l'apport français et présente les quatre naufragés français, non pas comme ayant corrompu le bon sauvage mais, au contraire, comme ayant apporté la civilisation aux autochtones, en leur apprenant la menuiserie et la valorisation de la nature déjà généreuse par les techniques de l'agriculture, tout en leur amenant également l'art de se vêtir et la musique[3]. La société de l'île est alors décrite comme ayant retiré le meilleur des traditions indigènes et des valeurs et techniques apportées de France ; ce syncrétisme ayant permis d'arriver à cet âge d'or[4] décrit par l'auteur des *Fragmens* qui débouchait sur « la peuplade la plus sage, la plus heureuse de l'univers »[5].

La société égalitaire est gouvernée par un conseil de 24 vieillards dont l'autorité est pleinement respectée par la jeunesse de l'île.

Les relations entre les autochtones et les nouveaux arrivants sont tellement fraternelles que l'officier des *Fragmens* écrit « nous ne formions plus qu'un peuple d'amis et de frères »[6], propos qui pourront être mis en parallèle avec la devise égalitaire abolitionniste anglo-saxonne « *Am I not a man and a brother* » qui se développe en cette fin de XVIIIe siècle.

Dans le rapport au travail, nulle indolence ou recherche de s'éviter un travail jugé inutile. Au contraire, les jeunes insulaires se proposent d'eux-mêmes d'aider les marins de La Pérouse dans leurs travaux et ce à plusicurs rcprises[7].

Le rapport au corps est symptomatique de cette influence européenne et diffère des descriptions pétries de volupté données par Bougainville des insulaires de la Nouvelle Cythère. Dans cette île bleue, la nudité a laissé la place à un vêtement le plus simple qui soit. Si elle est faite d'écorce teinte en blanc, la robe est proche de la tunique

---

[1] *Ibid.*, p. 17.

[2] Nous ne suivons pas Gury dans sa lecture d'une population blanche ni sur l'époque d'arrivée des quatre naufragés, aucun détail ne laissant supposer ces « cinquante ans » qu'il évoque. Gury Jacques, « L'invention d'une chimère : Fragments du dernier voyage de La Pérouse (1797) », *Dix-huitième Siècle*, n° 22, 1990, p. 198.

[3] *Fragmens*, pp. 23, 25 et 43.

[4] Tant par le vocabulaire utilisé que par les descriptions de l'île ou encore par l'allusion faite à Enée, *Fragmens*, p. 9.

[5] *Fragmens*, p. 32.

[6] *Ibid.*, p. 31.

[7] *Ibid.*, pp. 29-31.

grecque de l'âge d'or et les jeunes filles, certes très voluptueuses, sont vêtues de ces tuniques et de sandales[1] et ne s'offrent pas aux nouveaux venus.

Le nantais qu'est l'auteur de ce chapitre plus divertissant et moins sérieux que ceux qui l'entourent ne peut pas ne pas citer ce propos devenu aujourd'hui trop rare quand, décrivant une fête, l'officier de la Pérouse écrit « on servit dans des cocos une liqueur aussi piquante, aussi rafraîchissante que les vins blancs de Nantes »[2].

Toutefois et au-delà de cette description d'une société idyllique, la conclusion de l'auteur des *Fragmens* éclaire son texte qui prend alors une autre dimension :

> « L'heureux pays, les bonnes gens ! Ils sont au point d'instruction, de civilisation fait pour l'espèce humaine ; renonçant à tous nos romans, à nos folies, à nos pompons, à nos systèmes, à nos rêves ; voilà l'état qui nous convient. La Peyrouse le dit cent fois, sans mon honneur, sans les comptes que je dois rendre au roi qui m'a confié ses vaisseaux, je quitterai à jamais notre Europe pour vivre dans ce séjour du vrai bonheur et de la paix. Un jour peut-être ... »[3].

Ce propos fait également résonner la prière entendue une nuit par l'officier de la Pérouse dans le dialecte local « Mon Dieu bénis ce peuple, protège ce pays, ne permets pas que les Européens y portent jamais leurs fureurs et leurs vices »[4]. La préservation de cette société idéale sera également assurée car « l'éloignement de la France en écartera nos vaisseaux, pour le bonheur des hommes qui l'habitent »[5] montrant que si les naufragés français ont pu apporter le progrès, la France contemporaine n'apporterait désormais que des malheurs à la société insulaire.

Mais c'est peut-être encore plus la note de l'éditeur, ou tout au moins prêtée à celui-ci[6], qui, concluant le texte, est encore plus explicite et

---

[1] *Ibid.*, p. 17.
[2] *Ibid.*, p. 15.
[3] *Ibid.*, p. 44.
[4] *Ibid.*, p. 28. Prière étonnement traduite alors qu'il est écrit que seul le plus âgé des vieillards maîtrise encore quelques rudiments de français et que la communication est par conséquent délicate.
[5] *Ibid.*, p. 34.
[6] Potentiellement prêtée à l'éditeur car cette note se situe, de façon inhabituelle, certes après la conclusion de la relation de voyage mais avant les 10 pages de descriptions

éclairante en montrant combien La Pérouse a eu raison de vouloir se réfugier en cette île plutôt que de rentrer en France :

> « NOTE DE L'EDITEUR.
>
> SERAIT-IL étonnant qu'avec de telles dispositions, instruit des révolutions de la France, la Peyrouse et ses compagnons se soient retirés dans cette Isle ? D'Entre-Castreaux ne peut en avoir connaissance. Il serait de l'honneur du français de faire une seconde expédition et de chercher sous leur déguisement d'écorce, ces navigateurs égarés. L'Europe acquererait de nouvelles connaissances, de nouveaux faits. Mais rappelés dans nos contrées, la Peyrouse et ses bons amis gagneraient-ils au changement ? En attendant que l'on décide sur cette question délicate, j'aime à penser que ces célèbres navigateurs vivent heureux sous des bosquets de fleurs, au sein du luxe et des richesses de la nature, sous le gouvernement patriarche des bons vieillards, dans les bras de jolies Indiennes, loin des fureurs de Robespierre, du désordre de nos finances et des craintes de l'avenir »[1].

L'auteur des *Fragmens* n'est pas un aristocrate réactionnaire mais un homme qui regrette que les valeurs et les idéaux portés par la Révolution aient été dénaturés par la pratique révolutionnaire qui n'a su délivrer l'homme de la violence et de la servitude[2]. L'auteur des *Fragmens* justifie ainsi le fait que La Pérouse a pu préférer vouloir rester dans cet Eden du bout du monde plutôt que de rentrer dans une France révolutionnaire qui n'a pas su tenir les promesses qu'elle avait fait naître. Ces *Fragmens* sont en fait une réprobation de l'état de la France, une dénonciation de la manière dont a tourné la Révolution, dont les valeurs qui auraient pu être ont été dévoyées par Robespierre et les excès de la Terreur. Cette fausse relation de voyage, utopie ou uchronie, doit alors être clairement envisagée comme une critique de son temps et non comme un descriptif des vraies valeurs d'un ailleurs qui n'existe pas.

---

des espèces de plantes endémiques découvertes en cette île, montrant ainsi qu'elle fait partie intégrante du texte.

[1] *Ibid.*, pp. 44-45.

[2] Dunmore John, *op. cit.*, volume II, « introduction », pp. 7-9.

Le *Voyage pittoresque et industriel dans le Paraguay-Roux et la Palingénésie australe* (1836) de Charles Nodier[1]

Avant de consacrer sa plume à ce *Voyage,* Nodier s'est intéressé à la palingénésie, ce retour à la vie, cette renaissance qui régénère et permet d'aboutir à une fin providentielle de l'humanité[2]. En 1832, il reprend les travaux de Pierre-Simon Ballanche qui, à la fin des années 1820, dans ses *Essais de palingénésie sociale,* posait les bases de la rénovation sociale en montrant que la régénération collective pouvait être atteinte par l'accumulation des rédemptions individuelles. Pour Nodier, les sociétés accomplissent une sorte d'épopée cyclique dans une alternance de périodes de destruction et de régénération. Mais, là où Ballanche voyait dans sa palingénésie une vision optimiste de régénération du monde et de l'humanité, un « perfectionnement universel »[3], Nodier considère que « l'idée de progrès est vaine » tout en voulant rester optimiste en concluant que « la création n'est pas finie »[4].

Là où certains[5] considèrent que Nodier est pessimiste quant à la nature humaine, d'autres[6] considèrent que Nodier continue de rêver à un âge d'or qui serait dans le futur, reprenant sur ce point Saint Simon. Mais dans *De la perfectibilité de l'homme* que Nodier publie en 1830, il écrit :

> « Saint-Simon a dit textuellement : "L'âge d'or n'est pas derrière nous, il est devant". C'est là qu'il s'est trompé. L'âge d'or n'est ni devant ni derrière la société actuelle : il est dans le domaine imaginaire des vaines ambitions de l'homme, comme la plupart de ses croyances. Ce type idéal

---

[1] Nodier Charles, « Voyage pittoresque et industriel dans le Paraguay-Roux et la palingénésie australe par Tridace-Nafé-Théobrome de Kaout't'chouk, Etc. », *Revue de Paris*, tome 26, Paris, Bureau de la Revue, février 1836, pp. 193-205.

[2] Nodier Charles, « De la palingénésie humaine et de la résurrection », *Revue de Paris,* 1832, t. XLI, pp. 81-107.

[3] Lettre de Charles Nodier à Charles Weiss du 21 juillet 1832.

[4] Zaragoza Georges, *Charles Nodier Le dériseur sensé*, Paris, Klincksieck, 1992, 268 p., pp. 238-239.

[5] Trousson Raymond, *D'utopies et d'utopistes*, Paris, L'Harmattan, 1998, pp. 188-191.

[6] Sukiennicka Marta, « Charles Nodier et la fin du genre humain », *Arts et Savoirs*, 7, 2016 ; Zaragoza Georges, *op. cit.*

> de perfectionnement est la plus vielle des rêveries sociales »[1].

Nodier insiste et témoigne d'un véritable pessimisme :

> « Dire que l'homme est perfectible, c'est supposer qu'il peut changer de nature ; c'est demander la rose à l'hysope, et l'ananas au peuplier [...] Il n'ira pas plus loin tant qu'il ne sera qu'homme [...] la société est un cercle vicieux et très-vicieux ; [...ce cercle...] ne dépend pas plus d'un corps politique, et même d'un législateur en théorie qui s'amuse à fabriquer des utopies dans son cabinet, de créer un nouvel ordre de civilisation, qu'il n'appartient aux termites de la Nubie de créer de nouveaux ordres d'architecture, et à l'abeille de nos ruches d'ajouter un côté au polygone éternel de ses alvéoles. Ce que nous pouvions a été fait, et tout ce qui a été fait se fera. [...] Le mieux, en quelque chose qu'on l'imagine, est une illusion pour ceux qui apprennent, un prétexte pour ceux qui savent, un objet d'amertume et de dérision pour ceux qui meurent »[2].

Pour Trousson, Nodier « dénonce la décadence irréversible des valeurs, le positivisme et l'illusion d'un avenir acceptable édifié par rupture avec la tradition. Il condamne la civilisation industrielle, l'essor des sciences et des techniques, l'émancipation des femmes et jusqu'aux projets d'instruction universelle ; à la centralisation politique et linguistique, il oppose le régionalisme »[3].

L'utopie que Nodier publie en 1836 témoigne en effet de son pessimisme qui influencera d'ailleurs Emile Souvestre dix ans plus tard.

Dans son conte intitulé *Voyage pittoresque et industriel dans le Paraguay-Roux et la Palingénésie australe,* Nodier confirme ce pessimisme et cette négation du progrès. Le héros de cette nouvelle, « Kaout't'chouk, savant étranger », vient à Paris pour apprendre la perfectibilité où il laisse le souvenir de ses voyages et de ses découvertes de lieux jusqu'alors inconnus.

---

[1] « De la Perfectibilité de l'homme et de l'influence de l'imprimerie sur la civilisation », *Revue de Paris*, novembre 1830, pp. 24-37, p. 29. La citation exacte de Saint-Simon est « L'âge d'or, qu'une aveugle tradition a placé jusqu'ici dans le passé, est devant nous », est issue de Saint-Simon Claude Henri de Rouvroy de, *Opinions littéraires, philosophiques et industrielles*, Paris, Bossange, 1825, p. 15.

[2] *Ibid.*, pp. 25, 28-29.

[3] Trousson Raymond, *op. cit.*

Dans une mise en abyme cocasse, Nodier critique d'emblée les faux récits de voyage[1] pour mieux introduire le sien : « Vous trouviez à tout bout de champ d'intrépides explorateurs des régions inconnues qui revenaient de Tombouctou sans y être allés ; mais du Paraguay-Roux, point de nouvelles ».

L'auteur situe son Paraguay-Roux dans « les îles de Polynésie »[2]. Kaout't'chouk découvre une

> « île déserte où il y avait beaucoup de monde… Il eut la politesse délicate d'en prendre possession au nom de la France, mais sans en faire part aux habitants, car il était un peu diplomate, et il l'appela par instinct l'île de la civilisation […] la civilisation de ce pays est en effet la plus complète qu'une nation extraordinairement perfectionnée puisse désirer pour son usage particulier, au moins jusqu'à nouvel ordre. Il ne faut jurer de rien avec la perfectibilité »[3].

Avec un humour truculent, Nodier aborde les questions de la terre et de la nature. Il présente un chemin de fer fonctionnant au « fluide électrique ». La méthode allie la vitesse du déplacement à un « avantage plus précieux encore pour la population stationnaire de n'entraîner ni expropriations vexatoires, ni violation permanente du sol sacré de l'agriculture, au bénéfice de quelques spéculateurs pressés de gagner » puisque l'installation filaire décrite se replie sur sa base après le passage des wagons et permet de ne pas occuper de manière permanente les terrains « et le laboureur paisible peut retourner à ses travaux »[4].

Nodier montre l'engouement des habitants de l'île de la civilisation pour le système des caisses d'épargne dans lesquelles

> « l'ouvrier sans travail, le prolétaire indigent, l'infortuné vaincu par la misère et par le désespoir verse avec empressement dans ces trésors providentiels l'excédant de leurs besoins, le superflu de leur nécessaire, et le fruit de leurs économies » pour conclure que « c'est une chose commune en ce pays-là, et qui n'en est pas moins touchante, que de refuser à cinq ou six pauvres enfants affamés leur maigre repas quotidien, afin de se ménager un repas de pain pour la vieillesse ».

---

[1] Nodier, *"Paraguay-Roux"*, *op. cit.*, p. 194.
[2] *Ibid.*, p. 198.
[3] *Ibid.*, pp. 198-199.
[4] *Ibid.*, p. 199.

Nodier critique la « philantropie australe » [sic] et la « civilisation fiscale » de cette société qui a vu le numéraire disparaître et dans laquelle les caisses d'épargne « gagnent journellement en embonpoint celui que perdent leurs cliens » [sic][1].

Nodier en vient enfin à la politique qui selon lui « est en voie de perfection dans l'île de la Civilisation comme partout » pour mieux critiquer le système représentatif de cette île qui, comme en un autre lieu qu'il connaît mieux, « jouit comme nous des douceurs d'un gouvernement représentatif, c'est-à-dire d'une constitution aussi libérale qu'on a pu l'imaginer, dans laquelle la soixante millième partie de la nation représente la cent cinquantième en présence des cent quarante-neuf autres et à leur satisfaction unanime »[2].

Alors même que plus jeune il était séduit par l'idée de progrès développée par Saint-Simon, Nodier – qui sera rejoint par Souvestre – remet en cause l'évidence d'un progrès qui se fait au détriment des valeurs traditionnelles qu'il défend.

Au final, le texte de Nodier dénonce « l'ignorance et la folie de ses contemporains »[3] et montre qu'il n'y pas d'espoir de trouver mieux ailleurs, des valeurs plus souhaitables, et que la perfectibilité reste illusoire, ici ou ailleurs, à Paris ou dans une autre Tahiti. L'utopie et la localisation en Polynésie ne sont une fois encore qu'un simple biais pour dénoncer la perte des valeurs de la société de son temps.

***Le monde tel qu'il sera* (1845-1846) d'Emile Souvestre**[4]

Dans son roman dystopique, le breton Emile Souvestre présente Maurice, son alter ego, intéressé « aux destinées du genre humain » et à la recherche du « bonheur des hommes »[5]. Il le fait s'endormir avec son épouse Marthe et son couple de héros se réveille en l'an 3 000. Ils sont emmenés dans le futur par un dénommé « John Progrès » qui apparaît juché sur une de ces locomotives anglaises à vapeur vantées par la propagande saint-simonienne.

Délaissant « ce présent, où tout n'est que lutte et incertitude ? »[6], ce voyage leur permet de constater par eux-mêmes que « les germes semés

---

[1] *Ibid.*, pp. 200-201.
[2] *Ibid.*, p. 201.
[3] *Ibid.*, p. 204.
[4] Souvestre Emile, *Le monde tel qu'il sera*, Paris, Coquebert, sans date (1846), 324 p. L'ouvrage paraît d'abord en livraisons entre 1845 et 1846.
[5] *Ibid.*, pp. 3-4.
[6] *Ibid.*, p. 11.

par notre époque auront apporté tous leurs fruits »[1] et de découvrir dans le futur « cette génération puissante et éclairée, qui, à force de conquêtes dans le domaine de la perfectibilité humaine, a fait descendre le royaume du ciel sur la terre »[2], comme si la cité de Dieu était descendue sur terre alors même que Saint Augustin considérait la chose peu probable.

Pensant partir « dans un meilleur monde et sous de plus justes lois »[3] les deux héros se réveillent en l'an 3 000 « dans l'ile autrefois appelée Taïti. La nouvelle-Cythère du capitaine Cook [...] aujourd'hui nommée l'île du Noir-Animal »[4] et devenue le

> « centre même du monde civilisé, dont les différents peuples ne formaient plus qu'un État sous le nom de république des Intérêts-Unis. Le centre ou capitale de cette République se trouvait dans l'ancienne île de Bornéo, maintenant nommée île du Budget. [...] Quant au vieux monde, on y entretenait des colonies qui recevaient de la métropole la direction et les lumières »[5].

La nouvelle civilisation est transportée en Océanie. Le temps ayant passé,

> « L'Europe négligée retombait lentement dans l'inertie et la solitude, tandis que l'Amérique, puis une contrée plus nouvelle, absorbaient en elles tous les éléments de vie. Le vieux monde n'était déjà plus qu'une terre sauvage, dont les sociétés modernes exploitaient les ruines. Richesses enfouies, monuments abattus, tombes oubliées, tout devenait la propriété de ces générations marchandes »[6].

Les antipodes dominent désormais l'ancien monde qui n'est plus que ruines[7].

---

[1] *Ibid.*, p. 11.
[2] *Ibid.*, p. 19.
[3] *Ibid.*, p. 12.
[4] *Ibid.*, p. 17.
[5] *Ibid.*, p. 24.
[6] *Ibid.*, pp. 15-16. Cette idée servira de point de départ de l'ouvrage de *Franklin, Les ruines de Paris en 4875* présentant un navire de recherche venu de Nouvelle-Calédonie découvrir et étudier les ruines de Paris, roman évoqué en conclusion du présent chapitre.
[7] Emile Souvestre qui dirige la revue *La mosaïque de l'Ouest et du Centre* depuis sa fondation en 1844 y fait la promotion de son roman en faisant état du prospectus publié par l'éditeur Coquebert : il s'agit de montrer le monde tel qu'il sera, en l'an

Dans ce nouvel État, chaque république, selon la loi de la division de la main d'œuvre, est hyper spécialisée et ne produit qu'un seul produit ; l'un produisant les épingles, l'autre les moules de boutons...

Dans « l'île du Noir-Animal, l'air tient lieu de paletot ; aussi, vous voyez que l'intérêt bien entendu a réduit l'habillement à sa plus simple expression ».

> « Il n'avait pour vêtements qu'un caleçon de coton, un chapeau d'écorce à larges bords, et des bottes en vannerie, ornées de clochettes. Maurice apprit de lui que tel était le costume généralement adopté, vu sa commodité et son économie. La civilisation de l'an trois mille, ayant renoncé à tout ce qui n'était pas d'une utilité immédiate, avait laissé la parure aux femmes ou aux esprits futiles ; les hommes graves se contentaient du caleçon, rehaussé de leurs grâces naturelles »[1].

Témoignant à la fois du rapport au corps et d'une société inégalitaire dans sa perception de la femme.

Le roman se déroule essentiellement dans l'Ile du Budget, nouveau nom de Bornéo, et dans sa capitale, la ville de Sans-pair, mais les valeurs sont les mêmes que dans l'île du Noir Animal, l'ancienne Tahiti. Le livre conte alors les valeurs de cette société des antipodes qui a pris le dessus sur l'ancien monde. À l'occasion de la description des nouveaux moyens de transports et des voyages dont la durée a été très considérablement raccourcie, Souvestre témoigne merveilleusement de la montée de l'individualisme et du déclin de la sociabilité. La conclusion présentée par l'académicien Atout sur les gains apportés par la rapidité des transports montre des voyages qui témoignent des valeurs de la société nouvelle :

> « Ainsi avait été résolu le problème de franchir l'espace sans fatigues à subir, sans observation à faire, sans

---

trois mille, « Alors... que Paris, comme Babylone et Palmyre, sera devenu un amas de ruines habitées par la bête fauve, et que les germes de notre civilisation, fécondés par le temps, auront porté leurs fruits doux et amers. [...] il vous racontera l'histoire d'un monde, d'où se sont envolés la poésie, la religion et l'amour ; il vous parlera d'une société qui a placé son Sinaï sur un coffre fort, et qui s'est fabriqué, en espèces sonnantes, le seul Dieu qu'elle veuille adorer ; il vous promènera à travers les excentricités plaisantes d'une civilisation perfectionnée, dans laquelle tout obéit aux lois suprêmes de la mécanique ». Emile Souvestre (dir.*), La mosaïque de l'Ouest du Centre*, deuxième année, 1845-1846, Blois, Félix Jahyer, pp. 142-145.

[1] Souvestre, *op. cit.,* p. 18.

confidences à échanger. On se prenait sans se voir, on se quittait sans s'être parlé ; chacun était indifférent à tout le monde, et tout le monde à chacun ; voyager, enfin, n'était plus vivre en chemin ni en commun, mais partir et arriver ! »[1]

Il en est de même dans l'éducation des enfants où la machine a remplacé l'homme. La société de l'an 3 000 dispose d'une

> « université de nourrices. Le nouveau-né est mis au collège le jour de son entrée dans le monde, et nous revient dix-huit ans après tout élevé. [...] L'enfant est aussi libre que s'il n'avait point de parents, les parents aussi libres que s'ils n'avaient point d'enfants. On s'aime tout juste autant qu'il le faut pour se souffrir ; on se perd sans désespoir. Les générations se succèdent dans la même maison, comme des voyageurs dans la même auberge. Ainsi a été résolu le grand problème de la perpétuation de l'espèce, en évitant l'association passionnée des individus »[2].

La dénonciation du progrès et du dévouement à soi-même

Richement illustré par le satiriste Bertall[3], *Le monde tel qu'il sera,* par le stratagème de l'utopie, critique indirectement les valeurs de sa propre époque. Souvestre, comme Nodier avant lui, considère que le progrès n'est pas libérateur, mais qu'au contraire, il est aliénant et déshumanise l'homme qui délaisse les valeurs collectives au profit de l'enrichissement personnel. Le roman est une caricature de cette France du début des années 1840, une critique de la monarchie de Juillet et de Guizot en particulier qui, avec son célèbre « Enrichissez-vous »[4],

---

[1] *Ibid.*, pp.28-29.
[2] *Ibid.*, p. 78.
[3] Ghuzel Olivier, « Le Monde tel qu'il sera : de la satire d'actualité à la dystopie », *in* Dessy Clément & Stienon Valérie (dir.), *(Bé)vues du futur, les imaginaires visuels de la dystopie (1840-1940),* Villeneuve d'Ascq, Septentrion, 2015, 296 p., pp. 35-54, p. 37.
[4] Réponse de Guizot à Dufaure, Chambre des députés, séance du 1er mars 1843 : « usez de ces droits ; fondez votre gouvernement, affermissez vos institutions, éclairez-vous, enrichissez-vous, améliorez la condition morale et matérielle de notre France ». Guizot François, *Histoire parlementaire de France : recueil complet des discours prononcés dans les Chambres de 1819 à 1848 par M. Guizot, tome 4*, Paris, Lévy frères, 1864, p. 68.

invitait « au profit comme condition de la "notabilité" »[1] ; Guizot qui, s'appuyant sur les conservateurs, développait une politique conservatrice au service des intérêts de la bourgeoisie.

Le monde tel qu'il sera présente une société où l'homme honorable est celui « qui paie le cens d'éligibilité »[2]. Une société où l'éducation a pour unique but « de préparer des citoyens honorables, c'est-à-dire habiles à s'enrichir » avec « pour unique base le dévouement à soi-même » et où « pour mieux encourager les enfants à s'enrichir, on les initiait de bonne heure au culte du confort »[3].

Souvestre dénonce la recherche du profit et l'obsession de la richesse tout comme il critique le mépris dont l'individu fait l'objet. Cette société des antipodes a perdu la notion de gratuité et tout y est tarifé, et encore à l'excès[4]. Ainsi Madame Atout, la femme de l'académicien, arbore-t-elle en médaillon portant en lettres d'or l'inscription de la somme qu'elle a reçue pour son mariage « trois millions de dot. Séparée de biens ». Le mariage se réduit à la recherche de la femme qui apporte avec elle la plus belle dot[5]. Tout est rapporté à l'argent. Cela touche jusqu'aux morts pour lesquels une société d'assurance verse des primes « pour empêcher les vivants de regretter les morts »[6].

À une époque où Etienne Cabet fait un « éloge béat »[7] du machinisme, Souvestre présente une société industrielle hyperspécialisée où l'homme est devenu « l'esclave de la machine »[8]. Une société bourgeoise dans laquelle l'homme est désormais éduqué pour consommer. La mécanisation alliée aux outrances et débordements de la société de consommation font qu'il n'y a plus de place pour la nature[9], pas plus que pour la nature humaine qui se trouve manipulée génétiquement. Attaché au passé et à sa culture républicaine,

---

[1] Trousson Raymond, « Emile Souvestre et *Le monde tel qu'il sera* », *in* Hudde Hinrich et Kuon Peter (éd.), *De l'utopie à l'uchronie, formes, significations, fonctions (actes du colloque d'Erlangen, 16-18 octobre 1986)*, Études littéraires françaises, Tübingen, Gunter Narr Verlag, 1988, 178 p., pp. 123-134, p. 130.

[2] *Ibid.*, p. 94.

[3] *Ibid.*, p. 90.

[4] *Ibid.*, p. 37.

[5] *Ibid.*, pp. 110-115.

[6] *Ibid.*, p. 95.

[7] Trousson, *op. cit.*, p. 134.

[8] *Ibid.*, p. 321.

[9] Vas-Deyres Natacha, *Ces Français qui ont écrit demain. Utopie, anticipation et science-fiction au XXe siècle*, Paris, Honoré Champion, 2013, 533 p., p. 159.

Souvestre n'est plus le saint-simonien qu'il fut 15 ans plus tôt[1]. Il n'a foi ni dans l'avenir ni dans le progrès et fait dans ce roman une « anticipation pessimiste »[2] où il dénonce la société de consommation à venir et critique une « civilisation technicienne, destructrice des valeurs humanistes »[3].

Par le procédé utopique, il dénonce une société inégalitaire paroxystique dans laquelle « les devoirs du citoyen se sont trouvés réduits à l'obligation de rechercher en tout son propre avantage »[4]. Souvestre critique une monarchie de Juillet dans laquelle seul compte le dévouement à soi-même et dénonce une société des faux semblants, une société de l'ersatz où rien n'est ce qu'il paraît :

> « Vous voyez [...] le triomphe de l'industrie ; rien de ce que vous apercevez ici n'est ce qu'il parait. Cette colonnade de marbre sculpté n'est que de la terre cuite ; cette tapisserie de brocart, qu'un tissu de verre filé ; ce parquet de bois de rose, qu'un carrelage en bitume colorié ; le velours qui couvre ces sofas, que du caoutchouc perfectionné. Tout cela peut durer deux années, c'est-à-dire, le temps nécessaire pour que l'hôtelier vende son établissement et se retire millionnaire »[5].

Avec ces mots, Souvestre est, le premier à notre connaissance, à dénoncer l'obsolescence programmée des matériaux et des produits[6]. À cela s'ajoute la présentation d'une domotique avant-gardiste saisissante venant « substituer aux machines humaines des machines plus parfaites »[7] pour conclure que « dans une maison bien machinée comme celle-ci, personne n'a besoin de personne... [...] Encore quelques efforts, et la civilisation aura conquis à l'homme l'isolement, c'est-à-

---

[1] Steel David, *Emile Souvestre, un Breton des lettres, 1806-1854*, Rennes, PUR, 2013, 324 p., p. 224.

[2] Sylvos Françoise. « Émile Souvestre ou la réclame telle qu'elle sera », *Romantisme*, vol. 155, n° 1, 2012, pp. 71-89 ; Stienon Valérie, « La dystopie française d'Émile Souvestre à Léon Daudet. Petite traversée générique », *in* Engélibert Jean-Paul et Guidée Raphaëlle (dir.), *Utopie et catastrophe, Revers et renaissances de l'utopie (XVIe-XXIe siècle)*, Rennes, PUR, 2015, pp. 111-123.

[3] Vas-Deyres, *op. cit.*, p. 98.

[4] Souvestre, *op. cit.*, p. 298.

[5] *Ibid.*, pp. 34-35.

[6] Emile Souvestre est vraisemblablement également l'inventeur de l'expression « cage à poules », p. 53, pour désigner une habitation avant que l'usage de la formule se développe un siècle plus tard.

[7] *Ibid.*, pp. 53-55, 63.

dire la liberté, car chacun pourra se passer complètement des services de son semblable »[1]. Ces propos de l'académicien décrivant sa société amènent Marthe à se demander ce qu'est devenue « la parole du Christ, qui recommande de se secourir et de s'aimer […] le but de la vie est-il bien de se suffire à soi-même ; n'est-il pas plutôt de se compléter dans les autres et par les autres ? »[2]. Chacun ne trouve sa place et n'existe que par sa position sociale ; ce qui se retrouve dans *Jérôme Paturot : à la recherche d'une position sociale* de Louis Reybaud paru également en 1846.

Au détour des pages, en détaillant l'inscription au fronton de la maison de l'académicien à Sans-Pair, Souvestre en vient à opposer sa société de l'an 3 000 qui privilégie la vie privée[3] à celle de la communauté de biens du *Voyage en Icarie* d'Etienne Cabet[4]. Sur le fronton est inscrit : « Chacun chez soi. Chacun pour soi » quand Cabet pose en page de garde de son utopie programme « Tous pour chacun - Chacun pour tous - À chacun suivant ses besoins - De chacun suivant ses forces ». Et Souvestre enfonce le clou en faisant dire à l'académicien, M. Atout, que ce précepte « résume à lui seul toutes les lois de l'humanité. Chacun chez soi, c'est le droit ; chacun pour soi, c'est le devoir »[5].

Un rapport au corps dénaturé

Souvestre s'intéresse également au rapport au corps. Le boudoir de la femme de l'académicien montre l'exact inverse de la simplicité du vêtement masculin en écorce. Par la description des moyens et des produits de beauté utilisés, Souvestre se moque de la futilité de certaines femmes de ce faux bout du monde pour compenser les atours qui peuvent manquer naturellement : un corset orthèse conférant des formes

---

[1] *Ibid.*, p. 55.
[2] *Ibid.*, p. 55.
[3] Boeglin Noémie, « *Le Monde tel qu'il sera*, un roman oublié », *Fabula / Les colloques*, L'art, machine à voyager dans le temps (dir. Frédérique Toudoire-Surlapierre, Augustin Voegele). http://www.fabula.org/colloques/document4725.php consulté le 1er octobre 2022.
[4] En 1846, Etienne Cabet publie la 4e édition de son *Voyage en Icarie*. Paris, au bureau du Populaire, 1846, 600 p.
[5] Souvestre, *op. cit.*, p. 53.

généreuses au prix de la suffocation[1], une bimbeloterie inutile[2] et des onguents pour crédules comme en témoignent les étiquettes

> « huile d'hippopotame pour faire repousser les dents, essence de gazelle pour assouplir la taille, pommade de cygne pour devenir blanche, moelle de tourterelles pour avoir les regards tendres, élixir de Vénus »[3].

Un rapport au corps complexe à tous points de vue pour cette « femme-corset »[4] qui cède au culte de l'apparence tout comme son mari l'académicien succombe au culte de la personnalité en plaçant dans son salon son propre portrait sous vingt formes différentes, accompagnées de l'affichage de tous ses diplômes[5] ; Souvestre détaillant tout au long du récit les travers prêtés aux universitaires[6].

Continuant de s'intéresser au corps et à l'apparence, Souvestre présente Madame Facile, courtisane à la beauté voluptueuse que, par jalousie, les femmes détestent et que, par hypocrisie, les hommes condamnent publiquement tout en la dévorant du regard. La beauté de Madame Facile semble toutefois être une exception. Souvestre décrit la physionomie des habitants où se mélangent les types mongols, américains, malais, nègres et caucasiens pour conclure que

> « ce mélange de types était la conséquence naturelle des progrès des lumières. Tous les sangs s'étaient mêlés. Mais, comme dans une terre abandonnée à elle-même ; où les plantes les moins précieuses ne tardent pas à tout envahir, les races les plus déshéritées avaient fini par prévaloir dans les générations successives, et la fraternité générale avait amené la laideur universelle »[7].

Le cosmopolitisme avait mené cette société à la déchéance.

Le rapport au corps n'a plus rien de naturel. La réclame pour les produits recouvre tout, même les corps. Le corps est manipulé, réactualisant le pré-eugénisme platonicien des mariages arrangés pour

---

[1] *Ibid.*, pp. 65, 106.

[2] « des dentiers à pendules qui marchaient seuls et qui sonnaient les heures, des boucles d'oreilles jouant de la serinette, et des yeux de verre tenant lieu de lunettes de spectacle », *Ibid.*, p. 67.

[3] *Ibid.*, p. 67.

[4] *Ibid.*, p. 72.

[5] *Ibid.*, p. 70

[6] *Ibid.*, pp. 23, 70, 82, 85.

[7] *Ibid.*, p. 73.

donner une saine descendance[1]. Souvestre imagine des manipulations génétiques qui permettent de fournir les hommes dont la société a besoin.

> « L'espèce humaine n'est plus qu'une matière vivante, à laquelle nous donnons une forme et une destination ; la Providence n'y est pour rien ; nous lui avons ôté le gouvernement du monde, qu'elle dirigeait sans discernement, et nous fabriquons l'homme à l'instar du calicot, par des procédés perfectionnés »[2].

Une fois sevrés, les enfants passaient devant les docteurs du bureau des triages qui, après une analyse phrénologique, donnaient à ces derniers une destination, faisant ainsi disparaître « l'incertitude de la vocation »[3].

Il est même des serres chaudes servant à l'instruction des enfants élevés sous cloche ; des lieux où « on obtient des savants forcés, comme les jardiniers obtenaient autrefois des melons de primeur. Il lui suffit de placer ses élèves sur une couche propre à hâter la sève intellectuelle, et de veiller au thermomètre qui indique le degré de chaleur nécessaire pour la maturation de leurs cerveaux »[4].

Souvestre va jusqu'à imaginer des « hommes perfectionnés » afin que ceux-ci puissent mieux répondre aux tâches qui leur sont assignées. Le sort des prolétaires dans cette société industrielle préfigure celui que décriront Wells dans *Quand le dormeur s'éveillera* (1899), ou Huxley dans *Le meilleur des mondes* (1932) :

> « Le travailleur reste sous notre tutelle, bien logé, bien nourri, bien vêtu, forcé d'être sage, et recevant le bonheur tout fait. Non seulement nous réglons ses actions, mais nous arrangeons son avenir, nous l'approprions de longue main à ce qu'il doit faire.
>
> Les Anglais avaient autrefois perfectionné les animaux domestiques, dans le sens de leur destination ; nous avons appliqué ce système à la race humaine, en la perfectionnant. Des croisements bien entendus nous ont produit une race de forgerons dont la force s'est concentrée dans les bras, une race de porteurs qui n'ont de développés que leurs reins,

---

[1] Platon, *La République*, livre V, 460.
[2] Souvestre, *op. cit.*, p. 83.
[3] *Ibid.*, p. 84.
[4] *Ibid.*, p. 94.

une race de coureurs auxquels les jambes seules ont grandi, une race de crieurs publics uniquement formés de bouche et de poumons ; vous pouvez voir dans ces loges des échantillons de ces différentes espèces de prolétaires, auxquels nous avons donné le nom de métis industriels »[1].

On adapte l'individu à sa fonction ; l'individualité est stérilisée et l'être dénaturé. Au milieu du XIXe siècle, Souvestre dit ce qu'Huxley reprendra un siècle plus tard, dans la nouvelle préface qu'il fit au *meilleur des mondes* pour l'édition de 1946 : « La révolution véritablement révolutionnaire se réalisera, non pas dans le monde extérieur, mais dans l'âme et la chair des êtres humains ».

L'homme répondra ainsi aux impératifs des tâches qui lui sont confiées dans une société de l'an 3 000 où « le travail est un devoir » comme le dit l'abbé Coulant de l'Église nationale[2] qui est d'ailleurs prêt à toutes les concessions pour attirer les fidèles quitte à tordre tous les principes de la foi, faisant dire à Maurice que même « la foi qui console de tout [...] s'est envolée »[3].

Le rapport au corps s'intéresse aussi à la santé. Tout en développant un circuit médical d'une efficacité redoutable pour s'assurer de ne jamais admettre de gens bien portants mais dont la longueur peut amener à ce que « les malades peuvent nous arriver morts »[4], l'hôpital vise avant tout les économies et « un hôpital bien administré est celui où les malades sont assez mal pour que la caisse s'en trouve bien »[5].

Il en est de même du rapport de l'homme à la nature qui est tout autant manipulée. Dans les jardins publics, « le chou colossal tenait lieu de marronniers fleuris [...] Quant aux fleurs, on y avait substitué des cultures de tabac, de riz et d'indigo [...] Tout ce qui n'était pour la terre qu'une vaine parure a disparu ; les légumineux perfectionnés et agrandis forment aujourd'hui la base de notre système forestier. Tout s'est ainsi trouvé ramené aux besoins de l'homme, qui a réduit la création aux proportions de son estomac »[6].

Mais cette société des antipodes décrite par Souvestre n'est en fait qu'une critique de ce qu'il imagine comme futur pour la société de son temps qu'il voit en plein déclin et dans laquelle il ne se reconnaît pas,

[1] Souvestre, *op. cit.*, pp. 155-156.
[2] *Ibid.,* p. 317.
[3] *Ibid.,* p. 320.
[4] *Ibid.,* p. 162.
[5] *Ibid.,* p. 163.
[6] *Ibid.,* pp. 109-110.

lui qui a passé sa carrière littéraire à faire l'apologie de la culture bretonne et de la conservation des valeurs traditionnelles à savoir la religion du devoir, la famille, le dévouement, le travail, la justice et l'amour de son prochain.

Une société inégalitaire

Souvestre présente une société inégalitaire. Il décrit notamment un centre d'allaitement qui, à l'université des métiers-unis, a en charge l'allaitement à la vapeur de tous les nouveaux nés[1]. Sa description rappellera ce qu'Huxley présentera du conditionnement de l'enfant dans *Le meilleur des mondes* 86 ans plus tard[2]. Le lait maternel y est avantageusement remplacé par un lait artificiel au détail près que les nourrissons qui le refusent meurent au bout de deux ou trois jours. Nourris à heure fixe, « tous devaient avoir un même appétit et un même estomac, sous peine de jeûne ou d'indigestion : on eût pu inscrire à l'entrée de la salle comme sur les portes républicaines de 1793 : *L'égalité ou la mort* »[3]. Mais cet égalitarisme de façade disparaît quand est expliqué que

> « l'établissement se trouvait partagé en neuf salles correspondant aux neuf classes de la société. Le breuvage, les soins, l'air et le soleil y étaient distribués conformément au principe de justice romaine : *Habitâ ratione personarum et dignitatum.* Les enfants de millionnaires avaient neuf parts et les fils de mendiants, le neuvième d'une part, ce qui leur servait à tous deux d'apprentissage pour les inégalités sociales. L'un s'accoutumait ainsi, dès le premier jour, à tout exiger, l'autre à ne rien attendre. Merveilleuse combinaison, qui assurait à jamais l'équilibre de la République »[4].

Cet équilibre est basé sur une division entre les classes, entre les riches et les pauvres tout comme entre les hommes et les femmes[5].

---

[1] *Ibid.,* pp. 79-83.

[2] Huxley Aldous, *Le meilleur des mondes*, 1932, chapitres 1 et 2. L'œuvre se déroule également dans un État mondial et dans le futur, en 2540. Huxley ne semble toutefois pas avoir eu connaissance de l'œuvre de Souvestre selon Van Herp Jacques, *Panorama de la science-fiction*, Paris, Marabout André Gérard, 1973, 432 p., p. 122.

[3] Souvestre, *op. cit.*, pp. 80-81.

[4] *Ibid.,* pp. 81-82.

[5] Boeglin, *op. cit.*

Afin de mieux lire la description de la justice de cette société des antipodes, on se souviendra que Souvestre est titulaire d'une licence en droit et qu'il fut quelque temps avocat.

Au fronton du tribunal de Sans-pair s'affiche la maxime

> « L'ADMINISTRATION DE LA JUSTICE EST GRATUITE.
>
> Et au-dessous étaient affichés les tarifs des différents actes sans lesquels on ne pouvait se faire juger. Tant pour l'enregistrement, tant pour le greffe, tant pour le timbre, tant pour les experts, tant pour l'avoué, tant pour l'avocat ! Le tout produisait une somme qui ne permettait qu'aux riches de faire valoir leurs droits.
> Heureusement que les pauvres avaient pour dédommagement la maxime imprimée sur chaque porte :
>
> TOUS LES CITOYENS SONT ÉGAUX DEVANT LA LOI »[1].

Voilà comment est résumée l'égalité devant la loi dans cette société qui interdit, par décision de justice, à un mendiant de nourrir son chien jugé inutile et qualifié de « scandale humanitaire » du fait de sa seule consommation de nourriture[2].

Il en est de même de la place de la femme.

Époux en secondes noces d'une féministe engagée, Anne Angélique Papot, et père de trois filles dont l'une, Marie, sera une féministe encore plus activiste, Souvestre, engagé lui-même pour la condition de la femme, présente une société de l'an 3 000 dans laquelle l'égalité n'a pas encore été atteinte. Souvestre nous présente des égéries féministes qui n'ont pas la qualité pour gagner leur combat[3]. « La société des femmes sages » vise l'égalité pour les femmes mais son nom seul montre que les revendications resteront vaines. Sa présidente en est Mlle Spartacus, dont le nom est choisi par Souvestre en hommage à l'esclave et gladiateur thrace du 1er s. av. J.C., chef des révoltés de la 3e guerre civile en Italie, pris en exemple à partir du XVIIIe siècle par les classes opprimées luttant pour leur liberté, mais dont le combat finit réprimé.

---

[1] Souvestre, *op. cit.*, p. 125.
[2] *Ibid.,* pp. 132-135.
[3] *Ibid.,* pp. 284-291.

À la lecture de ce passage sur le féminisme de l'an 3 000, il est possible de constater que Souvestre connaît ses classiques de l'utopie puisqu'il reprend en le citant le stratagème qu'avait proposé Aristophane dans *Lysistrate* à savoir « réduire les hommes par la famine, non la famine de bouche mais la famine de cœur [...] une sorte de blocus continental (en supposant que ce dernier mot vînt de continence) » [1].

Lorsque Mlle Spartacus harangue celles qu'elle appelle ses sœurs, elle leur propose le plan suivant :

> « Une fois nos ennemis battus, nous devrons nécessairement profiter de nos avantages pour qu'ils ne se relèvent pas, et le plus sûr moyen pour cela est de refaire la charte de l'humanité.
>
> La révolution française avait proclamé les droits de l'homme, nous y substituerons les droits de la femme que j'ai formulés en six articles, qui seront désormais notre loi.
>
> DROITS DE LA FEMME LIBRE
>
> ARTICLE 1er. Dieu sera désormais du genre féminin, vu sa toute puissance et sa perfection.
>
> ART. 2. Les droits de la femme consistent à n'en point reconnaître aux hommes.
>
> ART. 3. Toutes les femmes seront égales pour commander, et tous les hommes égaux pour leur obéir.
>
> ART. 4. Toutes les places seront occupées par le sexe le plus intéressant et le plus faible, sauf celles dont il ne voudra pas, lesquelles appartiendront de droit au sexe le plus laid et le plus fort.
>
> ART. 5. Tous les hommes se marieront et toutes les femmes resteront filles, c'est-à-dire que les premiers seront enchaînés et n'auront que des devoirs, tandis que les secondes seront libres et n'auront que des droits.
>
> ART. 6. Les femmes auront seules les clefs des caisses publiques et privées ; on laisse aux hommes le privilège de les remplir. »[2]

---

[1] *Ibid.*, p. 287.

[2] *Ibid.*, pp. 288-289.

Souvestre clôt son propos en féminisant des mots qui ne le sont pas encore à l'époque, s'attachant ainsi aux détails qui occultent l'essentiel, à savoir celui de l'égalité qui n'est toujours pas d'actualité :

> « chaque auditrice annonçait déjà tout haut ses prétentions. L'une voulait être préfette ou générale de division, l'autre procureuse général près la cour royale, une troisième inspectrice des remontes, une quatrième grande maîtresse de l'université. C'était une sorte de carnaval de l'esprit [...] »[1].

À la fin du roman, l'auteur et son héros se confondent définitivement quand Maurice cherche

> « ce qu'étaient devenues l'égalité et la fraternité humaines au milieu de ces miracles de calcul, il regardait où avait pu fuir la religion véritable, celle qui relie les hommes l'un à l'autre, et qui conduit au ciel par la double échelle de l'amour et du dévouement »[2].

Ainsi, Souvestre nous montre que John Progrès aura emmené Maurice et Marthe dans un futur de perdition dans lequel les valeurs ont toutes été dévoyées. Une fois encore, Tahiti n'est qu'un artifice. Voyage dans le temps et localisation aux antipodes ne sont qu'un stratagème pour dénoncer les travers de son temps et l'inéluctabilité des malheurs auxquels ne peut que conduire la société d'alors.

L'*Utopie des îles bienheureuses dans le Pacifique en l'an 1980* (1921) d'Emile Masson[3]

Enseignant d'anglais à Pontivy, ce brestois d'origine est surtout connu pour avoir été un régionaliste breton et un militant socialiste libertaire profondément marqué par la guerre et attaché à la paix.

Les îles bienheureuses ne sont pas sans rappeler les « îles fortunées » des auteurs grecs et latins aussi traduites en « îles des bienheureux » que la littérature situait aux limites du monde connu. Dans la mythologie, ces îles des bienheureux étaient un lieu des enfers dans lequel les âmes vertueuses pouvaient goûter au repos parfait après la mort. Il s'agit toutefois pour Masson d'y envoyer les vivants. Comme Horace l'avait fait avant lui en invitant les Romains à fuir les guerres

---

[1] *Ibid.*, p. 289.
[2] *Ibid.*, p. 314.
[3] Masson Emile, *Utopie des îles bienheureuses dans le Pacifique de l'an 1980*, Paris, Rieder et Cie, 1921, 220 p.

civiles dévastatrices et à se réfugier dans les îles fortunées[1], Masson invite tous ceux qui voudraient vivre en paix à rejoindre les rivages de ces îles bienheureuses et, ainsi que l'écrit Jacques Gury, Masson « crée une société où se côtoient toutes les races, toutes les nationalités, toutes les idéologies, toutes les religions, toutes les cultures, dans une harmonie totale [...] un asile pour les pacifiques »[2].

Par la description d'un monde idéal, l'ouvrage de Masson est une utopie positive où la base de son « Hyper-Nation » est un archipel cosmopolite[3], une sorte de patrie universelle où préside « le culte de la vie »[4] et où l'homme vit en communion avec la nature car, pour Masson, Vivre, c'est la communion entre penser et aimer[5]. Avec des descriptions quasi oniriques, il présente son archipel comme un lieu au climat et à « l'atmosphère morale » favorables pour que chacun y retrouve la santé[6] et s'y épanouisse.

Masson place ses îles bienheureuses dans le Pacifique sans plus de précision quant à la localisation que ce que dit le titre de l'œuvre[7]. Les îles des bienheureux qui dans la mythologie antique se situaient dans l'Atlantique sont avec Masson déplacées dans le Pacifique qui devient le lieu de refuge pour ceux qui veulent échapper à la guerre et qui se rendent invisibles du reste du monde grâce à leur technique[8].

Conçue en 1917 et achevée en 1918, l'utopie de Masson n'est publiée qu'en mai 1921, après cette guerre qu'on appelle grande et qu'il qualifie de « Fratricide mondial »[9]. Son utopie passe inaperçue ou presque et Masson se dit déçu par l'accueil fait à ses *Îles*[10].

---

[1] Horace, *Epodes*, 16, 218.
https://fr.wikisource.org/wiki/%C3%89podes_(Horace,_Leconte_de_Lisle)/16

[2] Gury Jacques, « postface » *in* Masson Emile, *Utopie des Îles Bienheureuses dans le Pacifique en l'an 1980*, Quimper & Le Guilvinec, Calligrammes - Ar Vorenn,1984, Broché, 218 p. + 9 p. non paginées.

[3] Masson, *op. cit.*, pp. 92, 113.

[4] *Ibid.*, pp. 86-87.

[5] *Ibid.*, p. 42.

[6] *Ibid.*, pp. 16, 21. L'homme s'épanouissant également grâce à la musique, p. 197.

[7] Masson ajoute seulement que ses îles sont « perdues dans le Pacifique », p. 88.

[8] *Ibid.*, p. 214.

[9] *Ibid.*, p. 88.

[10] « Lettre à Jean-Richard Bloch », 29 août 1921, cité par Giraud Jean-Didier et Giraud Marielle, *Émile Masson, Professeur de liberté*, Chamalières, Canope, 1991, 383 p., p. 343.

Son utopie vise à dénoncer « une civilisation destructrice […] vide de sens comme de valeurs »[1]. Elle se déroule dans le futur ; en 1980, un futur pas trop lointain, encore accessible, où s'épanouit cette « humanité libre » qu'il appelait de ses vœux[2] et qui s'y est installée 60 ans auparavant, en 1920, soit au sortir de la guerre qu'il dénonce.

Masson a bien lu les utopies de More et de Campanella. En témoignage, il nomme un village des îles « Amaurote »[3], jadis capitale de l'île de More, et il désigne « Campanella » comme le père d'un hameau[4]. Le rapport avec l'œuvre de More ne s'arrête pas à cette évocation. Le titre complet de l'ouvrage de More est *La meilleure forme de communauté politique et la nouvelle Île d'Utopie ;* il s'agit donc d'une recherche du meilleur gouvernement et c'est ce que propose également Masson.

Dans une correspondance qu'il entretient avec Jean Grave, Masson considère que « jusqu'ici les hommes ont adoré les dieux communistes en public et n'ont obéi qu'aux dieux individualistes dans leur secret »[5] et « dans une société que j'appelle *humaine*, il ne peut y avoir de liberté que pour ceux qui en sont dignes. […] la caractéristique du maître, c'est qu'il travaille à affranchir les autres, à "éveiller les consciences" »[6].

Deux ans avant l'*Utopie des îles bienheureuses,* Masson publie le *Livre des Hommes et leurs paroles inouïes*[7] dans lequel transparaissent déjà les valeurs humanistes et l'importance pour Masson de la place des figures intellectuelles et des grands hommes qui, comme des figures tutélaires, donnent l'exemple. Ces deux points se retrouvent dans les *îles bienheureuses*[8] comme en témoigne d'ailleurs son épouse qui confie que l'utopie des Îles Bienheureuses « est pour Masson

---

[1] Scherer René, « Le rêve d'Emile Masson » *in* Giraud Jean-Didier et Marielle (dir.), *Emile Masson, prophète et rebelle*, actes du colloque international de Pontivy, 26, 27 et 28 septembre 2003, Rennes, PUR, 2005, 349 p., pp. 91-98, p. 94.

[2] Masson appelle cette humanité libre de ses vœux dans un discours qu'il aurait voulu prononcer en 1917 au Lycée de Pontivy, *in* Masson Emile, *Utopie des Îles Bienheureuses, op. cit.,* dans l'édition de 1984, non paginé.

[3] Masson, *op. cit.*, p. 65.

[4] *Ibid.*, p. 64.

[5] Notice « Masson Emile », *in* Maitron, https://maitron.fr/spip.php?article120935, consulté le 24 octobre 2023. Lettre à Jean Grave du 5 avril 1908.

[6] *Ibid.*, Lettre à Grave du 22 mars 1908.

[7] Masson Emile, Le *Livre des Hommes et leurs paroles inouïes,* Paris, Ollendorf, 1919, 296 p.

[8] Dans les îles bienheureuses un culte est rendu aux grands hommes auxquels sont consacrés des temples ou des chapelles et des fêtes sont célébrées en leur honneur, Masson, *op. cit.*, pp. 52, 66, 87, 114-115.

l'application pratique de ses conceptions sociales, exprimées en théorie dans *Le Livre des Hommes* »[1].

Le renoncement à soi-même

Celui qui arrive dans les îles bienheureuses doit, pour droit de passage, prêter serment de renoncer à lui-même[2] préfigurant la primauté du collectif qu'il va trouver dans ces îles, ce dont témoigne « la corporation des servantes et des servants »[3]. Les individus sont assemblés en corporations qui regroupent celles et ceux qui occupent les mêmes fonctions sociales et la corporation la plus honorée est celle des servantes et des servants car elle rassemble les Iliennes et les Iliens qui se mettent au service personnel des autres parce que « l'idéal le plus sacré de la vie d'une Ilienne ou d'un Ilien c'est d'être distingué pour sa joyeuse humilité à servir autrui »[4]. Ainsi, par deux biais orthogonaux, la dystopie pour l'un, l'utopie pour l'autre, Souvestre et Masson en appellent tous deux à renoncer au dévouement à soi-même[5] pour privilégier l'autre, « l'aide mutuelle »[6] et plus largement le groupe et le collectif.

Toutefois Masson ne souhaite pas pour autant sacrifier l'individu au collectivisme, comme en témoignent notamment les habitations individuelles des Iliens[7]. C'est là l'une des richesses de la pensée de Masson : permettre l'avènement d'un « individualisme anarchique… [dans un] lieu d'épanouissement de toutes les diversités possibles » comme l'écrit Scherer[8] ; un lieu où l'attention portée à l'autre, permet l'épanouissement de l'identité de chacun et assure la coexistence des différences. Les îles bienheureuses sont alors le lieu de réalisation de la pensée de Spinoza, intériorisée par Masson[9], et le prolongement du « *de*

[1] Masson Elsie « Souvenirs sur Emile Masson », Breiz Atao, 6 janvier 1935, cité par Giraud Jean-Didier et Giraud Marielle, *Émile Masson, Professeur de liberté*, Chamalières, Canope, 1991, 383 p., p. 342.

[2] Masson, *op. cit.*, pp. 12, 18.

[3] *Ibid.*, pp. 23-24.

[4] *Ibid.*, p. 24.

[5] Souvestre, *op. cit.*, p. 298.

[6] Masson, *op. cit.*, p. 41.

[7] *Ibid.*, pp. 44-45.

[8] Scherer, *op. cit.*, p. 95.

[9] Le Quellec-Wolff Pierre, « L'expérience de l'éternité ; Emile Masson et Spinoza », *in* Giraud Jean-Didier et Marielle (dir.), *Emile Masson, prophète et rebelle*, actes du colloque international de Pontivy, 26, 27 et 28 septembre 2003, Rennes, PUR, 2005, 349 p., pp. 99-106, p. 99.

se omnibus unum »[1] spinozien, de faire de tous un seul, où « par le miracle des solidarités [...] la réalisation de soi [s'opère] dans le service de tous »[2].

Ce sens du collectif se retrouve également dans le gouvernement des îles. Afin de « n'y être appelés que par leur intime vocation de servir », aucun gouvernant ne reçoit de salaire[3]. « Pour la première fois dans l'histoire du monde », toutes les formes de gouvernement sont acceptées simultanément dans les îles[4] mais avec une « lente évolution vers un type unique [à savoir] « une synthèse des vieilles antithèses [...] qui concilie les démocraties occidentales et les autocraties orientales ; "Un pour tous, tous pour un" »[5].

Ce sens du collectif se retrouve encore dans le rapport à la propriété. Masson abandonne l'idée de propriété. Il n'est dans ces îles « point de riches ni de pauvres, et tout est en commun » et « ne possédant vraiment rien à nous, nous avons la libre jouissance de tous les trésors »[6]. « Dans nos îles, nul ne possède rien pour soi »[7] et dans ces îles une seule loi est en vigueur, comme le résume Masson en un mot-phrase : « Renoncement »[8].

Les matières précieuses n'ont d'intérêt que si elles sont utiles et « seules les choses de l'esprit et du cœur... ont une réelle valeur »[9] tandis que les monnaies sont maudites et jetées à la mer lors des cérémonies de naissance des enfants[10]. Reste que la monnaie est toutefois conservée pour un usage extérieur, à savoir pour l'acquisition d'îles supplémentaires dans le but d'étendre l'archipel[11].

Un progrès contrôlé par l'homme et pour la nature ou l'écologie avant l'heure

Masson est horrifié par les horreurs de la guerre ; il est pacifiste. Toutefois, pour protéger la paix, et sans pour autant être pour une paix armée, il prévoit un système de défense permettant de neutraliser et de

---

[1] Spinoza, *Ethique*, IV, appendice, chapitre XII.
[2] Scherer, *op. cit.*, pp. 91-98, pp. 95-96.
[3] Masson, *op. cit.*, p. 33.
[4] *Ibid.,* pp. 32-33 où Masson le répète à deux reprises.
[5] *Ibid.*, p. 33.
[6] *Ibid.*, pp. 17, 45.
[7] *Ibid.*, p. 18.
[8] *Ibid.*, pp. 46, 61.
[9] *Ibid.* p. 17.
[10] *Ibid.*, pp. 185-186.
[11] *Ibid.*, pp. 210-211.

rendre inoffensif, sans tuer ni endommager, par choc électrique, tout un chacun qui viendrait mettre en danger l'archipel et sa population[1]. Au contraire de Nodier et de Souvestre, Masson a confiance dans un progrès et une science qui, maîtrisés, permettent aux Iliens de se défendre de ceux qui pourraient les menacer. Ainsi conclut-il qu' « À tout progrès de la science de mort nous opposons des progrès symétriques de la science de vie »[2].

La technique est maîtrisée et elle ne dessert ni l'homme[3] ni la nature. Masson livre ainsi d'étonnantes inventions qui servent l'épanouissement de l'homme[4].

Dans le rapport de l'homme à la nature, Masson suit encore Spinoza. Ainsi Masson considère-t-il que, « la nature est encore et toujours la mère la plus et la mieux inspirée, et [...] ce que nous avons de mieux à faire, c'est de l'écouter et de suivre ses avis [...] nous avons eu bien garde de toucher à l'ordre naturel des choses »[5]. Il nous montre des hommes qui vivent en plein air[6], en harmonie avec la nature[7], et qui ne s'y conforment plus que lorsque celle-ci devient trop hostile[8], ce qui n'empêche toutefois pas les Iliens de contrôler la température dans certaines zones de l'île d'Atropos[9].

Les Iliens luttent contre la pollution. « Afin d'assainir l'atmosphère des îles »[10] des antennes émettent des gaz purifiants[11]. Le chauffage et l'énergie sont solaires[12]. C'est également l'épanouissement des

---

[1] *Ibid.*, pp. 25-27, 77.
[2] *Ibid.*, p. 28.
[3] *Ibid.*, p. 71.
[4] La technique permet la xenotransplantation du lévrier vers l'homme, p. 132 ; la transmission télépathique, pp. 37-38 ; l'usage d'une sorte de visiophone, pp. 88-89 ; d'un phonographe lecteur de livres avec la voix de l'auteur permettant de faire revivre les morts par la voix et par l'image, pp. 90-92 ; les vêtements sont imperméables et thermo protecteurs, pp. 76 et 123 grâce à une substance dont la peau peut être recouverte afin de la rendre résistante au froid et à la chaleur, permettant ainsi de rester nu, p. 174 ; la cuisine est faite grâce au « caloriphore » ou « héliphore », sorte d'accumulateurs à chaleur solaire, p. 51 ; la retransmission « radiogrammique » de spectacles en simultané, p. 101.
[5] Masson, *op. cit.*, p. 79.
[6] *Ibid.*, p. 78.
[7] Le chaume couvre les maisons car « c'est la toiture la plus naturelle », *Ibid.*, p. 60.
[8] *Ibid.*, p. 77.
[9] *Ibid.*, p. 175.
[10] *Ibid.*, p. 28.
[11] *Ibid.*, p. 39.
[12] *Ibid.*, pp. 68-69.

mobilités douces qui, excluant les machines à vapeur, n'utilisent que marine à voile, « hydroplane-ichtyoptère (poisson volant) », hydravions, bicyclettes, « cyclettes électriques » volantes ou voitures à traction animale[1] qui toutes avancent en silence évitant ainsi toute pollution sonore[2], au même titre que « plafonds, cloisons, parquets, etc., sont à l'épreuve du son »[3].

Les Iliens cherchent à utiliser une énergie propre qui vise, par tous moyens, à « assainir l'atmosphère de ces îles »[4]. L'hygiène et la salubrité sont recherchées en presque tout. Des antennes émettent des gaz purifiants[5] et nombre de maladies « sont traitées exclusivement par la cure d'air pur »[6]. Masson invente la « parergie », système qui vise à récupérer « les énergies gaspillées par les nations fratricides »[7] pour les utiliser dans des travaux d'hygiène ou d'entretien dans les îles.

L'utopie de Masson est écologiste bien avant *Ecotopia*[8] d'Ernest Callenbach qui, publiée en 1975, et souvent présentée comme la première utopie écologiste, se situe également dans le futur, en 1999, et dans le Pacifique mais sur la côte californienne.

Le calendrier îlien célèbre les valeurs de l'archipel. Ainsi met-il en avant les bienfaiteurs de l'humanité, ainsi que la nature en célébrant animaux et végétaux[9].

99 % des Iliens sont végétariens et ne boivent pas d'alcool[10]. Les Iliens s'abstiennent de la nourriture carnée « par sentimentalisme », l'animal étant « le frère aîné de l'homme »[11]. Et le rapport à la nature est tel que les Iliens étendent leur sentimentalisme aux végétaux :

> « Notre répugnance à ôter la vie à un être, si éloigné de nous qu'il puisse sembler, s'oppose à une alimentation de ce genre. Mais nécessité fait loi, et nous devons tuer des végétaux qui, a priori, ont autant de droit au soleil, autant

---

[1] *Ibid.*, pp. 19, 30-31, 42-43, 133. Quand il ne s'agit pas d'utiliser même des oiseaux géants, naturels ou artificiels, pp. 72, 111, 129-130.
[2] *Ibid.*, p. 43.
[3] *Ibid.*, p. 154.
[4] *Ibid.*, p. 28.
[5] *Ibid.*, pp. 27-28, 155-156.
[6] *Ibid.*, pp. 161-162.
[7] *Ibid.*, p. 29.
[8] Callenbach Ernest, *Ecotopie, reportages et notes personnelles de William Weston*, Paris, Stock, 1978, 321 p.
[9] Masson, *op. cit.*, pp. 81-82.
[10] *Ibid.*, pp. 50-51.
[11] *Ibid.*, pp. 51, 186.

de joie à y croître que n'importe quels animaux, dont ils se différencient fort peu »[1].

Un lieu d'égalité

Masson présente une véritable fraternité dans ses îles[2]. Il n'y a pas de distinction faite entre les hommes et les femmes. Point de « distinction entre les tâches d'hommes et les tâches de femmes [...] cette prétendue infériorité physique ou mentale de la femme aux Pays bellifères est absolument controuvée ici »[3]. Ce résultat est notamment dû au machinisme qui, par un usage judicieux, a permis d'abolir « toute tâche répugnante, épuisante, nuisible à la vie »[4] : le progrès contrôlé a contribué à l'égalité de la femme et Masson conclut que l'homme n'est pas plus tyran que la femme n'est esclave.

Les Iliens bénéficient d'une totale liberté d'union, les « jeunes gens sont laissés parfaitement libres de s'appartenir, et quand ils se sont unis une fois, ils demeurent libres de s'unir encore ou de se séparer » ; cette liberté allant jusqu'à la liberté d'un amour à trois tant que tous trois sont consentants[5].

Les femmes et les hommes nagent nus, sans « le moindre sentiment de pudeur ou de honte », certains se promènent même dans les îles « sans autre parure que leur nudité » et les enfants, garçons et filles, font du poney, dansent et pratiquent les sports imposés par l'éducation ilienne sans le moindre habit[6]. Ils se promènent également nus notamment sur Atropos qui est « l'Ile de la nudité »[7] et où sont élevés les enfants. La nudité y est à chaque fois présentée comme gracieuse ou jolie.

De même y a-t-il égalité entre tous les enfants qui sont élevés ensemble, « sans distinctions de sexe » pour que, grâce à l'éducation, l'amour prime sur le sexe[8].

---

[1] *Ibid.*, p. 51.
[2] *Ibid.*, p. 74.
[3] *Ibid.*, p. 41.
[4] *Ibid.*, p. 41.
[5] *Ibid.*, p. 23.
[6] *Ibid.*, pp. 20-21, 38, 100, 124, 160, 174, 183,196.
[7] *Ibid.*, pp. 174, 177-179.
[8] *Ibid.*, p. 22.

Cette égalité est toutefois battue en brèche par la répartition de la population de l'archipel qui s'opère en fonction de l'âge[1]. Atropos[2], l'île de l'avenir, accueille les individus de moins de trente ans, Clotho, l'île du présent, ceux de 30 à 60 ans, alors que Lachésis, l'île du passé, accueille les personnes de plus de 60 ans. Et, sur Atropos, l'autorité est plus présente que dans les autres îles car « les enfants doivent d'abord apprendre à obéir »[3] afin de pouvoir jouir ensuite, grâce à l'éducation, des plaisirs de la liberté.

Masson est attaché à l'égalité et à la diversité comme en témoigne son attachement, en tant que professeur de langues et défenseur du breton, à la question de la langue et de la richesse par la diversité qui émaille l'ouvrage[4]. L'archipel des îles bienheureuses est comme une « Babel » accueillant tous ceux qui veulent vivre selon les préceptes îliens amenant ceux-ci à pratiquer, certes une langue commune mais également plus de cent espèces de langues[5].

Un travail sacralisé

Tous les Iliens et Iliennes contribuent par leur travail au bien de la communauté, tous remplissent une fonction : « il n'y a point d'oisifs parmi nous »[6]. Les oisifs qui sont atteints

> « de ce mal horrible que nous appelons fainéantise, sont considérés ici comme des anormaux dont le cas relève de la pathologie, et ils sont assimilés à des paralytiques [...] Tout Ilien ou Ilienne normal a la passion du travail, et loin d'être tenté de ne rien faire, l'est toujours au contraire d'en trop faire. Comme le poisson dans l'eau, l'oiseau dans l'air, nous ne respirons que dans le travail [...] et chacun va droit à sa tâche comme le canard à l'étang »[7].

Chez les Iliens, le travail est naturel : « repos et travail se mêlent et se confondent dans la nature »[8]. Le travail vise à « alléger les peines et

---

[1] *Ibid.*, p. 84.

[2] Les noms des trois îles de l'archipel reprennent les noms des trois Moires, les divinités grecques du destin.

[3] Masson, *op. cit.*, p. 181.

[4] *Ibid.*, pp. 15, 31-32, 66. « Nos Français sont surtout Basques, Bretons et Provençaux ».

[5] *Ibid.*, p. 32.

[6] *Ibid.*, p. 39.

[7] *Ibid.*, p. 39.

[8] *Ibid.*, p. 82.

les douleurs des vieillards et des malades » avec la volonté de trouver « de nouveaux instruments ou moyens d'embellir ou d'adoucir l'existence des faibles »[1].

Reste qu'il est amusant de constater que cette technique de l'utopiste de placer aux antipodes, dans un mode à l'envers, les valeurs qu'il voudrait voir s'épanouir dans son monde, Masson en fait lui-même le reproche aux diplomates, politiciens et journalistes qui sont pour lui « des espèces de maniaques de l'Inversion, ou des Invertis sociaux, dont le dada est de mettre le haut en bas, le bas en haut, droite à gauche, et gauche à droite »[2].

Une fois encore, tant en pouvant opposer la technique dystopique de Souvestre à la technique utopique de Masson, le biais permis par l'utopie ne vise ici qu'à projeter des valeurs rêvées.

Conclusion

Après avoir étudié cinq exemples qui prétextant du Pacifique parlent en fait de la France, il est possible de conclure comme il a été commencé : par une dernière découverte à l'envers mettant en scène des hommes du Pacifique. Là où *Babakuria* avait vu une Australie peuplée de natifs blancs découverte par des aborigènes, *Les ruines de Paris en 4875*[3] voient Paris redécouverte par des Néo-Calédoniens.

En 1875, Alfred Franklin publie cette anticipation uchronique dans laquelle il présente le rapport d'une mission scientifique qui, venue de Nouméa, découvre le 10 mai 4875 les ruines de Paris détruite par un cataclysme mais encore peuplée d'environ deux mille « naturels » regroupés au sein d'une « tribu sauvage » composée de « barbares vêtus de peaux de bêtes »[4]. Une fois encore, le propos témoigne d'une inversion des rôles et des valeurs. Franklin procède à une critique des valeurs, travers et vanités de son temps par le truchement de ces aventures de Néo-Calédoniens venus par bateau découvrir Paris et ses Néo-Parisiens.

---

[1] *Ibid.*, p. 127.

[2] *Ibid.*, p. 142.

[3] Franklin Alfred, *Les ruines de Paris en 4875 - Documents officiels et inédits recueillis et publiés par Alfred Franklin*, Paris, L. Willem, 1875, 92 p. ; une 3e édition « très augmentée » paraît en 1908 sous le titre *Les ruines de Paris en 4908*, Paris, Flammarion, 129 p. ; Fontaine Xavier, « Les futures ruines de Paris chez Méry, Dumas et Franklin, Modalités de l'archéologie rétro-anticipative », *in* Dessy Clément & Stienon Valérie (dir.), *(Bé)vues du futur, les imaginaires visuels de la dystopie (1840-1940)*, Villeneuve d'Ascq, Septentrion, 2015, 296 p., pp. 73-92.

[4] Franklin, *op. cit.*, pp. 9-10.

Le chef de ces indigènes parisiens est présenté comme l'étaient les dignitaires dans les récits de voyages du XVIIIe siècle : il

> « était couvert d'une ample peau de loup, toute constellée de coquillages, de verroteries au couleurs variées, et de menus objets en cuivre poli : boucles, anneaux, clous, agrafes, colliers, boutons, grelots. À sa coiffure, composée d'aigrettes, de plumes et de panaches, brillait une écaille d'huître, dont la surface nacrée resplendissait au soleil »[1].

Franklin en profite pour faire une croustillante satire des Parisiens de son temps en prêtant aux scientifiques néo-calédoniens la description suivante des sauvages qui habitent les ruines de Paris en 4875 et dont la

> « grande préoccupation est la recherche du plaisir. Tout leur est occasion de fête [...] L'amour-propre est le plus saillant de leurs défauts. Tout ce qui brille, tout ce qui reluit les attire et les passionne ; la vue des plumets, des galons les affole. Avec cela, bons, francs, hospitaliers, généreux, braves, intelligents, fins, pleins de bon sens même, tant qu'il ne s'agit pas du gouvernement de leur petite cité ». Il y est difficile d' « organiser le pouvoir chez une peuplade où tout le monde brûle de commander, et où personne ne consent à obéir. Les plus modestes rêvent une fonction publique, qui leur livre au moins quelques subalternes à gouverner ; mais tous, même les plus misérables et les plus ignorants, se croient parfaitement aptes à régir la tribu, parlent à tort et à travers des affaires de la cité, émettent des idées, des théories, des principes aussi insensés que disparates, et ne les voyant pas adoptés, se sentent envahis par un impérieux désir de révolte »[2].

L'exercice du pouvoir dans le Paris de 4875 est limité à trente jours

> « chaque citoyen devant ainsi le devenir à son tour, vivra en paix, bercé par cette douce espérance. [...] Tout va, il est vrai, à peu près bien pendant un mois ; mais le chef en fonctions refusant régulièrement de se retirer à l'expiration de son mandat, il faut toujours une révolution pour l'arracher du trône. »

---

[1] *Ibid.* p. 17.

[2] *Ibid.*, pp. 10-11.

Cette découverte inversée mène par ailleurs les archéologues, présentés comme de pédants incompétents, à commettre des erreurs d'interprétation sur leurs découvertes[1]. Ainsi, les archéologues trouvent-ils une statue équestre de Jeanne d'Arc avec pour seule mention « République Française, pucelle d'Orléans ». Analysant la statue après réception, la section Beaux-Arts de l'Institut impérial de Calédonie fait trois hypothèses pour en arriver à la conclusion que « la statue envoyée de Paris représente une Minerve, et qu'elle a été fondue dans la ville d'Orléans, sous le gouvernement de la reine République »[2].

Dans une modernité remarquable, « Franklin pose la question plus profonde de la relativité des sources et met en garde quant à l'inébranlable certitude historique »[3]. En se moquant de ces archéologues du futur, il montre fort bien combien il est risqué de vouloir tirer des conclusions de fragments de connaissances.

Besson, Chaoui-Derieux et Desachy confirment ce risque d'interprétation erronée car, « sous couvert d'archéologie, tout peut être crédible pour le grand public »[4]. Les conditions de l'observation archéologique rendent déjà celle-ci fragile et les interprétations sont elles-mêmes sujettes à caution. En 1979, David Macaulay se moquait des interprétations des archéologues en mettant en scène la fouille d'une chambre de motel américain du XXe siècle dans quelques millénaires pour un résultat désarmant : pour les archéologues du futur « la lunette des toilettes est prise pour un grand collier rituel, le téléviseur devient un autel aux dieux domestiques »[5].

L'identification et l'interprétation des vestiges archéologiques trouvent leur sens dans le contexte de la découverte. Il en est de même pour ces utopies du Pacifique qui découvrent des lieux qui n'existent pas et qui ne trouvent leur sens que dans la connaissance du contexte d'écriture de leur auteur. Avec la description de ces sociétés du Pacifique, ce n'est pas la véracité qui importe, car c'est de toute

---

[1] Sept ans plus tard Franklin reprend ce procédé présentant un système d'interprétation abusive/erronée par la projection de valeurs différentes, dans *Mœurs et coutumes des Parisiens en 1882. Cours professé au collège de France pendant le second semestre de l'année 3882 par Alfred Mantien, professeur d'archéologie transcendante*, Paris, Agnostet, 3882 (1882).

[2] Franklin, *op. cit.,* pp. 55-66.

[3] Holstein Eric, http://archeosf.publie.net/on-explore/les-ruines-de-paris/, consulté le 25 septembre 2022.

[4] Besson Claire, Chaoui-Derieux Dorothée et Desachy Bruno, « Bonne fouille ne saurait mentir ? », *Terrain*, 57, 2011, pp. 48-65, p. 49.

[5] *Ibid.*, p. 62.

évidence de la science inexacte, mais c'est la qualité de la démonstration destinée à éclairer sur les critiques adressées par l'auteur aux valeurs de son temps.

Si l'utopie peut être contestable dans son procédé d'approche, elle en a conscience et elle en joue. Elle s'amuse du vrai et du vraisemblable. Ainsi, Souvestre avait-il déjà soulevé la question des interprétations et des reconstructions historiques basées sur les seuls artefacts retrouvés quand il décrit une médaille conservée au musée de Sans-Pair. Par la conservation de cette seule médaille il faisait conclure que « le seul guerrier de quelque importance que l'on ne puisse contester au dix-neuvième siècle parait être le général Tom Pouce, à la gloire duquel fut frappée une médaille, heureusement conservée »[1] alors même que ladite médaille avait en fait été réalisée pour faire la réclame d'une attraction du cirque Barnum[2]. Une fois encore, tout n'était que faux semblants. Et Souvestre alertait sur les risques d'erreurs d'interprétation des hommes de l'avenir qui pourraient laisser primer un imaginaire archéologique[3].

Les valeurs projetées dans le vestige muet conduisent potentiellement à l'erreur d'interprétation tout comme il convient ici de ne pas projeter les valeurs de ces îles rêvées en les prenant pour ce qu'elles ne sont pas mais au contraire en leur redonnant leur sens de critique de la société contemporaine de l'auteur. Si les utopies du Pacifique nous en apprennent plus sur les valeurs des sociétés dans lesquelles les utopistes évoluent que sur les valeurs des sociétés du Pacifique qu'elles sont censées décrire, les utopies n'en sont pas moins « aussi rafraîchissante[s] que les vins blancs de Nantes » pour reprendre les *Fragmens*[4]. Et, plus que rafraîchissantes, ces utopies montrent les convictions, les espoirs ou les ressentiments d'auteurs qui continuent de s'étonner et de se révolter contre certaines valeurs ou de s'enflammer et de plaider pour d'autres.

Les utopistes sont des activistes de la pensée plaidant inlassablement pour ce en quoi ils croient. Par la comédie pour les uns, par le pessimisme et le déceptif pour d'autres, ils continuent à plaider la cause de valeurs qui sont les leurs. Ils pensent que les valeurs du temps sont

---

[1] Souvestre, *op. cit.*, pp. 212-213.

[2] Wing Chapman, « La dystopie, c'est l'histoire. Les (bé)vues du passé dans la dystopie française », *in* Dessy Clément & Stienon Valérie (dir.), *(Bé)vues du futur, les imaginaires visuels de la dystopie (1840-1940)*, Villeneuve d'Ascq, Septentrion, 2015, 296 p., pp. 55-72, pp. 60-61.

[3] *Ibid.*, pp. 62-63.

[4] *Fragmens*, *op. cit.*, p. 15.

perfectibles même si, comme l'écrivait Nodier dans son *Voyage dans le Paraguay-Roux*, « il ne faut jurer de rien avec la perfectibilité ». Les utopistes visent à déciller les yeux de leurs contemporains, en espérant peut-être que ce moyen sera plus efficace que la critique directe.

Dans les utopies évoquées, les valeurs projetées n'ont rien en commun avec les valeurs rencontrées dans les vraies sociétés du Pacifique. Les utopies ne nous apprennent donc rien sur les vraies valeurs du Pacifique mais elles nous instruisent sur les valeurs que nous souhaitons, sur celles que nous sommes prêts à accepter ou sur celles dont nous ne voulons pas ; ce qui est déjà très instructif quand il s'agira d'appréhender les vraies valeurs des vraies sociétés du Pacifique sud.

Addendum

À l'occasion des lectures des auteurs précédemment présentés est apparu un sujet qui, bien que hors des valeurs étudiées pour le présent chapitre, intéressera les politistes, les constitutionnalistes ainsi que les ébénistes et autres menuisiers. Il a semblé intéressant – à défaut d'être forcément utile – de le présenter aux lecteurs.

Ces voyages en terres australes sont l'occasion de découvrir un expédient institutionnel pour le moins souriant ; une hypothèse évidemment ignorée d'Ernst Kantorowicz dans *Les deux corps du roi*. Dans *Le monde tel qu'il sera*, Emile Souvestre reprend une idée initialement développée par Charles Nodier dix ans plus tôt dans l'île de la civilisation de son *Paraguay-Roux*, où, pour se relever de la décadence monarchique, fut inventé un spirituel expédient, une machine constitutionnelle délaissant l'humain : le fauteuil monarchique.

Nodier :

> « Le royaume florit maintenant sous les lois d'un charmant petit monarque de palissandre incrusté qui est mu par des rouages fort simples, comme une horloge de bois. Quand les poids sont remontés, et le ressort mis en mouvement, cet autocrate débonnaire peut signer de sa main droite, en superbe courante anglaise, vingt ou trente belles pièces gouvernementales qui ne coûtent que le timbre ; et ce qu'il y a d'infiniment remarquable dans cette merveilleuse machine constitutionnelle, c'est qu'il signerait également de la gauche, si tel avait été le bon plaisir du mécanicien. L'opération terminée, on replace le roi dans le garde-meuble jusqu'à la saison suivante, après avoir pris toutes les

précautions convenables pour le préserver des atteintes de certains insectes malveillans qui sont très friands de palissandre, mais les seuls ennemis d'ailleurs que ce prince heureux et paisible ait à redouter dans son Louvre de carton »[1].

Souvestre quant à lui, dans la description qu'il dresse du système politique de la République des Intérets-Unis, présente un système politique où l'exécutif est tenu par un président de la République dont la description rappelle directement celle de Nodier.

« En tête se trouve le président de la république ou L'impeccable, ainsi nommé parce qu'il ne peut mal faire, et qui ne peut mal faire parce qu'il ne fait rien. L'impeccable n'est, en effet, ni un homme, ni une femme, ni un enfant, mais ce que nous appelons une fiction gouvernementale : il se compose d'un fauteuil vide sous un baldaquin ! Ce fauteuil est le chef légitime du gouvernement. Les ministres ne peuvent parler qu'en son nom, et leurs déclarations politiques sont appelées discours du fauteuil. Cette heureuse conception nous a ainsi débarrassés de l'embarras de choisir un président temporaire et des inconvénients du pouvoir transmis par l'hérédité. Quand le chef de l'État vieillit, on appelle un tapissier pour le remettre à neuf, et une douzaine de clous suffisent pour restaurer l'ordre des choses. De plus, point de cour, de liste civile. Toute la maison présidentale [*sic*] se réduit à une brosse et à un plumeau. Nous n'avons ni filles à doter, ni fils à marier. Nous ne pouvons craindre ni coups d'État, ni usurpations, un fauteuil étant forcément condamné au statu quo. Enfin, comme il ne peut rien exécuter, nous lui avons abandonné avec confiance le pouvoir exécutif »[2].

Mais, là encore, le propos est politique et fera sourire car il peut être considéré comme une réponse prémonitoire au discours que Guizot tiendra à la chambre des députés le 29 mai 1846 et qu'on résume abusivement par « Le trône n'est pas un fauteuil vide »[3].

---

[1] Nodier, *Paraguay-Roux*, *op. cit.*, p. 202.

[2] Souvestre *op. cit.*, pp. 298-299. Pour Souvestre, le quatrième des quatre pouvoirs du système de la République des Intérets-Unis, est composé des banquiers, et, dans ce système, « L'État a insensiblement mis en gage entre leurs mains la terre (en opposition à Nodier qui laisse la terre aux agriculteurs), les fleuves, les mers, les mines souterraines et les transports aériens.

[3] Le propos réellement tenu par Guizot est : « le trône n'est pas un fauteuil auquel on a mis une clef pour que personne ne puisse s'y asseoir, et uniquement pour prévenir l'usurpation […] le trône n'est pas seulement un fauteuil fermé pour que personne ne

Par le génie de l'anticipation, c'est là la dernière provocation prophétique de ces deux histrions pour se moquer du titulaire du pouvoir exécutif et des valeurs de leur temps.

---

puisse s'y asseoir. Une personne intelligente et libre, qui a ses idées, ses sentiments, ses désirs, ses volontés, comme tous les êtres réels et vivants siège dans ce fauteuil. [... La couronne] est portée par un être intelligent et libre avec lequel nous traitons, et non par une pure machine, inerte, vaine, faite pour occuper une place que d'autres prendraient si elle n'y était pas ». Guizot François, *Histoire parlementaire de France : recueil complet des discours prononcés dans les Chambres de 1819 à 1848 par M. Guizot, tome 5*, Paris, Lévy frères, 1864, pp. 227-228.

CHAPITRE 10

LA DIFFICILE PROTECTION JURIDICTIONNELLE DES VALEURS DE LA *PACIFIC WAY* DANS LES ÉTATS ET TERRITOIRES INSULAIRES DU PACIFIQUE[1]

Carine DAVID,
Professeur de droit public
Aix Marseille Université, CNRS, DICE, ILF, Aix-en-Provence, France,
Membre de l'Institut Universitaire de France

Agai fanua en samoan, *Anga faka fonua* en tongien, qui signifie la « voie de la Terre », *Tikanga* en maori, ou « ce qui est juste et approprié ». Tel est la traduction de « droit coutumier » dans certaines langues océaniennes. La coutume est souvent décrite comme le droit hérité ou ancestral par opposition au droit étatique, encore désigné sous le vocable de « droit formel » ou encore comme décrit par Bernard Narokobi : la coutume est le droit des sociétés mélanésiennes[2].

Dans le cadre de ce chapitre, la *Pacific Way* sera entendue comme la « voie médiane, tirant profit des schémas classiques importés de la démocratie occidentale dans l'ordre juridique interne comme international, mais en phase avec l' "être" profond des populations et des territoires du Pacifique Sud »[3]. Comme l'exprimait Sir Ratu Mara, les cultures océaniennes reposent sur la négociation, le consensus, le palabre, en recherche constante d'un mode consensuel de résolution des problématiques. Dans cette optique, la *Pacific Way* va au-delà de l'art du compromis, elle constitue « une manière de trouver une solution répondant à l'attente des aspirations de tous »[4].

---

[1] Le choix a été fait d'exclure l'Australie et la Nouvelle-Zélande du champ de cette étude.
[2] New Zealand. Law Commission. Custom and human rights in the Pacific / Law Commission, Study paper, 1174-9776 ; 17, 2006, p. 76, § 40.3.
[3] M. Joyau et E.-P. Guiselin, « Avant-Propos : États et Constitutions du Pacifique Sud : l'empreinte de la "*Pacific Way*" », *Revue juridique polynésienne*, 2010, vol. XI, pp. 4-5.
[4] J.C. Campbell, J.-P. Latouche, *Les insulaires du Pacifique, Histoire et situation politique*, PUF, coll. "Politique d'aujourd'hui", 2001, p. 265.

Au premier abord, il semble dès lors y avoir une antinomie entre cette idée de consensus et l'image d'une justice qui « tranche » les litiges. Il semblerait même que s'interroger sur l'appréhension juridictionnelle de la *Pacific Way* revient à faire le constat d'un échec de celle-ci. La réalité est bien sûr plus complexe et il s'agira dans ce chapitre de voir quels outils sont à la disposition du juge dans sa recherche de la « voie médiane » lorsque l'alchimie de la *Pacific Way* peine à se matérialiser. Est-ce que les systèmes juridictionnels mis en place dans les États et territoires du Pacifique insulaire parviennent à préserver l'esprit de consensus ? Bien sûr, il n'existe pas de solution uniforme et chaque État et territoire tente de trouver sa « voie médiane ».

Dès lors que l'on évoque la protection juridictionnelle de la *Pacific Way*, il s'agit en effet de se demander comment le juge – et quel juge ? – manie le pluralisme juridique présent au sein des sociétés océaniennes et comment celui-ci veille pour trouver un juste équilibre entre valeurs du Pacifique et valeurs issues des schémas occidentaux. En d'autres termes, comment le juge appréhende-t-il la conciliation entre droits fondamentaux et valeurs coutumières, afin de prendre les décisions les plus protectrices des populations océaniennes, dans une perception réactualisée de leurs droits ?

Pour ce faire, le juge doit évidemment tenir compte du cadre juridique fixé par la Constitution. Dès lors, s'interroger sur la protection juridictionnelle de la *Pacific Way* implique de s'intéresser à l'appréhension par le juge du pluralisme juridique tel qu'imposé par le droit formel (I). Au-delà, il convient également de questionner l'organisation juridictionnelle mise en place par les États et territoires océaniens pour procéder à cette conciliation (II). De ce double point de vue, un constat s'impose : l'émancipation politique qui a conduit ces États et territoires à la souveraineté[1] ne s'est clairement pas traduite en termes juridiques et institutionnels[2] et la protection de la *Pacific Way* s'avère difficile.

---

[1] On inclut ici les territoires insulaires non indépendants en ce que leur statut constitutionnel leur permet une autodétermination dans le cadre de leur organisation interne.

[2] À ce sujet, voir C. David, « Les transitions politiques en Mélanésie, éléments de réflexion pour la préparation du "jour d'après" en Nouvelle-Calédonie », *Revue française de Droit constitutionnel*, n° 110, 2017/2, pp. 367-386.

I. L'appréhension par le juge de la « *Pacific Way* »

Si le pluralisme juridique est globalement reconnu dans les systèmes juridiques océaniens, la place accordée aux valeurs et usages coutumiers se situe, au moins en théorie, à un rang infra-législatif. Dans ce cadre, l'appréhension des valeurs de la *Pacific Way* apparaît bornée par cette irrévérence constitutionnelle à l'endroit de la coutume (A), que le juge peine à aménager (B).

A. Le pluralisme juridique océanien ou le dilemme de la Pacific Way *: valeurs océaniennes v. valeurs universelles*

Que l'on se situe du point de vue du droit interne ou du droit international, la *Pacific Way* peine à s'affirmer dans un cadre juridique modelé par les valeurs occidentales et renvoyant les valeurs océaniennes à une condition d'infériorité, souvent en décalage avec la réalité quotidienne des populations. La faible émancipation des systèmes juridiques océaniens du modèle colonial a en effet pour conséquence une forte résistance du cadre juridique à une pénétration de la coutume dans un système juridique formel très normé par la culture juridique de l'ancienne puissance coloniale (1) et par le droit international (2).

1/ La *Pacific Way* en droit interne

L'étude de l'appréhension de la *Pacific Way* par les systèmes juridictionnels océaniens impose au préalable de s'interroger sur la reconnaissance du pluralisme juridique par les Constitutions de ces États et territoires. Un tour d'horizon des constitutions océaniennes fait immédiatement apparaître une prise en considération variable de la coutume, même si elle est de manière générale considérée comme une source du droit parmi d'autres, généralement soumise à la Constitution, au droit international et à la loi. Cette intégration de la coutume dans la hiérarchie des sources formelles du droit ne se fait néanmoins pas sans difficulté et ne semble pas toujours aller de soi.

Ainsi, aux Iles Cook, la Constitution est restée muette sur la question de la place de la coutume dans le système normatif jusqu'à la révision de 1995 qui constitue un tournant. En effet, le Constituant a alors procédé à la reconnaissance du rôle du droit coutumier dans la société. Ainsi le nouvel article 66A de la Constitution dispose que « L'opinion de l'Aronga Mana (*i.e.* chef traditionnel) de l'île ou du vaka à laquelle la coutume, la tradition ou la valeur se rapporte, sur les questions relatives à et concernant la coutume, la tradition ou l'usage quant à son existence, son étendue ou son application, est définitive et concluante et ne peut être remise en cause devant aucun tribunal »[1].

L'exemple de Tonga est également intéressant. La coutume n'est pas reconnue comme une source de droit à proprement parler. À cet égard, le 15 octobre 2020, le Parlement de Tonga a adopté une loi constitutionnelle insérant un article 89A exigeant des juridictions de prendre en considération les coutumes, traditions, pratiques, valeurs et usages coutumiers de Tonga lorsque cela apparaît pertinent. Mais cette loi, votée à l'unanimité par les membres du Parlement, a été adoptée sans consultation préalable des parties prenantes et n'a toujours pas été promulguée[2].

L'opposition de la société civile au texte adopté est assez révélatrice de la problématique de la conciliation entre valeurs coutumières et droits fondamentaux perçus dans une perspective occidentale. En effet, les oppositions exprimées contre cette réforme résident dans la crainte que cette reconnaissance de la coutume légitime des atteintes aux droits fondamentaux, particulièrement des groupes vulnérables (femmes, enfants…), dont la protection serait remise en cause par cette nouvelle disposition conférant un caractère absolu à la coutume. D'autant que parmi les réserves émises sur la réforme figure l'absence de définition du périmètre de la notion de coutume et au risque subséquent que l'article 89A soit utilisé pour justifier des pratiques discutables, sous couvert de leur qualification de coutume.

Au Vanuatu, la question s'est posée en des termes différents. Le droit coutumier est reconnu par la Constitution comme une source du droit[3]. De plus, l'article 96(2) de la Constitution prévoit que « Sauf décision contraire du Parlement, les lois françaises et britanniques en vigueur au Vanuatu au jour de l'indépendance continuent à s'appliquer à compter de ce jour tant qu'elles n'auront pas été expressément abrogées et dans la mesure où elles ne sont pas incompatibles avec le statut d'indépendance du Vanuatu et avec la coutume ». Comme le souligne

[1] Article 66 A 4. *The opinion of the Aronga Mana of the island or vaka to which custom, tradition or value relates, as to matters relating to and concerning custom, tradition or usage on the existence, extent or application of custom, shall be final and conclusive and shall not be questioned in any court of law.*

[2] R. Hu, « Tonga », *in* J. Corrin & T. Angelo (ed.), *Legal Systems of the Pacific – Introducing Sixteen Gems*, p. 357.

[3] Article 95 (3) de la Constitution notamment. Voir Morsen Mosses, « Vanuatu », *in* J. Corrin & T. Angelo (ed.), *Legal Systems of the Pacific – Introducing Sixteen Gems*, p. 410.

Morsen Mosses[1], cet article pourrait légitimement être interprété comme octroyant au droit coutumier la préséance sur les lois coloniales françaises et britanniques en cas de conflit. Les juridictions vanuataises n'ont néanmoins pas tranché en ce sens. Ainsi, dans la décision *Banga v. Waiwo*[2], la juridiction a décidé que les lois coloniales applicables au Vanuatu font partie du droit national et ont par conséquent préséance sur la coutume. La coutume ne s'applique qu'en cas de défaut d'application de la loi nationale ou coloniale.

En tout état de cause, de manière assez contre-intuitive, un positionnement infra-législatif de la coutume dans la hiérarchie des normes est la solution la plus couramment rencontrée dans les États et territoires insulaires du Pacifique.

Ainsi, à Kiribati, si la coutume doit obligatoirement être prise en compte par les tribunaux[3], elle ne s'applique pas si elle est contraire à la Constitution ou à la loi, mais prévaut sur la *common law* et l'*equity*. On retrouve une situation assez similaire à Nauru, où le *Custom and Adopted Law Act 1971* dispose que le droit coutumier doit être appliqué par tous les tribunaux de préférence à la *common law*, mais qu'elle reste soumise à la Constitution et à la loi.

En Papouasie Nouvelle-Guinée, la coutume est inclue dans ce qui est désigné comme l'« *underlying law* »[4] que l'on peut entendre comme « droit infra-législatif », mais comme dans la plupart des systèmes juridiques océaniens, elle reste néanmoins supérieure à la *common law* et à l'*equity*.

La hiérarchie est conçue de manière identique aux Îles Salomon, où la coutume est affirmée comme une source du droit supérieure à la *common law* et à l'*equity*, mais le droit coutumier s'applique, sous réserve qu'il ne soit pas « contraire à la Constitution et au droit écrit »[5].

---

[1] M. Mosses, *La rencontre entre les droits fondamentaux, notamment le droit à l'égalité des femmes et la coutume : le cas du Vanuatu comme exemple de pluralisme juridique*, Thèse de doctorat, Université de Laval, 2016, p. 63.

[2] Vanuatu, *Banga v. Waiwo*, [1996] VUSC 5.

[3] *Law of Kiribati Act 1989*.

[4] Le Schedule 2.1.1. (1) dispose que : « *Subject to subsection (2) and (3), custom is adopted, and shall be applied and enforced, as part of the underlying law* ». Cependant, l'alinéa suivant (2) souligne que la coutume ne s'applique pas lorsqu'elle est contraire à la Constitution, au droit écrit ou encore lorsqu'elle est attentatoire aux principes généraux de l'humanité. Il précise que : « *Subsection (1) does not apply in respect of any custom that is, and to the extent that it is, inconsistent with a Constitutional Law or a statute, or repugnant to the general principles of humanity* ».

[5] Paragraphe 3 du Schedule 3 (2).

En 2000, le *Customs Recognition Act*[1] est adopté pour préciser les modalités d'application du droit coutumier. Cependant, sous couvert de renforcer la reconnaissance de la coutume, cette loi est venue placer un fardeau sur le droit coutumier[2]. En effet, cette réforme prévoit que l'existence, la nature et l'application de la coutume sont considérées comme étant des faits[3], faisant peser la charge de leur preuve sur celui qui l'invoque[4]. Une telle solution diffère de la situation à Tuvalu, où le droit coutumier, situé à la même place dans la hiérarchie des normes, est considéré expressément comme une question de droit et non de fait, et ce, depuis la révision de la Constitution opérée en 1986 qui a été l'occasion d'accorder une attention particulière à l'identité nationale du peuple de Tuvalu. Ainsi, le principe 3 de la Constitution de 1986 dispose que : « Tout en croyant que Tuvalu doit prendre la place qui lui revient dans la communauté des Nations en quête de paix et de bien-être général, le peuple de Tuvalu reconnaît et affirme, avec gratitude envers Dieu, que la stabilité de la société tuvaluane et le bonheur et le bien-être du peuple de Tuvalu, à la fois présents et futurs, *dépendent très largement du maintien des valeurs, de la culture et de la tradition tuvaluanes,* [...] »[5]. Le Préambule dispose ainsi que « [...] le peuple de Tuvalu désire se constituer en un État indépendant basé sur les principes chrétiens, l'état de droit, *les coutumes et traditions tuvaluanes* ». Le principe 6 de la Constitution continue en disposant que : « La vie et les lois de Tuvalu doivent donc être fondées sur le respect de la dignité humaine et sur *l'acceptation et le respect des valeurs et de la culture tuvaluanes* ».

---

[1] Customs Recognition Act n°7 de 2000, Solomon Islands Legislation

[2] M. Mosses, *op. cit.*, p. 76.

[3] J. Corrin et J. Zorn, Legislating Pluralism, Statutory 'Development' *in Melanesian Customary Law* (2001) 46 J. *Legal Pluralism & Unofficial* L. 49, p. 50.

[4] Custom Recognition Act, Art. 3 : "*Subject to the provisions of section 5, questions as to the existence of any customary law and the nature of such customary law in relation to a matter, and its application in or relevance to any particular circumstances, shall be ascertained as though they were matters of fact.*"

[5] "*While believing that Tuvalu must take its rightful place amongst the community of nations in search of peace and general welfare, nevertheless the people of Tuvalu recognize and affirm, with gratitude to God, that the stability of Tuvaluan society and the happiness and welfare of the people of Tuvalu, both present and future, depend very largely on the maintenance of Tuvaluan values, culture and tradition, including the vitality and the sense of identity of Island communities and attitudes of co-operation, self-help and unity within and amongst those communities.*"

Aux Samoa, la supériorité de la Constitution et de la loi sur les règles coutumières est affirmée. Néanmoins, il est renvoyé au juge le soin de concilier coutume, *common law* et *equity*, la Constitution précisant que les juridictions doivent prendre en compte la coutume dans leurs décisions[1]. La situation aux Îles Samoa est néanmoins particulière en ce que la Constitution accorde par ailleurs un pouvoir considérable aux chefs traditionnels[2] et que les autorités coutumières sont au fondement même de l'organisation de l'État.

La Constitution de Niue présente pour sa part la particularité de reconnaître la coutume comme source du droit uniquement concernant les questions foncières.

Finalement, seule la Constitution de Fidji de 2013, du fait du contexte politique dans lequel elle a été adoptée, ne contient pas de dispositions reconnaissant le droit coutumier de façon générale mais comprend des dispositions sur la propriété foncière coutumière et les droits de pêches coutumiers[3].

On le voit, globalement, la plupart des États et territoires ont accordé une reconnaissance constitutionnelle au droit coutumier, qui a été ajouté aux sources de droit formelles de la *common law* lors de l'indépendance, mais la situant systématiquement comme inférieure à la Constitution et à la loi. En dessous de ce niveau, la structure hiérarchique consacre ou non la supériorité de la coutume sur la *common law* et l'*equity*.

Selon J. Corrin cependant, « En tout état de cause, une approche hiérarchique ignore le fait que pour de nombreuses personnes, le droit coutumier est bien plus pertinent, et que le contenu de la Constitution et des lois est un mystère. C'est particulièrement le cas dans le secteur rural et notamment en ce qui concerne les lois personnelles et les questions foncières où, même durant l'ère coloniale, le droit coutumier a toujours été autorisé à régir »[4]. Selon l'auteure, seule la reconnaissance du pluralisme juridique, entendu comme un engagement idéologique et une reconnaissance égale du droit coutumier et du droit étatique, pourrait rapprocher le droit de la réalité vécue par les océaniens, c'est-à-dire de la *Pacific Way*.

---

[1] B. Tabangcora, « Samoa », *in* J. Corrin & T. Angelo (ed.), *op. cit.*, p. 255.

[2] Art. 100 et s. de la Constitution. Voir également le *Village Fono Act* qui donne aux chefs coutumiers le droit d'imposer des sanctions aux villageois (amendes ou travaux d'intérêt général).

[3] Art. 28 et 30 de la Constitution de Fidji de 2013.

[4] J. Corrin, "Customary land in Solomon Islands: a victim of legal pluralism", *Revue Juridique Polynésienne*, 2011, vol. XII, pp. 226-227.

2/ La *Pacific Way* et les instruments internationaux des droits de l'homme

Un regard vers le droit international, particulièrement le droit international des droits de l'homme, empreint des valeurs occidentales, vient confirmer la difficile conciliation entre droit occidental et droit coutumier.

La New Zealand Law Commission a en 2006 proposé que des mesures soient prises dans trois domaines clés pour améliorer la cohésion de la coutume et des droits de l'homme dans les systèmes juridiques de la région Pacifique[1]. Elle préconisait :

- que les gouvernements, les législatures, les tribunaux et les communautés recherchent activement des moyens d'harmoniser la coutume et les droits de l'homme afin de promouvoir le développement équitable de la coutume et l'appréciation des droits de l'homme en termes culturellement pertinents ;
- que les tribunaux et les législatures développent un système juridique plus cohérent en reconnaissant et en respectant la contribution des organes de justice communautaire à la résolution des conflits, tout en encourageant l'utilisation des normes des droits de l'homme dans la justice communautaire ; et
- que les tribunaux développent une jurisprudence autochtone qui s'appuie à la fois sur la coutume et les droits de l'homme.

À cet égard, on note une certaine réticence, voire une certaine méfiance, de la part des États du Pacifique Sud vis-à-vis des instruments internationaux et des droits fondamentaux, considérant ceux-ci comme véhiculant des valeurs exogènes, synonymes de menaces pour leurs valeurs culturelles[2]. Un des reproches formulés de manière récurrente réside dans la critique du système des droits fondamentaux, celui-ci étant perçu comme reflétant uniquement les valeurs occidentales[3].

D'ailleurs, pendant longtemps, les juridictions des États et territoires insulaires du Pacifique n'ont pas mobilisé les instruments internationaux des droits de l'homme, notamment la Convention européenne des droits de l'homme (CEDH) ou encore la Convention

---

[1] New Zealand. Law Commission, *Custom and human rights in the Pacific*, *op. cit.*

[2] Voir notamment M. Morsen, *op. cit.*, p. 181.

[3] *Ibid*, p. 182.

sur les droits de l'enfant ou sur l'élimination de toute forme de discrimination à l'égard des femmes[1].

Depuis quelques années néanmoins, apparaît une nette tendance à une mobilisation plus importante des droits de l'homme pour contrebalancer certains effets de la coutume, qui peuvent apparaître comme injustes ou inadéquats aujourd'hui. L'utilité des droits de l'homme est désormais généralement acceptée, même si le taux de ratification des instruments internationaux des droits de l'homme par les États et territoires insulaires du Pacifique reste faible[2], la plupart d'entre eux[3] n'ayant par exemple pas ratifié le Pacte International relatif aux Droits Civils et Politiques (PIDCP)[4]. Cette évolution est par ailleurs perceptible dans une série de mesures prises par les États et territoires insulaires du Pacifique, notamment les rapports d'évaluation présentés aux organes des traités, les invitations et l'accueil de visites des rapporteurs spéciaux, ainsi que leur engagement dans le processus d'examen périodique universel (EPU).

Au surplus, dans certains États, comme aux Îles Samoa par exemple, les tribunaux font désormais régulièrement référence aux instruments internationaux des droits de l'homme dans leurs jugements et plus particulièrement à la Convention relative aux droits de l'enfant (CDE)[5].

Même intégrés dans leur droit constitutionnel, les droits fondamentaux issus des instruments internationaux ne manquent pas de provoquer des difficultés quant à leur conciliation avec la coutume. On peut ainsi prendre l'exemple de la Constitution de Tuvalu, qui contient une Charte des droits fondamentaux inspirée par la Déclaration des droits de l'Homme des Nations Unies et la Convention européenne des droits de l'homme[6]. Avec Morsen Mosses, on soulèvera néanmoins le paradoxe de l'article 27 de la Constitution, en ce qu'il reflète parfaitement la difficile conciliation entre la volonté d'intégrer des valeurs universelles issues du droit international et la prise en compte

---

[1] P. Butler, « A survey of Human Rights - Decisions in Fiji, Samoa, Tonga and Vanuatu », *Revue juridique Polynésienne,* 2019, Vol. XXIII, p. 110.

[2] *Ibid.*, p. 111.

[3] Seuls Fidji (2018), les Îles Marshall (2018), la Papouasie Nouvelle-Guinée (2008), Samoa (2008) et le Vanuatu (2008) l'ont ratifiée. Palau (2011) et Nauru (2001) l'ont signée mais pas ratifiée.

[4] Pour une vision d'ensemble de la ratification par les États et Territoires insulaires du Pacifique des 18 traités internationaux relatifs aux droits de l'homme : https://indicators.ohchr.org/

[5] P. Butler, *op. cit.,* p. 119.

[6] M. Mosses, *op. cit.*, p. 79.

et la préservation des valeurs coutumières. En effet, la Charte des droits fondamentaux intégrée dans la Constitution garantit entre autres à chaque Tuvaluan, un certain nombre de droits et libertés fondamentaux indépendamment de la race, du lieu d'origine, de l'opinion politique, de la couleur, des croyances religieuses ou du sexe. Cependant, le droit à la non-discrimination prévu à l'article 27 ne mentionne pas l'interdiction des discriminations liées au sexe. Le même article 27 exclut l'application du principe de discrimination en matière de statut civil personnel et dans le domaine du foncier coutumier. Il est ainsi possible d'adopter des législations en ces matières discriminatoires à l'égard des femmes.

Dans ce cadre, le rôle du juge apparaît essentiel pour façonner un juste équilibre entre les droits fondamentaux des personnes, et particulièrement des catégories les plus vulnérables et la préservation des usages coutumiers. En effet, il reviendra le plus souvent au juge de concilier modernisation (d'aucuns diront occidentalisation) du droit et préservation de la culture.

B. La nécessaire participation du juge à la préservation de la **Pacific Way**

La protection de la *Pacific Way* implique un jeu d'équilibriste consistant à préserver les valeurs coutumières tout en respectant les droits de l'homme, nécessitant l'intervention du juge pour pallier les carences ou l'inadaptation des textes.

1/ Le défi du respect des droits de l'homme sans renonciation à la *Pacific Way*

La question de la conciliation entre une perception occidentalisée des droits de l'homme et la coutume alimente la doctrine depuis bien longtemps, certains auteurs allant jusqu'à suggérer que tenter d'intégrer les deux systèmes revient à essayer de mélanger « l'huile et l'eau » en raison des oppositions entre les deux[1].

Le développement d'une jurisprudence océanienne trouvant un équilibre entre ces deux injonctions parfois contradictoires est souvent conçu comme devant retenir les meilleurs éléments des systèmes juridiques autochtones (coutumiers) et de *common law*, créant ainsi un

---

[1] Voir par exemple, D. Weisbrot, "Custom, Pluralism and Realism in Vanuatu : Legal Development and the Role of Customary Law" (1989) 13 Pac Stud 65.

système culturellement pertinent, équitable et juste[1]. Il apparaît néanmoins que cet idéal humaniste peine à être atteint dans nombre d'États et territoires. Ainsi, au Vanuatu, M. Forsyth constate que « la réalité actuelle est plutôt celle de deux systèmes juridiques fonctionnant en parallèle : un système officiel (occidental) de tribunaux établi par la Constitution, et un système non officiel (coutumier) administré par les communautés et les chefs »[2].

Ce constat s'explique notamment par les objections à une hybridation du système de valeurs, tant par les partisans des droits de l'homme qui craignent qu'ils soient menacés par la coutume qu'au contraire, par ceux qui pensent que la coutume serait remise en cause par les standards droits de l'hommistes internationaux.

Ainsi, dans le rapport *National Human Rights Institutions : Pathways for Pacific States*, les pays du Forum des îles du Pacifique ont souligné l'importance de la protection de la culture océanienne « car elle représente l'expression et l'identité du peuple et le fondement de la richesse de notre diversité culturelle, des traditions et des coutumes »[3].

En effet, « dans les sociétés qui accordent la plus grande valeur aux droits communautaires plutôt qu'aux droits individuels, l'application des libertés "universelles" s'est révélée au mieux problématique. Les besoins de l'individu, dans de tels environnements sociaux, peuvent souvent être perçus comme étant en contradiction, voire en danger, avec la santé de la communauté, et en particulier avec la cohésion de la communauté, qui est l'élément vital de la société. Dans de telles structures, le réseau d'obligations mutuelles et d'interdépendance constitue le tissu de la vie humaine. La valeur la plus élevée est le maintien de ce réseau et des liens qui le composent »[4].

---

[1] M. Forsyth, "Beyond case law : kastom and courts in Vanuatu", *Victoria University of Wellington Law Review*, 35(2), p. 427.

[2] *Ibid.*

[3] National Human Rights Institutions: *Pathways for Pacific States, Pacific Human Rights Issues Series*, Vol. 1, *Pacific Islands Forum Secretariat*, 2019, p. 23.

[4] S. Klingelhofer and D. Robinson, « The Rule of Law, Custom, and Civil Society in the South Pacific An Overview, An Overview », *International Journal for Not-for-Profit Law*, 2001 : "*Yet social structures, traditions, and even laws that frame human behavior in many parts of the world, some apparently benevolent and others not, contradict some of the assumptions beneath the "four freedoms." In particular, in those societies that place the highest value on communal rather than individual rights, the application of the "universal" freedoms has been problematic at best. The needs of the individual, in such social environments, often may be perceived as contradicting, even endangering, the health of the community, and particularly the*

Le document d'étude de la Commission du droit de la Nouvelle-Zélande, *Converging Currents : Custom and Human Rights in the Pacific* se concentre sur deux objectifs des dirigeants du Pacifique insulaire, à savoir le maintien des valeurs et les coutumes locales d'un côté et l'application des droits de l'homme universels de l'autre. Contribuant opportunément au questionnement quant au dialogue entre coutumes et droits de l'homme dans la région, le postulat de ce rapport est le suivant : « la coutume et les droits de l'homme peuvent être harmonisés en examinant les valeurs sous-jacentes partagées par ces deux éléments »[1].

Pour la Commission, « l'harmonisation renforcera la coutume en l'adaptant à l'évolution des conditions sociales et en veillant à ce qu'elle continue à refléter les valeurs sous-jacentes des communautés du Pacifique. Loin de menacer la coutume, les droits de l'homme peuvent l'aider à se développer et donc à survivre dans un monde moderne. L'harmonisation contribuera également à la légitimation culturelle des droits de l'homme en les présentant d'une manière qui reflète les valeurs des sociétés du Pacifique. Le dialogue doit se poursuivre sur la manière dont les droits particuliers des groupes et individus vulnérables (tels que les femmes et les enfants) sont protégés dans le cadre de la coutume et des droits de l'homme »[2].

Les instruments juridiques relatifs aux droits de l'homme sont également considérés comme pouvant se voir attribuer un rôle spécifique afin de reconnaître et renforcer les droits coutumiers ou le rôle des autorités coutumières. Ainsi, la loi fidjienne sur les droits de l'homme prévoit spécifiquement de travailler avec les chefs traditionnels en cas de différends. En outre, ces instruments peuvent proposer des services de résolution des litiges alternatifs aux procédures judiciaires formelles, offrant un forum pour un règlement des conflits plus appropriés sur le plan culturel.

Pour M. Forsyth, au motif que la perméabilité d'un système à l'autre n'est viable que s'il est réciproque, l'objectif de conciliation des systèmes ne pourra être atteint que si l'on opte pour une méthodologie

---

community's cohesion, the very life blood of the society. In such structures, the web of mutual obligations and interdependence constitutes the fabric of human life. The highest value is the maintenance of that web and the linkages that comprise it." https://www.icnl.org/wp-content/uploads/cfr_LawSouthPacific.pdf

[1] New Zealand. Law Commission. *Custom and human rights in the Pacific*, *op. cit.*, p. 12.

[2] *Ibid.*

différente. « Devront alors être pris en compte non seulement l'opportunité d'une intégration systématique d'une règle d'un système à l'autre, mais aussi la capacité réelle d'intégration de ces deux systèmes. En fait, les ébauches de solutions ne se trouvent sans doute pas uniquement dans la simple analyse des lois ou des décisions de justice mais aussi dans la réalité sociologique »[1].

C'est à cette alchimie que le juge doit veiller lorsqu'il examine un litige confrontant coutume et droits fondamentaux, valeurs du Pacifique et valeurs occidentales.

2/ La contribution juridictionnelle à la conciliation entre droits de l'homme et *Pacific Way*

La plupart des constitutions nationales des pays et territoires insulaires du Pacifique contiennent des déclarations de droits que les juges sont tenus d'appliquer dans leurs décisions. Par la reconnaissance parallèle du droit coutumier comme une source de droit, ces constitutions sont à l'origine de véritables tensions entre droits de l'homme reconnus par elles et pratiques coutumières et les tribunaux sont souvent chargés de tenter une conciliation entre ces normes de nature différente.

« Les juges du Pacifique, en tant que "membres" de cultures juridiques et de cultures coutumières locales, sont parfaitement placés pour donner effet aux droits de l'homme, comme l'exige la loi, de manière à trouver un terrain d'entente avec les valeurs coutumières dans toute la mesure du possible »[2].

À cet égard, opérer une distinction entre les valeurs coutumières – croyances profondes et constantes de la communauté qui sous-tendent l'identité culturelle – et les pratiques coutumières, qui sont des habitudes moins durables et plus changeantes peut apparaître opportun. Ainsi, dans le cadre du *Pacific Judicial Strengthening Initiative*, il est souligné que cette distinction peut constituer un moyen utile pour aider les tribunaux à établir des priorités. « Les tribunaux peuvent jouer un rôle très positif en s'assurant que les valeurs coutumières sont maintenues et renforcées, tout en soutenant le changement des pratiques considérées comme nuisibles et en suggérant leur remplacement par

---

[1] M. Forsyth, "Beyond Case Law : Kastom and Courts in Vanuatu", *Victoria University of Wellington Law Review*, vol. 35, 2004, p. 427.

[2] Pacific Judicial Development Programme, *Access To Justice Assessment Toolkit*, Vol. 3, p. A-16.

d'autres pratiques qui peuvent remplir une fonction similaire mais d'une manière non préjudiciable »[1].

La contribution du juge à cette conciliation entre droits de l'homme et coutume peut être utilement illustrée par une jurisprudence samoane.

Dans l'affaire *Penaia II v. Land and Titles Court*[2], la *Court of Appeal* devait déterminer si la Cour suprême était fondée à refuser de réviser une décision de la *Land and Titles Court*, juridiction spécialisée pour les questions foncières coutumières. « La raison d'être de la *Land and Titles Court* est de fournir cette compétence, en apportant aux litiges concernant les coutumes et les usages samoans l'expertise de juges versés dans ces questions afin qu'ils puissent évaluer quelle réponse est la plus conforme à la justice de l'affaire selon les valeurs samoanes »[3].

Était ici en cause l'application du *Land and Titles Act 1981* relatif au régime juridique des terres coutumières et des titres de propriété des Matai (chefs de famille). Cette loi réserve la compétence sur ces questions au *Land and Titles Courts* et dispose en son article 70 que « toute décision définitive de la Cour sur une requête est considérée comme un jugement *in rem* et lie tous les Samoans qui sont concernés par cette décision, qu'ils soient ou non parties à la procédure ». Par ailleurs, l'article suivant précise qu' « aucune décision ou ordonnance de la Cour ne peut être révisée ou remise en cause par un autre tribunal par voie d'appel, d'ordonnance ou de toute autre manière ». Se fondant sur l'article 9 (1) de la Constitution qui garantit le droit à un procès équitable, l'appelant invoquait l'incompétence du *Land and Titles Court* pour statuer sur le litige en cause. Or, le requérant soutenait que le *Land and Titles Court* n'ayant pas respecté son droit d'être entendu, la Cour suprême était compétente pour statuer sur le cas d'espèce, lequel posait une question relative aux droits fondamentaux. Pour la Cour d'appel, l'article 71 de la loi de 1981 excluant toute remise en cause des *Land and Titles Court* doit être lu en parallèle avec l'article 4(2) de la Constitution, qui permet spécifiquement à la Cour suprême de prendre des ordonnances pour garantir les droits fondamentaux. Il en ressort que la disposition législative ne pouvait avoir pour effet d'écarter la compétence de la Cour suprême en matière de protection des droits fondamentaux, garantissant ainsi un équilibre entre coutume et droits fondamentaux.

---

[1] *Ibid.*, p. 37.

[2] *Penaia II v Land and Titles Court* [2012] WSCA 6 per Baragwanath, Fisher and Galbraith JJ.

[3] Point [17], Baragwanath, Fisher et Galbraith JJ - *Penaia II v Land and Titles Court.*

L'organigramme ci-dessous a été proposé par le *Pacific Judicial Development Program* et décrit les mesures qui peuvent être prises par les tribunaux dans les situations dans lesquelles droits de l'homme et pratiques coutumières s'opposent et qu'il n'est pas possible de décider sans donner la priorité à l'une sur l'autre[1].

Graphique : Mesures pouvant être prises par les juridictions du Pacifique dans les situations dans lesquelles droits de l'homme et pratiques coutumières s'opposent
Pacific Judicial Development Program
(page suivante)

[1] PJSI: *Human Rights Toolkit* Volume 3*Access to Justice* P.35 – 37 : 9 *Quick Reference Guide for Reconciling Human Rights and Customary Practices.*

1ère étape

- Analysez les faits de l'affaire
- Cela concerne-t-il une valeur ou une pratique coutumière ?
- Laquelle ? La définir le plus précisément possible

2ème étape

- Cela concerne-t-il une question relative aux droits de l'homme ?
- De quoi s'agit-il ? Définissez-le aussi précisément que possible

3ème étape

- Le droit de l'homme et la pratique coutumière peuvent-ils être combinés pour se renforcer mutuellement ?
- Dans quelle mesure peuvent-ils coexister harmonieusement ou à quel point entrent-ils en opposition ?
- Réduisez l'étendue de l'opposition le plus possible

4ème étape

- Analyse juridique : quel droit de l'homme s'applique et en vertu de quel texte ?
- Par exemple, quels droits pertinents sont protégés par les conventions internationales ? La Constitution ? Un autre texte ? Une jurisprudence ?

5ème étape

- La Constitution reconnaît-elle le droit coutumier ? Y a-t-il une disposition conférant la primauté aux droits de l'homme sur le droit coutumier ?
- Est-ce qu'elle précise comment les conflits avec les conventions ou entre droits constitutionnels doivent être résolus ?
- Que dit la jurisprudence ?

6ème étape

- Etablissez une analyse juridique des priorités. Appliquer la loi aux faits de l'espèce. Se rappeler d'appliquer les droits de l'homme au plus haut degré possible.
- Faites apparaître dans votre analyse la coexistence des principes des droits de l'homme et de la coutume
- Référez-vous à et discutez toutes les sources juridiques sur lesquelles vous vous êtes appuyé pour étayer vos conclusions

Ce processus peut être utilement illustré par l'affaire *Waiwo contre Waiwo et Banga* au Vanuatu. Dans cette affaire, le magistrat principal Lunabek déclarait : « En outre, à Tanna comme d'autres îles de l'archipel, la coutume joue un rôle important dans la vie quotidienne de leurs habitants. Un exemple très commun à la connaissance des Cours et en particulier des Magistrats est que quand les Cours entendent des affaires criminelles sur Tanna, très souvent, le Magistrat ne sera pas étonné de voir apparaître devant la Cour dans le box des accusés, à côté de l'accusé, son chef coutumier. Le chef déclare le respect à la Cour et informe celle-ci qu'ils ont déjà traité l'affaire dans la coutume et que le défendeur ou l'accusé est déjà puni pour son méfait. ... La Cour explique au chef concerné la position du droit pénal, l'accusé est traité en conséquence et la Cour invite ensuite les chefs à expliquer la coutume. Il est évident que la Cour tient compte du règlement, de la compensation et de la punition coutumiers... en tant que facteur atténuant lors de la détermination de la peine de l'accusé »[1].

Dans le même sens, le rapport Clifford de 1984 en Papouasie Nouvelle-Guinée prenait déjà la mesure de cette difficulté et affirmait l'urgence pour les décideurs politiques de réduire le fossé entre les processus officiels de l'État – en particulier la justice pénale – et le contexte coutumier, ou communautaire, dans lequel vivent la plupart des citoyens[2].

M. Forsyth soulève six raisons principales pour expliquer l'échec de l'intégration de la coutume dans le système officiel[3]. Si son raisonnement est relatif au système juridique du Vanuatu, il semble en grande partie transposable aux autres États et territoires du Pacifique insulaire.

1. La Constitution : la supériorité affirmée de la Constitution et de la loi, combinée le plus souvent à une articulation peu claire entre coutume d'une part et *common law* et *equity* d'autre part, est source de confusion quant à la place que le juge doit accorder à chacune de ces sources du droit ;

2. Le caractère hétérogène de la coutume ;

3. Les professionnels du droit sont essentiellement expatriés et formés dans la tradition de la *common law*. À cet égard, il apparaît en effet que « le système judiciaire dépend encore largement des juristes expatriés. [...] Les juges australiens et néo-zélandais ont tendance à

---

[1] M. Forsyth, *op. cit.*, p. 434. *Waiwo v Waiwo and Banga* (12 February 1996) Senior Magistrates Court, Vanuatu, Civ Cas 324/1995 http://www.paclii.org/vu/cases/VUMC/1996/1.html

[2] S. Dinnen "Custom, Community and Criminal Justice in Papua New Guinea" in Jonathan Aleck and Jackson Rannells (eds) *Custom at the Crossroads* (Faculty of Law, University of Papua New Guinea, Port Moresby, 1995) p. 148, cited in Mirandz Forsyth, *op. cit.*, note 41.

[3] M. Forsyth, *op. cit.*, Part. V., pp. 438-443.

s'appuyer sur la *Common Law* de leur pays d'origine. Cela peut être un facteur contribuant à l'échec du développement d'une jurisprudence autochtone. Le juge en chef Lunabek a déclaré en 1998, alors qu'il était encore *Senior Magistrate*, "la jurisprudence du Vanuatu en est à ses débuts et nous devons développer notre propre jurisprudence". Depuis lors, peu de progrès ont été réalisés. »[1] ;

4. L'absence de clarté des règles coutumières et de leurs modalités d'application ;

5. La différence de nature entre *common law* et coutume. La coutume n'est pas écrite, elle est processuelle, flexible et vise à rétablir les relations dans les communautés à petite échelle. La *common law*, en revanche, est fixe, universelle et vise à résoudre définitivement un litige ;

6. « La *common law* considère la victime et le contrevenant comme les acteurs centraux d'un litige, alors que dans la *kastom*, le problème concerne plus souvent un groupe contre un autre. Ainsi, en *common law*, l'accent est mis sur la punition du délinquant, et la compensation et la réconciliation sont, le cas échéant, une question secondaire, alors qu'en *kastom*, l'ensemble du système est axé sur ce qui est nécessaire pour "réparer le tort" »[2].

Dans les États et territoires insulaires du Pacifique, la conciliation entre droit coutumier et droit formel constitue un enjeu essentiel pour favoriser l'acceptabilité sociale de la règle de droit, et plus particulièrement de la décision du juge, qui se trouve devoir faire le pont entre deux systèmes de valeurs. À cet égard, il apparaît que l'ingénierie juridictionnelle prend elle-même peu en compte cette problématique, à l'exception notable de la question foncière. Dans ce cadre, le débat sur la création d'un mécanisme régional protecteur des droits de l'homme en Océanie révèle les mêmes craintes qu'au niveau interne, à savoir celle d'une posture droits de l'hommiste néocoloniale qui menacerait les valeurs traditionnelles des sociétés océaniennes.

II. Une ingénierie juridictionnelle peu influencée par les préoccupations de la *Pacific Way*

Si l'organisation interne semble avoir fait peu de place à la coutume (A), l'inertie quant à la mise en place d'une cour océanienne des droits

---

[1] J. Corrin, "Dispute resolution options in Vanuatu: an extensive menu for a small state", *Comparative Law Journal of the Pacific*, 2019, vol. XXIII, p. 153.

[2] M. Forsyth, *op. cit.*, p. 443.

de l'homme semble répondre pour sa part à une préservation de la coutume face à une immixtion universalisante des droits fondamentaux (B).

A. Le modelage très partiel des juridictions internes pour prendre en compte la coutume

Globalement, l'ingénierie juridictionnelle des États et territoires insulaires du Pacifique s'avère assez classique et laisse peu transparaître le caractère traditionnel de la population, sans en être tout à fait exempte (1). La question foncière constitue l'essentiel de cette juridictionnalisation des questions coutumières (2).

1/ Les formes de la juridictionnalisation

L'étude des structures juridictionnelles des États et territoires du Pacifique font apparaître plusieurs solutions pour prendre en compte les questions liées aux coutumes et usages traditionnels, celles-ci étant alternatives ou cumulatives selon les cas.

Une première solution réside dans l'extension du champ de compétence des juridictions de droit commun aux questions coutumières, particulièrement dans le domaine foncier, tout en prévoyant des procédures permettant aux juridictions de s'enquérir des coutumes pouvant trouver à s'appliquer au litige.

Ainsi en est-il par exemple aux Tokelau où le *Custom as a source of Law Rules 2004* prévoit que lorsque, dans une affaire devant la Haute Cour, une question relative à la coutume est soulevée, la Cour sursoit à statuer, le temps pour le Fono général[1] d'indiquer s'il existe une coutume pour régler le litige et, si tel est le cas, la description de la coutume. Dès réception d'une telle demande, le Fono général soumet l'affaire à chaque Taupulega[2] et, sur la base des réponses des Taupulega, présente une réponse formelle à la Haute Cour. Si, dans les 30 jours suivant la date de la demande, le Fono général donne des informations sur une coutume des Tokelau, le tribunal statue en tenant compte de ces informations. Au cas contraire, la Haute Cour statue sur la question en considérant que la coutume n'est pas applicable.

Une deuxième forme de prise en compte de la coutume devant les juridictions formelles réside dans la création de chambres spécifiques au sein des juridictions de droit commun. Ainsi, aux Îles Cook, il

---

[1] Le Fono général est le Parlement des Tokelau.

[2] Conseil des anciens : il existe trois Taupulega, soit un par île.

n'existe pas de juridiction particulière pour les questions coutumières mais la *High Court* comprend une chambre compétente pour les litiges fonciers, la « *land division* ». De même, à Fidji, les *Appeals tribunals* statuent sur les décisions des *I taukei and Lands commissions and I Taukei fisheries commissions*.

Une troisième configuration consiste en la création de juridictions spécialisées. Ainsi en est-il par exemple du *Customary Land Tribunal* au Vanuatu ou encore en Papouasie Nouvelle-Guinée, des *Land Courts* : les *local land courts* et les *provincial land courts* sont compétentes pour les litiges fonciers coutumiers, à l'exclusion de toute autre juridiction. De même, on trouve une *Land and Titles Court of Appeal and Review* aux Samoa. On trouve encore des *Land courts* à Niue, Tonga ou à Tuvalu, où les *Land Courts* sont les seuls tribunaux compétents pour la plupart des litiges liés à la coutume.

Ces trois types de solutions peuvent être combinés à une obligation de conciliation devant les autorités coutumières avant de pouvoir saisir le juge.

Le cas des Îles Salomon est à cet égard intéressant : il existe des tribunaux spécialisés sur les questions foncières : les « *local courts* », compétents pour entendre les questions coutumières, y compris les problèmes fonciers. Cependant, les tribunaux locaux doivent être convaincus que l'affaire a déjà été soumise aux chefs locaux et que toutes les formes traditionnelles de résolution des conflits ont été épuisées avant d'accepter la juridiction[1]. Un appel peut être interjeté par un tribunal local auprès de la *Customary Land Appeal Court* (CLAC). De la CLAC, les appels sont dirigés vers les tribunaux de *common law*. L'appel est d'abord de droit devant la *High Court*, mais uniquement pour cause d'erreur de droit (qui n'inclut pas un point de droit coutumier) ou de non-respect d'une procédure.

Ces « autorités juridictionnelles coutumières » sont considérées comme étant mieux placées pour traiter les questions coutumières que les tribunaux formels. La Haute Cour des Îles Salomon elle-même l'a reconnu dans l'affaire *To'ofilu v Oimae*[2] où le juge Palmer a déclaré : « le tribunal local est bien mieux placé que la Magistrates' Court ou cette Cour pour traiter de telles demandes [ici le remboursement d'une dot] dans le cadre de la coutume, car il est composé de juges qui

[1] Local Courts Act Cap 19 (SI) s 12.

[2] (Unreported, High Court, Solomon Islands, Palmer J, 19 June 2007), available via <www.paclii.org> at [1997] SBHC 33. Cité par Jennifer Corrin, *op. cit.*, p. 239, note 113.

viennent de la même province et parfois des mêmes régions, et sont donc familiers avec les pratiques coutumières des parties ».

En 1985, une loi, la *Local Courts (Amendment) Act 1985*, a d'ailleurs tenté de ramener les décisions relatives aux terres coutumières dans le secteur traditionnel. La loi modificative prévoyait qu'avant qu'un litige foncier puisse être déposé devant les tribunaux locaux, il fallait démontrer que le litige avait préalablement été soumis aux Chefs, que tous les moyens traditionnels de résolution du litige avaient été épuisés et que les chefs n'avaient pas pris une décision acceptable aux yeux des deux parties. Cette tentative de remédier à l'absence de légitimité coutumière dans le processus de résolution des conflits, en rendant aux chefs traditionnels le pouvoir de décision sur les questions foncières coutumières, a néanmoins mal fonctionné pour diverses raisons. Parmi celles-ci, le fait que les parties déboutées n'acceptaient pas de se conformer à la décision des chefs et qu'il était interjeté appel dans la majorité des affaires, conduisant à une augmentation des litiges plutôt qu'à une réduction[1].

Surtout, l'un des reproches principaux fait à cette organisation réside dans l'absence d'une passerelle adéquate entre les deux systèmes de justice. Bien que des efforts aient été faits pour intégrer les décideurs coutumiers dans le processus, cela n'a pas été un succès. Des propositions de réforme ont été formulées mais elles adoptent des positions très différentes : l'une préconise un retour au système traditionnel et l'autre introduit un forum statutaire, les « *tribal land panels* », consistant à faire appel à des personnes connaissant la coutume comme arbitres, J. Corrin soulignant néanmoins que les formalités et l'accent mis sur le support écrit tendent à indiquer une approche non traditionnelle[2].

À l'autre extrême, figurent les États et territoires qui ne prévoient aucune prise en compte spécifique de la coutume[3] au niveau juridictionnel, comme à Kiribati.

Enfin, dernière possibilité, la présence d'assesseurs coutumiers, qui pose en arrière-plan la question de la preuve de la coutume.

Ainsi en est-il de la procédure prévue à Tokelau en vertu du *Custom as a source of Law Rules 2004* mentionné plus haut. On retrouve en

---

[1] Pour plus de détails sur les raisons de cet échec, Jennifer Corrin, *op. cit.*, pp. 248-251.

[2] J. Corrin, *op. cit.*, p. 248.

[3] Ce qui n'est pas sans rappeler le recours aux assesseurs coutumiers devant les juridictions civiles en Nouvelle-Calédonie.

filigrane cette question de la preuve de la coutume dans plusieurs États et territoires, comme au Vanuatu où l'article 47 (1) de la Constitution dispose que « dans le cas où toute disposition légale fait défaut, le tribunal statue selon les principes de l'équité et dans la mesure du possible, en conformité avec la coutume ». L'article 51 détermine les modalités d'application du droit coutumier en indiquant que « le parlement peut préciser les modalités permettant de vérifier l'existence de règles coutumières qui peuvent s'appliquer, et en particulier prévoir que des personnes expertes en matière coutumière siègent avec les juges de la Cour suprême ou de la Cour d'Appel, et participent aux instances ». Ces dispositions « témoignent clairement de l'importance que la Constitution nationale accorde à la coutume »[1]. Cependant, le législateur n'a toujours pas mis en œuvre ces dispositions, contrairement à la Papouasie Nouvelle-Guinée et aux Îles Salomon où le Parlement a respectivement adopté le *Underlying Law Act* et le *Customs Recognition Act* pour respecter la volonté du constituant et répondre aux questions liées à l'application et à la preuve du droit coutumier.

2/ Une prise en compte de la coutume dans l'architecture juridictionnelle concentrée sur les questions foncières

« C'est en matière foncière que les particularismes s'institutionnalisent dès l'accession à l'indépendance des États du Pacifique Sud. La revendication des terres, exercée au nom d'une primauté dans le temps et de l'occupation de l'espace, s'est imposée comme le fer de lance de la lutte pour le droit à la différence. Enjeu identitaire, social et économique pour les uns, menace de déstabilisation de l'unité nationale pour les autres, la question du foncier s'est vue réserver une place tout à fait prééminente dans le débat entre État et communautés traditionnelles autochtones dans le Pacifique Sud » [2].

Ce n'est donc pas étonnant de constater que la juridictionnalisation des conflits impliquant la coutume se concentre principalement sur les questions foncières.

[1] M. Mosses, *op. cit.*, p. 52.

[2] P. de Deckker, L. Kuntz, *La bataille de la coutume et ses enjeux dans le Pacifique Sud*, L'Harmattan, coll. « Mondes Océaniens », 1998, p. 126.

Si l'on retrouve ces juridictions spécialisées dans les litiges fonciers aux Samoa par exemple[1], c'est certainement au Vanuatu que la situation est la plus intéressante démontrant les difficultés pour formaliser le jugement des litiges fonciers, témoignant de la très forte sensibilité de la question[2].

Ainsi, l'article 52 de la Constitution du Vanuatu requiert du Parlement de créer des *Village Courts* et des *Island Courts* compétents sur les litiges coutumiers et autres et de déterminer le rôle des chefs coutumiers dans ces tribunaux. Le *Island Courts Act 1983*[3] a tout d'abord prévu la mise en place des *Island Courts*, compétentes pour les litiges fonciers, ainsi que pour connaître des procès civils et criminels mineurs dans les villages et les îles. Leurs décisions sur les litiges fonciers étaient rendues en dernier ressort et seule la Cour suprême avait un rôle de supervision en matière procédurale sur ces tribunaux.

Confrontés à l'absence de fonctionnement de ces juridictions[4], ce qui avait pour conséquence de laisser les chefs coutumiers administrer et appliquer de manière informelle le droit coutumier sans encadrement et en dehors de tout cadre officiel dans les communautés, le Parlement a édicté en 2001, le *Customary Land Tribunal Act* permettant à ces juridictions de régler tous différends concernant les terres. L'objectif principal de cette loi consistait à fournir un système fondé sur la coutume permettant de résoudre les conflits concernant les terres coutumières. Comme les tribunaux des îles, les décisions de ces nouvelles juridictions étaient rendues en dernier ressort, la Cour suprême exerçant le même rôle de supervision. Cette loi a ensuite elle-même été abrogée par le *Custom Land Management Act* en 2013 pour établir une nouvelle procédure judiciaire en matière de litiges fonciers. Cette nouvelle évolution était motivée par deux raisons principales : la défiance des chefs coutumiers à l'égard des tribunaux des îles d'une part, mais également du fait d'une décision de 2002 de la Cour d'appel qui avait remis en question le rôle de ces tribunaux en observant que

---

[1] Voir T. Angelo, Y.-L. Sage, « Des principaux modes de résolution des litiges fonciers dans les petits États insulaires du pacifique anglophone », *Comparative law journal of the Pacific*, 2011, vol. XII, pp. 5-27.

[2] Pour l'exemple du Vanuatu, voir J. Corrin, « Dispute resolution options in Vanuatu : an extensive menu for a small state », *Comparative Law Journal of the Pacific*, 2019, vol. XXIII, pp. 139-162.

[3] M. Mosses, Vanuatu, in J. Corrin & T. Angelo (ed.), *Legal Systems of the Pacific – Introducing Sixteen Gems*, *op. cit.*, pp. 410 et 416.

[4] A. Jowitt, « Island Court in Vanuatu », (1999) 3 J. S. Pac. L., http://www.paclii.org/journals/fJSPL/

seuls les tribunaux des îles et la Cour suprême étaient compétents pour identifier les propriétaires coutumiers[1]. La loi de 2013 établit une nouvelle procédure visant à identifier et à reconnaître les membres d'un groupe coutumier propriétaire terrien. Elle donne aussi le pouvoir aux groupes autochtones (tribu, clan) de résoudre les litiges fonciers selon leurs propres coutumes. Si elles ne parviennent pas à résoudre les conflits à l'échelle du clan, les parties peuvent procéder selon leur choix, soit à la médiation, soit à la saisie d'un tribunal de terres villageois pour régler leur différend[2].

Néanmoins, là encore, le système fonctionne difficilement, démontrant la difficulté de faire interagir deux systèmes de justice qui fonctionnent parallèlement. À cet égard, la proposition formulée en 1995 par le Malvatumauri (Grand conseil des chefs) d'établir des « tribunaux coutumiers »[3], intégrés dans le système judiciaire plutôt que de fonctionner en dehors et parallèlement à celui-ci, démontrant que les chefs sont conscients de l'importance de faire de l'intégration des deux systèmes un processus à double sens[4], apparaît aujourd'hui encore comme un enjeu insatisfait.

L'appréhension d'une intégration s'avère encore plus problématique lorsqu'il s'agit de réfléchir à la mise en place d'un mécanisme régional de protection des droits fondamentaux.

B. La question de la régionalisation de la prise en compte juridictionnelle des valeurs de la **Pacific Way**

Si la question d'une Cour Asie-Pacifique des Droits de l'Homme a fait long feu, il semble aujourd'hui que le seul périmètre envisageable pour la mise en place d'un mécanisme régional de protection des droits de l'homme soit celui du Pacifique.

En effet, bien que les Nations Unies considèrent généralement l'Asie-Pacifique comme une seule et même région, un mécanisme juridictionnel de protection des droits de l'homme sur une zone aussi vaste ne semble pas avoir de sens. D'autant que certains considèrent déjà que l'Asie elle-même est probablement une zone trop vaste et culturellement hétérogène pour adopter un cadre régional unique. Il est par ailleurs considéré qu'une telle structure prendrait difficilement en

---

[1] *Valele Family v. Touru,* [2002] VUCA 3.

[2] M. Mosses, *La rencontre entre les droits fondamentaux, op. cit.,* p. 75, note 244.

[3] M. Forsyth, *op. cit.,* p. 436, note 34.

[4] M. Forsyth, *op. cit.,* p. 436.

compte le Pacifique de manière adéquate, tant en termes de proximité géographique que d'appréciation des cultures et traditions du Pacifique.

Il apparaît donc plus approprié d'envisager un système de droits de l'homme centré sur le Pacifique. Selon K. Hay, la mise en place d'un tel mécanisme régional des droits de l'homme nécessiterait de relever cinq défis[1].

Il conviendrait tout d'abord de décider quelles conceptualisations et définitions des droits de l'homme pourraient sous-tendre une éventuelle institution. L'ensemble des développements précédents a montré la difficulté des petits États et territoires insulaires du Pacifique à appréhender la *Pacific Way* à l'aune des droits de l'homme. Dans ce cadre, il apparaît que nombre d'États et territoires craignent « qu'un organisme régional induise presque une homogénéisation, cette idée qu'il n'y aurait pas d'espace pour que les cultures spécifiques puissent respirer »[2]. Or, on le sait, les différences géographiques et ethniques des États du Pacifique sont considérables et il n'existe pas de vision harmonieuse de ce que sont les droits de l'homme ou de la meilleure façon de les protéger au sein des différents groupes culturels ou ethniques.

L'un des problèmes majeurs dans ce cadre réside dans la perception des droits de l'homme comme une construction européano-occidentale peu pertinente dans les cultures traditionnelles. En particulier, elle est vue comme favorisant les droits et devoirs individuels au détriment des droits collectifs et les droits d'un individu dans leur relation avec les autres personnes et la société. Des projets de Charte des droits de l'homme du Pacifique ont été ébauchés, englobant droits individuels et collectifs et devoirs, dans l'esprit de la Charte africaine des droits de l'homme et des peuples[3].

Une deuxième interrogation réside dans la nécessité même d'un tel mécanisme régional et dans la priorité à accorder à un tel projet au regard des autres préoccupations des États et territoires du Pacifique. Certains dirigeants objectent en effet que leur Constitution contenant d'ores et déjà des déclarations de droits, il serait inutile de créer un foyer de dépenses supplémentaires pour un mécanisme qui ne serait pas utile.

---

[1] K. Hay, "A Pacific Human Rights Mecanism : Specific Challenges and Requirements", *Victoria University of Wellington Law Review*, 2009, pp. 198-208.

[2] K. Hay, *op. cit.*, p. 199.

[3] Voir par exemple : https://www.hurights.or.jp/archives/other_documents/section1/1989/03/draft-pacific-charter-of-human-rights.html

Enfin, une autre interrogation réside dans la détermination du type d'instrument le plus approprié, les plus sérieusement envisagés semblant être un bureau ou un responsable des droits de l'homme au sein du Forum des Îles du Pacifique (FIP), une charte du Pacifique, une commission ou un tribunal des droits de l'homme.

Une troisième problématique est liée à la perception qu'un mécanisme régional de droits humains serait piloté par la Nouvelle-Zélande et l'Australie, lesquels sont soupçonnés par certains acteurs de promouvoir un programme régional pour servir leurs propres intérêts. Pour d'autres, néanmoins, l'objectif des deux puissances du Pacifique serait plus altruiste et, en tout état de cause, la création d'un mécanisme régional des droits de l'homme établit dans le cadre du FIP obligerait aussi la Nouvelle-Zélande et l'Australie, en tant que membres.

Un quatrième défi réside pour les petits États du Pacifique dans la préservation de leur souveraineté récemment acquise et dans la volonté de ne pas sacrifier une part de celle-ci au profit de problématiques de coopération ou d'intégration régionale, jugées secondaires. Cette réserve peut être associée à la faible priorité accordée aux droits de l'homme dans ces États insulaires et de la crainte subséquente de se voir remis en question de ce point de vue sur la scène internationale, même si cet argument semble aujourd'hui moins pertinent au vu des efforts récents réalisés par les États dans ce domaine.

Le cinquième et dernier point en discussion réside dans la délimitation de la région Pacifique. Dans cette optique, le FIP semble considéré comme le périmètre le plus adéquat pour constituer un point de départ pour la mise en place d'un mécanisme des droits de l'homme dans la région. Le Plan Pacifique, adopté dans le cadre du Forum des Îles du Pacifique en 2004, communément appelé « Déclaration d'Auckland », en sa section 12.1, suggère d'ailleurs la création d'un médiateur régional et d'autres mécanismes de défense des droits de l'homme, sans qu'aucune démarche n'ait été véritablement initiée par la suite. Pourtant, un certain nombre d'études ont montré la nécessité d'un mécanisme régional de protection des droits de l'homme dans le Pacifique[1]. L'Assemblée générale des Nations Unies a de son côté à plusieurs reprises appelé à la création d'un tel mécanisme.

---

[1] Voir V. Muntarbhorn, "In search of the rights track: evolving a regional framework for the promotion of human rights in the Asia-Pacific region", OHCHR, June 2005, available at http://bangkok.ohchr.org/news/events/asia-pacific-regional-framework-workshop-2010/files/Discussion_Paper_Vitit_Muntarbhorn_June_2005.pdf.
Également P. Imrana Jalal, "Why do we need a Pacific Regional Human Rights

Il y a lieu de mentionner à cet égard la soumission conjointe des Nations Unies et du SPC/RRRT en 2018 pour la mise en place d'un mécanisme régional des droits de l'homme dans le Pacifique[1].

L'initiative contribuerait à améliorer la protection et la promotion des droits de l'homme dans la région, en fournissant des conseils d'experts et un soutien aux gouvernements et aux organisations de la société civile, une capacité de recherche pour analyser les questions relatives aux droits de l'homme, une assistance aux institutions nationales des droits de l'homme, en encourageant et en facilitant l'échange d'informations, de bonnes pratiques et d'experts dans la région, et en lançant des initiatives régionales pour accroître la sensibilisation aux droits de l'homme. Les États bénéficieraient également d'un mécanisme plus formel leur permettant d'échanger des bonnes pratiques et de s'appuyer sur des experts techniques.

Il est envisagé d'élaborer et d'adopter une déclaration régionale sur les droits de l'homme, sans en faire une condition préalable à l'établissement d'un mécanisme régional des droits de l'homme. L'initiative serait financée par une combinaison de contributions des États et des donateurs.

La proposition ainsi formulée capitalise sur d'autres projets formalisés dans les années 1980 à l'initiative de LAWASIA ou plus récemment en 2008[2] mais s'appuie également sur le document de recherche publié par le Secrétariat de la Communauté du Pacifique en 2013 et intitulé *Pathways for the Pacific*[3].

La situation régionale ayant considérablement changé ces dernières années, notamment avec l'engagement des pays du Pacifique dans le processus de l'EPU, il semble que le point d'achoppement réside aujourd'hui dans le manque de volonté politique, même si des évolutions semblent perceptibles. Par exemple, lors de leur dernier

---

Commission?" (2009) 40 Victoria University of Wellington Law Review 177, available at http://www.victoria.ac.nz/law/nzacl/pdfs/vol_14_2008/jalal.pdf et SPC/RRRT, Pathways for the Pacific: regional human rights mechanisms, 2012, available at http://www.spc.int/rrrt/projects/regional-hr-mechanism .

[1] Establishing a regional human rights mechanism in the Pacific, Joint submission by the UN and SPC/RRRT.
http://www.forumsec.org/wp-content/uploads/2018/05/Establishing-a-regional-human-rights-mechanism-in-the-Pacific.pdf

[2] http://www.asiapacificforum.net/news/call-for-pacific-human-rights-mechanism.html

[3] http://www.spc.int/rrrt/publications-media/publications/item/379-pathways-for-the-pacific-regional-human-rights-mechanisms

EPU, Kiribati a exprimé son soutien au développement d'un mécanisme régional des droits de l'homme.

Le cadre institutionnel dans lequel s'inscrirait ce mécanisme n'est pas défini. Il s'agira notamment de préciser la relation entre l'adhésion au Forum et l'acceptation d'un cadre régional, afin de déterminer s'il est pertinent de rendre obligatoire l'acceptation de l'ensemble du système régional pour tous les membres du Forum, comme c'est le cas au Conseil de l'Europe ou d'établir un système à plusieurs niveaux, en rendant certaines dispositions facultatives, comme dans le cadre du mécanisme américain.

Enfin, le rôle de la société civile dans l'établissement et le fonctionnement des mécanismes régionaux des droits de l'homme devra être déterminé.

Conclusion

Pour conclure cette analyse du cadre juridictionnel dans lequel s'inscrit la *Pacific Way*, il semble possible de faire le constat d'un décalage entre l'émancipation politique des États et territoires du Pacifique, acquis lors de l'indépendance ou par la mise en place de statuts d'autonomie très poussés, et l'absence d'affirmation d'une identité juridique détachée du droit colonial et reflétant les réalités sociologiques de ces États et territoires. Si des évolutions sont perceptibles, ce constat pose avec récurrence la question de la pertinence de la transposition du modèle de l'État tel qu'institutionnalisé dans les nations occidentales aux sociétés insulaires du Pacifique.

CHAPITRE 11

PACIFIC WAY OU "*VERY FRENCH WAY*" PRATIQUE DU DROIT DE LA DÉCOLONISATION EN NOUVELLE-CALÉDONIE

Jérôme BOUQUET-ELKAÏM
Docteur en droit public
Avocat au Barreau de Rennes

La *Pacific Way* s'inscrit tout d'abord dans un mouvement historique et politique qui, avec la décolonisation, a vu se transformer un monde auquel a été imposé, depuis la période des « grandes découvertes », un centre du pouvoir unique (l'Europe)[1], puis dual (l'Europe et l'Amérique du Nord), en un monde désormais aux polarités multiples.

Dans ce mouvement d'une nature sans précédent, et alors qu'il était resté ancré dans sa vision ethnocentriste de l'univers, l'Occident a été confronté, sur la scène internationale, à un déclin progressif de son hégémonie politique jusque dans la période la plus récente. Dans la région Asie-Pacifique cela s'est traduit par une appropriation, un dépassement du modèle démocratique, au profit d'une vision plus syncrétique voire plus océanique de l'organisation politique de l'État[2].

Initialement formulée par Ratu Mara dans le contexte des Fidji[3], la notion de « Voie du Pacifique » ou *Pacific Way* s'entendait d'une approche apaisée des relations entre le peuple autochtone et l'administration coloniale. La *Pacific Way* exprimait ici l'affirmation de l'unité d'un territoire dans le respect de la diversité et la reconnaissance de la spécificité de ce territoire tout en restant attaché à l'ancien tuteur et à la communauté internationale.

Cette réflexion s'est ouverte, au-delà, sur l'idée d'une identité pan Pacifique qui aurait reposé sur une symbiose entre les cultures

---

[1] Jérôme Bouquet-Elkaïm, *La construction du droit des peuples autochtones, droit international et pluralisme juridique*, 2001, Thèse de doctorat, Université François Rabelais Tours.

[2] Kishore Mahbubani, « The Pacific Way » : Foreign Affairs, Vol. 74, No. 1 (Jan. - Feb., 1995), pp. 100-111 (12 p.).

[3] Ratu Mara, *The Pacific Way, A Memoir*, 31 janvier 1997, University of Hawai'i Press, 398 p.

politiques et juridiques occidentale et autochtone dans le contexte de la décolonisation de la région Pacifique.

Toutefois, l'expérience de la décolonisation de cette région, les frustrations persistantes des populations autochtones, ont aussi montré les limites des pratiques et modèles démocratiques occidentaux[1] et conduit à leur remise en cause par certaines élites autochtones. Cette remise en cause s'est faite dans un contexte de critique du colonialisme, puis de ses formes transmuées mais persistantes en Polynésie comme en Mélanésie. L'hermétisme des systèmes occidentaux à une diversité culturelle susceptible de s'exprimer dans toutes ses formes et à une réelle évolution vers un pluralisme juridique, mais, plus encore, l'aversion pour la nature conflictuelle de la politique démocratique occidentale a, comme le souligne Stéphanie Lawson, finalement conduit, à l'opposé (apparent), à envisager la *Pacific Way* comme reposant principalement sur les modes traditionnels de « politique de consensus ».

Ainsi, la vision d'une politique de consensus comme alternative à la démocratie conflictuelle (occidentale) a souvent été envisagée dans différents contextes postcoloniaux comme une expression culturellement plus authentique des valeurs politiques locales[2].

Quoi qu'il en soit, le mouvement de la *Pacific Way* procède de la philosophie politique. Inscrit dans le contexte de la décolonisation, il traduit initialement, sur le plan juridique, une conception de l'organisation de l'État et/ou de la mise en œuvre des résolutions 1514[3], 1541[4] et 1803 (XVII)[5] de l'Assemblée générale des Nations Unies. Comme tel, il va trouver à s'incarner dans une vision des institutions,

---

[1] Stephanie Lawson, *The Failure of Democratic Politics in Fiji*, 1991.

[2] Stephanie Lawson, *Regional Politics in Oceania From Colonialism and Cold War to the Pacific Century*, février 2024, Macquarie University, Sydney, Cambridge University Press.

[3] Résolution 1514 (XV) sur l'octroi de l'indépendance aux pays et aux peuples coloniaux adoptée le 14 décembre 1960 par l'Assemblée générale des Nations Unies - https://www.ohchr.org/fr/instruments-mechanisms/instruments/declaration-granting-independence-colonial-countries-and-peoples

[4] Résolution 1541 (XV) adoptée le 14 décembre 1960 par l'Assemblée générale des Nations Unies afin de compléter la Résolution 1514 - https://documents.un.org/doc/resolution/gen/nr0/154/33/pdf/nr015433.pdf

[5] Résolution 1803 (XVII) Souveraineté permanente sur les ressources naturelles, adoptée 14 décembre 1964 par l'Assemblée générale des Nations Unies - https://www.ohchr.org/fr/instruments-mechanisms/instruments/general-assembly-resolution-1803-xvii-14-december-1962-permanent

dans des systèmes constitutionnels et juridiques qui en détermineront la mesure.

Mais, comme dans d'autres régions du monde, la décolonisation du Pacifique a également rencontré l'émergence et la reconnaissance des droits autochtones en droit international. Le concept même d'autodétermination a été décliné depuis les années 1960, l'évolution du droit venant répondre aux différentes formes de domination imposées par la colonisation et le néocolonialisme. Avec la reconnaissance internationale des droits des peuples autochtones dans la déclaration de 2007[1], la réalité d'un processus juridique d'autodétermination ne se résume plus à une dynamique proprement politique et à l'accès à l'indépendance étatique qui traduiraient une émancipation par rapport à la puissance de tutelle.

D'une part, l'autodétermination va désormais s'envisager à différents niveaux, ainsi l'« autodétermination émerge dans les écrits des juristes internationaux comme un concept combinant deux dimensions distinctes. La dimension externe de l'autodétermination (c'est-à-dire, l'autodétermination externe) continue à signifier ce que l'autodétermination a signifié pour beaucoup de peuples colonisés : un droit à l'indépendance par rapport à une loi étrangère, un droit à un État souverain et indépendant. De l'autre côté, la dimension interne de l'autodétermination (c'est-à-dire l'autodétermination interne) se réfère à une conception plus large mais différente : la liberté des peuples à l'intérieur des États, de réaliser une forme démocratique de gouvernement »[2]. Et dans le cas des peuples autochtones, cette autodétermination interne va se traduire encore différemment[3], par le droit pour les peuples autochtones de déterminer librement, à l'intérieur de l'État, leur statut politique et de poursuivre librement leur développement économique, social et culturel, par un droit à l'autonomie et à l'autogouvernement, un droit à la propriété et au contrôle de leurs terres, un droit à définir leurs priorités et stratégies en matière de développement, ainsi que par un droit au consentement

---

[1] Déclaration des Nations Unies sur les droits des peuples autochtones adoptée le 13 septembre 2007 par l'Assemblée générale des Nations Unies - https://www.un.org/development/desa/indigenouspeoples/wp-content/uploads/sites/19/2018/11/UNDRIP_F_web.pdf

[2] Kalana Senaratne, *Internal Self Détermination in International Law*, 2023, Cambridge UniversityPress, p. 1 (traduction libre).

[3] *Ibid.*, pp. 107-112.

préalable libre et informé concernant tous les projets de développement conduits sur leurs terres[1].

D'autre part, l'autodétermination devient une question de droits de l'homme, elle va rencontrer ici le concept de droit de vivre ou le droit pour chaque peuple ou nation, d'avoir une culture propre « reflet de ses propres traditions ou de sa façon de percevoir l'humanité. [...] C'est aussi le droit de choisir librement son système politique, économique et social, bref, la forme et les institutions de l'État »[2]. Elle exprimera une « conception qualitative de la situation des individus et de leurs groupements au sein de collectivités organisées parfois de façon trop éloignée des aspirations des individus »[3].

L'autodétermination va se mesurer à l'aune du principe d'indivisibilité des droits de l'homme et traduire un autre niveau d'émancipation, dans l'idée déjà exprimée par Ernst Block selon laquelle : « pas de véritable instauration des droits de l'homme sans fin de l'exploitation, pas de véritable fin de l'exploitation sans instauration des droits de l'homme »[4].

Ainsi, l'aboutissement d'un processus d'autodétermination s'appréciera également au degré de mise en œuvre des normes internationales de droits de l'homme et en particulier de la Déclaration des Nations Unies sur les droits des peuples autochtones.

Comme le souligne M. Raphaël Mapou, « l'autochtone indigène ou colonisé représente la superposition de deux états de domination : le premier se rapporte à la domination culturelle et sociétale d'une population ayant toujours vécu sur la terre de ses ancêtres et le second est la domination politique ou la confiscation de la liberté et donc de la souveraineté naturelle détenue sur son territoire »[5].

Ainsi, là où la *Pacific Way* a émergé comme une vision politique d'un futur émancipé, elle rencontre aujourd'hui un corpus de droits de nouvelle génération qui fait de l'incarnation de cette vision une exigence juridique.

---

[1] Déclaration des Nations Unies sur les droits des peuples autochtones, art. 3, 4, 5, 20, 23, 26 et 32.

[2] Mikuin Leliel Balanda, « Le droit de vivre » *in Essais sur le concept de droit de vivre*, *op. cit.*, p. 34.

[3] Alexandre Kiss, « Un aspect du droit de vivre : le droit à l'environnement », *in Essais sur le concept de droit de vivre*, *op. cit.*, p. 66.

[4] Ernst Bloch, *Droit naturel et dignité humaine*, Paris, Payot, 1976, 327 p.

[5] Raphaël Mapou, *Analyse dialectique des transformations du droit en Nouvelle-Calédonie*, L'Harmattan, Paris, 2020, p. 299.

Dans l'approche de ce mouvement politique qu'a embrassé la région Pacifique et de l'évolution des normes de droit international, la situation et le devenir des territoires sous administration française, et en particulier du territoire de Nouvelle-Calédonie, présente un intérêt singulier.

En effet, la France reste marquée par la rigidité et l'archaïsme de ses doctrines politiques en matière de décolonisation, et plus précisément par son incapacité à conduire un processus de décolonisation, ce qui s'est traduit quasi systématiquement par des processus violents d'émancipation des anciennes colonies françaises.

Dans la région Pacifique, la France a aussi joué un rôle délétère l'amenant parfois à une confrontation non seulement avec des peuples engagés dans un mouvement de décolonisation, mais encore avec ses voisins y compris occidentaux. L'exemple du processus d'accès à l'indépendance des Vanuatu[1] est très révélateur de cette position décalée d'une France qui n'apparaît pas même consciente du cours de l'Histoire et de ses intérêts géopolitiques à long terme.

Ainsi, déjà dans ce cas, la tentative de la France de saboter le processus d'autodétermination en cours, avait conduit les Vanuatu à adopter des politiques étrangères de séduction de l'URSS et de la Lybie, quand les acteurs régionaux que sont la Papouasie Nouvelle-Guinée, l'Australie et la Nouvelle-Zélande avaient bien compris que la décolonisation allait dans l'intérêt de la stabilité de la région et du maintien de relations apaisées avec les territoires décolonisés[2].

Toutefois, le mouvement d'émancipation du Peuple Kanak a conduit, à partir des années 1980, au prix d'un rapport de force, à faire évoluer la Nouvelle-Calédonie vers un nouveau statut organisé par les accords de Matignon et de Nouméa, qui illustre les deux niveaux de mise en œuvre du droit à l'autodétermination évoqués plus haut et fait figure d'exception s'agissant d'une colonie française. La question se pose alors de savoir si ce processus était annonciateur d'une nouvelle ère.

Dans ce sens, le rapport de James Anaya, rapporteur spécial des Nations Unies sur les peuples autochtones relevait : « Le peuple Kanak

---

[1] Stephanie Lawson, « France in Regional Politics », *in Regional Politics in Oceania*, pp. 218-219, fév. 2024, Cambridge University Press.
[2] *Ibid.*, p. 218.

est en 2018 pour la première fois de son histoire au centre de ces deux facettes de la décolonisation »[1].

La singularité de ce processus qui sur le plan juridique met en œuvre les bases d'un pluralisme juridique et culturel et organise différents niveaux d'autodétermination, pourrait être regardée comme finalement ancrée dans la Voie du Pacifique (I).

Toutefois, parce que la *Pacific Way* procède avant tout de la philosophie politique, l'analyse des normes de droits ne peut suffire en elle-même à déterminer si un territoire dans son évolution historique s'est inscrit dans ce courant. Les normes de droit doivent être confrontées à la réalité des politiques publiques qui peuvent concourir à leur mise en œuvre ou bien laisser persister des formes internes de colonisation ou d'hégémonie.

Et ici, le cas de la Nouvelle-Calédonie démontre qu'au-delà d'un processus normatif novateur censé mettre en œuvre des formes modernes d'autodétermination et de décolonisation, les élites politiques françaises n'ont pu se départir des doctrines coloniales qui ont toujours coûté à la France, et se sont éloignées, tant de la parole donnée par la République que de la philosophie de la *Pacific Way* (II).

I. L'accord de Nouméa, un pluralisme juridique dans l'esprit de la *Pacific Way* ?

En Nouvelle-Calédonie, à la question du droit des peuples à disposer d'eux-mêmes tel que reconnu par la Résolution 1514 (XV) de l'Assemblée générale des Nations Unies du 14 décembre 1960[2], le Pacte international relatif aux droits civils et politiques du 23 mars 1976[3] et le Pacte international relatif aux droits économiques, sociaux et culturels du 3 janvier 1976[4], se superpose la question du droit du peuple autochtone kanak à l'autodétermination interne.

Durant la période dite des « Événements » (1984-1988), le peuple autochtone kanak va revendiquer son droit à l'émancipation politique. Les affrontements entre partisans de l'indépendance et opposants dégénèrent en insurrection entraînant la mise en place de l'état

---

[1] James Anaya, *La situation du peuple Kanak de Nouvelle Calédonie*, fév. 2011, A/HRC/18/35/Add.6

[2] https://www.ohchr.org/FR/ProfessionalInterest/Pages/Independence.aspx

[3] https://www.ohchr.org/fr/instruments-mechanisms/instruments/international-covenant-civil-and-political-rights

[4] https://www.ohchr.org/fr/instruments-mechanisms/instruments/international-covenant-economic-social-and-cultural-rights

d'urgence, le déploiement de forces militaires françaises et culminent en 1988 avec l'exécution de 19 Kanaks, dont certains désarmés ou blessés, preneurs d'otages de la grotte d'Ouvéa[1].

Cet épisode aboutit à des négociations et à la signature des Accords de Matignon-Oudinot le 26 juin 1988 posant les bases d'un statut transitoire devant aboutir à l'autodétermination[2].

Cet accord sera complété par l'Accord de Nouméa signé le 5 mai 1998[3].

L'Accord de Nouméa et la loi organique[4] relative à la Nouvelle-Calédonie[5] avaient alors concilié deux courants inhérents aux revendications indépendantistes formulées dès le Festival Mélanésia 2000 en septembre 1975.

La mise en œuvre des accords de Matignon-Oudinot et de Nouméa s'est ainsi traduite par un triple processus d'autodétermination et l'émergence d'un système juridique effectivement distinct de celui de la métropole française et dont l'intégrité est théoriquement garantie par la Constitution française.

D'une part, l'Accord de Nouméa et la loi organique de 1999[6] ont fondé le système juridique calédonien sur un pluralisme juridique coopératif, intégrant la reconnaissance de l'identité kanake et des droits du peuple autochtone kanak.

D'autre part, un schéma d'autonomie du territoire calédonien a été mis en place, avec la création d'institutions politiques et administratives propres au dit territoire et un transfert de compétences de l'État vers la Nouvelle-Calédonie.

Enfin, en parallèle, un processus d'autodétermination ou d'accès à la pleine souveraineté fondé sur la résolution 1514 a été mis en œuvre en application de ce même dispositif.

Un système juridique proprement calédonien a ainsi émergé (A), mais cette évolution est restée contenue (B).

---

[1] *Enquête sur Ouvéa : rapport et témoignages sur les évènements d'avril-mai 1988*, Ligue des droits de l'homme, 1989, 202 p.

[2] https://www.mncparis.fr/uploads/accords-de-matignon_1.pdf

[3] https://www.legifrance.gouv.fr/jorf/id/JORFTEXT000000555817

[4] Une loi organique est en droit français une loi à valeur constitutionnelle.

[5] Loi organique n° 99-209 du 19 mars 1999 relative à la Nouvelle-Calédonie.

[6] https://www.legifrance.gouv.fr/loda/id/JORFTEXT000000393606

A. L'indépendance n'est pas un tout, ou de l'émergence d'un système juridique calédonien

Comme l'a rappelé la Commission nationale consultative des droits de l'homme (CNCDH) dans son avis du 23 février 2017[1] : « L'autodétermination d'un peuple autochtone signifie que ce peuple a des institutions d'autorité autonomes, le droit de participer pleinement à la vie de l'État et à la prise de décisions sur des questions qui peuvent concerner leurs droits et directement ou indirectement leur mode de vie ».

Sur le papier, nonobstant l'issue qui pouvait être celle du processus d'accès à l'indépendance étatique, un cadre institutionnel original a été mis en place, anticipant sur les acquis de la Déclaration des Nations Unies de 2007 sur les droits des peuples autochtones (1).

Toutefois, des limites ont sur le plan institutionnel été maintenues, endiguant en pratique le processus d'autodétermination interne qui pouvait être espéré (2).

1/ Un cadre institutionnel pluraliste, anticipant les acquis de la Déclaration des Nations Unies sur les droits des peuples autochtones

Le préambule de l'Accord de Nouméa a le mérite d'avoir opéré ce travail de mémoire et d'être revenu expressément sur le principe de *terra nullius* et à l'effacement des modèles sociétaux autochtones, qui avait présidé à la prise de possession de la Grande Terre et des îles Loyauté :

> « 1. Lorsque la France prend possession de la Grande Terre, que James Cook avait dénommée « Nouvelle-Calédonie », le 24 septembre 1853, elle s'approprie un territoire selon les conditions du droit international alors reconnu par les nations d'Europe et d'Amérique, elle n'établit pas des relations de droit avec la population autochtone. Les traités passés, au cours de l'année 1854 et les années suivantes, avec les autorités coutumières, ne constituent pas des accords équilibrés mais, de fait, des actes unilatéraux.
>
> Or, ce territoire n'était pas vide ».

[1] https://www.cncdh.fr/sites/default/files/2021-04/Avis%20peuples%20autochtones%20all%C3%A9g%C3%A9%20-100%20pages%29%20pour%20impression.pdf

Partant du constat que ce territoire n'était pas vide, l'Accord de Nouméa reconnaît d'une part, l'existence d'une organisation sociale propre au peuple autochtone Kanak et lui confère une existence dans le système juridique calédonien.

Ainsi, le Préambule de l'Accord de Nouméa rappelle dans ce sens que du fait de la colonisation « l'organisation sociale kanak, même si elle a été reconnue dans ses principes, s'en est trouvée bouleversée. Les mouvements de population l'ont déstructurée, la méconnaissance ou des stratégies de pouvoir ont conduit trop souvent à nier les autorités légitimes et à mettre en place des autorités dépourvues de légitimité selon la coutume, ce qui a accentué le traumatisme identitaire ».

Il envisage ainsi la fondation d'un nouveau contrat social, prenant en compte l'organisation sociale kanake jusque-là niée : « La décolonisation est le moyen de refonder un lien social durable entre les communautés qui vivent aujourd'hui en Nouvelle-Calédonie, en permettant au peuple kanak d'établir avec la France des relations nouvelles correspondant aux réalités de notre temps ».

La création d'institutions dites « coutumières » au sein du dispositif institutionnel calédonien[1] est l'essence de ce nouveau contrat social qui intègre les juridicités autochtones.

Ainsi, à travers ce que l'Accord de Nouméa et la loi organique de 1999 qualifient d' « Identité Kanak », une grande partie des droits reconnus aux peuples autochtones par la Déclaration des Nations Unies sur les droits des peuples autochtones a été reconnue et mise en œuvre par la France en Nouvelle-Calédonie.

L'article 5 de la Déclaration des Nations Unies sur les droits des peuples autochtones affirme que « Les peuples autochtones ont le droit de maintenir et de renforcer leurs institutions politiques, juridiques, économiques, sociales et culturelles distinctes, tout en conservant le droit, si tel est leur choix, de participer pleinement à la vie politique, économique, sociale et culturelle de l'État ».

S'agissant des droits à la participation politique et à la vie publique, et à la prise de décisions sur des questions qui peuvent concerner leurs droits et de la reconnaissance des institutions autochtones, une des premières traductions de cette avancée est la reconnaissance du droit

---

[1] Le chapitre IV de la loi organique n° 99-209 du 19 mars 1999 relative à la Nouvelle-Calédonie institue le Sénat coutumier et les conseils coutumiers : https://www.legifrance.gouv.fr/affichTexte.do?cidTexte=JORFTEXT000000393606

coutumier et des autorités coutumières, consacrée dans l'article 1.2. de l'Accord de Nouméa.

Sur le plan juridique cela s'est traduit par la prise en compte des autorités coutumières, chefferies et grandes chefferies ainsi que des terres coutumières.

Cette reconnaissance indirecte découle de celle d'un statut civil coutumier[1] et de terres coutumières[2] lesquels sont régis par la coutume exprimée dans des palabres coutumiers émanant des autorités coutumières. L'article 1.2.3. de l'Accord de Nouméa précise ainsi que : « Le mode de reconnaissance des autorités coutumières sera précisé pour garantir leur légitimité. Il sera défini par l'instance coutumière de la Nouvelle-Calédonie (voir plus bas). Notification en sera faite au représentant de l'État et à l'Exécutif de la Nouvelle-Calédonie qui ne pourront que l'enregistrer. Leur statut sera précisé ».

Une loi du pays n° 2006-15 du 15 janvier 2007 relative aux actes coutumiers est effectivement venue préciser le statut des autorités et actes coutumiers[3].

La jurisprudence a également reconnu la personnalité des clans kanaks titulaires des droits fonciers coutumiers[4], étape essentielle dans la protection des terres coutumières et la prise en compte des titres fonciers ancestraux[5].

Par ailleurs ont également été imaginées des institutions d'émanation coutumières permettant aux Kanak, à côté de l'exercice des droits politiques reconnus à chaque citoyen, de participer à la vie

---

[1] Art. 1.1. de l'Accord de Nouméa, https://www.legifrance.gouv.fr/jorf/id/JORFTEXT000000555817 ; art. 7 à 17 de la loi organique n° 99-209, https://www.legifrance.gouv.fr/loda/id/JORFTEXT000000393606

[2] Art. 1.4 de l'Accord de Nouméa, https://www.legifrance.gouv.fr/jorf/id/JORFTEXT000000555817 ; art. 18 de la loi organique n° 99-209, https://www.legifrance.gouv.fr/loda/id/JORFTEXT000000393606

[3] https://juridoc.gouv.nc/juridoc/jdtextes.nsf/(web-All)/8B3FB09DBBC6FF514B2574CE00780055/$File/Loi-du-pays_2006-15_du_15-01-2007_ChG.pdf?OpenElement

[4] CA de Nouméa, 22 août 2011, *Clan Tiaouniane c/ SAEML « Grand Projet VKP »*, n° 10/00532.

[5] Jérôme Bouquet-Elkaïm : « La revitalisation juridictionnelle des titres fonciers ancestraux, quelles voies contentieuses ? » *in Le titre ancestral kanak dans le droit positif en Nouvelle-Calédonie*, pp. 107-170, Paris, 2021, Institut Francophone pour la Justice et la Démocratie, LGDJ.

politique à travers leurs propres représentants autochtones et d'interagir avec les institutions politiques de droit commun.

Ainsi, l'article 2 de la loi organique de 1999 affirme : « Les institutions de la Nouvelle-Calédonie comprennent le congrès, le gouvernement, le sénat coutumier, le conseil économique, social et environnemental et les conseils coutumiers ».

L'organisation politique de la Nouvelle-Calédonie s'est donc ouverte à une coexistence entre des institutions dont les membres sont issus d'un scrutin politique et des institutions *ad hoc* dites « coutumières », dont la composition relève de la coutume et non d'un scrutin politique et qui permettent d'organiser une participation des autochtones à la vie publique sur des critères leur étant propres. Cette représentation d'un nouveau genre a été pensée à un niveau dépassant le cadre traditionnel des chefferies.

Ainsi, les conseils coutumiers d'aire[1], le Sénat coutumier de Nouvelle-Calédonie[2] ont marqué l'entrée parmi les institutions de la République française, d'institutions « coutumières » coexistant avec le Congrès, le gouvernement de Nouvelle-Calédonie ou encore avec les provinces[3] au niveau local, mais aussi avec les juridictions de droit commun[4].

Les huit conseils coutumiers institués dans chaque aire coutumière, outre leurs attributions consultatives, ont une compétence

[1] Compétents notamment pour trancher les contestations relatives aux actes coutumiers ou pour interpréter ces derniers.

[2] Appelé notamment à donner son avis sur tous les projets de loi du Pays affectant l'Identité Kanak.

[3] La Nouvelle-Calédonie est découpée en trois collectivités appelées provinces, créées par le décret du 24 juillet 1989, dans un souci de partage des institutions entre partisans et opposants de l'indépendance, et disposant d'un vaste champ de compétences (Province Sud, Province Nord, Province des îles Loyauté). Les provinces coexistent avec les institutions territoriales. Ainsi, lors du même scrutin que pour les élections provinciales sont désignés les représentants des provinces qui siègent au Congrès de la Nouvelle-Calédonie, l'assemblée délibérante locale. Le Congrès élit un gouvernement responsable devant lui qui constitue l'exécutif de la Nouvelle-Calédonie. Enfin, l'État français est représenté en Nouvelle-Calédonie par un haut-commissaire de la République, qui a rang de préfet et est nommé par décret du président de la République délibéré en conseil des ministres.

[4] L'article 29 de la loi du pays n° 2006-15 du 15 janvier 2007 relative aux actes coutumiers prévoit que toute action en justice n'est recevable que si le litige relatif aux actes coutumiers a été porté au préalable auprès du conseil coutumier de l'aire concernée.

juridictionnelle en matière d'interprétation du droit coutumier[1]. Leur saisine est un préalable nécessaire avant toute contestation en justice d'une décision coutumière.

Le Sénat coutumier de Nouvelle-Calédonie, composé de 16 membres désignés par les 8 conseils coutumiers d'aires, a été envisagé comme le garant de l'identité kanake.

Il constate les désignations de l'ensemble des autorités coutumières (article 141 de la loi organique), il est représenté au sein du conseil économique et social de Nouvelle-Calédonie et désigne les membres de l'académie des langues kanak (article 140 de la loi organique).

Mais surtout, le Sénat coutumier est appelé à être consulté sur tous les projets de loi du pays ayant une incidence sur l'identité kanake, ce qui donnerait à penser que la Nouvelle-Calédonie aurait évolué vers un pouvoir législatif aux composantes hybrides associant démocratie conflictuelle et représentation autochtone.

Cette évolution révèle une réelle prise en compte du pluralisme culturel et juridique qui se traduira, par ailleurs, dans l'ouverture du système juridique calédonien à d'autres sources du droit, proprement coutumières et autochtones.

2/ Un système juridique syncrétique et proprement calédonien

Au-delà du schéma institutionnel, l'Accord de Nouméa et la loi organique, bien que s'inscrivant dans un contexte de transition, ont emporté la reconnaissance d'un véritable pluralisme juridique articulant droit commun occidental et juridicités autochtones au sein d'un système juridique syncrétique.

Ainsi, la coutume a été considérée par l'État en tant que source de droit et une force juridique a été reconnue aux actes coutumiers dans les domaines du statut civil[2] et de la gestion des terres coutumières[3].

---

[1] Art. 149 à 152 de la loi organique n° 99-209, https://www.legifrance.gouv.fr/loda/id/JORFTEXT000000393606

[2] Art. 7 à 17 de la loi organique de 1999.

[3] Art. 18 de la loi organique : « Sont régis par la coutume les terres coutumières et les biens qui y sont situés appartenant aux personnes ayant le statut civil coutumier. Les terres coutumières sont constituées des réserves, des terres attribuées aux groupements de droit particulier local et des terres qui ont été ou sont attribuées par les collectivités territoriales ou les établissements publics fonciers, pour répondre aux demandes exprimées au titre du lien à la terre. Elles incluent les immeubles domaniaux cédés aux propriétaires coutumiers. Les terres coutumières sont inaliénables, incessibles, incommutables et insaisissables ».

L'Accord de Nouméa et la loi organique de 1999 ont en effet reconnu l'existence d'un statut civil coutumier concernant les individus kanaks, lequel se distingue du droit commun. Cela concerne tout ce qui a trait aux naissances, mariages, divorces, adoptions, etc. L'article 7 de la loi organique reconnaît ainsi que « Les personnes dont le statut personnel, au sens de l'article 75 de la Constitution, est le statut civil coutumier kanak décrit par la présente loi sont régies en matière de droit civil par leurs coutumes ». Des règles de gestion des conflits de lois sont également instaurées dans le cadre de différends opposant des personnes de statut civil coutumier et de droit commun, ce qui permet de parler réellement de syncrétisme.

L'existence d'un régime foncier spécifique pour les terres appartenant aux Kanak a aussi été affirmée. À côté du domaine public et du domaine privé, l'article 18 de la loi organique reconnaît que les terres coutumières sont régies par la Coutume et qu'elles disposent d'un statut d'inaliénabilité et d'imprescriptibilité : « Sont régis par la coutume les terres coutumières et les biens qui y sont situés appartenant aux personnes ayant le statut civil coutumier. Les terres coutumières sont constituées des réserves, des terres attribuées aux groupements de droit particulier local et des terres qui ont été ou sont attribuées par les collectivités territoriales ou les établissements publics fonciers, pour répondre aux demandes exprimées au titre du lien à la terre. Elles incluent les immeubles domaniaux cédés aux propriétaires coutumiers. Les terres coutumières sont inaliénables, incessibles, incommutables et insaisissables ». Un mécanisme de rétrocession des terres spoliées par la colonisation est institué avec l'ADRAF[1] (Agence de développement rural et d'aménagement foncier), des revendications foncières pouvant également être portées dans un cadre contentieux ouvert en l'état actuel du droit français et calédonien[2]. Enfin, le régime des terres coutumières induit sur le papier la reconnaissance d'une capacité d'autogestion.

Le droit coutumier édicté par les autorités coutumières s'est également vu conférer une valeur juridique en droit positif. Ainsi les autorités coutumières sont compétentes en matière de gestion des terres

[1] https://www.adraf.nc/

[2] Otis, Féral, Bouquet-Elkaïm, *Le titre ancestral kanak dans le droit positif en Nouvelle-Calédonie* Paris, 2021, Institut Francophone pour la Justice et la Démocratie, LGDJ, 174 p.

coutumières et en matière d'affaires civiles coutumières. La force juridique de leurs décisions (palabres[1]) dans ces domaines est reconnue.

Afin de régler les différends intéressant l'interprétation ou l'application du droit coutumier, des juridictions civiles avec assesseurs coutumiers ont été instituées, compétentes en matière d'affaires civiles coutumières et de différends fonciers coutumiers. L'article 19 de la loi organique précise que « La juridiction civile de droit commun est seule compétente pour connaître des litiges et requêtes relatifs au statut civil coutumier ou aux terres coutumières. Elle est alors complétée par des assesseurs coutumiers dans les conditions prévues par la loi ».

En Nouvelle-Calédonie, depuis 1998, le droit positif s'est donc enrichi d'une jurisprudence abondante[2], la mise en œuvre du droit coutumier structurant et irriguant une grande partie de la société calédonienne[3].

Au fil des décennies, une décolonisation interne a ainsi été opérée en Nouvelle-Calédonie laquelle est passée par la reconnaissance d'un certain nombre de droits reconnus aux peuples autochtones et l'affirmation d'un pluralisme juridique.

Toutefois, ce cadre juridique et institutionnel comporte certaines limites qui permettent de considérer que l'évolution qui s'est opérée n'est allée ni jusqu'à une reconnaissance égale de deux systèmes de valeur au scin d'un système juridique pluraliste, ni jusqu'à un schéma institutionnel reposant sur les modes traditionnels de « politique de consensus » proprement océaniens.

---

[1] Un palabre est une discussion, organisée selon les usages de la coutume kanak, et à l'issue de laquelle une décision coutumière est adoptée en présence des autorités coutumières.
La tenue d'un palabre est libre. II se tient sous l'autorité du chef de clan, ou à défaut du chef de la tribu, du grand chef ou du président du conseil des chefs de clans, dont les noms sont consignés dans un répertoire dit « registres des autorités coutumières » dont la tenue et la conservation relèvent de la compétence des conseils coutumiers présents auprès de chaque aire coutumière. Le palabre est retranscrit dans un acte coutumier qui a valeur d'acte authentique. Source : https://affaires-coutumieres.gouv.nc/officiers-publics-coutumiers/lacte-coutumier#:~:text=L'acte%20coutumier%20est%20l,d'un%20palabre%20est%20libre.

[2] Régis Lafargue, « La coutume judiciaire en Nouvelle-Calédonie », *Revue internationale de droit comparé*, 2004, 56-2, p. 525.

[3] Régis Lafargue, *Le chemin, le geste et la parole. De la norme autochtone au droit coutumier kanak*, Paris, Dalloz, coll. « L'esprit du droit », 2017.

B. Mais un système bridé par des entraves doctrinales à l'autodétermination interne

La question de la réelle portée de la prise en compte de la légitimité autochtone s'est posée dès les accords de Matignon-Oudinot. Ainsi : « la réponse apportée par la création des huit conseils coutumiers et du Conseil coutumier territorial constitue, en soi, une première réponse car pour la première fois depuis la suppression de l'indigénat, les chefs coutumiers ont une représentation institutionnelle sous leur contrôle. Pour le reste – une nouvelle gouvernance institutionnelle, le droit coutumier et des politiques publiques dédiées au peuple kanak et aux territoires autochtones – les accords de Matignon Oudinot renvoient toutes initiatives au pouvoir législatif et institutionnel reconnus dans la nouvelle loi organique, aux élus des provinces et du Congrès de la Nouvelle-Calédonie »[1].

Ces limites vont se retrouver dans l'Accord de Nouméa dont la philosophie, malgré les apparences et le processus de décolonisation amorcé, est celle de l'assimilationnisme. L'incapacité conceptuelle à dépasser certaines visions de l'organisation du pouvoir et des institutions recouvre, en effet, une incapacité philosophique in-surmontée et proprement française associée à une vision unitariste d'un État ne pouvant incorporer le droit et la philosophie politique des peuples dont le mode d'organisation diffère du sien, une vision incapable de concilier légitimité autochtone et légitimité nationale[2].

Dans ce sens, l'Accord de Nouméa, s'il présente des avancées et des acquis, va comporter des omissions importantes, et des entraves à une réelle possibilité d'autodétermination, y compris sur le plan interne, ce qui va dès l'origine nourrir un facteur de tension.

1/ La question des pouvoirs de police et de sanction des autorités coutumières

L'article 18 de la loi organique de 1999 rappelle que les terres coutumières sont régies par la coutume qui elle-même se voit reconnaître une valeur juridique.

Se pose alors la question de la sanction des normes de droit coutumier. Les palabres et actes coutumiers peuvent en matière civile

[1] Raphaël Mapou, *Analyse dialectique des transformations du droit en Nouvelle-Calédonie*, L'Harmattan, Paris, 2020, p. 258.
[2] *Ibid.*, p. 265.

faire l'objet de recours en interprétation devant les conseils d'aires et le cas échéant être contestés devant les juridictions civiles.

Mais qu'en est-il des possibilités d'exécution forcée d'un acte coutumier, notamment dans des domaines autres que le statut civil coutumier et notamment en matière de gestion ou d'utilisation des terres coutumières ou bien, plus largement, en cas de non-respect d'une décision coutumière de portée générale ?

Cette problématique a le plus souvent été appréhendée sur le plan pénal.

Comme le relève Maurice Lafargue « au travers de la justice pénale, on perçoit toute l'ambiguïté du "modèle" français et la distance qui sépare parfois le droit proclamé du droit effectivement mis en œuvre ». De là, il considère qu'« une négation du droit coutumier subsiste au travers d'un "non-droit pénal coutumier" »[1].

Si une jurisprudence et une littérature abondantes ont eu à traiter du pouvoir de sanction des autorités coutumières, ceci est, d'une certaine manière, le révélateur d'un important vide juridique.

En effet, c'est le plus souvent au stade de situations de crise que cette problématique est appréhendée par le juge saisi alors de poursuites pénales contre des autorités coutumières qui auraient cherché à mettre en œuvre des sanctions ou « punitions » coutumières pour réprimer un manquement portant atteinte à l'administration ou à l'ordre public des terres coutumières.

L'analyse de la jurisprudence révèle le paradoxe.

Ainsi, l'existence de normes juridiques régissant les espaces coutumiers n'est pas remise en cause, pas plus que la compétence des autorités coutumières, comme le rappelle fréquemment la Cour d'appel de Nouméa :

« Attendu que si en vertu des dispositions combinées de ces deux textes, la décision d'expulsion du clan O. par les autorités coutumières compétentes (même si ce clan a occupé les terres concernées depuis plus de 30 années), n'a pas à être discutée sur le fond devant la juridiction pénale, la forme de l'expulsion, lorsqu'elle se traduit par la commission d'une ou de plusieurs infractions pénales, n'ôte pas à la juridiction pénale de droit commun sa compétence, ni n'enlève à ou aux

---

[1] Régis Lafargue, *La coutume judiciaire en Nouvelle-Calédonie, aux sources d'un droit commun coutumier*, Recherche subventionnée par le GIP « Mission de recherche Droit et Justice », p. 68,
http://www.gip-recherche-justice.fr/wp-content/uploads/2014/07/00-38-RF.pdf

infractions pénales commises leur caractère répréhensible et punissable »[1].

L'arrêt *Siwel Waehnya et autres*, rendu par la Cour de cassation le 10 octobre 2000, confirme ce principe. En effet, dans cette décision la Cour de cassation, reprenant l'argumentation de la Cour d'appel de Nouméa, affirme qu'« aucun texte ne reconnaît aux autorités coutumières une quelconque compétence pour prononcer des sanctions à caractère de punition, même aux personnes relevant du statut civil coutumier. L'État reste à ce jour compétent en matière de justice, d'ordre public, et de garantie des libertés publiques »[2].

Selon Lafargue de telles décisions illustrent une « position qui n'offre qu'une alternative : soit refuser toute concession à la justice pénale coutumière, soit renoncer à la sauvegarde des droits de l'Homme »[3].

Pourtant, l'encadrement d'une justice coutumière qui serait déléguée est possible. L'accord de Nouméa prévoyait d'ailleurs l'instauration de la médiation pénale coutumière mais qui en pratique n'a jamais été mise en œuvre[4] faute de politiques publiques suffisamment volontaristes.

Toutefois, si le débat sur la justice pénale coutumière et sur la nature des sanctions punitives ou réparatrices[5] est une chose, cette question voile en fait une problématique juridique beaucoup plus large. En effet, la science juridique n'apporte pas uniquement de réponse à la violation d'une norme administrative au seul stade ultime de la sanction pénale.

Il devrait en être de même de la violation d'une norme coutumière.

En premier lieu, la loi du pays n° 2006-15 du 15 janvier 2007 relative aux actes coutumiers[6] a, dans sa rédaction, été orientée essentiellement dans une réflexion concernant les actes coutumiers portant sur des matières civiles (statut civil coutumier, terres coutumières).

Or certaines décisions coutumières en ce qu'elles édictent des règles générales, des mises en demeure ou des interdictions relèvent de la

---

[1] CA de Nouméa, 1ère chambre, arrêt du 28 avril 2009, rendu sur appel du jugement du Tribunal correctionnel de la Section détachée de Koné du 1er octobre 2008 ; note https://larje.unc.nc/fr/lexpulsion-coutumiere-et-le-juge-penal/

[2] https://www.legifrance.gouv.fr/juri/id/JURITEXT000007588526

[3] *Ibid.*, p. 69.

[4] *Faire de la Coutume kanak un droit. Enjeux, histoire, questionnements*, Rapport final décembre 2006, Mission de Recherche Droit & Justice, p. 11.

[5] *Ibid.*, p. 30.

[6] https://juridoc.gouv.nc/juridoc/jdtextes.nsf/bf6beb54c697d8974b2574c200019ae8/8b3fb09dbbc6ff514b2574ce00780055/$FILE/Loi-du-pays_2006-15_du_15-01-2007_ChG.pdf

« police administrative » coutumière. D'autre décisions touchent à l'organisation et à la représentation des chefferies.

Cette loi aurait donc mérité d'intégrer des dispositions et un régime particulier pour les délibérations pouvant relever de l'administration des espaces coutumiers, de la désignation des autorités coutumières, voire de relations entre personnes de statut coutumier et non coutumier avec les autorités coutumières.

Distinguer clairement les actes constituant des actes « administratifs » coutumiers ou des actes « d'administration coutumière » aurait permis d'offrir plus de lisibilité quant aux différentes natures des actes coutumiers, à leur formalisme et quant aux voies et aux possibilités de recours.

Cela aurait aussi permis d'ouvrir un cadre contentieux clair et balisé répondant très simplement à la question des décisions coutumières qui se seraient avérées contraires aux droits de l'homme. En effet, les normes coutumières peuvent toujours faire l'objet d'un contrôle de légalité formelle, de constitutionnalité et de conventionalité[1]. Pourquoi alors les priver de toute force contraignante ? En définitive, la sanction d'une norme coutumière n'est pas plus une concession faite aux droits de l'homme que la sanction d'un acte administratif qui peut tout autant être illégal.

En second lieu, le droit pénal aurait pu très simplement ouvrir le champ contraventionnel ou délictuel à la violation de certaines normes coutumières de portée générale comme il le fait très simplement dans les cas de manquements à des actes administratifs. En effet, l'article R. 610-5 du code pénal prévoit que « La violation des interdictions ou le manquement aux obligations édictées par les décrets et arrêtés de police sont punis de l'amende prévue pour les contraventions de la 1re classe ».

Sur ce plan, le droit calédonien a connu une régression puisque sous l'empire de l'arrêté n° 136 du 14 février 1946 relatif aux indigènes de race océanienne, le non-respect des normes coutumières était sanctionné[2].

---

[1] Art. 29 de la loi du Pays n° 2006-15 : « Après épuisement de sa compétence par le conseil coutumier, les juridictions de droit commun peuvent être saisies pour connaître des litiges relatifs à l'acte coutumier portant sur le statut civil coutumier ou les terres coutumières ».

[2] Arrêté n° 136 du 14 février 1946 relatif aux indigènes de race océanienne, *JONC* du 18 février 1946. L'article 1 dudit arrêté précisait : « Les indigènes de race océanienne continueront à être placés sous l'autorité des syndics de leur centre et des chefs des

Là encore, un tel aménagement de la loi n'aurait rien concédé aux droits de l'homme puisqu'en application de l'article 111-5 du code pénal : « Les juridictions pénales sont compétentes pour interpréter les actes administratifs, réglementaires ou individuels et pour en apprécier la légalité lorsque, de cet examen, dépend la solution du procès pénal qui leur est soumis ».

Ainsi une appréhension de la violation d'une norme coutumière par le droit pénal aurait permis d'éviter d'abandonner aux autorités coutumières le soin de gérer de manière empirique et par elles-mêmes la violation de décisions coutumières.

Rappelons ici que l'article 3 du code civil calédonien issu d'une délibération territoriale précise que « Les lois de police et de sûreté obligent tous ceux qui habitent le territoire », mais que l'article18 de la loi organique de 1999 dont la valeur est constitutionnelle affirme que les terres coutumières ne sont pas régies par le droit commun.

Ainsi, d'une part, la plupart des règlements administratifs et de police spéciale n'est pas applicable sur les terres coutumières car relevant du droit commun. Cela concerne des matières aussi variées que l'urbanisme, les édifices menaçant de ruine, l'accès aux ressources de la biodiversité, la police des déchets, etc.

Et *a contrario*, la violation des normes coutumières, dont la valeur juridique est pourtant reconnue, n'est pas sanctionnée pénalement.

D'autre part, la doctrine de l'État fait qu'en considération de l'article 18 de la loi organique, le Haut-Commissariat ne met jamais en œuvre ses compétences en matière de police administrative préventive, notamment pour assurer le maintien de l'ordre en cas de survenance d'un conflit coutumier.

Mais les autorités coutumières, si elles interviennent de manière coercitive, s'exposent à des poursuites pénales.

Ce refus par la France d'aménager le droit pénal pour l'ouvrir au champ coutumier repose uniquement sur une vision doctrinale qui

---

tribus. Les indigènes sont tenus de répondre aux convocations du service des affaires indigènes, des syndics et des chefs de tribus ainsi que d'exécuter les ordres qui leur seront donnés par ces diverses autorités dans la limite de leurs attributions ». Et aux termes de l'article 4 : « Tout indigène qui aura contrevenu aux dispositions du présent arrêté sera passible d'un emprisonnement d'un à quinze jours et d'une amende d'un à mille deux cents francs, ou de l'une de ces deux peines seulement. En cas de récidive, le maximum de la peine d'emprisonnement sera obligatoirement prononcé ».

voudrait que toute concession faite à la coutume serait une concession faite aux droits de l'homme. Pourtant rien n'est moins vrai.

Cela voile également la réalité d'une volonté de limiter l'autonomie interne des Kanak sur les terres coutumières.

Rappelons que l'article 10 de l'arrêté du 6 juillet 1954 prévoyait que « les grands chefs autochtones sont responsables du maintien de l'ordre dans leurs districts. Ils prennent toutes les mesures nécessaires pour que la sécurité et la tranquillité publiques ne soient pas troublées par les autochtones ».

Pourtant l'état du droit se traduit désormais par un vide juridique qui affecte l'ordre public sur les terres coutumières, prive les populations autochtones vivant sur les terres coutumières de toute protection de la loi et pose un problème de sécurité publique car, d'une part, les autorités coutumières se voient dénier toute compétence de police, et tout caractère contraignant aux normes qu'elles édictent ; mais, d'autre part, les compétences de police administrative des collectivités et de l'État ne sont pas appliquées sur les terres coutumières.

S'agissant de l'État, en cas de crise grave liée à un conflit coutumier, l'intervention est souvent limitée à celle du pouvoir judiciaire venant réprimer en dernier recours des violences graves comme, par exemple, dans les affaires de Maré et d'Unia[1], et la fonction préventive des pouvoirs de police administrative est le plus souvent inexistante, ce qui favorise une situation de non droit et d'insécurité dans le monde coutumier, sans que la responsabilité de l'État puisse être recherchée[2].

2/ Le rôle entravé du Sénat coutumier et l'impossible évolution vers un système politique consensuel

La déclaration de Nainville-les-Roches avait affirmé dès ses premières lignes la « Volonté commune des participants de voir confirmer définitivement l'abolition du fait colonial par la reconnaissance à l'égalité de la civilisation mélanésienne et la manifestation de sa représentativité par la coutume dans les institutions à venir »[3].

---

[1] https://www.lnc.nc/article/justice/la-grande-chefferie-d-unia-demande-reparation-a-l-etat;
https://la1ere.francetvinfo.fr/nouvellecaledonie/2015/03/25/affaire-d-unia-des-peines-de-prison-ferme-241613.html

[2] Conseil d'État, 10ème chambre, 28/06/2018, n° 406478.

[3] https://www.lindependant-knc.com/medias/files/decl-et-cr-nainville-les-roches-8-7-1983.pdf

À côté de l'émancipation politique, la reconnaissance du « fait kanak » et sa représentativité dans les institutions était un élément pivot du processus de décolonisation attendu des Kanak.

Lors de la table ronde de Nainville-les-Roches, M. Yewene Yewene avait ainsi relevé des indices favorables à ce qu'il considérait comme relevant des revendications fondamentales : « reconnaissance du fait kanak, avec sa légitimité, son droit d'accueil, avec ses droits sur ses terres, avec le fait qu'aucun changement durable ne peut intervenir dans le territoire sans la prise en compte de la spécificité de la société mélanésienne ; – Reconnaissance du peuple kanak comme premier occupant de ce Territoire, et de son droit à la parole dans l'organisation de son existence ».

Et concernant le statut futur de la Nouvelle-Calédonie, il avait souligné « qu'effectivement le problème se pose de la création de nouvelles institutions mais dans quelles perspectives ? » et en tant que conseiller du Front Indépendantiste il avait évoqué « la dimension culturelle qu'il convient d'intégrer par la création comme au Vanuatu d'un Conseil National des Chefs »[1].

Succédant au Grand conseil des chefs, et au Conseil consultatif coutumier, le Sénat coutumier a donc été institué par l'Accord de Nouméa et la loi organique de 1999.

Toutefois, dès les débats de la table ronde de Nainville-les-Roches, des limites ont été posées par la France et les parties non indépendantistes. L'idée d'une seconde chambre parlementaire d'émanation coutumière aux compétences et pouvoirs égaux à la chambre émanant du scrutin politique avait été mise en avant, notamment par le Président du Grand conseil des chefs de clans :

« En Nouvelle-Calédonie, la deuxième chambre doit traduire :

« La réalité des institutions coutumières qui incarnent la légitimité particulière parce qu'antérieure, du peuple kanak ; [...]

« La deuxième chambre doit pouvoir sur les sujets essentiels du "contrat social" s'opposer à la première qui ne traduit que des rapports quantitatifs de populations, lesquels sont précaires en Calédonie ».

M. Tjibaou avait considéré que la reconnaissance d'une telle structure constituerait « un pas important dans la décolonisation et la reconnaissance mutuelle » et qu'une telle institution pourrait avoir

---

[1] https://www.lindependant-knc.com/medias/files/decl-et-cr-nainville-les-roches-8-7-1983.pdf

« une compétence générale consultative, mais délibérante et exécutive sur certains points particuliers ».

Mais, à cette aspiration, a dès l'origine été opposée l'idée qu'une telle institution ne pourrait être que consultative et, suivant les termes de M. Lèques, ne pourrait « en aucun cas primer les pouvoirs élus » et même, suivant M. Faure, qu'elle devrait lui être subordonnée.

Cette vision ancrée dans le modèle d'une démocratie conflictuelle à l'européenne a finalement primé sur le plan politique et institutionnel, la Nouvelle-Calédonie n'a jamais évolué vers un système de démocratie consensuelle intégrant à part entière les valeurs océaniennes.

La place et le champ des compétences finalement attribuées au Sénat coutumier de Nouvelle-Calédonie dans le dispositif institutionnel en sont le révélateur.

Ainsi, le Sénat coutumier joue un rôle de garant de la légitimité coutumière et constate les désignations d'autorités coutumières (article 141 de la loi organique 1999-209). Sa création procède d'une reconnaissance.

Toutefois, les compétences en matière d'affaires coutumières ont été définies à l'article 22 de la loi organique n° 99-209 : « La Nouvelle-Calédonie est compétente dans les matières suivantes : […] 5° Statut civil coutumier ; terres coutumières et palabres coutumiers ; limites des aires coutumières ».

Il s'agit donc d'une compétence territoriale, sans que cet article ne vise les institutions auxquelles cette compétence est dévolue.

L'article 2 loi organique précise que : « Les institutions de la Nouvelle-Calédonie comprennent le congrès, le gouvernement, le sénat coutumier, le conseil économique et social et les conseils coutumiers ».

Le Sénat coutumier y figure et, ce dernier disposant d'une légitimité coutumière, il eut été logique que la compétence en matière d'affaires coutumières lui soit dévolue afin de garantir l'effectivité du droit de participation des populations kanakes par le biais de leurs institutions propres.

Cependant, en premier lieu, le Sénat n'est pas destinataire direct des compétences en matière d'affaires coutumières. Aux termes de l'article 99 5° de la loi organique, cette compétence a été dévolue à une instance politique en l'occurrence le congrès de Nouvelle-Calédonie :

« Les délibérations par lesquelles le congrès adopte des dispositions portant sur les matières définies à l'alinéa suivant sont dénommées : "lois du pays".

Les lois du pays interviennent dans les matières suivantes correspondant aux compétences exercées par la Nouvelle-Calédonie ou à compter de la date de leur transfert par application de la présente loi : [...]

5° Statut civil coutumier, régime des terres coutumières et des palabres coutumiers ; limites des aires coutumières ; modalités de désignation au sénat coutumier et aux conseils coutumiers [...] ».

Le droit de participation des populations kanakes à l'élaboration des normes législatives intéressant la coutume n'est donc pas garanti sur la base de leurs institutions propres du fait d'une limitation des compétences des organes institués pour garantir le champ de la coutume (Sénat coutumier, conseils d'aires).

En second lieu, le Sénat coutumier qui constitue l'instance représentative du monde coutumier au plus haut niveau du territoire, s'est vu reconnaître des compétences consultatives dans le cadre du processus législatif territorial.

L'article 142 de la loi organique prévoit sa consultation sur tout projet ou proposition de loi du pays relatif aux signes identitaires, au statut civil coutumier, au régime des terres coutumières et l'article 143 prévoit que le Sénat coutumier est consulté, selon les cas, par le président du gouvernement, par le président du congrès ou par le président d'une assemblée de province sur les projets ou propositions de délibération intéressant l'identité kanak.

Il peut également être consulté par les mêmes autorités sur tout autre projet ou proposition de délibération.

Toutefois, il apparaît d'une part que les avis du Sénat sont simplement consultatifs et non contraignants, et d'autre part, que la consultation du Sénat dans les matières relevant de l'article 143 n'est pas même obligatoire.

Ainsi, le Sénat coutumier n'est pas devenu la seconde chambre imaginée comme permettant à la Nouvelle-Calédonie de restaurer l'égalité entre les cultures à travers un schéma institutionnel consensuel. Plus grave encore, l'absence de compétences dévolues aux institutions coutumières en matière d'affaires coutumières se traduit par un vide juridique qui n'est justifiable ni d'un point de vue constitutionnel, ni au regard du droit international.

Au-delà de la philosophie politique, il découle de cette situation une atténuation du droit de participation, reconnu dans la forme aux populations autochtones kanakes, mais dénié dans sa portée et son application. En effet, ce dispositif institutionnel s'apprécie également aujourd'hui à l'aune des normes internationales de droits de l'homme et des dispositions de la Déclaration des Nations Unies sur les droits des peuples autochtones, notamment de ses articles 5, 18, 19, 20 et 33.

Le Rapporteur spécial des Nations Unies sur les droits des peuples autochtones, M. James Anaya, s'est rendu en visite officielle en Nouvelle-Calédonie, du 6 au 13 février 2011.

Son rapport sur la situation du peuple Kanak de Nouvelle-Calédonie (A/HCR/18/35/Add.6) a pris toute la mesure de la question de la mise en œuvre des droits des peuples autochtones sur le territoire de Nouvelle-Calédonie[1].

Les recommandations formulées en particulier aux paragraphes 68 à 76 de son rapport soulignaient toutes les limites qui subsistaient concernant le droit de participation des Kanak aux décisions les intéressant :

« 68. Le système d'institutions et de lois coutumières qui régissent les relations entre les Kanak et entre leurs clans et villages est relativement bien reconnu sur le plan officiel.

69. La justice coutumière est un aspect important de l'autonomie et de l'émancipation des Kanak et le Rapporteur spécial a été heureux d'apprendre qu'en droit français, les décisions prises par la voie coutumière dans les questions de droit civil sont en général confirmées et respectées par la justice d'État.

70. Il n'en reste pas moins qu'il faudrait continuer de renforcer la maîtrise des Kanak sur leurs villages, leurs territoires et leurs richesses naturelles, c'est-à-dire reconnaître effectivement leurs institutions hiérarchiques et leurs règles coutumières dans la mesure compatible avec les normes relatives aux droits de l'homme.

71. En particulier, le Gouvernement français devrait reconsidérer les limites actuellement imposées à l'exercice de la justice coutumière par les autorités kanakes, spécialement en matière pénale.

Participation des Kanaks à la vie politique et au gouvernement

72. L'Accord de Nouméa consacre une certaine reconnaissance de la participation des Kanak à la prise de décisions au niveau national, notamment en portant création du Sénat coutumier, et prévoit la participation des Kanak au Congrès de la Nouvelle-Calédonie. Il y a cependant encore à faire pour que les Kanak participent mieux à la prise de décisions au niveau territorial.

---

[1] https://www.ohchr.org/sites/default/files/Documents/Issues/IPeoples/SR/A-HRC-18-35-Add6_fr.pdf

73. Il faudrait envisager de donner au Sénat coutumier un peu plus d'autorité – et même un pouvoir de contrainte dans certaines matières – sur les décisions qui sont prises dans des domaines qui intéressent le peuple kanak.

74. Le Sénat coutumier devrait disposer d'un financement suffisant pour accomplir effectivement ses fonctions. D'autre part, il faudrait tout faire pour que son pouvoir ne soit pas réduit lorsque les compétences régaliennes seront dévolues de la France à la Nouvelle-Calédonie.

75. La capacité du peuple kanak de participer à la prise de décisions au niveau national se trouve limitée par la rareté des Kanak occupant des postes de rang élevé ou intermédiaire dans la fonction publique. À mesure que la Nouvelle-Calédonie gagne en autonomie, il faut veiller à ce que les Kanak aient une part égale des avantages qu'offre la décolonisation : la France et le Gouvernement néo-calédonien devraient redoubler d'efforts pour préparer le peuple kanak à occuper des postes d'encadrement grâce à des programmes comme celui des "400 cadres" dont il est question dans l'Accord de Nouméa.

76. Il faudrait s'efforcer d'accroître la participation des Kanak à la vie électorale et faire disparaître tout ce qui ferait obstacle à cette participation. Il conviendrait de prêter une attention particulière à l'inscription des Kanak sur les listes électorales aux fins des futurs référendums sur le statut de la Nouvelle-Calédonie ».

Treize ans après la visite du rapporteur spécial des Nations Unies sur les droits des peuples autochtones, la situation des droits fondamentaux du peuple autochtone kanak n'a pas sensiblement évolué et les récentes évolutions institutionnelles souhaitées par la France et les partis anti-indépendantistes démontrent que le chemin à rebours suivi par la France est bien loin de la *Pacific Way.*

II. Du choix d'un pacte avec la « bête » au règne de l'arbitraire

"That means distinct and separate things when they talk of constitutions
and of governments is evident ; or why are those terms distinctly and separately used, A constitution is not the act of a government, but of a people constituting a government ; and the government without a constitution is power without a right.
All power exercised over a nation must have some beginning.
It must either delegated, or assumed. There are no other sources.
All delegated power is trust, and all assumed power is usurpation.

Time does not alter the nature and quality of either"[1].

Il en est du colonialisme comme de l'arbitraire d'un gouvernement et comme l'écrivait Thomas Paine, il y a quelques siècles, plaider contre les Droits humains, c'est agir pour le compte de la bête et si le gouvernement est une bête, « nous voyons maintenant le sens qu'il y a à maintenir des bêtes sauvages dans la Tour ; et cela n'a certainement pas d'autre utilité que de montrer l'origine du gouvernement. Ils se tiennent en lieu et place d'une constitution »[2].

Une chose interroge en Nouvelle-Calédonie, c'est l'allégeance de l'État français au courant « dépendantiste » ou autoproclamé « loyaliste » dont les thèses ont toujours relevé d'une idéologie ouvertement colonialiste si ce n'est désormais ségrégationniste, allégeance qui a conduit le gouvernement français tant à renier la parole donnée qu'à bousculer l'ordre constitutionnel.

Ce choix politique en revient à laisser une « bête sauvage dans la Tour ». Mais ce choix révèle aussi une incapacité de l'État français à composer avec une réalité plurielle, et cela au détriment de toute possibilité de construire de manière effective ce « destin commun » pourtant visé dans l'Accord de Nouméa.

Ainsi, les bases, même limitées, d'un pluralisme juridique sont reconnues sur le papier et articulées au sein d'un dispositif institutionnel novateur qui, presque en rupture avec l'article 3 de la Constitution de République française de 1958[3], reconnaît le « fait kanak » et la nécessité d'une décolonisation. Mais en pratique, ce compromis, atteint à la faveur d'un rapport de force temporaire, ne fut pas nécessairement mis en œuvre de bonne foi par les acteurs dominants et par l'État. L'État n'a jamais joué le rôle impartial qui était attendu de lui par le peuple colonisé. Inféodé aux politiques loyalistes et aux intérêts économiques de quelques-uns, il a porté au fil des années une interprétation restrictive

---

[1] Thomas Paine, "The Rights of Man" *in Political Writings*, 2000, Cambridge University Press, p. 184.

[2] *Op. cit.*, p. 184.

[3] « La souveraineté nationale appartient au peuple qui l'exerce par ses représentants et par la voie du référendum.

Aucune section du peuple ni aucun individu ne peut s'en attribuer l'exercice.

Le suffrage peut être direct ou indirect dans les conditions prévues par la Constitution. Il est toujours universel, égal et secret.

Sont électeurs, dans les conditions déterminées par la loi, tous les nationaux français majeurs des deux sexes, jouissant de leurs droits civils et politiques ».

et assimilationniste de l'Accord de Nouméa et réduit le destin commun à la citoyenneté calédonienne.

De par ses non arbitrages et ses politiques publiques, l'État a fait le choix de semer les graines de la discorde (I), jusqu'à tenter une politique de la table rase au mépris de la Constitution (II), tentation qu'aucune garantie judiciaire n'aura freinée et qui se sera soldée par un conflit civil majeur restaurant plus profondément encore les fractures qui existaient lors de évènements des années 1980.

A. L'intérêt de l'État ou les graines de la discorde ?

La Nouvelle-Calédonie conserve un statut transitoire et figure sur la liste de l'ONU des pays à décoloniser. L'évolution de son système juridique s'est ainsi opérée dans le cadre d'une transition car l'Accord de Nouméa et la loi organique de 1999 avaient aussi pour objet d'organiser un processus d'accès à la pleine souveraineté.

Toutefois, des garanties ont été instituées afin de sécuriser le processus de décolonisation interne qui a été mis en œuvre, dans l'attente de l'aboutissement du processus de décolonisation externe.

Ces garanties reposent sur un processus voulu irréversible et comportant des acquis qui résident dans la reconnaissance du traumatisme de la colonisation, celle de l'existence d'une civilisation kanake, de sa prise en compte dans le système juridique et institutionnel, de l'idée d'un rééquilibrage économique, et enfin de consultations régulières sur l'accession à la pleine souveraineté de la Nouvelle-Calédonie.

L'État français s'est imposé comme garant de ce dispositif qui comportait toutefois des lacunes qui auraient dû, compte tenu de la réalité du territoire, l'inviter à la prudence.

D'une part, l'apport de l'Accord de Nouméa à la résolution d'un conflit de décolonisation a été incomplet. Ainsi, malgré le travail de mémoire opéré, « l'Accord ne fait nullement référence à la position dominante des descendants des colons français qui contrôlent l'économie, le commerce, les terres et les mines. Ils sont les vrais piliers de la colonisation et du maintien de la Nouvelle-Calédonie dans la France »[1].

Cette frange de la population calédonienne s'était au demeurant montrée hostile à l'Accord de Nouméa qui s'il a été plébiscité lors de

[1] Raphaël Mapou, *Analyse dialectique des transformations du droit en Nouvelle-Calédonie*, L'Harmattan, Paris, 2020, p. 268.

la consultation du 8 novembre 1998 avec 55 400 oui, contre 21 697 non[1], a fait l'objet d'une opposition des partis antis indépendantistes et de la population de Nouméa qui avait majoritairement voté contre[2].

D'autre part, le paragraphe 3 du préambule de l'Accord de Nouméa avait reconnu le traumatisme subi par le peuple Kanak et considéré nécessaire de « reconnaître les fautes, de restituer au peuple kanak son identité confisquée, ce qui équivaut pour lui à une reconnaissance de sa souveraineté ».

Or, en pratique, au-delà de l'Accord de Nouméa dont l'objet était essentiellement de doter le territoire d'un nouveau cadre institutionnel et de mettre en œuvre un processus juridique de décolonisation, aucun travail de réconciliation et/ou de justice transitionnelle n'a été conduit. Le territoire calédonien n'a pas été accompagné afin de lui permettre de surmonter les fractures profondes héritées de la période coloniale et l'antagonisme des représentations sociales propres aux différentes composantes de la population calédonienne.

Des démarches telles que celles mises en œuvre au Canada, par exemple, avec la Commission Vérité Réconciliation[3] n'ont jamais été pensées. La France n'a jamais cherché à conduire un travail de fond sur la situation du peuple autochtone de Nouvelle-Calédonie comme a pu le faire la Commission royale les peuples autochtones du Canada[4], et cela, afin à partir d'un état des lieux et d'un travail approfondi, de repenser la nature des relations à mettre en place entre les communautés autochtones et allochtones, dans l'intérêt commun[5].

Bien à l'inverse, partant d'un accord politique comprenant des lacunes et d'une réalité sociale faite de tensions et de clivages, la France a poursuivi des politiques perpétuant la marginalisation des populations mélanésiennes (1). Elle a de plus rejeté toutes les invitations qui lui ont été faite d'ouvrir un dialogue plus coopératif avec les représentants coutumiers du peuple autochtone kanak (2).

---

[1] https://www.legifrance.gouv.fr/jorf/id/JORFTEXT000000574796

[2] https://fr.wikipedia.org/wiki/Accord_de_Noum%C3%A9a

[3] https://www.rcaanc-cirnac.gc.ca/fra/1450124405592/1529106060525
« Honorer la vérité, réconcilier pour l'avenir, Sommaire du rapport final de la Commission de vérité et réconciliation du Canada », Commission Vérité Réconciliation du Canada, 2015.

[4] https://www.rcaanc-cirnac.gc.ca/fra/1100100014597/1572547985018

[5] Rapport de la Commission royale sur les peuples autochtones:https://www.bac-lac.gc.ca/fra/decouvrez/patrimoine-autochtone/commission-royale-peuples-autochtones/Pages/rapport.aspx

Si la France a pu se dédouaner en invoquant les transferts de compétences opérés et la responsabilité des élus calédoniens dans l'élaboration et la conduite des politiques publiques locales, en revanche, la mise à l'écart des institutions coutumières, dans le cadre du processus relatif à l'accès à la pleine souveraineté et au devenir institutionnel du territoire était bien de sa responsabilité.

1/ Des politiques publiques ancrées dans la violation des droits de l'homme et les discriminations systémiques : des bidonvilles à la troisième consultation

Le peuple kanak est un peuple autochtone dont les droits fondamentaux sont internationalement protégés par la Convention 169 de l'Organisation Internationale du Travail relative aux peuples indigènes et tribaux de 1989[1] et la Déclaration des Nations Unies sur les droits des peuples autochtones de 2007[2]. La France a par ailleurs voté en faveur de cette Déclaration le 13 Septembre 2007[3]. Cette déclaration lie la France dans le cadre de la Convention internationale sur l'élimination de toutes les formes de discrimination raciale et à travers la Recommandation générale n° XXIII du Comité sur l'élimination de toutes les formes de discrimination raciale[4].

Mais si le peuple kanak a dans les années 1980 lutté pour sa dignité, sa condition sociale n'a que très peu évolué au fil des années.

Le Comité pour l'élimination de la discrimination raciale a exprimé à plusieurs reprises ses préoccupations quant à l'absence d'une pleine reconnaissance de l'existence des peuples autochtones dans les collectivités territoriales d'outre-mer et aux obstacles de la jouissance des droits économiques, sociaux et culturels notamment leurs droits à la santé et à l'éducation à égalité avec le reste de la population[5]. Le Rapporteur spécial sur les droits des peuples autochtones a également souligné dans son rapport sur la situation du peuple kanak de Nouvelle-

---

[1] https://normlex.ilo.org/dyn/normlex/en/f?p=NORMLEXPUB:12100:0::NO::P12100_INSTRUMENT_ID,P12100_LANG_CODE:312314,fr

[2] https://www.un.org/development/desa/indigenouspeoples/wp-content/uploads/sites/19/2018/11/UNDRIP_F_web.pdf

[3] https://digitallibrary.un.org/record/609197?ln=en

[4] https://tbinternet.ohchr.org/_layouts/15/treatybodyexternal/Download.aspx?symbolno=INT%2FCERD%2FGEC%2F7495&Lang=en

[5] https://documents.un.org/doc/undoc/gen/g15/120/59/pdf/g1512059.pdf?token=grekBBTW1LILtciVRC&fe=true,
https://tbinternet.ohchr.org/_layouts/15/treatybodyexternal/Download.aspx?symbolno=CERD%2FC%2FFRA%2FCO%2F20-21&Lang=fr

Calédonie (A/HRC/18/35/Add.6), les discriminations dont sont victimes les Kanak dans l'exercice de leurs droits civils, politiques, économiques, sociaux et culturels :

« Le peuple kanak connaît un faible niveau d'études et d'emploi et un état sanitaire médiocre, il est surreprésenté dans les logements sociaux, il connaît le paupérisme urbain et ses terres et ses eaux présentent des niveaux de pollution dangereux. Un nombre disproportionné de la population Kanak vit en deçà du seuil de pauvreté, malgré le fait que beaucoup d'entre eux continuent de bénéficier de pratiques de subsistance, et au moins 90 % des détenus de Nouvelle-Calédonie sont kanak, dont la moitié a moins de 25 ans (…). Le paupérisme urbain qui touche les Kanak est de plus en plus inquiétant. Environ 8 000 Kanak vivent dans des habitats précaires (appelées « squats » dans le pays) qui se sont spontanément créés dans le Grand Nouméa sans être desservis par les services municipaux de distribution d'eau, d'électricité et d'assainissement. Le parc de logements sociaux disponibles ne permet pas de répondre à la demande et les résidents kanaks s'y interrogent sur la solidité structurelle de bâtiments construits dans les années 70.

La capacité qu'a le peuple kanak de maîtriser le changement est limitée par une grave pénurie de Kanak dans les classes professionnelles supérieures. Il n'y a pas d'avocat, de juge, de professeur d'université, de chef de police ni de médecin kanak ; il n'y a que six sage-femmes kanak reconnues dans le système public de santé, sur les 300 sage-femmes que compte le territoire. De plus moins de 5 % des employés du secteur public sont Kanak, la plupart émargeant dans les catégories salariales les plus basses (…). Les Kanak sont peu dans les administrations publiques. Selon les données fournies par le Sénat coutumier, alors qu'il y a aujourd'hui 528 Kanak dans la fonction publique (sur 3 660 fonctionnaires) et seulement 57 sont cadres moyens ou supérieurs (…) »[1].

Dans le domaine de la santé, le Rapporteur relevait également que malgré la qualité généralement élevée des soins de santé offerts en Nouvelle-Calédonie, la population kanake souffre de la comparaison avec le territoire métropolitain sur le plan de l'espérance de vie, de la mortalité néonatale, du cancer de la thyroïde, de la lèpre, de la tuberculose, de l'arthrite rhumatisante et du suicide.

---

[1] https://www.ohchr.org/sites/default/files/Documents/Issues/IPeoples/SR/A-HRC-18-35-Add6_fr.pdf

Comme l'indique le Rapporteur spécial sur les droits des peuples autochtones dans ce même rapport, les Kanak sont également victimes de discrimination dans le domaine de l'accès à la justice. Ainsi, 90 % au moins des détenus du Camp Est (la prison centrale) et 99 % des jeunes incarcérés sont kanaks. Le taux de criminalité n'est pas plus élevé en Nouvelle-Calédonie qu'en France, « c'est le taux de condamnation qui l'est selon les autorités pénitentiaires, attestant une tendance troublante du pouvoir judiciaire à incarcérer les délinquants plus souvent ou à leur imposer des condamnations plus lourdes en Nouvelle-Calédonie (...). Les établissements pour adultes sont surpeuplés et manquent d'air »[1].

La Nouvelle-Calédonie est donc restée marquée par des déséquilibres structurels à la défaveur des populations mélanésiennes[2], dont la situation de marginalisation et de discrimination a finalement assez peu évolué depuis la période des années 1980.

Le dispositif institutionnel mis en place avec l'Accord de Nouméa n'y a rien changé. La CNCDH dans son avis du 12 mars 2017 a ainsi relevé un certain nombre de difficultés entravant la pleine participation des Kanak à la vie politique[3].

De même, les attributions reconnues au Sénat coutumier n'ont pas été prises en compte à leur juste valeur par les instances politiques. Les compétences normatives des chefferies notamment en rapport avec l'article 18 de la loi organique ont été minorées en pratique.

Cette limitation de fait du droit de participation des populations autochtones à travers leurs propres représentants s'est traduite par une très grande difficulté pour la population kanake à peser sur les choix de développement et sur l'évolution du droit calédonien. Dans ce sens, l'essor économique qu'a connu la Nouvelle-Calédonie depuis une vingtaine d'années, en contribuant à déstructurer la société traditionnelle, a accentué inégalités et discriminations envers les populations kanakes sur le plan social, économique, culturel, éducatif et de la prise de responsabilité.

En définitive, comme l'a souligné Michel Levallois : « Les efforts de diversification et de développement kanak sont restés marginalisés, aucune réforme fiscale n'a abouti et la sur-rémunération des fonctions

---

[1] *Ibid.*

[2] A-HRC-18-35-Add6_fr

[3] Avis sur la place des peuples autochtones dans les territoires ultramarins français : la situation des Kanak de Nouvelle-Calédonie et des Amérindiens de Guyane, § 103 à 115 - https://www.legifrance.gouv.fr/jorf/id/JORFTEXT000034167173

publiques reste un obstacle à toute politique de développement. L'émergence d'une classe bourgeoise mélanésienne, surtout dans les services publics, n'a ralenti ni l'immigration métropolitaine, ni la prolifération des squats aux portes de Nouméa, de même que la montée dramatique de la délinquance : 95 % des détenus du Camp Est sont des jeunes Kanak, pour qui l'indépendance est désormais le seul horizon »[1].

Dans ce contexte, la conduite des consultations relatives à l'accession à la pleine souveraineté prévues aux articles 216 et 217 de la loi organique de 1999 était donc décisive quant à la stabilité de la Nouvelle-Calédonie.

Dans son dernier rapport de 2023 sur le droit des peuples à l'autodétermination, l'Assemblée générale des Nations Unies, sur la base d'un rapport de la Commission de l'ONU des questions politiques spéciales et de la décolonisation, avait d'ailleurs demandé « à la Puissance administrante et à toutes les parties concernées en Nouvelle-Calédonie de veiller à ce que les prochaines étapes du processus d'autodétermination se déroulent de manière pacifique, équitable, juste et transparente, conformément à l'Accord de Nouméa »[2].

Toutefois, les circonstances qui ont entouré la conduite de la dernière consultation ont traduit de la part de l'État français la continuité de pratiques inéquitables et vexatoires.

En application du point 5 du document d'orientation de l'Accord de Nouméa, sous l'impulsion du Front de Libération Nationale Kanak et Socialiste (FLNKS), le 8 avril 2021, plus d'un tiers des membres du Congrès de Nouvelle-Calédonie ont demandé au Haut-commissaire l'organisation d'une nouvelle consultation[3].

Le 2 juin 2021, le ministre des outre-mer a annoncé que la date de la consultation serait le 12 décembre 2021, tout en notant que « cette date ne faisait pas l'objet d'un consensus »[4].

Le gouvernement de la Nouvelle-Calédonie en date du 22 juin 2021 et le congrès de la Nouvelle-Calédonie en date du 23 juin 2021 ont

---

[1] Michel Levallois, *De la Nouvelle-Calédonie à Kanaky*, Paris, 2018, Vent d'Ailleurs, p. 518.

[2] https://documents.un.org/doc/undoc/gen/n23/225/74/pdf/n2322574.pdf?token=UGlcuHwAL1OJhuT0pN&fe=true

[3] https://la1ere.francetvinfo.fr/nouvellecaledonie/nouvelle-caledonie-les-independantistes-demandent-l-organisation-du-troisieme-referendum-d-autodetermination-978655.html

[4] https://noumeapost.nc/2021/06/03/le-conseil-des-ministres-valide-la-date-du-12-decembre-pour-le-troisieme-referendum/

respectivement donné un avis favorable pour que la consultation soit organisée à cette date[1].

S'agissant du congrès, il convient de souligner que ce vote a dès le départ été à nuancer. En effet, si pour les partis indépendantistes une adhésion était constatée sur le principe de la troisième consultation, lors des débats d'importantes réserves ont été émises quant à la date du 12 décembre retenue par l'État.

Mais le 30 juin 2021, interviendra un décret en Conseil des ministres portant convocation des électeurs et organisation de la consultation sur l'accession à la pleine souveraineté de la Nouvelle-Calédonie et fixant la date de la troisième et dernière consultation au dimanche 12 décembre 2021.

D'une part, cette décision a traduit l'attitude particulièrement velléitaire de l'État français dont la Déclaration du Premier ministre sur l'organisation de l'avenir de la Nouvelle-Calédonie avait affirmé : « … l'Accord de Nouméa prévoit que, en cas de non au deuxième référendum, il est possible de tenir un troisième référendum dans les deux ans qui suivent le deuxième. Nous avons exclu que cette troisième consultation puisse être organisée entre le milieu du mois de septembre 2021 et la fin du mois d'août 2022 ».

D'autre part, après la date du 30 juin 2021 et postérieurement à l'intervention dudit décret, certaines circonstances vont remettre en question la pertinence de la date retenue pour la 3ème consultation. En effet, le 6 septembre 2021, la Nouvelle-Calédonie a été confrontée à une crise sanitaire très dure.

Or cette crise sanitaire de la Covid a eu dès l'origine, un impact psychologique important au sein de la population autochtone kanake comme cela a été constaté par ailleurs à travers le monde dans de nombreuses communautés autochtones confrontées à ce virus[2]. La population kanake porte encore les stigmates et des traumatismes intergénérationnels liés aux souvenirs des pandémies passées propagées par la colonisation. À la fin 2021, cet impact a été accru par le nombre de pertes enregistrées.

Dans ces circonstances, le 13 octobre 2021 à l'occasion de la visite du ministre Lecornu au Sénat coutumier de Nouvelle-Calédonie, le président du Sénat coutumier après avoir expliqué l'impact

---

[1] https://la1ere.francetvinfo.fr/nouvellecaledonie/referendum-2021-avis-favorable-du-congres-sur-le-projet-de-decret-1042195.html

[2] https://documents.un.org/doc/undoc/gen/g22/617/67/pdf/g2261767.pdf?token=aq0fmolkptonWlEmtD&fe=true

psychosociologique des chocs microbiens sur la population kanake depuis le début de la colonisation, lui a présenté la demande de report du référendum[1].

Le 19 octobre 2021, le Sénat coutumier par une délibération n° 06-2021/SC, intervenue après avis des conseil coutumiers d'aires réunis en séance plénière, a de nouveau sollicité officiellement le report de la consultation prévue le 12 décembre 2021 et décrété une année de deuil national[2].

En réponse à ces décès mais aussi en considération de l'impact spécifique de cette crise au sein de la population autochtone, le 20 octobre 2021, le FLNKS a pour sa part publié un communiqué appelant à la non-participation à la troisième consultation.

Le 9 novembre, le Sénat coutumier adressait une lettre ouverte au Président de la République, expliquant que « … pour atténuer les effets négatifs de ce climat de crise, le sénat et les conseils coutumiers ont décidé la mise en place d'une année de "deuil kanak", laquelle s'impose culturellement aux familles et aux clans. Nous proposons à nos populations et aux calédoniens de mettre à profit cette période ouverte depuis le 06 septembre, pour commémorer la mémoire et les acquis des 37 dernières années et des personnages historiques qui ont marqué cette période ainsi que l'histoire du pays … ».

Toutes ces démarches sont restées vaines et le Haut-commissaire de la République a annoncé le 12 novembre, le maintien de la consultation le 12 décembre 2021.

Cette démarche a été suivie d'une « Lettre ouverte du peuple Kanak au peuple de France », publiée dans Médiapart, le 24 novembre 2021[3].

Des voix internationales se sont fait également entendre, en particulier dans le Pacifique.

---

[1] Extrait du Discours du président du Sénat coutumier au ministre Lecornu le 13 octobre 2021.

[2] Délibération n° 06-2021/SC du Sénat coutumier de Nouvelle-Calédonie.

[3] https://blogs.mediapart.fr/aisdpk-kanaky/blog/241121/lettre-ouverte-du-peuple-kanak-au-peuple-de-france -Signée par Front de Libération Nationale Kanak et Socialiste (FLNKS), le Comité Stratégique Indépendantiste de Non-Participation (CSINP), le groupe UC-FLNKS et Nationalistes, le groupe Union Nationale pour l'indépendance (UNI), le Parti travailliste (PT), la Dynamique Unitaire Sud (DUS), la Dynamique Autochtone (DA), les Nationalistes et l'Union Syndicale des Travailleurs Kanak Exploités (USTKE).

Ainsi, le Premier ministre du Vanuatu, M. Bob Loughman, a déclaré au Parlement Ni-Vanuatu que son gouvernement soutenait formellement la demande kanake de report de la consultation[1].

À un autre niveau, le représentant permanent et ambassadeur de la Papouasie Nouvelle-Guinée auprès des Nations Unies, M. Max Hufanen Rai, a, au nom du Groupe de Fer de Lance Mélanésien, « respectueusement [demandé] à la France, en tant que puissance administrante de la Nouvelle-Calédonie d'envisager de reporter le troisième référendum d'autodétermination de la Nouvelle-Calédonie à un moment approprié, lorsque la situation s'améliorera »[2].

Le *Pacific Elders' Voice*, groupe d'anciens chefs d'États océaniens, a également « demandé au Président français de respecter les vœux des dirigeants indigènes en Nouvelle-Calédonie qui ont demandé le report du troisième référendum pour l'indépendance à cause de la hausse des décès liés à la Covid »[3].

Toutefois, la consultation s'est tenue le 12 décembre 2021, dans un climat de rupture entre le Peuple Kanak, l'État et les autres composantes de la société mélanésienne qui s'est traduit au premier niveau dans les résultats de la consultation. Avec 96,49 % contre et 3,51 % pour l'indépendance, c'est la légitimité du processus qui a été partout questionnée[4].

Dans le contexte décrit ci-dessus la commission de contrôle de l'organisation et du déroulement de la consultation a relevé « pour ce scrutin du 12 décembre 2021 l'existence d'une forte abstention des électeurs : 56,13 %, contre 14,31 % le 4 octobre 2020 et 18,99 % le 4 novembre 2018. La commission s'est interrogée sur les conséquences de cette abstention sur la régularité et la sincérité du scrutin »[5].

Toutefois dans son analyse la commission est restée sur une approche superficielle et ethnocentrique et n'a appréhendé ni la

---

[1] https://islandsbusiness.com/news-break/new-caledonia-referendum-3/

[2] https://la1ere.francetvinfo.fr/nouvellecaledonie/onu-l-ambassadeur-de-papouasie-demande-le-report-du-referendum-1133446.html

[3] https://pina.com.fj/2021/11/23/pacific-elders-urge-french-president-to-defer-independence-referendum/
https://www.outremers360.com/bassin-pacifique-appli/nouvelle-caledonie-64-universitaires-et-six-anciens-dirigeants-du-pacifique-appellent-au-report-du-referendum

[4] https://www.france24.com/en/live-news/20211212-new-caledonia-rejects-independence-from-france-in-referendum-boycotted-by-separatist-camp-partial-results

[5] https://www.legifrance.gouv.fr/jorf/id/JORFTEXT000044500674

situation particulière des électeurs autochtones kanaks qui, dans la situation considérée, n'étaient pas en mesure de s'impliquer de manière normale dans une campagne, ni, par suite, la discrimination opérée entre les électeurs autochtones et allochtones :

« En premier lieu les règles applicables à ce scrutin ni ne prévoient de vote obligatoire ni ne subordonnent la validité du résultat du scrutin à un seuil de participation minimale. En deuxième lieu, suivant la jurisprudence la plus récente du Conseil d'État un niveau d'abstention élevé est, par lui-même, sans incidence sur la régularité et la sincérité du scrutin en l'absence de circonstances relatives au déroulement de la campagne électorale ou du scrutin qui montreraient, en particulier, qu'il aurait été porté atteinte au libre exercice du droit de vote ou à l'égalité entre les candidats soit, en l'espèce, à l'égalité entre les partis et groupements politiques concernés, c'est-à-dire notamment ceux habilités, à leur demande, à participer à la campagne officielle par la décision de la commission du 19 septembre 2021. Pour la commission il apparaît qu'aucune des circonstances, agissements, situations et irrégularités relevés dans les présentes observations ou portés à sa connaissance ne permet de caractériser de telles atteintes. Dans ces conditions, la commission considère que l'abstention constatée n'affecte pas la régularité et la sincérité du scrutin du 12 décembre 2021 ».

Ainsi en France, là où cette troisième consultation devait être le point d'orgue d'un processus de décolonisation de la Nouvelle-Calédonie, la perception autochtone d'une crise sanitaire majeure a été tout simplement niée, réduite à une simple manœuvre politique, et comme telle ignorée, et avec cela la portée du droit de participation reconnu aux peuples autochtones aux articles 5, 18, 19 et 34 de la Déclaration des Nations Unies sur les droits des peuples autochtones.

Cette situation est d'autant plus inacceptable que la Commission nationale consultative des droits de l'homme a, dans la Recommandation n° 9 de son avis sur la place des autochtones dans les territoires ultramarins, alerté l'État français sur la nécessité de prendre en compte les droits du peuple autochtone kanak[1] : « La CNCDH recommande aux différentes autorités publiques, dans le cadre de leurs compétences respectives, de s'assurer que, conformément aux

---

[1] https://www.cncdh.fr/sites/default/files/2021-04/Avis%20peuples%20autochtones%20all%C3%A9g%C3%A9%20-100%20pages%29%20pour%20impression.pdf

instruments internationaux, le droit à la participation aux décisions les concernant, en particulier celles préparatoires au référendum, soit effectivement reconnu à tous les Kanak, et ce, conformément aux articles 5, 18 et 19 de la Déclaration des Nations Unies sur les droits des peuples autochtones ».

2/ La Charte du Peuple Kanak, l'invitation déclinée à la « *Melanesian Way* »

Le processus de décolonisation du territoire de Nouvelle-Calédonie engagé en 1988 par les Accords de Matignon et d'Oudinot, prolongé par l'Accord de Nouméa, a connu une nouvelle étape dans l'organisation des consultations sur l'accès du territoire à la pleine souveraineté. Cette échéance majeure a, sans aucun doute, cristallisé et exacerbé le refus des nouvelles formes d'exclusion qui se perpétuent et s'enracinent.

Vingt ans de mise en œuvre de l'Accord de Nouméa ont permis d'en percevoir les limites théoriques, mais aussi d'en confronter la vision à la réalité d'une marginalisation persistante du peuple kanak et de modes de pensées fermés à toutes évolutions vers un modèle plus ouvert à l'articulation de toutes les légitimités.

Ainsi, l'Accord de Nouméa a posé les bases d'un pluralisme juridique mais qui reste hégémonique[1] en raison des omissions et du cadre limitant qui y sont associés. Mais plus encore, la Nouvelle-Calédonie est restée en pratique régie par un « dualisme juridique exacerbé par les contraintes des réalités socio-économiques et politiques issues de la colonisation et amplifiées par les effets de la mondialisation et des modes de consommation »[2].

Ce rapport de sujétion insidieux dans lequel le peuple kanak a été maintenu année après année, appelait une réaction collective fondée sur la dynamique des droits autochtones et la coutume. Là où le processus d'enfermement passait par le prisme d'une citoyenneté réduite au seul droit de participation politique et par une jouissance des droits brimée par l'exclusion sociale, la démarche libératoire passait par une réaffirmation de l'identité kanake.

[1] Ghislain Otis, *Méthodologie du pluralisme juridique*, Karthala, Paris, 2012, pp. 9-22.

[2] Raphaël Mapou, *Analyse dialectique des transformations du droit en Nouvelle-Calédonie*, L'Harmattan, Paris, 2020, p. 461.

Une sonnette d'alarme a ainsi été tirée par le monde kanak, dans une logique qui restait constructive et appelait à dépasser le cadre limitant des Accords de Nouméa.

La première étape fut la Délibération-cadre adoptée par le congrès de la Nouvelle-Calédonie le 30 avril 2013 (n° 02/2013/SC)[1] qui a donné mandat au Sénat coutumier pour établir « le socle commun des valeurs kanak et les principes fondamentaux des droits autochtones coutumiers ». S'ensuivit un vaste chantier de codifications des valeurs et principes structurant la société kanake qui aboutît, en avril 2014[2], à l'adoption de la Charte du Peuple Kanak par les chefferies des huit pays coutumiers kanaks de la Nouvelle-Calédonie.

Cette charte a affirmé l'ordre juridique du peuple autochtone kanak et appelait à une relation égalitaire et coopérative, au sein du système juridique de l'État républicain, entre un droit kanak pleinement reconnu et les autres sources du droit. Il s'agissait là d'une démarche autochtone historique d'écriture comme procédé de renforcement du pluralisme juridique en Nouvelle-Calédonie.

Ce processus a pu être décrit par une certaine sphère académique comme un projet de société « différencialiste » :

« L'actualisation par le Sénat coutumier d'un tel chantier sur l'écriture d'un droit kanak, si elle ne doit pas tout au contexte de sortie de l'accord de Nouméa, ne peut se comprendre sans avoir à l'esprit cette perspective et les débats sur l'avenir institutionnel et sociétal qu'elle suscite. Car au-delà d'une reconnaissance de spécificités culturelles kanak dans le droit souhaité par les indépendantistes – favorables à la création des assesseurs coutumiers en 1983 et initiateurs de la loi du pays du 15 janvier 2007 relative aux actes coutumiers – la Charte du Peuple kanak promulguée en avril 2014 a montré que la question du droit coutumier portée haut et fort par la chambre coutumière nationale s'inscrit dans un projet de société particulier – différentialiste –, qui vise à l'autonomisation de la sphère politique coutumière »[3].

---

[1] http://www.juridoc.gouv.nc/JuriDoc/JdTextes.nsf/0/5201F70D51852C3B4B257BC40078D39D/$File/Deliberation_cadre_02-2013-SC_du_30-04-2013_ChG.pdf

[2] Jérôme Bouquet-Elkaïm, « Comment s'est écrite la Charte du Peuple Kanak ? Ou comment partir de soi pour aller vers l'autre », *in Rencontre des systèmes juridiques autochtones et étatiques. Confrontation ou coopération ?*, sous la direction de Ghislain Otis, Presse Universitaires de Laval, Laval, Québec, 2019, pp. 426-428.

[3] *Faire de la coutume un droit, Enjeux, histoire, questionnements*, Mission de recherche droit et justice, décembre 2016.

Cette même approche qui ignore l'évolution des normes internationales relatives aux droits des peuples autochtones, évoquera des « racines coloniales du projet de pluralisme juridique équilibré »[1].

Toutefois, la Charte s'est inscrite dans les standards des normes juridiques existantes et s'est dessinée à la confluence de deux dynamiques d'émancipation, celle du peuple autochtone kanak, inspirée par la Déclaration des Nations Unies sur les droits des peuples autochtones de 2007, celle du territoire de Kanaky/Nouvelle-Calédonie reposant sur la résolution 1514 des Nations Unies. Elle n'a pas procédé d'une doctrine visant à mettre en exergue les différences de nature entre les individus, les groupes, mais bien plus d'une démarche visant, à partir de la réalité du fait kanak, à faire évoluer les paradigmes sur lesquels reposent le centre de gravité du système institutionnel calédonien, en invitant l'État français à garantir au Peuple autochtone kanak les droits qui lui sont internationalement reconnus mais qui restaient inaccomplis dans le cadre de la mise en œuvre de l'Accord de Nouméa.

La Charte s'analyse comme l'expression d'une aspiration à une égalité en droit et en dignité, laquelle ne fut pas pleinement garantie au peuple kanak par l'Accord de Nouméa. Dans son avis de 2017, la CNCDH a ainsi rappelé : « qu'à chaque situation spécifique un traitement spécifique doit s'appliquer, cela n'est pas contraire au principe d'égalité et de non-discrimination[2] mais vise au contraire à en assurer l'effectivité. Une politique volontariste, cohérente et continue des pouvoirs publics à l'égard des peuples autochtones est nécessaire pour respecter, protéger et mettre en œuvre l'ensemble de leurs droits »[3]. La CNCDH avait ainsi recommandé la mise en place de plans d'action spécifiques, dotés de financements dédiés, afin de réaliser les objectifs de la Déclaration des Nations Unies sur les droits des peuples autochtones de 2007. De telles politiques publiques ne furent jamais mises en œuvre en Nouvelle-Calédonie.

---

[1] *Ibid.*, pp. 72 et s.

[2] CEDH, *Saumier c. France*, 12 janvier 2017, req. n° 74734/14. La Cour déclare que « s'appliquent des régimes juridiques distincts à des personnes qui se trouvent dans des situations distinctes », rappelant que l'application de régimes juridiques distincts à des personnes placées dans des situations distinctes n'implique pas discrimination.

[3] Avis CNCDH, p. 31 – https://www.cncdh.fr/sites/default/files/2021-04/Avis%20peuples%20autochtones%20all%C3%A9g%C3%A9%20-100%20pages%29%20pour%20impression.pdf

Dans ce sens, le préambule de la Charte du Peuple Kanak a commencé par rappeler, à juste titre, que vingt-six années après la signature de l'Accord de Matignon et seize années après la signature de l'Accord de Nouméa, la reconnaissance formelle de l'identité kanake ne s'est pas traduite de manière concrète par une mise en œuvre de bonne foi du dispositif de l'Accord de Nouméa et par le respect des droits internationalement reconnus aux peuples autochtones.

Au-delà, l'article 6 de la délibération du 23 avril 2014 avait défini clairement les enjeux du travail sur le Socle Commun des Valeurs Kanak qui s'est traduit dans la Charte : « inscrire le droit coutumier dans un processus de mise en place d'un pluralisme juridique équilibré où le droit coutumier aura toute sa place dans toutes les branches du droit ».

La Charte a ainsi opéré une mise à l'écrit des principes et valeurs qui fondent et structurent le monde Kanak[1].

À tous les niveaux, le travail de rédaction de la Charte a aussi été pensé pour concilier des droits contradictoires en reliant les principes généraux de la Civilisation kanak au cadre juridique qui est celui de la République française et de la Nouvelle-Calédonie, cadre déjà ouvert à une coexistence des altérités.

Enfin, dans une logique procédant du droit de la décolonisation, elle a réaffirmé le « fait kanak » et le droit du Peuple Kanak à l'autodétermination en invitant l'État français et les pouvoirs publics à repenser leurs relations et leurs politiques publiques à l'endroit du peuple autochtone kanak. La question de l'ouverture du droit à des compétences plus affirmées des institutions coutumières déjà existantes était également posée[2].

Cette démarche autonome du Peuple Kanak, s'inscrivait dans la philosophie de la *Melanesian Way* développée par Bernard Narokobi et qui veut comme « postulat que l'identité régionale mélanésienne doit se

---

[1] Raphaël Mapou, *Analyse dialectique des transformations du droit en Nouvelle-Calédonie*, L'Harmattan, Paris, 2020, pp. 377-380.

[2] Jérôme Bouquet-Elkaïm, « Comment s'est écrite la Charte du Peuple Kanak ? Ou comment partir de soi pour aller vers l'autre » *in Rencontre des systèmes juridiques autochtones et étatiques. Confrontation ou coopération ?*, sous la direction de Ghislain Otis, Presse Universitaires de Laval, Laval, Québec, 2019, pp. 433-439.

libérer de l'attrait pour les références occidentales et trouver sa voie originale de développement politique, économique et culturel »[1].

Mais dans l'esprit de la *Pacific Way*, la Charte invitait néanmoins l'État français, les autorités publiques locales, à de nouvelles formes de coopérations avec les autorités coutumières et à une plus large ouverture du système juridique et institutionnel calédonien à la Coutume.

L'adoption de la Charte du Peuple Kanak fut validée par une délibération du Sénat coutumier de Nouvelle-Calédonie, institution de la République, et publiée au *Journal Officiel de Nouvelle-Calédonie*[2].

La juridicité de la Charte s'est imposée dans la sphère judiciaire dans le prolongement de la jurisprudence et de la coutume judiciaire[3]. La Charte a également acquis une valeur de référence au sein des organes internationaux et notamment du Comité de décolonisation qui n'hésite pas à s'y référer[4].

La prise en compte, par l'État français, de cet instrument et du processus qui a conduit à son adoption, aurait pu constituer un tournant majeur et constructif dans l'évolution de la Nouvelle-Calédonie.

L'acte de proclamation de la Charte avait rappelé qu'« Elle est le fondement d'un système juridique de droit coutumier qui pourra coexister, avec des passerelles, avec le système juridique de droit commun. Elle ouvre également la voie au dialogue avec les institutions calédoniennes en matière de mise en œuvre des politiques publiques kanak ». Toutefois, la réponse des acteurs politiques et institutionnels fut inexistante concernant l'orientation des politiques publiques, malgré les nombreuses initiatives qui se sont inscrites dans le cadre du « Plan Marshall de l'Identité Kanak »[5] initié par le Sénat coutumier[6].

---

[1] Paul Fizin, « Histoire et évolutions politiques. La démocratie, une plante exotique en cours d'acclimatation en Mélanésie », *in Diversité de la démocratie*, sous la direction de Florence Faberon, LGDJ-Lextenso, Paris, 2016, p. 129.

[2] *JO NC* du 5 août 2014, p. 6815 : Délibération n° 06-2014/SC du 15 juillet 2014 constatant la proclamation et portant adoption de la Charte du peuple kanak fixant le socle commun des valeurs et principes fondamentaux de la civilisation kanake.

[3] Régis Lafargue, *Le chemin, le geste et la parole. De la norme autochtone au droit coutumier kanak*, 2017, Dalloz, L'esprit du droit.

[4] Parmi ces initiatives, voir par ex. A/74/418, Rapport de la Commission des questions politiques spéciales et de la décolonisation (4e session), p. 47.

[5] https://www.senat-coutumier.nc/les-actions-du-senat-coutumier/le-plan-marshall

[6] Voir notamment : Délibération n° 11-2014/SC portant objectif de réforme de l'administration des affaires coutumières, *JO NC* du 16 octobre 2014, p. 9033 ;

Les vides juridiques laissés par l'Accord de Nouméa n'ont pas été comblés malgré un travail de sensibilisation des pouvoirs publics conduit dans les suites de la proclamation de la Charte[1].

Un des autres enjeux de la Charte était d'appeler à une évolution constructive du schéma institutionnel calédonien afin de faire évoluer le cadre existant vers un système de démocratie consensuelle.

Comme cela avait été souligné dans le rapport de recherche sur l'intégration de la coutume dans le corpus normatif contemporain en Nouvelle-Calédonie : « le rôle du Sénat coutumier doit être redéfini et la place subalterne qui lui est actuellement réservée – à la fois quant à son domaine d'intervention et quant à la force de ses avis – n'est sans doute plus à la mesure de la place prise par la coutume notamment avec la Charte du Peuple Kanak »[2].

Dans ce sens l'Assemblée du Peuple Kanak avait dans la Charte « donné mission au Sénat coutumier pour organiser et renforcer la souveraineté du peuple kanak et, d'autre part, redéfinir un cadre mutuellement accepté des relations du peuple kanak à l'État français et au territoire de Nouvelle-Calédonie quel qu'en soit le devenir ».

Mais ce message fort lancé tant à travers le contenu de la Charte qu'à travers le rôle dédié au Sénat coutumier, n'a jamais été considéré par l'État français dans les années qui suivirent et en particulier lorsque s'est posée de manière sensible la question du devenir institutionnel de la Nouvelle-Calédonie.

L'intérêt de la France aurait dû être de voir ce territoire gagner une stabilité durable.

Cependant, non seulement l'État français n'a pas cherché à atténuer les fractures culturelles, politiques, économiques et sociales, en engageant une dynamique plus coopérative et consensuelle avec les représentants coutumiers du Peuple Kanak. Mais en outre, pour de basses considérations partisanes ou par manque de clairvoyance, l'État a fini par envisager de revenir sur les acquis même de l'Accord de

---

Délibération n° 01-2016/SC du 7 janvier 2016 portant avis relatif à la proposition de délibération sur l'avenir de l'école calédonienne, *JO NC* du 16 février 2016.

[1] À titre d'exemple, un atelier juridique a été organisé par le Sénat coutumier à la maison de la Nouvelle-Calédonie à Paris les 24 et 25 novembre 2014 (Atelier juridique), Maison de la Nouvelle-Calédonie, Paris, 24-25 novembre 2014. Edité par la Maison de la Nouvelle-Calédonie.

[2] Etienne Cornut et Pascal Deumier, *L'intégration de la coutume dans le corpus normatif contemporain en Nouvelle-Calédonie*, Rapport définitif - Décembre 2016 - https://coutumier.unc.nc/items/show/671

Nouméa qui, malgré son essence et ses limites, avait néanmoins consacré la reconnaissance de principe de l'identité kanak et garanti la paix civile.

B. De la République velléitaire ou la désuète tentation coloniale : qu'importe la parole donnée, « l'eau et l'huile ne se mélangent pas… »

Au mois de mai 2024, suite à un projet de réforme de la Constitution visant à revenir sur un des acquis de l'Accord de Nouméa, la Nouvelle-Calédonie s'est embrasée et a connu une crise sans précédent.

Si les conditions dans lesquelles fut conduite la troisième consultation sur l'accession de la Nouvelle-Calédonie à la pleine souveraineté avaient semé dès le départ les germes de la discorde et révélé la partialité de l'État et son manque de considération pour la partie kanake, les mois qui ont suivi ont vu se multiplier les faux pas des représentants de l'État français jusqu'à la survenance de ce conflit civil de 2024.

Fin 2024, au-delà des conséquences économiques, le bilan humain et judiciaire de ce conflit de décolonisation était étourdissant avec, parmi les victimes, 9 militants kanaks tués par les forces de l'ordre, 2 kanaks tués par des milices ou des colons européens, un policier kanak passé à tabac par une milice de colons européens, mais aussi près de 3 000 arrestations de kanaks représentant plus de 2 % de la population mélanésienne.

Cette crise a aussi montré le vrai visage d'une partie de la composante de la population calédonienne anti indépendantiste ou auto proclamée « loyaliste ». Du brouillard permanent des discriminations structurelles et des inégalités sociales et économiques, ont émergé des pratiques violentes contre les personnes et les piliers de la démocratie[1], mais s'est aussi libéré un discours ouvertement ségrégationniste et séparatiste. La présidente de la Province Sud ne devait-elle pas déclarer « l'eau et l'huile ne se mélangent pas »[2], avant de plaider la partition

[1] https://la1ere.francetvinfo.fr/nouvellecaledonie/province-sud/noumea/emeutes-en-nouvelle-caledonie-mobilisation-devant-le-tribunal-de-noumea-pour-demander-la-condamnation-des-commanditaires-des-violences-1494710.html

[2] https://www.france24.com/fr/france/20240714-nouvelle-cal%C3%A9donie-la-loyaliste-sonia-back%C3%A8s-demande-une-autonomisation-des-provinces
https://www.nouvelobs.com/societe/20240714.OBS91123/nouvelle-caledonie-la-cheffe-des-loyalistes-juge-revolu-le-projet-d-un-archipel-uni-et-plaide-pour-une-separation-des-provinces.html

des portions du territoire calédonien majoritairement blanches, et en tant qu'élu d'aller jusqu'à supprimer certaines prestations sociales et fermer certains services provinciaux bénéficiant aux Kanak[1].

La violence politique, la partition et le mépris du principe de l'*uti possidetis juri* fut ainsi la réponse des colons européens « loyalistes » au projet de société pluraliste porté par le monde mélanésien depuis la Charte du Peuple Kanak.

Cette situation intenable en termes de respect des libertés et droits fondamentaux a conduit la communauté internationale à travers les rapporteurs spéciaux sur les droits des peuples autochtones, sur les droits à la liberté de réunion pacifique et à la liberté d'association, sur les formes contemporaines de racismes, et sur la promotion et la protection du droit à la liberté d'opinion et d'expression à s'alarmer[2], puis à adresser une lettre d'allégation au gouvernement français le 4 juillet 2024[3].

Les réponses furent élusives même lacunaires sur certains points. En octobre 2024, environ 7 000 membres des forces de l'ordre et de l'armée étaient présents sur le territoire calédonien, cette présence militaire étant en elle-même un aveu de l'échec de la politique française.

En dépit de la crise suscitée par son projet de remise en question de l'Accord de Nouméa, le gouvernement français n'a donc pas infléchi sa position et a poursuivi une politique de la table rase et cela au mépris des normes internationales de droits de l'homme et au mépris de la Constitution (1).

Mais au-delà de sa gestion politique, cette crise a aussi révélé que l'ensemble des institutions de la République étaient inaptes à percevoir la réalité calédonienne, dont les équilibres doivent nécessairement reposer sur une vision partagée avec la vision mélanésienne.

Tel fut le cas du Parlement français qui a voté de manière irresponsable le dégel du corps électoral sans peser les conséquences objectives d'un tel saut dans le vide.

---

[1] https://www.liberation.fr/checknews/laide-medicale-a-t-elle-ete-suspendue-en-nouvelle-caledonie-a-cause-des-emeutes-de-mai-20240712_BG7RWNI3ERGWTBYT447KF5ZIZY/

[2] https://www.ohchr.org/fr/press-releases/2024/08/france-un-experts-alarmed-situation-kanak-indigenous-peoples-non-self

[3] AL FRA 5/2004, Courrier d'allégation adressé par les Rapporteurs spéciaux à l'ambassadeur de France auprès des Nations Unies en date du 4 juillet 2024.

Mais tel fut aussi le cas du pouvoir judiciaire qui a validé chacun des pas qui ont conduit ce territoire dans le précipice. Le Conseil d'État en particulier a montré qu'il était loin, très loin du Pacifique et ses décisions ont largement concouru à la survenance du conflit civil de 2024 (2).

1/ De la frustration de l'indépendance étatique à la politique française de la table rase

Le fait que les acquis de l'Accord de Nouméa concernant notamment la reconnaissance de l'identité kanake présentaient un caractère irréversible, a fait l'unanimité au-delà de la lettre même dudit accord.

La Commission nationale consultative des droits de l'Homme avait ainsi souligné dans son avis que : « La perspective institutionnelle de la Nouvelle-Calédonie reste encore à définir, et le sera à la suite du référendum d'autodétermination prévu en 2018. La CNCDH souhaiterait mentionner que quelle que soit l'issue du référendum, les acquis positifs de l'Accord de Nouméa doivent être préservés à l'avenir »[1].

Cette évidence, tout comme le caractère irréversible du processus d'autodétermination en lui-même, a également été rappelée dans toutes les résolutions successives relatives à la Nouvelle-Calédonie du Comité spécial de décolonisation des Nations Unies, dont la dernière en date de juin 2024[2] : « 8. Rappelle la décision prise par la Puissance administrante d'organiser le 12 décembre 2021 le troisième référendum d'autodétermination en Nouvelle-Calédonie, et demande de nouveau à la Puissance administrante et à toutes les parties concernées en Nouvelle-Calédonie de veiller à ce que les prochaines étapes du processus d'autodétermination se déroulent de manière pacifique, équitable, juste et transparente, conformément à l'Accord de Nouméa ».

Le Comité a également rappelé que les droits du peuple autochtone kanak, tels que reconnus dans l'Accord de Nouméa, étaient aussi garantis aujourd'hui par les normes internationales de droits de

---

[1] Avis CNDH, §72 - https://www.cncdh.fr/sites/default/files/2021-04/Avis%20peuples%20autochtones%20all%C3%A9g%C3%A9%20-100%20pages%29%20pour%20impression.pdf

[2] A/AC.109/2024/L.22

l'homme, normes dont certaines n'existaient pas à la date de signature de l'Accord de Nouméa[1] :

« 22. Rappelle les observations et les recommandations que le Rapporteur spécial sur les droits des peuples autochtones a faites dans son rapport sur la situation du peuple kanak de Nouvelle-Calédonie, compte tenu des normes internationales applicables, afin d'appuyer les efforts engagés pour promouvoir les droits du peuple kanak dans le cadre de l'application de l'Accord de Nouméa et du processus de décolonisation appuyé par l'Organisation ».

Cet état de fait n'a toutefois pas empêché le gouvernement français, dans les suites du troisième référendum, de chercher à remettre en question les dispositions de l'Accord de Nouméa et de faire table rase du fragile équilibre et du cadre juridique qui avaient permis de ramener la paix et la stabilité sur le territoire calédonien.

L'Accord de Matignon et l'Accord de Nouméa pouvaient être regardés comme s'étant inscrits dans la philosophie de la *Pacific Way*.

Mais dans les suites de la proclamation des résultats de la troisième consultation sur l'accès à la pleine souveraineté de la Nouvelle-Calédonie, lesquels résultats ont été contestés devant le Conseil d'État par le Sénat coutumier, les conseils coutumiers d'aires, les partis indépendantistes et une centaine de personnalités du monde Kanak, le gouvernement de la République Française a fait le choix d'ouvrir des négociations sur un futur accord sur les institutions calédoniennes, appelant à un nouvel accord politique.

En outre, dans ce cadre, le gouvernement a limité les discussions officielles à la sphère politique en excluant les institutions et autorités coutumières.

Pourtant, contrairement aux déclarations du président Macron qui ont fait suite à la troisième consultation, le point 5 du document d'orientation de l'Accord de Nouméa du 5 mai 1998[2] ne prévoit pas qu'une victoire du NON impliquerait *de facto* le maintien du rattachement de la Nouvelle-Calédonie à la France ou la sortie de l'accord de Nouméa. Bien au contraire, il est prévu expressément à l'article 5 de l'Accord de Nouméa que « Si la réponse est encore

---

[1] La Déclaration des Nations Unies sur les droits des peuples autochtones a été votée en 2007, soit après l'Accord de Nouméa dont un nombre important de dispositions sont aujourd'hui protégées par les normes internationales de droits de l'homme.

[2] https://juridoc.gouv.nc/juridoc/jdtextes.nsf/(web-All)/97162D00018F6FCF4B257918007C2339/$File/Accord-de-noumea-doc-orientation_du_05-05-1998_ChG.pdf?OpenElement

négative, les partenaires politiques se réuniront pour examiner la situation ainsi créée. (…) ».

La victoire du NON n'avait donc pas, en soi, pour effet de remettre en cause la loi organique de 1999 et ne marquait qu'un temps d'arrêt dans un processus ouvert mais inéluctable dans lequel l'État s'était engagé au nom du Peuple français en reconnaissant « la vocation de la Nouvelle-Calédonie à bénéficier, à la fin de cette période, d'une complète émancipation ».

Rappelons également que dans un souci évident de sécurité juridique et de préservation de la stabilité politique du territoire, le cadre institutionnel et légal avait été figé avec la signature de l'Accord de Nouméa. Ainsi, l'article 5, alinéa 5 de l'Accord de Nouméa, stipule de manière parfaitement claire que : « Tant que les consultations n'auront pas abouti à la nouvelle organisation politique proposée, l'organisation politique mise en place par l'accord de 1998 restera en vigueur, à son dernier stade d'évolution, sans possibilité de retour en arrière, cette "irréversibilité" étant constitutionnellement garantie ».

Les trois consultations n'ont pas abouti à « l'organisation politique proposée », c'est-à-dire, au sens de l'Accord de Nouméa, à une organisation politique reposant sur un accès à l'indépendance.

De plus, dans sa décision n° 99-410 DC du 15 mars 1999 relative à loi organique relative à la Nouvelle-Calédonie, le Conseil constitutionnel a donné pleine valeur constitutionnelle à l'ensemble de l'Accord de Nouméa[1].

Partant, le principe même d'un nouvel accord souhaité par le Président Macron (même adopté par voie référendaire), n'était théoriquement et légalement pas à l'ordre du jour puisque, suivant ce qui a été convenu et garanti constitutionnellement, l'accord de 1998, dans les circonstances actuelles, doit rester en vigueur à son dernier stade d'évolution.

Mais en outre, ce processus politique souhaité par le gouvernement français a eu pour objectif, au-delà de la question de l'indépendance, de remettre en cause l'ensemble des acquis de l'Accord de Nouméa, y compris, la reconnaissance de l'identité kanake et des droits qui y sont associés.

C'est le ministère français de l'intérieur, en la personne de M. Darmanin, qui a été en charge de piloter le processus de négociation

---

[1] https://www.conseil-constitutionnel.fr/decision/1999/99410DC.htm

d'un nouvel accord politique souhaité par le président, au mépris des dispositions de l'article 5 de l'Accord de Nouméa.

Un projet d'accord politique intitulé « Document Martyr » a donc été soumis par le ministère de l'intérieur aux parties prenantes à la fin de l'année 2023[1].

Or la première version du projet Martyr[2] faisait totalement fi du principe d'irréversibilité posé à l'article 5 de l'accord de Nouméa et avait gommé du dispositif institutionnel le Sénat coutumier, les conseils coutumiers d'aires et supprimé toute référence à l'identité kanake.

La version n° 2 de ce document avait simplement réintégré le Sénat coutumier mais maintenait une suppression notamment des conseils coutumiers d'aires, de la reconnaissance des autorités coutumières (chefferies et clans), de la reconnaissance du statut civil coutumier, de la reconnaissance des terres coutumières et de leur statut d'inaliénabilité, d'incessibilité et d'incommutabilité, des juridictions civiles avec assesseurs coutumiers, de toute référence à l'identité kanake[3].

La démarche du gouvernement s'est donc inscrite en totale rupture avec les engagements de la France mais, en outre, elle était en partie irresponsable puisque génératrice d'un risque majeur en termes de sécurité juridique.

En effet, depuis plus 20 ans, avec les Accords de Matignon et de Nouméa, c'est tout un système juridique qui s'est mis en place en Nouvelle-Calédonie, à travers, d'une part, le travail normatif des institutions locales (lois du Pays, délibérations provinciales, normes coutumières, etc.) et d'autre part, à travers les jurisprudences civile et administrative relatives aux affaires et institutions coutumières.

Ce choix n'était donc pas seulement générateur d'un risque de polarisation de la société calédonienne, mais encore d'un risque d'insécurité juridique évident.

Le Sénat coutumier a donc entrepris de soumettre un projet amendé qui traduit les immenses carences du projet initial[4]. Mais au-delà, sans réaction constructive de l'État, les acteurs kanaks se sont retirés du processus même de discussion d'un nouvel accord politique, puisque

---

[1] https://la1ere.francetvinfo.fr/nouvellecaledonie/avenir-institutionnel-nc-la-1ere-devoile-le-projet-d-accord-propose-par-l-etat-dans-le-document-martyr-1428092.html

[2] Projet Accord État F Septembre 2023.

[3] Projet Accord État V2 Octobre 2023.

[4] Version amendée Accord État Sénat coutumier.

cette démarche était contraire au principe d'irréversibilité de l'Accord de Nouméa.

Une crise politique liée à la violation de ses engagements par l'État français a donc précédé la crise sociale de mai 2024.

Au lieu d'apaiser les tensions, c'est dans ce contexte qu'à vu le jour le projet de réforme du corps électoral qui a été pensé par l'État et les partis loyalistes comme un moyen de pression visant à forcer la négociation d'un nouvel accord politique et la sortie de l'Accord de Nouméa, dans une logique de départementalisation.

Parmi les dispositions de l'Accord de Nouméa qui doivent faire l'objet d'une garantie constitutionnelle figure l'article 2.2.1. relatif au gel du corps électoral aux termes duquel notamment : « Comme il avait été prévu dans le texte signé des accords de Matignon, le corps électoral aux assemblées des provinces et au Congrès sera restreint : il sera réservé aux électeurs qui remplissaient les conditions pour voter au scrutin de 1998, à ceux qui, inscrits au tableau annexe, rempliront une condition de domicile de dix ans à la date de l'élection, ainsi qu'aux électeurs atteignant l'âge de la majorité pour la première fois après 1998 et qui, soit justifieront de dix ans de domicile en 1998, soit auront eu un parent remplissant les conditions pour être électeur au scrutin de la fin de 1998, soit, ayant eu un parent inscrit sur un tableau annexe justifieront d'une durée de domicile de dix ans en Nouvelle-Calédonie à la date de l'élection (...) ».

La Nouvelle-Calédonie ayant été une colonie de peuplement, cette disposition relative au corps électoral était un des acquis majeurs de la lutte des Kanak pour l'autodétermination.

Ce principe du gel du corps électoral permettait un équilibrage du territoire et d'éviter que les Kanak soient sur le plan politique submergés par une population issue d'une colonisation récente. Il s'agit d'une des mesures les plus emblématiques pour les indépendantistes.

Cela d'autant plus que la persistance de flux migratoires de l'Europe vers la Calédonie (42 748 nouveaux immigrants entre 2004 et 2014), se double d'un discours ségrégationniste et discriminant qui persiste au fil des années de la part de certains élus loyalistes en particulier de la Province Sud[1] vis-à-vis des Mélanésiens[2].

---

[1] https://la1ere.francetvinfo.fr/nouvellecaledonie/province-sud/crise-en-nouvelle-caledonie-la-province-sud-maintient-ses-investissements-mais-revoit-ses-aides-sociales-a-la-baisse-1506068.html

[2] Voir, par exemple : communiqué de la Présidence de la Province Nord 1119/JFBC/090519-PPN

Conformément à l'Accord de Nouméa, le corps électoral pour les élections provinciales de la Nouvelle-Calédonie a été défini à l'article 77 de la Constitution et à l'article 188 de la loi organique du 19 mars 1999 relative à la Nouvelle-Calédonie.

Ce corps électoral est gelé à l'année 1998 depuis la réforme constitutionnelle du 23 février 2007.

Le principe du gel du corps électoral a été déclaré conforme à l'article 3 du protocole additionnel n° 1 à la Convention européenne de sauvegarde des droits de l'homme et des libertés fondamentales qui affirme la nécessité « d'organiser, à des intervalles raisonnables, des élections libres au scrutin secret, dans les conditions qui assurent la libre expression de l'opinion du peuple sur le choix du corps législatif » et au principe de l'exigence d'universalité du suffrage (CEDH, 2 mars 1987, n° 9267/81, *Mathieu-Mohin et Clerfayt c./ Belgique*).

La Cour a admis de nouveau par la suite, comme conforme, le principe d'un corps électoral restreint, à raison du processus enclenché par la conclusion de l'accord de Nouméa (CEDH, 11 janvier 2005, n° 66289/01, *Py c./ France*).

En outre, la loi constitutionnelle de 2017 n° 2007-237 a validé le principe d'un corps électoral figé[1].

Or en janvier 2024, au moment où le processus imposé de négociation d'un nouvel accord politique se trouvait dans une impasse, le gouvernement français a envisagé de remettre en cause cet acquis, présentant un nouveau projet de réforme constitutionnelle s'inscrivant en contradiction avec un des engagements pris par l'État dans l'Accord de Nouméa mais répondant en fait uniquement aux demandes des anti-indépendantistes les plus extrémistes[2].

Il est à noter que c'est le député calédonien Nicolas Metzdorf, anti-indépendantiste intransigeant, perçu par certains comme suprémaciste dans ses idées affichées, et membre du groupe Renaissance à l'Assemblée nationale, qui a été désigné comme rapporteur dudit projet

---

https://voixducaillou.nc/2024/07/13/laide-medicale-gratuite-suspendue-par-la-province-sud/#:~:text=Pour%20faire%20face%20aux%20nombreuses,aux%20revenus%20les%20plus%20modestes.

[1] https://www.legifrance.gouv.fr/jorf/id/JORFTEXT000000425507

[2] https://www.senat.fr/dossier-legislatif/pjl23-291.html

de loi sur la modification du corps électoral ce qui là encore était de nature à cristalliser les tensions[1].

Le projet de loi constitutionnelle proposait donc d'introduire un nouvel article 77-1 dans la Constitution de 1958 et d'ouvrir le corps électoral à tous les natifs et aux personnes ayant au moins dix ans de résidence en Nouvelle-Calédonie. Ce dégel avait vocation à ajouter 25 000 personnes au corps électoral.

Mais la particularité du projet de réforme du corps électoral tenait au fait que le gouvernement en a conditionné l'absence d'entrée en vigueur à l'intervention d'un accord politique sur les futures institutions calédoniennes pouvant être négocié *jusqu'à 10 jours avant la date des prochaines élections provinciales* fixées au plus tard au 15 décembre 2024[2].

Il s'agissait donc d'un véritable chantage opéré à travers un processus de réforme constitutionnelle contraire à l'esprit de l'Accord de Nouméa et visant à forcer les parties prenantes, en particulier les Kanak, à parvenir à un accord auquel ils sont opposés au nom du principe d'irréversibilité de l'Accord de Nouméa.

Loin de la voie consensuelle de la *Pacific Way*, c'est cette volonté de renégocier un accord politique, imposée par le gouvernement dans le seul intérêt des forces politiques loyalistes, qui a polarisé la société calédonienne, a abouti à une impasse et a dégénéré en une crise politique majeure au mois de mai 2024. En effet, depuis la métropole, ce projet de loi constitutionnelle a été voté sans aucune réserve et sans aucun discernement par l'Assemblée nationale et le Sénat, qui n'ont pas joué leur rôle de contre-pouvoir.

Or cette démarche était ouvertement contraire à l'Accord de Nouméa et en contradiction avec les garanties constitutionnelles qui s'y attachent.

De plus, les acquis de l'Accord de Nouméa relatifs à l'identité kanake sont désormais protégés par les normes internationales de droits de l'homme et la Déclaration des Nations Unies sur les droits des

---

[1] https://www.lemonde.fr/idees/article/2024/05/18/nouvelle-caledonie-l-etat-francais-a-pris-fait-et-cause-pour-le-camp-loyaliste-quoi-qu-en-disent-l-elysee-et-matignon_6233976_3232.html

[2] https://www.vie-publique.fr/loi/292831-nouvelle-caledonie-projet-de-loi-corps-electoral-et-loi-du-15-avril-2024#:~:text=Ce%20corps%20%C3%A9lectoral%20est%20gel%C3%A9%20%C3%A0%20l'ann%C3%A9e%201998%20depuis,sp%C3%A9ciale%20pour%20les%20%C3%A9lections%20provinciales.

peuples autochtones. La France reste tenue par les engagements vis-à-vis du Peuple Kanak qu'elle a traduits dans sa Constitution. Elle est également liée par ces normes de droit international des droits de l'homme qui relèvent du *jus cogens*[1].

Pour autant, le pouvoir judiciaire qui a eu à se prononcer tant sur la validité de la troisième consultation que sur le dégel du corps électoral n'a pas plus su préserver les équilibres qui assuraient la stabilité du territoire calédonien.

2/ Le Conseil d'État, loin, très loin du Pacifique

« Si toute l'humanité moins un était de la même opinion, et que seule une personne était d'une opinion contraire, l'humanité n'aurait pas pour autant de justification à réduire au silence cette personne, pas plus qu'elle, si elle avait le pouvoir, ne serait légitime à faire taire l'humanité »[2].

Les conditions dans lesquelles s'est tenue la troisième consultation sur l'accès à la pleine souveraineté de la Nouvelle-Calédonie, d'une part, le projet de réforme du corps électoral et la remise en cause de l'Accord de Nouméa, d'autre part, ont été les deux catalyseurs qui ont conduit le territoire calédonien à la fracture.

Le Conseil d'État a eu connaître de ces deux problématiques, mais dans les deux cas a eu une approche détachée des réalités du continent océanien et, à travers ses décisions et avis, s'il n'a alimenté le conflit sous-jacent, n'a en tout cas pas été en mesure de le prévenir.

En premier lieu, un référé liberté a été initié devant le Conseil d'État par un ensemble de citoyens calédoniens sollicitant le report de la consultation sur l'accession à la pleine souveraineté de la Nouvelle-Calédonie.

Par une ordonnance en date du 7 décembre 2021[3], cette requête a été rejetée sans que ne soit pris en compte l'impact spécifique qu'a pu avoir la crise sanitaire sur la population autochtone kanake et, incidemment, sur la régularité et la sincérité du scrutin.

Dans son ordonnance du 7 décembre 2021, le juge des référés du Conseil d'État a apprécié de manière strictement arithmétique l'impact de la crise sanitaire, s'arrêtant aux données statistiques et à l'évolution

---

[1] Pierre-Marie Dupuy, *Droit international public*, Paris, Dalloz, 2008, p. 220.

[2] J.S. Mill, "On Liberty", Cambridge University Press, *Cambridge Texts in the Hustory of Political Thought*, 2019, p. 20 (traduction libre).

[3] CE Référé, 7 décembre 2022, req. n°459131, https://www.legifrance.gouv.fr/juri/id/CETATEXT000044487275

des chiffres. Il a par ailleurs considéré que les mesures de protection sanitaires encore maintenues ne faisaient pas obstacle au déroulement de la campagne référendaire et que des mesures strictes avaient été prévues pour garantir la sécurité sanitaire des électeurs.

À l'issue du processus référendaire, la proclamation des résultats de la consultation a également été contestée sur le fond devant le Conseil d'État par le Sénat coutumier de Nouvelle-Calédonie, différents conseils coutumiers d'aires et des personnalités kanakes.

Toutefois dans son arrêt en date du 3 juin 2022[1], le Conseil d'État n'a pas plus pris en compte la réalité du peuple autochtone kanak.

Le Conseil d'État a ainsi considéré que les demandes formulées par le Sénat coutumier de Nouvelle-Calédonie n'avaient pas à être considérées et n'avaient aucune incidence sur la sincérité du scrutin maintenu en période de pandémie :

« En deuxième lieu, l'organisation de ce scrutin à la date du 12 décembre 2021, alors que l'amélioration des conditions sanitaires le permettaient, a constitué une mesure impliquée par les dispositions des articles 216 et 217 de la loi organique du 19 mars 1999 citées au point 3. La circonstance que le sénat coutumier, dont les compétences, de nature consultative, sont régies par les dispositions des articles 137 à 148 de la loi organique du 19 mars 1999, avait postérieurement au décret du 30 juin 2021 portant convocation des électeurs et organisation de la consultation sur l'accession à la pleine souveraineté de la Nouvelle-Calédonie, déclaré une période de deuil coutumier d'une année calendaire débutant le 9 septembre 2021 afin de permettre aux familles et aux clans ainsi qu'à l'ensemble des citoyens de la Nouvelle-Calédonie de se reconstruire culturellement, socialement et économiquement, n'a pas été de nature à affecter, en elle-même, la sincérité du scrutin ».

Cette approche qui peut paraître objective, reste largement teinté d'ethnocentrisme, la réalité des circonstances qui ont conduit à ce deuil coutumier et la réalité de l'atteinte qu'a pu emporter le maintien de la date de consultation sur le libre exercice du droit de participation politique et sur le droit à la liberté de pensée, de conscience et de religion des membres du peuple autochtone kanak n'ont pas été appréhendées à leur juste mesure. En effet, l'approche du Conseil d'État apparaît tout d'abord en décalage par rapport aux normes de droit de

---

[1] CE, 9e et 10e chambres réunies, 3 juin 2021, req. n°459711, https://www.legifrance.gouv.fr/ceta/id/CETATEXT000045886675

l'homme en vigueur telles que garanties par le Pacte international relatif aux droits civils et politiques, le Pacte international relatif aux droits économiques, sociaux et culturels, la Convention pour l'élimination de toutes les formes de discriminations raciales et ses recommandations générales n° XXIII, autant de textes qui lient la République française et embrassent désormais la Déclaration des Nations Unies sur les droits des peuples autochtones, qui non seulement reconnaît un droit de participation des peuples autochtones à travers leurs propres institutions, mais qui en outre affirme le principe du consentement préalable, juste et éclairé. La voix du Sénat coutumier de Nouvelle-Calédonie aurait dû être considérée en tant que telle, comme l'expression d'un refus de consentement, sans que la justice n'ait à considérer si la perception du peuple autochtone était légitime ou non.

Mais en outre, d'un point de vue purement factuel, les décisions rendues par le Conseil d'État se sont inscrites en contradiction avec toutes les préconisations qui ont pu être faites par les instances internationales au regard de l'impact de la Covid sur les communautés autochtones.

La prise de position des autorités coutumières a en effet traduit un traumatisme profond des populations mélanésiennes face à la crise pandémique et procédait d'une demande de prise en compte d'un réel impact psychologique lié directement à la colonisation.

Certains chercheurs s'étant penchés sur la manière dont la Covid-19 a affecté les populations autochtones ont souligné que :

« Si le coronavirus présente un caractère inédit pour l'ensemble de l'espèce humaine, les taux de mortalité sont plus élevés chez la plupart des autochtones en raison de leurs conditions socio-économiques défavorables qui accentuent leur vulnérabilité face à ce nouvel agent infectieux. De manière frappante, cette pandémie a ravivé parmi les sociétés autochtones les souvenirs des épidémies dévastatrices du passé »[1].

L'un des révélateurs est que « De nombreuses communautés ont pris la décision de bloquer l'accès à leur territoire avant même que la fermeture des frontières ne soit décrétée au niveau national ».

En Nouvelle-Calédonie comme dans bien d'autres régions du monde, la colonisation s'est aussi traduite pour les autochtones par une

[1] https://lejournal.cnrs.fr/articles/les-peuples-autochtones-a-lepreuve-du-covid-19#:~:text=Si%20le%20coronavirus%20pr%C3%A9sente%20un,%C3%A0%20ce%20nouvel%20agent%20infectieux.

« population décimée » par des maladies exotiques. Ainsi, entre 1774 et 1920, la population kanake a diminué de 75 à 95 %, essentiellement à cause des maladies importées par les européens. Entre 1853 et les années 1920, la population a été divisée par deux, passant de 55 000 à 27 000[1].

C'est au regard de ces faits historiques que devait être analysée la réaction du monde coutumier. Le Sénat coutumier n'a pas manqué d'en faire état lors du passage du Ministre Lecornu[2] :

« Sachez que les récits, traditions orales, toponymes relatent ces périodes douloureuses où beaucoup de clans, familles ont été anéantis avec leurs défunts enterrés loin de leur tertre originel.

Le covid 19 est le choc microbien de ce 21e siècle. Il a emporté sur la période du 9 septembre à aujourd'hui, plus de deux cents morts et nous progressons à une moyenne de 10 décès par jour. Comme vous le savez, cela représente beaucoup de traumatismes à l'échelle de notre petit pays, surtout que les familles ne sont pas en mesure de faire leurs deuils. Toutes les cérémonies de deuil sont renvoyées à l'après covid ».

Dans ce sens, la note d'orientation du 23 avril 2019 pour le système des Nations Unies préparée par le Groupe d'Appui Inter-Agences des Nations Unies sur les Questions Autochtones[3] avait souligné que : « Le Groupe d'Appui Inter-agences des Nations Unies sur les questions autochtones est profondément préoccupé par l'impact du COVID-19 sur les peuples autochtones. Les actions et le soutien du système des Nations Unies face à la pandémie devraient tenir compte des droits et des besoins des peuples autochtones, en s'inspirant de la Déclaration des Nations Unies sur les droits des peuples autochtones et de la Convention de l'OIT relative aux peuples indigènes et tribaux, 1989 n° 169 ».

Le Groupe d'Appui Inter-agences a souligné qu'il existe de multiples points d'entrée pour que le système des Nations Unies accorde une attention particulière aux droits et au bien-être des peuples autochtones en tant que partie intégrante de la réponse du système au Covid-19, notamment en soutenant le droit des peuples autochtones à être ou à rester en situation d'isolement volontaire.

[1] https://www.ritimo.org/En-Nouvelle-Caledonie-le-coronavirus-est-un-revelateur-de-colonialite

[2] Discours prononcé par le Président du Sénat coutumier, le 13 octobre 2021, devant le ministre Lecornu.

[3] https://www.un.org/development/desa/indigenouspeoples/wp-content/uploads/sites/19/2020/05/Peuple-Autochtones-et-COVID-19-.pdf

Dans sa déclaration sur la pandémie de coronavirus (Covid-19) et ses implications dans le cadre de la Convention internationale sur l'élimination de toutes les formes de discrimination raciale (7 août 2020), le Comité sur l'élimination de toutes les formes de discrimination raciale souligne que « les populations autochtones, en particulier celles qui vivent dans des régions reculées et isolées, sont particulièrement vulnérables à la pandémie de Covid-19. Les États ont l'obligation de veiller, par des mesures positives si nécessaire, à ce que les droits des communautés autochtones vivant sur leur territoire soient protégés »[1].

Or précisément le deuil coutumier décidé par les autorités et institutions coutumières procédait de cette volonté de surmonter un traumatisme réel et de restaurer des familles profondément touchées et fragilisées, en dehors de toute autre interaction.

Cette troisième consultation devait être l'étape majeure d'un processus de décolonisation. Mais, le maintien de la consultation du 12 décembre 2021 et la validation de ses résultats par les juridictions françaises sont allés totalement à contresens de ce que préconise la communauté internationale s'agissant de la prise en compte des droits des populations autochtones dans le contexte de la crise du Covid-19.

Les décisions du Conseil d'État concernant la troisième consultation traduisent l'archaïsme d'un mode de pensée ethnocentriste et poussiéreux, ancré dans une tradition néo-coloniale inapte à intégrer la prise en compte des perceptions océaniennes tout comme l'évolution du droit international.

En second lieu, le projet de réforme du corps électoral a aussi fait l'objet d'un avis du Conseil d'État, mais qui a embrassé totalement le projet du gouvernement, confirmant la partialité et le caractère politisé de son analyse, déjà révélés lors des contentieux sur la troisième consultation.

Ainsi dans son avis, « Le Conseil d'État rappelle les principes d'égalité et d'universalité du suffrage qui découlent de l'article 6 de la Déclaration des droits de l'homme et du citoyen et des articles 1er et 3 de la Constitution et dont le Conseil constitutionnel juge qu'ils impliquent que l'organe délibérant d'une collectivité soit élu sur des bases essentiellement démographiques (cf. décisions n° 85-196 DC du 8 août 1985 et n° 2011-637 DC du 28 juillet 2011). Le corps électoral

[1] https://www.ohchr.org/sites/default/files/Documents/HRBodies/TB/COVID19/External_TB_statements_COVID19.pdf

spécifique résultant de l'accord de Nouméa dérogeait significativement à ces principes, dérogation validée par le pouvoir constituant au regard des particularités de la situation régie par l'accord ».

Mais ce faisant, le Conseil d'État n'a pas dûment tenu compte de la décision n° 99-410 DC du 15 mars 1999 et ne s'est pas prononcé sur la non-conformité du projet de loi au principe d'irréversibilité de l'Accord de Nouméa[1].

En effet, le gel du corps électoral figure parmi les garanties prévues dans l'Accord de Nouméa, auquel dans sa décision n° 99-410 DC du 15 mars 1999 relative à loi organique relative à la Nouvelle-Calédonie, le Conseil constitutionnel a donné pleine valeur constitutionnelle[2] dans les termes suivants :

« Considérant, en premier lieu, que rien ne s'oppose, sous réserve des prescriptions des articles 7, 16 et 89 de la Constitution, à ce que le pouvoir constituant introduise dans le texte de la Constitution des dispositions nouvelles qui, dans les cas qu'elles visent, dérogent à des règles ou principes de valeur constitutionnelle, ces dérogations pouvant n'être qu'implicites ; que tel est le cas en l'espèce ; qu'il résulte en effet des dispositions du premier alinéa de l'article 77 de la Constitution que le contrôle du Conseil constitutionnel sur la loi organique doit s'exercer non seulement au regard de la Constitution, mais également au regard des orientations définies par l'accord de Nouméa, lequel déroge à un certain nombre de règles ou principes de valeur constitutionnelle ; que, toutefois, de telles dérogations ne sauraient intervenir que dans la mesure strictement nécessaire à la mise en œuvre de l'accord ».

Mais en outre, pour justifier son avis favorable au projet de réforme, le Conseil d'État s'est retranché derrière les dispositions de la Convention européenne de sauvegarde des droits de l'homme et des libertés fondamentales, alors que dès 1987, le principe du gel du corps électoral a été déclaré conforme à l'article 3 du protocole additionnel n° 1 à la Convention européenne de sauvegarde des droits de l'homme et des libertés fondamentales (CEDH, 2 mars 1987, n° 9267/81, *Mathieu-Mohin et Clerfayt c./ Belgique*).

---

[1] https://www.conseil-etat.fr/avis-consultatifs/derniers-avis-rendus/au-gouvernement/avis-sur-un-projet-de-loi-constitutionnelle-portant-modification-du-corps-electoral-pour-les-elections-au-congres-et-aux-assemblees-de-province-de#:~:text=Le%20Conseil%20d'%C3%89tat%20estime,avec%20les%20principes%20constitutionnels%20mentionn%C3%A9s

[2] https://www.conseil-constitutionnel.fr/decision/1999/99410DC.htm

La Cour européenne des droits de l'homme a admis par la suite (CEDH, 11 janvier 2005, n° 66289/01, *Py c./ France*) le principe d'un corps électoral restreint, à raison du cadre instauré par la conclusion de l'accord de Nouméa.

En définitive, en négligeant la prise en compte de l'irréversibilité de l'Accord de Nouméa et le cadre constitutionnel associé, le Conseil d'État a validé les orientations assimilationnistes du gouvernement, et accepté le principe d'une remise en question des particularités et du statut juridique dérogatoire de la Nouvelle-Calédonie au nom du principe d'universalité des droits de l'homme.

Il a toléré que la République française revienne sur la parole donnée et sur un accord constructif liant l'État et un peuple autochtone dont les droits sont internationalement protégés.

Il est évident qu'un tel raisonnement, en grande partie politisé, a posé la question, notamment du point de vue mélanésien, de la remise en cause potentielle, de l'ensemble des acquis de l'Accord de Nouméa, y compris concernant l'identité kanake, la reconnaissance des autorités et institutions coutumières, la reconnaissance du droit coutumier, celle du statut civil coutumier et celle des terres coutumières, ce qui était au demeurant l'intention du gouvernement français.

La lecture inféodée et hors sol de la réalité calédonienne par le Conseil d'État, qui n'aura pas su jouer son rôle de garde-fou, est aussi un des facteurs qui a contribué à la survenance de la crise de 2024.

Ainsi, la marche ne s'est pas faite dans l'esprit de la *Pacific Way*, loin de là ; mais dans le sens d'un retour à une forme de pensée colonialiste et à une dynamique assimilationniste. Ni le pouvoir législatif, ni le pouvoir judiciaire n'ont été en mesure de mettre un frein à ces dérives, les institutions françaises se montrant finalement loin, très loin des réalités du Pacifique.

Conclusion

La Charte du Peuple Kanak avait rappelé dès 2014 que[1] :

« 113 – Le Peuple Kanak, ses autorités coutumières et ses institutions déterminent librement le niveau de leur participation et contribution dans la gestion des institutions de l'État et du Territoire ainsi que le degré de leur coopération avec lesdites institutions. 114 – Chaque individu Kanak détermine librement le niveau de sa participation au sein des institutions de l'État à travers l'exercice de ses

---

[1] https://www.legitimus.ca/static/uploaded/Files/Documents/Charte-Kanak-2014.pdf

droits de citoyen. 115 – Il est ici affirmé que toute participation ou coopération du Peuple Kanak et de ses composantes ne pourra plus désormais se concevoir qu'avec des institutions respectueuses des principes et valeurs affirmés dans la présente Charte et sur la base de relations libérées de toute forme de discrimination ou de sujétion ».

Dès 2014 le ton était donné, et le Peuple Kanak, à travers ses représentants coutumiers, avait exprimé ce qu'il était, ce à quoi il aspirait, et ce à quoi il ne se soumettrait plus.

La Charte du Peuple Kanak s'était inscrite dans une logique de main tendue[1]. Dans le cadre d'un processus d'autodétermination irréversible, parce que consenti comme tel, elle a exprimé une volonté déterminée de bâtir avec les autres composantes de la population calédonienne, une société fondée sur la reconnaissance mutuelle, le pluralisme juridique dans le respect de la dignité de chacun.

Cette dynamique s'est pensée à partir du cadre posé par l'accord de Nouméa, un cadre constructif et novateur, inscrit dans la *Pacific Way*, et qui avait anticipé la Déclaration des Nations Unies sur les droits des peuples autochtones et su garantir la stabilité du territoire, mais un cadre imparfait qui n'a pas permis de résorber les discriminations systémiques et la marginalisation économique et sociale du Peuple Kanak.

La Charte du Peuple Kanak, dans l'esprit de la *Melanesian Way*, invitait à refonder le dispositif en le faisant évoluer de manière intelligente vers une assise plus consensuelle qui aurait permis une décolonisation en douceur.

Mais la République française n'a su percevoir ni l'intérêt de l'invitation qui lui était lancée, ni la réalité de l'expérience de décolonisation du Pacifique.

Comme a pu l'écrire Tracey Banivanua Mar : « Si il y a une expérience de la décolonisation du Pacifique, alors, ce n'est pas celle de l'échec, ou simplement de l'incomplétude. Les peuples autochtones ont nécessairement disséqué la décolonisation dans le Pacifique, déplaçant ses éléments au-delà des limites des États nations. La décolonisation a de ce fait été une histoire continue, nécessairement récurrente, mobile d'insistance et de persistance face à l'invisibilité. Cela a nourri un processus de décolonisation de l'esprit, du langage, du

[1] Jérôme Bouquet-Elkaïm, « Comment s'est écrite la Charte du Peuple Kanak ? Ou comment partir de soi pour aller vers l'autre », *in Rencontre des systèmes juridiques autochtones et étatiques. Confrontation ou coopération ?*, sous la direction de Ghislain OTIS, Presse Universitaires de Laval, Laval, Québec, 2019, pp. 426-428.

savoir et de l'espace. L'indépendance nationale a, dans certains cas, fait partie de ce processus »[1].

Le processus de décolonisation interne et externe entrepris durant plus de trente ans avec les Accords de Matignon et de Nouméa a abouti, du fait de l'État, au chaos et a révélé la fragilité du cadre qui avait été mis en place en vue de la construction d'un destin commun.

Non seulement l'État qui n'avait su dès l'origine s'engager de bonne foi dans la mise en œuvre de l'Accord de Nouméa a montré qu'il était capable de revenir sur l'ensemble de ses engagements et d'entreprendre un processus de réforme visant à revenir sur la reconnaissance de l'identité kanake et de la spécificité calédonienne, au mépris des normes internationales de protection des droits fondamentaux des peuples autochtones et au mépris du droit de la décolonisation.

Les mois qui ont précédé la crise de mai 2024 auront ainsi révélé toute la précarité des garanties légales et constitutionnelles qui peuvent être apportées par la France y compris même à un processus de décolonisation interne.

Mais, en outre, le conflit de mai 2024, a révélé une absence d'évolution des mentalités d'une partie de la population allochtone qui non seulement ne se conçoit en dehors de la France, mais qui surtout embrasse ces conceptions jacobines unitaristes et nivelantes sur lesquelles la France s'est recroquevillée depuis la période révolutionnaire et par lesquelles les principes d'égalité, de laïcité, d'universalité des droits de l'homme ont servi les politiques assimilationnistes associées à l'entreprise coloniale et à ses survivances néocoloniales. L'individu citoyen reste le seul légitime, les groupes intermédiaires sont ignorés du droit et le rapport à l'autre ne se conçoit que dans une logique binaire : dominer ou être dominé.

Sur le plan régional, cette crise calédonienne a de nouveau révélé l'isolement, au sein du Pacifique, d'une France dont le comportement concernant les politiques océaniennes est souvent regardé comme obstructif voire hargneux[2] et dont les gouvernements successifs cherchent à isoler leurs territoires du Pacifique de plus larges influences

---

[1] Tracey Banivanua Mar, *Décolonization and the Pacific. Indigenous Globalisation and the Ends of Empire*, Cambridge University Press, 2019, p. 225.

[2] Stephanie Lawson, « France in Regional Politics », *in Regional Politics in Oceania*, pp. 215-216, février 2024, Cambridge University Press.

régionales notamment anglo-saxonnes[1]. Cela a aussi révélé la propension de l'État français à créer de l'instabilité dans la région Pacifique.

Le Comité des droits de l'homme a examiné le sixième rapport périodique de la France à ses 4160ème et 4161ème séances, les 22 et 23 octobre 2024. Lors de sa 4178ème séance, le 4 novembre 2024, le Comité a adopté des observations finales qui soulignent l'importance des manquements de la France à ses obligations concernant le respect du droit des peuples à disposer d'eux-mêmes et des droits des peuples autochtones :

« À la lumière de l'observation générale n° 12 (1984) sur le Droit à l'autodétermination, l'État partie devrait faciliter et expédier la réalisation du droit des peuples, en particulier les peuples autochtones de la Nouvelle-Calédonie et de la Polynésie française, à disposer d'eux-mêmes en collaborant pleinement avec le Comité spécial chargé d'étudier la situation de ces deux territoires non autonomes conformément à la Charte des Nations Unies et à la résolution 1514 (XV) de l'Assemblée générale contenant la Déclaration sur l'octroi de l'indépendance aux pays et aux peuples coloniaux. L'État partie devrait consulter les peuples autochtones de la Nouvelle-Calédonie et de la Polynésie française afin d'obtenir leur consentement préalable, libre et éclairé avant l'adoption de toute mesure relative au processus d'autodétermination. Le Comité recommande particulièrement à l'État partie de respecter le principe d'irréversibilité constitutionnelle posé à l'article 5 de l'Accord de Nouméa qui garantit l'intégrité du processus de décolonisation »[2].

La situation de la Nouvelle-Calédonie traduit finalement l'incapacité de la France et de ses élites à s'ouvrir de bonne foi sur un système pluraliste et à décoloniser en douceur, au bénéfice des intérêts de tous et de chacun et dans le respect du droit international qui, lui, a évolué depuis le XIXe siècle.

L'esprit de la *Pacific Way*, de la *Melanesian Way*, irrigue pourtant la terre de Kanaky et l'esprit hospitalier de ses habitants. Il ne fait nul doute que ce chemin reste ouvert, mais ce qu'auront montré les évènements de 2024, c'est qu'il ne pourra, semble-t-il, être suivi que sans la France.

---

[1] Rudy Bessard et Nathalie Mrgudovic, « Regional Horizons and Oceania : Variations in French Overseas Territories », *Journal de la Société des Océanistes*, n° 140 (Juin-Juillet), 2015, p. 13.

[2] CCPR/C/FRA/CO/6

Structures éditoriales du groupe L'Harmattan

L'Harmattan Italie
Via degli Artisti, 15
10124 Torino
harmattan.italia@gmail.com

L'Harmattan Hongrie
Kossuth l. u. 14-16.
1053 Budapest
harmattan@harmattan.hu

L'Harmattan Sénégal
10 VDN SICAP AMITIE 3
BP 45034 Dakar-Fann
direction@senharmattan.com

L'Harmattan Cameroun
Tsinga/Derrière polyclinique FECAFOOT
BP 11486 Yaoundé
Jacques.koukam@harmattan.fr

L'Harmattan Burkina Faso
Villa 281, secteur 23 623, rue 14.32
Ouagadougou
zagbie@outlook.fr

L'Harmattan Guinée
Almamya, rue KA 028 OKB Agency
BP 3470 Conakry
harmattanguinee@yahoo.fr

L'Harmattan RDC
185, avenue Nyangwe
Commune de Lingwala – Kinshasa
matangilamusadila@yahoo.fr

L'Harmattan Congo
219, avenue Nelson Mandela
BP 2874 Brazzaville
deunovmikhael@gmail.com

L'Harmattan Mali
Immeuble Mgr Jean Marie Cissé
Aci Hamadallaye
BP 145 Bamako
syllaka@yahoo.fr

L'Harmattan Togo
Djidjole – Maison Amela
face EPP BATOME
02 BP 20680 Lomé
didieramela11@gmail.com

L'Harmattan Côte d'Ivoire
Résidence Karl – Cité des Arts
Abidjan-Cocody
03 BP 1588 Abidjan
harmattan.ivoire@gmail.com

L'Harmattan Bénin
Rue 604, (Immeuble à l'entrée
de la rue UCAO- Cite de Saint-Jean)
Cotonou
stepcorpus@gmail.com

Nos librairies en France

Librairie internationale
16, rue des Écoles
75005 Paris
librairie.internationale@harmattan.fr
01 40 46 79 11
www.librairieharmattan.com

Librairie des savoirs
21, rue des Écoles
75005 Paris
librairie.sh@harmattan.fr
01 46 34 13 71
www.librairieharmattansh.com

www.ingramcontent.com/pod-product-compliance
Lightning Source LLC
LaVergne TN
LVHW011135061026
849535LV00003B/490

* 9 7 8 2 3 3 6 5 7 3 7 4 8 *